푸코 이후

FOUCAULT NO ATO DE
TOCHISEI, SECURITY, TOSO

by SERIZAWA Kazuya,TAKAKUWA Kazumi, OMODA Sonoe, TOSA Hiroyuki,
HAKODA Tetsu, HIROSE Jun, SAKAI Takashi, SHIBUYA Nozomu

Copyright © 2007 by SERIZAWA Kazuya, TAKAKUWA Kazumi, OMODA
Sonoe, TOSA Hiroyuki, HAKODA Tetsu, HIROSE Jun, SAKAI Takashi,
SHIBUYA Nozomu

Korean translation rights © 2015 Nanjang Publishing House

All Rights Reserved.
Originally published in Japan by Keio University Press Inc.
Korean translation rights arranged with Keio University Press Inc.
through Bestun Korea Agency

통치성, 안전, 투쟁 統治性, セキュリティ, 闘争

フーコーの後で

푸코 이후

세리자와 가즈야, 다카쿠와 가즈미 엮음

김상운 옮김

일러두기

1. 이 책은 다음의 책을 완역한 것이다. 芹沢一也·高桑和巳 編,『フーコーの後で: 統治性·セキュリテイ·闘争』, 東京: 慶應義塾大学出版会株式会社, 2007.

2. 본문에서 외국 문헌의 내용이 인용될 경우, 각 글쓴이들의 일본어 번역(혹은 해당 문헌의 일본어판 번역)과 해당 문헌의 원래 표현 사이에 상당한 차이가 있다고 판단될 때마다 해당 문헌을 참조해 새롭게 옮겼다. 이 과정에서 해당 문헌의 한국어판이 있는 경우에는 그 번역을 따랐으나 필요할 경우에는 부분적으로 수정했다. 단, 기존 번역도 참조하라는 뜻에서 한국어판의 쪽수를 병기했다.

3. 주요 개념어의 경우 일본에서 사용하는 번역어와 한국에서 사용하는 번역어에 상당한 차이가 있다. 본문에서는 가급적 한국에서 통용되는 번역어로 바꿨으나, 옮긴이의 개입으로 각 글쓴이들의 원래 의도가 희석될 위험이 있을 경우에는 일본의 번역어를 그대로 사용하기도 했다. 단, 이런 경우에도 해당 단어 혹은 표현 뒤의 '[ ]' 안에 한국에서 통용되는 번역어를 병기해뒀다.

4. (위 경우를 제외하고) 본문에 있는 '[ ]' 안의 내용은 별다른 언급이 없는 한 옮긴이가 읽는이들의 이해를 돕기 위해 원문에 없던 내용이나 표현을 덧붙인 것이다.

5. 푸코의 콜레주드프랑스 강의가 행해진 연도는 통상 실제의 강의가 행해진 기간만이 아니라 해당 강의와 병행해 콜레주드프랑스에서 이뤄진 세미나가 준비되고 진행됐던 기간까지 포괄해 표기된다. 그러나 본서에서는 '주로' 실제 강의가 이뤄진 연도만을 표기하고 있기 때문에 (별다른 문제가 없는 한) 그에 따랐다.

6. 본문에서 각 글쓴이들이 위에 방점을 찍어 강조한 부분은 **견출명조체**로 표기했다.

7. 각주에는 '지은이 주'와 '옮긴이 주'가 있다. 지은이 주는 괄호 안에 숫자(1, 2, 3······)로 표시했고, 옮긴이 주는 별표(*, **, ***······)로 표시했다.

8. 단행본·전집·정기간행물·팸플릿·영상물·음반물·공연물에는 겹낫표(『 』)를, 그리고 논문·논설·기고문·단편·미술 등에는 홑낫표(「 」)를 사용했다.

차 례

서 론

이 논집의 제목인 『푸코 이후』는 무엇을 뜻하는가? 이것은 우선 문자 그대로 받아들여져야 한다.

프랑스의 사상가 미셸 푸코(1926~84)가 맹활약했던 1960년대부터 헤아리더라도, 혹은 푸코가 사망한 해부터 세더라도, 이미 상당한 세월이 흘러버렸다. 그렇다면 푸코는 이미 과거의 사람인 것일까? 아니다. 푸코의 작업이 지닌 함축이 모조리 다 이해됐다고는 말할 수 없다. 푸코의 작업은 현재성을 잃지 않고 있을 뿐만 아니라, 우리가 지금 살고 있는 이 현재에 대해 푸코의 사유가 던지는 빛은 오히려 더욱 더 강해지고 있다. 이것이 우리가 실감하는 바이다.

우리는 여전히 항상 '푸코 이후'에 자리잡고 있다. 푸코 사후, 이 사상가의 작업을 출발점으로 삼아, 필요한 비판을 가하되 그가 열어젖힌 길을 따라 연구를 시도하는 것. 바로 이것이 실질적으로 '푸코의 아이들'인 우리가 지향하는 바이다.

두 번째는 약간 억지스러워 보일 수도 있지만, 이것은 우리가 취하는 자세 자체를 가리킨다.

'이후'(後で)에는 '~를 좇아'라는 뉘앙스가 있다. '렘브란트 이후'의 회화란 '렘브란트 식의, 렘브란트를 좇아 그려진 회화'를 뜻한다.

푸코의 모든 작업을 완전히 절대시하는 것은 아니지만, 아무튼 푸코의 방식을 나름대로 흡수해 '푸코를 좇아' 자신의 탐구를 심화시켜보자는 것, 이것이 우리가 공통적으로 갖고 있는 자세이다.

그런데 세 번째 의미를 읽어내려면 [이보다 더한] 새로운 억지가 필요할 수 있다. 그러나 사실 이것이야말로 우리의 시도에 구체적인 방향을 부여하는 가장 중요한 의미이다. 이에 관해 설명해보자.

푸코의 작업 중 세계에 가장 큰 영향을 미친 것은 1960년대 초반부터 1970년대 중반까지의 출판물에 집중되어 있다. 우선 『광기의 역사』(1961), 『말과 사물』(1966), 『감시와 처벌』(1975), 이렇게 세 권이 푸코의 주저로 꼽힐 것이다.

『광기의 역사』에서는 근대적 정신의학에 대해 부정적인 평가가 내려지고 있다. 쇠사슬에 묶여 있던 광인을 해방시켰다고 간주된 필립 피넬이 행했던 것은, 사실상 광인의 해방이 아니라 광기의 확고한 내면화·재편성이라고 파악됐던 것이다.

『말과 사물』에서는 근대 인식 전반의 큰 틀('에피스테메')의 성립이 르네상스 시기나 고전주의 시대의 그것과 대비되어 부각됐다.

『감시와 처벌』에서는 근대의 권력행사 패턴이 '규율'이라는 이름으로 정리되는데, 학교·병원·군대·감옥·공장 등에서 모두 동일한 구조가 확립됐다. 또한 이런 구조를 상징하는 것으로 공리주의자 제러미 벤담이 고안한 '판옵티콘'(일망감시장치)이 거론된다.

입문서를 펼쳤을 때 우리가 얻을 수 있는 푸코의 이미지가 이런 것이리라. 물론 푸코의 업적을 이런 대표적인 저작들을 통해 이미지화하는 것이 잘못됐다는 것은 아니다. 더욱이 이런 주저들이 향후에도 재독, 삼독할 만한 가치가 있음에는 의심할 여지가 없다.

그러나 우리가 널리 알고 있는 이 '푸코'에는 사실 그 '이후'도 있다. 이런 의미에서 '푸코 이후'는 '성의 역사' 시리즈로 총 3권의 단행본이 출판됐던 시기와 겹친다. 1권인『앎의 의지』는 1976년에 나왔으며, 2권인『쾌락의 활용』과 3권인『자기에의 배려』는 1984년에 공개됐다. 이후 저자는 곧바로 세상을 떠났다.

먼저 발표된『앎의 의지』와 나중에 발표된『쾌락의 활용』과『자기에의 배려』사이에 자리잡은 이 시기[즉, 1976~83년]는 푸코의 50대와 겹친다. 이처럼 때 이른 말년은, 단행본이 발표되지 않았기 때문에 흔히 '침묵의 8년'으로 불린다. 그러나 푸코는 은퇴한 것이 아니며, 그러기는커녕 여느 때 이상으로 다양한 활동을 전개했다.

이를 조금만 따라가보자. 1970년대 전반기는 이 사상가에게 변화무쌍한 시기였다. 1970년에는 (프랑스 최고의 교육·연구기관으로 자리매김되는) 콜레주프랑스 교수에 취임해 연말부터 강의를 시작한다 (푸코 생전에는 이때의 강의들 중에서 취임 강연만『담론의 질서』라는 제목으로 1971년에 출판됐다). 1971년부터 이듬해까지는 감옥행정에 대해 죄수의 편에서 이의를 제기하는 '감옥정보그룹'을 주도했다. 이 경험이 뒷받침이 되어, 푸코는 텍스트에 국한된 독해 대상을 권력장치 일반으로 확장하게 됐다. 푸코의 새로운 권력론은 이 시기의 주요 연구 성과인『감시와 처벌』로 일정 부분 총괄됐다.

1970년대 후반기는 이 권력론을 섹슈얼리티를 둘러싸고 재파악하는 프로젝트인 '성의 역사' 시리즈와 더불어 막이 오른다. 사실상 저 '침묵의 8년'은『앎의 의지』가 출판된 이후, 이 프로젝트의 구성이 반전을 거듭한 결과로 생겨났다고 말할 수 있다('침묵'을 깨뜨리고 연달아 나온 2~3권도 자신의 죽음을 예감한 푸코가 출판을 서둘렀기에 생겨난 산물인 듯하다). 하지만 푸코는 '침묵의 8년' 동안에도 여러 가지 국면에서 집필과 발언을 끊임없이 이어갔다.

이 시기의 푸코가 '침묵'하지 않고 계속 이야기하고 있다는 것이 누구의 눈에도 분명해졌던 것은 사후에 정리된 『말과 글』 덕분이다. 이것은 푸코 생전에 단행본 저서에 수록된 적이 없었던 텍스트를 모은 총 4권(일본어판은 총 10권)의 책인데, 그 분량만 보더라도, 푸코가 50대에 발표한 텍스트가 전체의 절반을 차지하고 있다.

물론 이 시기에도 콜레주드프랑스 강의는 계속되고 있었다. 각각의 강의를 녹음한 테이프에 기초해 이때의 강의들이 푸코의 사후에 조금씩 공개되고 있다. 그것이 지금도 계속 출판되고 있는 '콜레주드프랑스 강의' 시리즈이다. 이 시리즈가 『말과 글』을 더 보충하고, 잘못된 '침묵'의 이미지를 완전히 불식시키는 역할을 했다.

저 '침묵의 8년'에만 한정해도 『"사회를 보호해야 한다"』(1976), 『안전, 영토, 인구』(1978), 『생명정치의 탄생』(1979), 『주체의 해석학』(1982) 등의 강의가 있었다(이 강의들은 이미 출판되어 있다*). 모두 한 권짜리 단행본에 해당되는 분량이다.

그런 셈이어서, 여기에 '[우리가 알고 있던 푸코] 이후의 푸코'가 등장하게 된다. 우리가 초점을 맞춘 것은 바로 이처럼 새롭게 명확해진 푸코, 흔히 '후기 푸코'라고 불리는 이 시기의 푸코이다. 그렇다면 이런 '푸코 이후의 작업'에서는 어떤 문제설정이 이뤄지고 있는가?

---

* 푸코가 저 '침묵의 8년' 중에 행한 나머지 콜레주드프랑스 강의는 『생명존재의 통치에 관하여』(1980), 『주체성과 진실』(1981), 『자기의 통치와 타인의 통치』 (1983) 등이다. 이 강의들은 본서가 출판된 2007년 뒤에 발매됐다(1977년은 푸코의 안식년이어서 강의가 이뤄지지 않았다).

그것은 우리에게 어떤 유효한 관점을 제시해주는가? 우리는 그것으로부터 어떤 새로운 단면을 얻을 수 있는가? 이 책의 집필자들이 제각기 제기하고 답하고자 하는 질문이 바로 이것이다.

그런데 이렇게 더 이상 '침묵'이라고 부를 수 없는 푸코의 50대 시기는 크게 둘로 나뉠 수 있다. 『말과 글』이나 강의들로 눈을 돌리면, 1980년 무렵을 경계로 전반기(『앎의 의지』에서 시작되는 1970년 대 후반)와 후반기(『쾌락의 활용』과 『자기에의 배려』로 끝나는 1980년 대)에 관심 대상이 미묘하게 다르다는 것을 알 수 있다.

대략적으로 말하면, 전반기는 '안전,' '생명정치,' '통치성' 같은 키 워드에 의해, 그리고 후반기는 '주체화,' '윤리,' '진실'[진리] 같은 키 워드에 의해 각각 특징지어진다(문제가 되는 것이 타자들인가, 자기인 가라고도 말할 수 있다). 또한 전반기는 현대의 검토, 후반기는 고대 로의 접근에 의해 각각 부각된다(18세기 프랑스를 주요 연구 분야로 삼았던 푸코에게는 둘 다 특이한 모험이다).

전반기이든 후반기이든, 우리가 향후 새롭게 탐구해야 할 필요가 있다는 점에서는 다를 바 없다. 하지만 이 논집을 편찬하면서 우리는 전반기, 즉 **1970년대 후반의 푸코에 초점을 맞추기**로 선택했다.

그 이유로 우선 어렵지 않게 머릿속에 떠오르는 것은 "시대순으로 하는 것이 좋기 때문"이라는 것이다. 가장 말년기에는 '자기의 통 치'라는 문제설정이 등장하는데, 이 문제설정을 충분히 검토하기 위해서도 원래의 '통치' 자체가 그 지전 시기에 어떻게 실분되고 있는 가를 미리 분명히 해둘 필요가 있다.

더 나아가, 가장 말년기에 관해서는, 그 시기에 행한 탐구의 결과 가 푸코 생전에 그럭저럭 두 권의 단행본으로 독자에게 주어졌다. 확실히, 이 두 권은 아마도 죽음을 예감했던 저자가 약간 성급하게 출판한 것인지도 모른다. 또한 그 속편으로 예정됐던 『육체의 고백』이라는 제목의 4권도 발표되지 못하고 끝났다. 이런 상황 때문인지, 가장 말년기에 푸코가 추진했던 프로젝트의 전체상이 안개로 뒤덮여 있다는 인상이 없지는 않다. 하지만 가장 말년기의 두 권이 설령 그 시기의 푸코를 이해하는 데 있어서 현기증을 일으킬 수 있더라도, 아무튼 우리에게는 독해의 재료가 적잖이 주어져 있다.

이와 달리 1970년대 후반의 경우는 그동안의 연구를 총괄한 『감시와 처벌』과 향후 탐구의 방향을 정하게 된 『앎의 의지』라는 두 권의 책만 주어져 있을 뿐이고, 이후에 탐구한 상세한 내용을 포괄적으로 알 수 있는 저작은 아직 존재하지 않았다. 그 전모는 각종 매체에서 행한 집필과 발언을 통해 겨우 엿볼 수 있을 뿐이었다.

이런 부분적 저작을 통해 이 시기의 푸코가 행한 탐구가 [그의 다른 연구들과 비교해] 어떤 중요성과 특이성을 갖고 있는지 읽어내려는 시도는 일찌감치 있어왔고, 지금도 이뤄지고 있다. 이 시기의 푸코에 주목하는 연구는 이미 1990년대 초반에 영어권에서 시작됐고, 그로부터 몇 년 뒤에는 이런 움직임이 프랑스나 일본 등 나머지 지역에도 파급됐다. 이미 말했듯이, 이 움직임은 『말과 글』이 1990년대 중반에 출판됨으로써 그 버팀목을 얻었다.

그렇지만 이 흐름에 결정적인 두 번째 물결이 찾아오려면, 이 시기에 푸코가 콜레주드프랑스에서 행한 강의들이 출판되기를 기다릴 필요가 있었다. 『감시와 처벌』의 출판과 『앎의 의지』의 출판 '사이'의 시기에 이뤄진 1976년의 강의는, 말하자면 그동안의 탐구를 매듭짓고 새로운 문제설정을 갈망하는 것이었는데, 이 강의가 『"사회를 보호해야 한다"』로 출판된 것이 1997년이다. 그리고 1970년대 후반의 푸코의 핵심을 이루는 1978년과 1979년의 강의는 각각 『안전, 영토, 인구』와 『생명정치의 탄생』이라는 제목으로, 마침내 [프랑스에서] 2004년에 동시 출판됐다. 이 두 권의 책은 이 시기의 푸코의 사유를 처음으로 포괄적으로 확인할 수 있게 해줬다.

즉, 이 '후기 푸코의 전반기'를 연구 대상으로 삼으려는 시도, 또한 이 시기의 푸코를 자신의 탐구를 위해 사용하려는 시도는 10년 정도의 준비 기간을 거쳐, 오늘날에야 비로소 본격화될 수 있었다고 할 수 있다. 사실상 10년 남짓의 준비 기간이라는 이름에 걸맞지 않게 이것은 이미 귀중한 성과를 남기고 있으며, 그 성과가 우리에게 도착하고 있다는 것을 잊을 수 없다(그 명백한 흔적을 이 책의 곳곳에서 읽을 수 있다). 그러나 논의의 포괄적인 재배치가 푸코 자신의 목소리로 이뤄진 현재에는, 물론 다시 해야 할 일이 많다.

지금까지 말한 것은 이 책을 기획한 이유가 "이 시기에 관한 1차 자료가 최근 들어 충실해졌기 때문"이라고 설명하는 것인데, 물론 우리에게 가장 큰 이유는 이런 형식적인 이유가 아니다.

이 책을 기획하게 된 가장 큰 이유는 푸코가 1970년대 후반에 모색했던 바로 그 문제설정이, 그로부터 40여 년이나 떨어져 있는 현재의 우리에게 많은 것을 가르쳐주기 때문이다. 원래 이 시기의 푸코 자신은 늘, '현재'(물론 푸코 당시의 현재)로 이어지는 통치방식이 표적임을 의식하고 있었다. 결국 이것은 우리의 현재로 직결되는 현재이기도 하다. 더 구체적으로 말하면, 푸코 당시의 현재는 복지국가 모델의 퇴조, 신자유주의의 대두, 나아가 양자를 절충한 '제3의 길'의 출현 등으로 물들여진 현재의 광경과 유사하다.

그 탐구의 중심에 있는 것은 더 이상 '규율'의 이름으로 근대적 권력을 파악했던 푸코(요컨대 '판옵티콘'의 푸코)가 아니다. 푸코는 자신이 만들어낸 규율 모델보다 선행한 것을, 그리고 더 나아가 새로운 근대(즉, 현대로 직결되는 근대)를 획정하려고 한다.

푸코는 이른바 이 갱신된 현재를 명료하게 그려내면서, 이미 말했던 '안전,' '생명정치,' '통치성'을 비롯한 일련의 용어를 마련하고 이런 기묘한 발명품들을 차례차례 선보이고 있다. 푸코의 콜레주드프랑스 강의가 생전에 책의 형태로 공개된 적이 없었다는 점에서도 헤아릴 수 있듯이, 이런 용어들에는 말소된 채 제시되고 있는 것, 새로운 발전적 해석을 기다리고 있는 것도 많다. 하지만 이 고찰의 사정거리가 우리의 현재에까지 이르고 있다는 것은 확실하다.

이 책에서 전개되는 것은 푸코의 현재성을 우리의 현재성으로 껴안으려고 하는 다양한 시도이다.

이 책에 수록된 논고들 중 어떤 것은 푸코의 작업 자체에 바싹 다가서서 그 현재성의 모습을 묻고 있다. 또 어떤 것은 푸코의 문제설정에서 출발해 오늘날의 사회와 세계가 향할 새로운 관점을 제시한다. 하지만 단면이 각기 다른 이 논고들을 통해 전체적으로 떠오르게 되는 것은 오늘날 우리가 처한 상황에 대한 완전히 새로운 전망, 즉 '푸코 이후'에만 얻을 수 있는 명확한 전망이다.

다카쿠와 가즈미

제1부

통치성

1 | 전쟁에서 통치로
1976~79년 콜레주드프랑스 강의
오모다 소노에

미셸 푸코는 1970년 12월부터 1984년 4월까지 콜레주드프랑스에서 강의했다. 그 중 강의의 주요 테마인데 [별도의 독립된] 저서에 포함되지 못한 것은 1976년과 1978~79년의 테마뿐이다.[1] 이 세 해의 강의는 푸코의 사색에서 어떤 위치에 있는가? 이 글에서는 1976년 강의의 원래 구상과 그 수정, 나아가 1978년 강의에 이르는 주제의 전환을 두루 살핀다. 이를 통해 푸코가 자신의 테마와 분석 기법을 끊임없이 재편했으며, 자신이 제시한 질문에 더 깊이 강력하게 답하기 위해 변전變轉을 거듭한 사상가였음이 부각될 것이다. 사후 20년 이상이 지난 푸코의 사상이 '현재'를 어떻게 비추는지 물으려 할 때 이 세 해의 강의를 돌이켜보는 것은 결코 무익하지 않을 터이다.[2]

---

1) 『감시와 처벌』(1975)에는 그때까지 했던 강의의 모든 요소가 여러 층을 이뤄 겹겹이 뒤섞여 짜여 있다. 이듬해 간행된 『앎의 의지』('성의 역사' 시리즈 1권)는 특히 1975년 강의(『비정상인들』]의 테마와 크게 관련 있다. 1980년 이후의 강의 성과는 1984년에 출간된 『쾌락의 활용』과 『자기에의 배려』, 미간행된 『육체의 고백』에 나타나 있다[모두 '성의 역사' 시리즈에 속한다].

| 1976년 강의 (1): 강의 플랜의 추측 |

강의 제목에서 시작하자. 1976년 강의는 "사회를 보호해야 한다"라는 제목을 달고 있다. 그렇지만 미리 말해두면, 이 제목은 강의 내용과는 전혀 관계가 없다. 전년도 강의[즉, 『비정상인들』]의 요지를 집필한 시점에서 푸코의 계획은 다음과 같았다.

1970년 이래로 [내가 콜레주드프랑스에서 행한] 일련의 강의는 처벌의 전통적인 법절차에 근거해 정상화/규범화의 앎과 권력이 천천히 형성되어왔음을 다뤘다. 1975~76년 강의[1976년 강의를 말한다 ─ 인용자]는 19세기 말 이래로 "사회를 보호"하기 위해 취해진 메커니즘을 검토하는 것으로 이 연속된 연구를 끝낼 것이다.[3]

───────────

2) 이하 본문에서 강의의 내용 자체를 재현하고 소개하는 작업은 최대한 생략하기로 한다. 1976년 강의와 1978년 강의에 관해서는 나의 다른 논문을 참조하라. 重田園江, 「戦争としての政治: 一九七六年講義」, 『現代思想』, 第31券, 第16号, 東京: 青土社, 2003, 184~205頁. 1978년과 1979년 강의에 관해서는 각각 다음을 참조하라. 重田園江, 「ミシェル・フーコーの統治性研究」, 『思想』, 870号, 東京: 岩波書店, 1996, 77~105頁; 米谷園江, 「自由主義の統治能力: ミシェル・フーコーのオールド自由主義論」, 鬼塚雄丞 ほか 編, 『自由な社会の条件』, 東京: 新世社, 1996, 196~222頁. '통치성'을 논한 1978년 강의와 1979년 강의는 일찍부터 주목을 끌었고, 많은 소개나 관련 문헌이 있다. 대표적으로 다음을 들 수 있다. Graham Burchell, et al., ed., *The Foucault Effect: Studies in Governmentality*, Chicago: The University of Chicago Press, 1991. [이승철 외 옮김, 『푸코 효과: 통치성에 관한 연구』, 도서출판 난장, 2014]; Michell Dean, *Governmentality: Power and Rule in Modern Society*, London: Sage, 1999. 또한 사반세기에 걸쳐 강의 테이프와 단편적 출판물밖에 없었기 때문에 강의의 수용과 영향은 독특한 경과를 밟았다. 이에 관해서는 다음을 참조하라. Sylvain Meyet, "Les trajectoires d'un texte: 'La gouvernementalité' de Michel Foucault," *Travailler avec Foucault: Retours sur le politique*, Paris: L'Hamattan, 2005, pp.13~16.

여기서는 법에서 그 기반을 찾아내고 법의 언어와 장치를 통해 행사되는 처벌권력이 어떤 장소에서 어떤 실천을 통해 정상화/규범화*
및 규율에 의한 처벌체계로 변용됐는가라는 테마를 볼 수 있는데, 이
것은 『감시와 처벌』의 테마와 거의 겹친다. 역사적 경과를 추적하는
연구의 마지막에 푸코는 '사회보호'론을 두고 있는 셈이다.[4)]

사회보호론의 대표자로 자주 꼽히는 것은 브뤼셀 자유대학 법학
부의 아돌프 프린스이다. 이것의 이론적 배경에 있는 사고방식은 당
시 유럽 전역에서 유행했던 것이자 프란츠 폰 리스트 등 독일 형법학
의 새로운 조류와도 관련이 있다. 이들은 과거의 범죄행위보다는 오
히려 그 인물에 내재하는 위험성이나 장래의 교정가능성에 따라 범
죄자를 처우해야 한다고 주장한 점에서 공통적이다. 이런 생각은 보
안처분이나 부정기형不定期刑처럼, 고전 학파라면 기본적 인권의 침해

---

3) Michel Foucault, "Résumé du cours," *Les anormaux: Cours au Collège de France 1974-1975*, éd. Valerio Marchetti et Antonella Salomoni, Paris: Gallimard/Seuil, 1999, p.311. [이재원 옮김, 『비정상인들: 콜레주드프랑스 강의 1974~75년』, 도서출판 난장, 근간.]

* 푸코는 'normalisation'라는 용어를 통해 규범화와 정상화를 모두 가리키곤 했
다. 그러나 『안전, 영토, 인구』 3강(1978년 1월 25일)에서는 안전장치와 규율
장치를 구별하면서 안전장치의 특징을 'normalisation'으로, 규율장치(혹은 규
율권력)의 특징을 'normation'으로 재규정한다. 일본에서는 이런 차이 때문인
지 이 두 용어를 구별하기도 하고, 혹은 그 차이를 고려하면서도 양자를 포괄
하기 위해 'norm'을 음차한 '노름-화'(ノルム化)라는 용어를 사용한다. 이런 점
을 감안해 여기서는 '정상화/규범화'라고 표기했다

4) 다니엘 드페르에 따르면, 예정된 이 강의와 내용이 겹치는 것은 1981년 벨기
에에서 행했던 세미나이다. 1880년대 이후 벨기에에서 발전한 사회보호론, 즉
"청년 비행자를 비범죄화, 의료화하는" 이론이 이 세미나의 주제였다. Daniel
Defert, "Le 'dispositif de guerre' comme analyseur des rapports de pouvoir,"
Lectures de Michel Foucault, t.1, Paris: ENS Éditions, 2001, p.62.

로 이어질 수 있다고 의문을 제기할 조치를 지지한다. 또한 비행자를 치료 대상으로 삼음으로써 '범죄자의 정신의학화'를 추진한다. 벨기에 학파로 불리는 프린스 등의 사회보호론은 직접적으로는 1930년 벨기에의 사회보호법으로 결실을 맺었다. 하지만 아마 강의에서는 유럽 전체, 그리고 세계의 형사 정책을 변화시킨 이 이론의 배경이나 영향에 관해 더 광범위하게 고찰될 예정이었던 듯하다.

프린스의 사회보호론의 핵심 기둥 중 하나는 범죄자를 그 '위험성'에 따라 파악하고 처우한다는 생각이다. 그 인물은 사회에 어느 정도의 위험을 초래할 것인가? 사회를 그 위험으로부터 보호하려면 어찌 하면 될까? 여기서 '위험성'이라는 개념의 위상을 둘러싸고 푸코의 사유는 1979년 강의의 주요 테마가 된 '자유주의의 통치'의 입구에 서게 된다. 아래에서 자세히 서술하겠지만, 개인이나 개별 사례가 아니라 사회 전체의 수준에서 리스크 관리를 목표로 한다는 점에서 둘 사이에는 공통된 특징이 있다는 것이 푸코의 생각이었다.

강의요지에 따르면 1975년 강의의 테마는 사법에서의 정신의학 감정인데,[5] 이 테마는 1977년에 「19세기 법정신의학에서의 '위험인물' 개념의 전개」라는 제목 아래 구두로 발표됐다.[6] 여기서 푸코는 1975년에 일어난 살인사건에 대한 재판부터 설명하기 시작하며 "너

---

5) Foucault, *Les anormaux*, p.311.

6) Michel Foucault, "L'évolution de la notion d'《individu dangereux》 dans la psychiatrie légale du XIXe siècle"(1977), *Dits et écrits*, t.3: 1976-1979, Paris: Gallimard, 1994, pp.443~464. 『말과 글』에 수록된 「연보」에서 드페르는 이 '위험인물' 논문이 1976년 강의를 정리한 것이라고 적었지만, 이것은 오식이거나 잘못된 것이다. Daniel Defert, "Chronologie," in Michel Foucault, *Dits et écrits*, t.1: 1954-1969, Paris: Gallimard, 1994, p.52.

는 누구냐"를 묻는 권력이 사법에 어느 정도나 강하게 침투됐는가를 말했다. 더욱이 이 발표 마지막에서는 개인이 누구인가에 기초해서만 재판을 하는 사법, 정신의학에 의한 범죄자의 의료화를 받아들이는 사법이라는 테마가 다시 강조된다. 그 때문에 이 내용을 1975년까지 푸코가 추구해왔던 것, 즉 사람을 그 자기동일성으로 비끄러매는 권력, 고백의 체제나 의학을 통해 자기의 진실을 개시하고 감시할 것을 요청하는 권력 분석의 내부에 담아두고 싶어진다.

그러나 여기서 푸코는 대담한 가설을 제시한다. 19세기 동안 줄곧 범죄인류학과 정신의학에 저항해왔던 사법관계자들이 왜 세기의 전환기에 갑자기 태도를 바꾼 것일까? 실제로 프린스나 리스트, 프랑스의 레이몽 살레이유* 시대에는 범죄학자와 법학자 사이에 일종의 '긴장 완화'가 생겨났다. 푸코가 세운 가설은 이때 갑작스레 형법학자의 머리가 유연해졌다거나 범죄학자가 타협했다는 것이 아니라, 민법이라는 다른 영역에서 들여온 '리스크'라는 개념이 형법학자와 범죄학자 사이의 교통을 가능케 했다는 것이다.

이 대목에서 푸코의 서술은 너무도 압축적인데다가, 이에 관해 더 나아간 논의를 전개한 논고를 이것 이후에는 찾아볼 수 없다. 오히려

---

* Raymond Saleilles(1855~1912). 프랑스의 법학자. 19세기 법학을 지배한 '주석학파'(école de l'exégèse)는 법전의 역사적·사회적 배경을 고려하지 않은 채 법 조문과 구조에만 천착하는 엄격한 논리주의를 표방했다. 이와 달리 역사적·사회적 변화와 성장을 법 내부에 어떻게 반영할 것인가 고민했던 살레이유는 입법자의 불확실한 의사(意思)에 근거하기보다는 시대의 사회적 필요성에 맞는 법해석을 주장해 '과학학파'(école scientifique)의 초석을 닦았다. 살레이유의 이런 문제의식은 프랑수아 제니(François Gény, 1861~1959)의 '과학적 자유 탐구'(libre recherche scientifique)라는 법 해석방법론으로 구체화됐다.

이와 관련된 테마 중 민법은 프랑수아 에발드, 정신의학과 사회적 노동[사회복지]은 로베르 카스텔에 의해 연구됐다. 이 글에서는 이들의 연구를 토대로 전반적인 조감도를 보여주고자 한다.[7]

체자레 롬브로소 등 이탈리아의 범죄학 학파가 선정적으로 보여준 문제는 다음과 같다. 범죄자가 형질적·생물학적으로 볼 때 범죄자가 되도록 결정되어 있다면, 과연 그들에게 책임을 돌릴 수 있는가? 의지의 자유에 기초한 책임이라는 고전적 귀책의 도식이 자유의 부재에 의해 성립하지 않는 경우에도, 과연 그 인물에게 유죄를 선고할수 있는가? 형사사법은 이 질문에 대답하라고 강요했다. 그래서 자유로운지 아닌지, 과실이 있는지 없는지를 묻지 않고도 형벌을 부과하기 위한 체제를 '위험성' 개념을 축으로 만들어냈던 것이다.

이와 관련해 푸코는 오토 폰 비스마르크의 시대에 독일 민법학자들이 산출한 '인과적 책임'이라는 생각이 위험성 개념에 영향을 줬다고 한다. 당시 유럽에서는 노동현장에서 생기는 사고에 대한 보상이 사회문제가 되고 있었다. 사고 책임이 노동자의 부주의나 태만에 돌려지면, 고용주는 아무런 보상의 책임도 지지 않게 된다. 하지만 대규모화된 공장이나 위험업종이 증대되자 이런 부조리한 체제에 대한 노동자의 불만은 한계에 달했다. 그래서 사고를 일으킬 가능성이 있는 작업을 기획한 자본가·사업가에게 책임을 묻는 새로운 책임·보

---

7) François Ewald, *L'État-providence*, Paris: Bernard Grasset, 1986; Robert Castel, *La gestion des risques: De l'anti-psychiatrie à l'après-psychanalyse*, Paris: Minuit, 1981. '위험인물' 논문의 테마와 민법의 변화 사이의 관계에 관해서는 다음을 참조하라. 重田園江, 「一九世紀の社会統制における〈社会防衛〉と〈リスク〉」, 『現代思想』, 第25券, 第3号, 東京: 青土社, 1996, 164~171頁.

상체계가 만들어지게 됐다. 푸코는 이런 생각에 기초한 배상 이론을 초래했던 비스마르크 사회를 '안전'사회라 부르며, 이때 법 속에 '인과적 확률 개념과 리스크 개념'[8]이 도입됐다고 말한다.

나아가 푸코는 형법에서 규정된 위험성 개념을 민법에서 규정된 리스크 및 배상 이론과 비교한다. "우리는 과실 여부를 규명하지 않아도, [그 과실로부터] 창출됐고 완전히 제거할 수는 없을지언정 그 대비책을 세울 필요가 있는 리스크를 측정하는 것만으로 민사상의 책임을 결정할 수 있다. 바로 이와 똑같은 방식으로, 우리는 한 개인이 자유롭게 행동할 수 있었는지의 여부를 결정하지 않은 채, 따라서 과실이 있었는지의 여부를 결정하지 않은 채, 오히려 그의 인격성 자체를 구성하는 범죄성의 리스크에 그의 행위를 연결시킴으로써 그에게 형법상의 책임을 물을 수 있다"[9]고 하며, 푸코는 형법과 민법의 사유에서 상동성을 찾아낸다. 즉, 민법에서 사고의 가능성으로 읽히는 리스크가 형법에서는 범죄자가 지닌 인격상의 위험으로서의 리스크로 고쳐 읽히며, '과실 없는 책임'이 성립됐다는 것이다.

하지만 또 다른 매개항이 없다면 이 둘의 유비에는 한계가 있다. 실제로 푸코가 말하는 짧은 내용에만 의거한다면, 민법과 형법 두 영역의 연결은 '리스크'라는 말에 주목한 비유의 문턱을 넘지 못한다. 이렇게 말한 가장 큰 이유는 다음과 같다. 민법에서 인과적 책임과 배상은 어떤 특정한 공간, 나아가 사회공동체에 고유한 불확실성과 예측불가능성을 인지해 직접적 행위자에게 귀책을 [묻는 것을] 포기

---

8) Foucault, "L'évolution de la notion d'《individu dangereux》……," p.461.

9) Foucault, "L'évolution de la notion d'《individu dangereux》……," p.461.

한다. 이로써 불확실성의 통제를 목표로 했던 것이다. 이에 반해 범죄자를 '위험성'에 따라 처우하는 사고방식은 푸코의 오래된 테마인 '비정상인'의 형성, 정신의학에서의 이와 관련된 범주들의 전개, 사람이 누구인가를 집요하게 추궁하는 앎과 권력의 배치 같은 사항과 강하게 연결되어 있다. 범죄자에 관한 이런 사고방식은 1978년 강의와 1979년 강의에서 푸코가 명확히 하는 '규율'과 '안전장치'(자유주의의 통치) 사이의 대비를 따른다면, '규율'의 범주에 들어가는 개인화하는 권력의 일부로 간주된다. 이에 반해 사고와 배상의 이론은 개별 사건이 아니라 무리^{mass}에 조준을 맞추는 안전의 범주에 포함된다. 이런 의미에서 1975년 당시에는 확률적 인식에 기초를 둔 안전사회에서의 인간 관리라는 문제가 충분히 정리되지 못했고, 규율과 어떻게 구별될 수 있는지가 애매한 채 남겨진다고 말할 수 있다.

　미리 말하면, 확률적 인식을 토대로 안전장치를 투입·배치하는 체제는 1976년 강의의 11강(3월 17일)에서 '생명정치'라는 이름으로 소묘되며, 1978년 강의와 1979년 강의에서 '자유주의의 통치'를 통해 상세히 검토된다. 하지만 1976년 강의에서 푸코는 "사회를 보호해야 한다"는 제목에 어울리는 강의, 즉 19세기 형사사법의 변화 끝에 발견된 '위험성' 개념을 새롭게 검토해 리스크의 사회와 안전의 사회를 전망한다고 하는, 가급적 최단거리를 취하지는 못했다. 그 대신 푸코는 '전쟁-인종의 담론'이라는 새로운 소재를 택했다.

| 1976년 강의 (2): 누구를 위한 권력 분석인가? |

푸코는 『"사회를 보호해야 한다"』 1강(1월 7일)에서 이 해의 강의가 콜레주드프랑스에 취임한 이후 자신이 줄곧 해온 일련의 연구를 일단락짓는 것이라고 시사한다. 그러나 1975년의 시점에서 가졌던 플랜처럼, 19세기 말 이후의 정신의학과 법의 관계, 비정상인의 범주화 같은 역사적·구체적 소재를 더 추구함으로써 일단락짓지는 않는다. 강의를 시작하며 푸코는 거의 15년간 세계 각지에서 일어난 새로운 대항운동을 돌아본다. 그리고 자신의 것을 포함한 몇몇 연구가 과학이나 권위를 지닌 지식에 대항하는 '예속된 앎들,' '서민의 앎들'(예를 들어 정신병자의 앎, 환자의 앎, 간호사의 앎, 의사의 앎)에 의해 생겨난 무수한 반란을 활성화시켰다고 언급한다. 푸코의 저서는 실제로 반정신의학 운동의 담당자들에게 열렬히 환영받았고, 푸코 자신도 감옥의 현황을 비판하는 수감자 운동을 전적으로 지원했다.[10] 푸코는 향후에도 이런 국지적·소수적 앎에 의한 반란을 지원하고 그 훌륭한 도구가 되려면 지금까지처럼 개별 영역에서 역사를 계속 발굴하는 것만으로는 불충분하다고 생각했다. 예속된 앎이 과학적 앎에 맞서는 "앎들의 대립·투쟁·반란에서 무엇이 관건인가"[11]를 확실히 하는 것이 시급히 필요하다. 이런 투쟁에서 늘 문제시되고 거듭 제기됐던 것은 다름 아닌 "권력이란 무엇인가?"라는 질문이었다.

주의해야 할 것은 권력을 문제삼을 때 푸코가 취하는 '전략적'이라 불러야 할 입장이다. 여기서는 권력이란 정말로 무엇인가가 아니

---

10) Philippe Artières, et al., éd., *Le groupe d'information sur les prisons: Archives d'une lutte, 1970-1972*, Paris: IMEC, 2003.

11) Michel Foucault, *"Il faut défendre la société": Cours au Collège de France 1974-1975*, éd. Mauro Bertini et Alessandro Fontana, Paris: Gallimard/Seuil, 1997, p.13. [김상운 옮김, 『"사회를 보호해야 한다": 콜레주드프랑스 강의 1975~76년』, 도서출판 난장, 2015, 31쪽.]

라 오히려 권력을 어떤 것으로서 드러내는 것이 현재 상황에서 유효한가가 질문된다. 영원한 진리를 믿지 않는 니체주의자 푸코의 입장은 철저하다. 푸코에게 자주 제기된, "그렇다면 당신 자신이 주장하는 내용의 올바름이나 진정성을 무엇에 의해 보여줄 것인가"라는 질문에 대해, "진리는 사심私心으로 가득 차 있다는 언명은 당신 자신에게도 해당되는 것 아닌가"라는 비판에 대해, 푸코라면 현재의 전략적 상황에서 유효한 앎 이상의 것은 바라지 않는다고 대답할 것이다. 물론 이렇게 대답하더라도 여전히 [그 앎이] 누구에게, 무엇에 대해 유효한가라는 질문이 남는다. 아무튼 당분간은 '종속된 앎,' '국지적이고 소수적인 앎'을 지원하기 위해서라고 말할 수 있다.

푸코는 『광기의 역사』(1961) 이후 사회에서 배제된 사람들, 사회 주변부에 자리잡게 되고, 주변부로 끌려가 갇히고 감시당하는 사람들에게 계속 관심을 기울였다. 하지만 푸코는 저서에서 이런 사람들을 특별히 동정하거나 상냥한 마음을 갖고 묘사하지는 않는다. 푸코의 저작이 지닌 박력은 오히려 그들을 둘러싸고 생겨난 사항을 할 수 있는 한 가까이에서 파헤치듯이 따져 물으며 파악하는 기묘한 접사감接写感에서 나온다. 독자를 사로잡는 이 감각은 어디서 유래하는가? 그 일부분을 예를 들어 다음과 같은 묘사에서 볼 수 있다.

푸코는 '봉인장'[왕이 발행하는 일종의 체포영장]이라는 구체제 시기의 한 제도, 국왕에 대한 직접적인 청원에 기초해 사람들을 수감하는 감금의 한 형태를 둘러싸고 「악명 높은 자들의 삶」이라는 글을 썼다. 푸코는 이 글에서 자신이 18세기 초의 감금 기록부를 읽고 나서 이 기록부에 등장하는 인물들이 지닌 삶의 '강렬도'에 홀딱 반했다고 고백한다. 이 사람들은 숲속을 헤매는 광인, 탈주한 병사, 남색

에 빠진 수도사 같은, 중대 범죄라고는 말할 수 없는 생활상의 소행
불량자로 여러 문서에 등장한다. 이들의 비루한 삶은 밤의 어둠에 묻
혀 역사에서 영원히 사라질 운명에 있는 하잘것없는 것이었다. 그리
고 바로 그렇기에 푸코는 그 강렬함에 전율을 느낀다.

하지만 그들의 삶의 흔적, "이런 입자들 중 어떤 것이 우리에게까
지 도달하려면, 그럼에도 불구하고 어떤 광선 하나가 적어도 한순간
이나마 그들을 밝게 비춰줘야만 했다. 다른 어딘가에서 온 빛이. ……
그것은 권력과의 마주침이다. 이 충돌이 없었다면 그들의 덧없는 [삶
의] 궤적을 다시 불러낼 말은 무엇 하나 남아 있지 않았을 것이다. 이
삶들을 매복한 채 기다렸고, 따라다녔고, 설령 한순간일 뿐이더라도
이 삶들의 탄식과 작은 소란에 관심을 기울였고, 생채기를 남겼던 권
력은 우리에게 남아 있는 말들을 되살리게 했던 것이다."12)

푸코의 문장에서 보이는 일종의 적나라함은 권력과 어둠의 해후,
그리고 이것이 초래하는 '강렬도'가 난해한 서술을 통해 독자의 심
금을 울린다는 측면에서 기인한다고 볼 수 있다. 도끼로 가족을 참살
한 피에르 리비에르*의 압도적 존재감도, 『감시와 처벌』에서 재판장
과 설전을 벌인 '반규율화'의 상징적 존재인 소년 베아스[13세의 부
랑아]**의 강렬한 인상도, 그들의 삶이 사방으로 튀게 했던 순간적인

---

12) Michel Foucault, "La vie des hommes infames"(1977), *Dits et écrits*, t.3: 1976
-1979, Paris: Gallimard, 1994, pp.240~241.

* Michel Foucault, *Moi, Pierre Rivière, ayant égorgé ma mère, ma soeur et mon
frère: Un cas de parricide au XIXe siècle*, Paris: Gallimard, 1973. [심세광 옮김,
『내 어머니와 누이와 남동생 …… 을 죽인 나, 피에르 리비에르』, 앨피, 2008.]

** Michel Foucault, *Surveiller et Punir: Naissance de la prison*, Paris: Gallimard,
1975, pp.297~299. [오생근 옮김, 『감시와 처벌』, 나남, 2003, 441~444쪽.]

불꽃이 권력과 접촉해 때마침 기록되어 종이[처음에는 『재판신보』, 나중에는 민중지 『라팔랑주』] 위에 새겨져 있었기 때문에 생겨났다. 그리고 푸코가 이것들을 도서관의 구석진 곳에서 발견하고 놀라움과 환희를 품고 최대한 빛나게 하고자 했기에 생겨났던 것이다.

이런 서술을 종속된 앎, 국지적이고 소수적인 앎에 대한 언급에 비춰볼 때, 누구에게 유효한 권력 분석인가라는 질문은 분명한 답을 얻는다. 권력과의 해후에 의해 빛 아래로 끌려나오고 조사와 기록과 규율화의 객체가 되면서도 이에 맞서는 '악명 높은 자들'이다. 그렇게 되면 이어서 문제가 되는 것은 '싸움', '투쟁', '충돌', '봉기', '반란' 같은 용어이다. 1975~77년에 걸쳐 푸코는 전쟁이나 싸움뿐만 아니라 전략이나 전술, 장치, 기구 같은 군사적 용어를 의도적으로 사용하고 있다. 이것은 그의 문제의식인 다음의 물음과 호응한다. "결국 우리 사회의 근본적 특징 중 하나는 운명이 권력과의 관계라는, 권력과 함께 혹은 권력과 맞서는 투쟁이라는 형태를 취한다는 것이 아닐까? 삶의 가장 강도 높은 지점, 그 에너지가 집중되는 지점이란 생명이 권력과 충돌하고 싸우고, 그 힘을 이용하거나 그 덫에서 빠져나오려고 하는 지점이 아닐까?"[13] 운명에 의해 어둠에서 끌어내진 사람들이 권력과 벌이는 이 싸움에 도움이 되는 도구를 만들어내고, 싸우는 자들에게 상상력과 활력을 부여하는 권력론을 전개하려면 어떤 이론적 뒷받침이 필요할까? 푸코가 이를 위한 후보로 삼았던 것이 '전쟁' 담론이었다. 권력을 둘러싼 투쟁이 실제로 벌어지고 있다면, 그것을 전쟁으로 독해해야 할까? 또한 원래 전쟁에 의해 권력을 말한다는 것은

---

13) Foucault, "La vie des hommes infames," p.241.

도대체 어떤 말하기 방식을 가리킬까? 전쟁 담론의 가능성을 시험하기 위해 1976년의 푸코는 이 질문을 골라냈던 것이다.

| 1976년 강의 (3): 인종들의 전쟁과 투쟁 |

1976년 강의는 전쟁 담론의 검토에 거의 다 할애됐다. 따라서 푸코가 이 담론의 유효성을 꽤 진지하게 검증하려 했다고 추측할 수 있다.

우선 푸코가 전쟁 담론을 검토하는 '위치'를 보자. 2강(1월 14일)에서는 권력을 억압으로 파악하는 모델이 도마에 오르는데, 이 모델은 법과 규율이라는 두 개의 권력에 의거하고 있기에 비판적 개념으로 사용될 수 없다고 지적된다. 전쟁은 억압보다 더 면밀하게 고찰될 가치가 있다는 것이 이 당시 푸코의 생각이었다.[14] 바꿔 말하면, 여기서 전쟁으로서의 권력 모델은 일찍이 푸코가 규율이나 인간과학에 의거하는 권력에 대해 했던 것처럼 근본적인 의문이나 비판의 대상으로서 검토되는 것이 아니다. 오히려 비판의 거점이 될 이론적 가능성을 지닌 모델로서 검토 대상이 되고 있다.

하지만 이런 의미에서 이른바 파격의 짐을 짊어졌던 전쟁 모델의 유효성, 즉 투쟁의 도구로서의 가치에 관해 푸코는 애초부터 유보를 달고 있다. 푸코는 지금껏 5년 동안 규율을 연구해왔듯이 향후 5년 동안 전쟁과 군대를 테마로 다루겠다고 선언하지만,[15] 그 이론적 가

---

14) 푸코는 『"사회를 보호해야 한다"』에서 억압 개념의 한계를 찾아낸 이유로, 이 개념이 한편으로는 주권론에 의해, 다른 한편으로는 규율권력과 밀접한 관계에 있는 인간과학이나 심리학에 의해 떠받쳐지고 있음을 들고 있다.

15) Foucault, "Il faut défendre la société", p.21. [『"사회를 보호해야 한다"』, 39쪽.] 이밖에도 1977년의 좌담회와 대담에서 전쟁 모델에 대한 언급과 이에 대한

능성을 무분별하게 높이 평가한 적은 한 번도 없었다. 이미 1강에서 억압과 나란히 전쟁 개념은 "궁극적으로 폐기되어야 한다고는 말할 수 없어도, 대폭 변경되어야만 한다"고 말하고 있다.16)

덧붙이면, 2강 서두에서 푸코는 전쟁 모델과 짝을 이루는 주제로 "17세기부터 지금까지 우리 사회에서 행해왔던 그 실제적·효과적· 역사적 기능 속에서 군사제도, 군사제도들에 관한 분석을 시작"17)할 예정이라고도 말한다. 이것은 강의에서 다룬 전쟁 담론과 다른 내용을 포함한, 군사제도들에 관한 이른바 '실증적' 연구인 듯하다. 푸코 는 군사제도들에 관해 책을 쓸 의도도 있었던 것 같다.18) 하지만 결 국 그것은 이뤄지지 않았고, 군사적인 것이 근현대의 사회편성에서 하나의 모델이 되고 있음을 개괄적으로 지적하는 데 그쳤다.19)

이렇게 당초부터 유보적이었는데도 불구하고, 푸코는 1976년 강 의에서 전쟁 담론을 주제로 삼아 고찰을 해갔다. 그리고 여기서 푸코

판단 유보를 볼 수 있다. Michel Foucault, "L'œil du pouvoir"(1977), *Dits et écrits*, t.3: 1976-1979, Paris: Gallimard, 1994, p.206. [홍성민 옮김, 「시선의 권력」, 『권력과 지식: 미셸 푸코와의 대담』, 나남, 1991, 202~203쪽]; "Non au sexe roi"(1977), *Dits et écrits*, t.3, ibid., p.268. [황정미 옮김, 「권력과 성」, 『미 셸 푸코, 섹슈얼리티의 정치와 페미니즘』, 새물결, 1995, 36쪽.]

16) Foucault, "*Il faut défendre la société*", p.18. [『"사회를 보호해야 한다"』, 37쪽.]

17) Foucault, "*Il faut défendre la société*", p.21. [『"사회를 보호해야 한다"』, 39쪽.]

18) Michel Foucault, "Michel Foucault, l'illégalisme et l'art de punir"(1976), *Dits et écrits*, t.3: 1976-1979, Paris: Gallimard, 1994, p.89.

19) Michel Foucault, "La scène de la philosophie"(1978), *Dits et écrits*, t.3: 1976- 1979, Paris: Gallimard, 1994, pp.581~582. 여기서 푸코는 유럽 근대에서 군 대가 차지한 중요성에 관해 말했다. 푸코가 여기서 거론한 테마들이 군사제 도들의 연구를 기획했을 때의 관심사였다고 할 경우, 그 내용은 1978년 강의 와 1979년 강의에 모두 실려 있다.

가 전쟁 담론에 부여한 특징을 보면, 그가 왜 이 담론에 주목했는지에 관해 부분적인 답변을 얻을 수 있다.

푸코는 지배와 전쟁의 담론을 법과 주권의 담론에 대립시킨다. 푸코는 왜 주권 이론이 권력의 분석 모델로 불충분하다고 생각했느냐고 묻는다면, 이 이론은 사실이나 경험에 기초해서가 아니라 허구적 구성을 통해 권력 문제에 파고들기 때문이라고 곧장 말할 수 있다. 더욱이 법적 담론의 허구성이라는 특징은 이 담론이 권력의 구성에 선행해 늘 어떤 '원초성'[20]을 상정한다는 것과 연결되어 있다.

이에 반해 전쟁 담론은 지배라는 사실에서 출발한다. 그리고 푸코는 역사에서 실제로 일어난 전쟁·전투가 이런 지배를 초래했다고 말한다. 그렇다면 누구와 누구의 전쟁인가? 여기서 노르만, 색슨, 프랑크, 갈리아, 로마 등의 인종들이 등장한다.[21] 역사란 인종들 사이의 투쟁이며, 전쟁의 결과로서의 지배, 새로운 전쟁에 의한 전복, 또는 승리자에 의한 지배를 서서히 침식하는 권력의 찬탈과정이다.

이렇듯 푸코는 전쟁을 긍정하는 역사, 법과 주권의 영광의 배후에서 피와 폭력의 잔학을 확인하는 역사를 '대항역사'[22]라 칭송한다.

---

20) Foucault, *"Il faut défendre la société"*, p.38. [『"사회를 보호해야 한다"』, 64쪽.]

21) 여기서의 인종(race)에는 확고한 생물학적 의미가 없음을 푸코 자신이 지적한다. Foucault, *"Il faut défendre la société"*, p.67. [『"사회를 보호해야 한다"』, 101쪽.] 실제로 프랑크족이나 갈리아족을 '인종'이라 부르는 것은 기묘하게 느껴진다. 하지만 가령 앙리 드 불랭빌리에에게서 볼 수 있는 '우리 프랑크족'[당시의 귀족]에 대한 자긍심과 '그들 갈리아족'[당시의 관료층]에 대한 모멸 찬 시선은 "그 사람과는 인종이 다르다"는 표현과도 공통적인 함의가 있다. 즉, 확고부동한 차이가 지각되고 있지만, 이것은 생물학이라는 버팀목을 갖지 못하고 그 대신에 전쟁·정복의 역사 담론에 의해 뒷받침되고 있다.

왜냐하면 여기서 역사는 권력자의 힘과 영광, 권력의 오래된 기원을 말하는, 지배를 위한 의례와는 다른 의미를 갖기 때문이다. 인종투쟁 담론에서는 한쪽의 승리가 곧 다른 쪽의 패배이다. 싸움을 통해 얻게 된 지배는 그것이 긍정될 때에도 폭력적 찬탈이며 힘을 사용한 횡령이다. 이를 통해 주권의 역사가 지닌, 영광으로 가득 찬 그 연속성에 균열을 집어넣고 그 안정성과 통일성을 끊어버리는 것이다.

이런 의미의 대항역사는 "영광을 갖지 못한 사람들의 담론, 혹은 영광을 잃어버린 사람들, 그리고 어쩌면 잠깐 동안, 그러나 의심할 바 없이 오랫동안 어둠과 침묵 속에서 이제는 자신들을 발견하는 사람들의 담론 …… 봉인된 진실의 판독"23)이다. 여기서 푸코는 전쟁 담론을 빛에 대한 어둠, 학대받은 자들의 말이라고, 혹은 폭력과 전투로 지배와 권력의 통일성이라는 신화에 균열을 내는 대항권력이라 파악한다. 이 담론의 담지자에는 귀족도 부르주아지도 고명한 학자도 포함되지만, 그래도 이 담론은 권력이라는 빛과 접촉해 불꽃을 튀기는 '악명 높은 자들'의 투쟁을 위한 것이라 푸코는 파악한다.

이 담론이 겨냥하는 것은 주권의 배후에서, 그 과거에 숨 쉬고 있는 전쟁의 기억을 새롭게 하는 것이다. 여기서 정치는 전쟁의 종결과 평화의 구축이 아니라 다른 수단으로 계속되는 전쟁에 다름없다. 여기서 푸코가 주된 분석 대상으로 삼았던 것은 18세기의 프랑스 귀족인 앙리 드 불랭빌리에였다. 불랭빌리에는 옛 전사귀족 가문의 후예

---

22) Foucault, *"Il faut défendre la société"*, p.57. [『"사회를 보호해야 한다"』, 87쪽.]

23) Foucault, *"Il faut défendre la société"*, pp.61~62, 63. [『"사회를 보호해야 한다"』, 93~94, 96쪽.]

이지만 극심한 가난에 시달렸다. 아버지가 남긴 빚과 자식들의 잇따른 사망 등, 불랭빌리에의 처지는 평생 동안 불행했다고 한다. 철학적으로는 스피노자주의자였지만, 정치 이론적으로는 일찍이 로마에 종속되어 있었던 갈리아를 정복한 프랑크족의 절대적 지배권을 인정하는 전쟁과 지배의 담론을 전개했다. 무엇보다 불랭빌리에 자신이 진정한 귀족의 피를 이어받은 전사의 후예였던 것이다.

| 전쟁 담론으로부터의 이탈 |

푸코가 전쟁 담론을 높이 평가한 까닭은 이 담론이 주권 이론에 단절을 초래했을 뿐만 아니라 "누구에게 있어서"라는 전제를 밝히지 않고 역사를 말하는 것의 속임수를 폭로했기 때문인 듯하다. 역사를 그려냄으로써 정당성과 연속성에 대항해 적대성과 단절을 도입하는 것. 역사라는 '진리'는 사심으로 채워져 있다. 따라서 화자의 이해관계를 넘어선 곳에 유일하게 참된 역사가 존재할 수는 없다. 그렇기에 역사는 투쟁으로 묘사될 수밖에 없다. 이런 입장에서 근대사를 파악하려 했던 니체적인 역사주의자 푸코는 불랭빌리에의 사상을 찬양하지 않을 수 없었다. 하지만 권력을 그려내기 위한 새로운 이론으로서의 전쟁 담론에 대해 푸코는 결국 부정적인 대답을 내놓게 된다.

그 한 가지 이유는 1976년 강의의 서두에서 이미 언급되고 있는, 19세기 말 이후의 인종주의, 나치즘과 스탈린주의라는 20세기의 두 개의 거대한 악으로 이어지는 인종주의의 존재이다. 새로운 과학에서 생물종으로서의 인간이라는 후원자를 발견하고, 국민의 일체성과 그 내부의 열등 인종, 동일한 인종 안에 있는 열등한 피 등과 같은 사상에 의해 뒷받침될 때, 인종들의 투쟁의 담론은 그때까지 없었던 깊은 변용을 겪었다. 왜냐하면 그것이 생물학적 인종주의로서 절멸과 제거, 격리와 정상화/규범화의 원리로서 사용됐기 때문이다. 적대성과 단절의 한가운데서 우리 편에게 승리를 가져다주고자 하는 담론이 아니라, 하나로 통일된 사회 속에 숨어 있는 이질적인 분자들을 솎아내 자기네 종을 위험에 노출시키는 자들로부터 자신들을 지키려고 하는 담론이 등장한 것이다. 1976년 강의는 인종의 순수성을 요구하는 이 "국가인종주의 … 생물학적이고 중앙집권화된 인종주의"24)를 거듭거듭 언급한다. 여기서 푸코가 '내부의 적'으로 상정하고 있는 것은 나치 독일의 경우에는 '열등 민족'이나 '유전적으로 열등한 자'이며, 소비에트의 경우에는 '계급의 적'으로서의 일탈자나 정신병자이다. 적을 내부의 이질적인 자로 설정하면, 그것은 분열을 노골적으로 드러내는 대항담론이 아니라 동일성과 순화의 담론이 된다.

하지만 푸코는 인종주의 담론에 관해, 한편으로는 이 담론이 "인종들의 전쟁 혹은 투쟁에 관한 이 거대한 담론 속의 특수하고 국지적인 에피소드에 불과했다"25)고 한다. 생물학적 인종주의가 나중에 이로부터 생겼다고 하는 이유만으로, 인종들의 투쟁이라는 담론들 전체에 대해 판단을 내려서는 안 될 것이다.

그렇다면 푸코가 전쟁 담론을 강하게 말해서 단념했던 이유를 다른 곳에서 찾을 필요가 나온다. 실마리는 1976년 강의가 아니라 조금 떨어진 곳인 1979년 강의에서, 즉 이 담론 자체에 대한 해석과 위치설정이 자연스럽게 바뀌어 있는 곳에서 찾아낼 수 있다.

---

24) Foucault, *"Il faut défendre la société"*, p.71. [『"사회를 보호해야 한다"』, 107쪽.]
25) Foucault, *"Il faut défendre la société"*, p.57. [『"사회를 보호해야 한다"』, 87쪽.]

1979년 1월 10일 강의[『생명정치의 탄생』 1강]에서 푸코는 전쟁 담론을 자연법이나 계약론과 동종의 사유로서 다루고 있다. 1976년에 전쟁 담론이 '역사적-정치적 담론'으로서, 자연법과 계약론의 '법학적-철학적' 담론과 순차적으로 대비됐다는 점을 생각하면, 이런 변화에서 우리는 당혹감을 느끼게 된다. 더욱이 푸코는 이 변화에 관해 설명하기는커녕 애매하게 언급하는 데 머물고 있다.

언제인지 기억은 나지 않지만 제가 2~3년 전에 말한 바 있던 역사적-법적 고찰의 주요 부분도 있습니다. 이런 역사적-법적 고찰 내에서 역사적으로 왕권은 절대적 통치와는 거리가 멀었습니다. 그리고 군림했던 이성, 주권자와 신민들 간에 세워졌던 이성은 결코 국가이성이 아니었죠. 차라리 그것은 예를 들면 귀족계급과, 전시상태 그리고 아마도 그 이후 약간의 기간 동안 귀족계급이 수장의 책무를 부여한 군수뇌부 간의 상호합의 같은 것이었습니다. 이로부터, 즉 이런 종류의 원초적인 법권리의 상황에서 생겨났을 왕은 곧이어 이 상황을 남용해 역사적으로 시원적인 이 법률들을 뒤엎곤 하죠. 시원적인 법률들을 지금 [다시] 찾아내야 한다면서 말입니다.26)

푸코가 그 전거를 얼버무리고 있는 내용은 불랭빌리에가 『프랑스의 상태』(1727) 등에서 집요하게 반복했던 테제이다. 즉, 여기서 인

---

26) Michel Foucault, *Naissance de la biopolitique: Cours au Collège de France 1978-1979*, éd. Michel Senellart, Paris: Gallimard/Seuil, 2004, p.10. [오트르망 옮김, 『생명관리정치의 탄생: 콜레주드프랑스 강의 1978~79년』, 도서출판 난장, 2012, 30쪽.]

종들의 담론은 역사를 통해 법의 연속성에 적대성과 단절을 초래하는 '역사적-정치적' 담론이 아니라 원초적인 법, 시원적인 [법]권리에 의거하는 '법적' 담론의 한 변종으로 간주되는 것이다.

사실 푸코는 이 해석을 이미 1977년의 좌담회에서 표명했다. 여기서 푸코는 장-자크 루소와 불랭빌리에를 인용하며 이렇게 말한다. "두 사람 모두 모든 인간이 평등하다는 원초적 상태에서 출발한다. 이런 후에 뭐가 일어날까? 한쪽[불랭빌리에]은 역사적 침입이고 다른 한쪽[루소]은 신화적-법적 사건인데, 두 경우 모두 사람들이 더 이상 권리를 갖고 있지 않고 권력이 거기에 있게 되는 어떤 순간에서 출발한다. 권력 이론을 세우려고 한다면, 어떤 점과 어떤 주어진 순간에 권력이 생겨났다고 언제나 생각하지 않을 수 없을 것이다. 그리고 권력의 발생을 만들어내고 게다가 연역하게 될 것이다."[27]

전쟁 담론은 '우리'가 옳다는 것을 어떤 방법으로든 증명해야만 한다. 불랭빌리에의 경우 왕권에 대한 원한은 이루 다 말할 수 없는 것으로, 스스로 자랑할 것이라고는 자신의 '혈통'뿐이었다. 그렇게 되면 나중에는 왜 우리가 올바른가, 무엇을 되찾지 않으면 안 되는가를 역사에서 찾아낼 수밖에 없었다.[28]

---

27) Michel Foucault, "Le jeu de Michel Foucault"(1977), *Dits et écrits*, t.3: 1976-1979, Paris: Gallimard, 1994, p.302. [홍성민 옮김, 「육체의 고백」, 『권력과 지식: 미셸 푸코와의 대담』, 나남, 1991, 241쪽.]

28) 니체는 역사를 단절과 대립으로서 그려낸다는 이 발상을 계승하면서도, 올바름의 근거에 대한 질문의 무효성을 보여주고 삶을 긍정한다는 곤란한 처지에 놓이게 됐을지 모른다. 이런 점에서 푸코가 전쟁 담론에서 이탈한 것은 어떤 의미로는 니체로부터 이탈한 것이기도 했다. 진리의 배후에서 권력투쟁의 역사를 보는 니체의 사상은 푸코에게 막대한 영향을 끼쳤다. 하지만 승자와 패

우리는 왜 올바르고 저 놈들은 왜 추잡스러운가라는 문제설정에 접근할 수밖에 없으며, 또 법의 언어와 마찬가지로 시원에 대한 질문에 이르게 되는 전쟁 담론을, 푸코는 권력 분석의 이론틀로 삼기를 단념했다. 앞의 루소와 불랭빌리에에 대한 언급에 이어진 푸코의 발언은 다음과 같다. "하지만 만일 권력이 실제로는 열린 다발이라면, 관계들의 다소간 조율된 (그리고 필시 제대로 조율되어 있지 않은) 다발이라면, 유일한 문제는 권력관계들의 분석학을 가능케 해주는 분석 격자를 갖추는 데 있다."29) 이 질문에 답하는 형식으로, 푸코는 권력관계의 분석 '격자'로서 '통치'라는 개념을 자기 스스로 연마해낸다. 1978년 강의에서 시작된 일련의 연구에서, 푸코는 고대 그리스부터 동시대의 신자유주의에 이르기까지, 국가의 통치로부터 일상의 인간 관계까지, 또 인구의 통치로부터 자기 자신의 통치에 이르기까지를 분석 대상으로 삼았다. 그리고 이 모든 것들에 대해 통치는 매우 유효한 분석 격자가 된다는 점을 보여줬다. 『앎의 의지』에서 "억압하는 권력에서 생산하는 권력으로" 관점을 전환시켰던 것에 비춰보면, 푸코는 이제 "전쟁에서 통치로" 그 발판을 옮긴 것이다.

| 생명권력과 자유주의의 통치 |

1978년과 1979년의 강의는 두 해에 나뉘어 있지만 나뉠 수 없는 하

자를 반전시키는 그 '계보학'의 끝에는 올바른 자와 부정한 자의 역전이 있다. 나아가 그 끝을 생각할 때, 니체의 사상은 불랭빌리에에의 귀족, 즉 시원에 있어서 올바른 자로 한없이 가까워질 수밖에 없다. 푸코는 적과 동지에 의한 투쟁이라는 발상 자체와 거리를 둬 이 함정에서 벗어나려고 했던 듯하다.
29) Foucault, "Le jeu de Michel Foucault," p.302. [「육체의 고백」, 241쪽.]

나의 강의이다.30) 이제부터 이 두 강의를 '통치성 연구'라 부르겠다.
구체적으로는 1979년 강의의 주제로 삼은 '자유주의의 통치' 내부에
투입되고 배치된 '안전장치'가 1978년 강의의 1강, 3강, 13강(마지막
강의)에서 거론되며, 이것들 중간에 끼워 넣어진 모양새로 1978년 강
의의 주요 테마가 된 '국가이성-내치polizei의 통치'와 그 기원으로서
의 '사목권력'이 말해진다. 나아가 1979년 강의는 18세기에 출현한
'자유주의의 통치'를 자세히 다루면서 시작되며, 현대 자유주의에 대
한 기나긴 언급에 이어서, 마지막으로 다시 고전적 자유주의(데이비
드 흄과 애덤 스미스)에서의 시민사회 문제를 말하며 끝난다.

　이 두 해 동안의 강의가 만일 연대순의 역사를 더듬어가는 것이
었다면 다음과 같이 구성됐을 것이다. ① 비교 참조점으로서의 고대
그리스, ② 초기 그리스도교 시기(2~3세기)에서의 사목권력의 제도
화, ③ 중세 내내 사목의 통치에 대한 반항의 형태, ④ 13~15세기에
서 '통치'의 의미, ⑤ 16세기 이후 국가이성론과 내치의 전개에 입각
한 국가의 통치, ⑥ 18세기 자유주의에 의한 기존의 통치에 대한 비
판과 새로운 통치로서의 '안전장치'의 투입·배치, ⑦ 독일의 질서자
유주의, ⑧ 미국의 신자유주의.

　[하지만] 실제로 1978년 강의는 ⑥⑤④①②③⑤⑥의 순서로 진
행됐고 1979년 강의는 ⑥⑦⑧⑥의 순서로 진행됐는데, 이 두 해의
강의에서 푸코는 1976년 강의의 11강과 『앎의 의지』 마지막 장에서
제기한 '생명정치' 또는 '인구 규모의 리스크 관리'라는 문제와 직접
연결된 '자유주의의 통치'를 주로 다룬다.

---

30) 푸코는 1977년에 안식년으로 콜레주드프랑스에서의 강의를 쉬었다.

이미 썼듯이, 1976년 강의의 11강에는 '살게 만드는 권력'으로서의 생명권력이라는 말이 나온다. 푸코는 생명권력의 문제를 극단적인 형태로는 나치즘과 스탈린주의로 나타난 인종주의의 문제와 접속시킨다. 그리고 사람을 살게 만듦으로써 그 신체로부터 여러 가지의 것을 끌어내는 시대에 역설적이게도 죽음이 세계 속에 넘쳐나는 수수께끼를 말한다. 사람의 신체와 생명이 모종의 자본, 부의 원천으로 여느 때보다 중시되는 시대에 왜 이렇게 대량의 죽음이 초래되는 것일까? 푸코는 이런 상황을 산출한 사유의 하나가 유전과학과 진화주의에 기초한 새로운 인종주의였다고 지적한다. 이런 생명과 죽음의 대비, 지켜야 할 것과 내던져져야 할 것 사이의 관계에 관해 푸코가 제기한 질문은 공통적으로 '사회보호'라는 질문을 안고 있다. 대대적인 수준에서 안전을 목표로 한 새로운 발상이 어떤 특정 범주에 속하게 된 사람들을 살육·말소·제거하는 것이 어떻게 가능했는가 하는 질문 말이다. 인구의 조절로서 나타나는 권력의 양식을 그려낸다는 것은 이를 통해 살게 만들어진 사람들과 동시에 죽음으로 내팽개쳐진 사람들을 산출하는 메커니즘을 밝혀낸다는 것이다.

전쟁 담론에서 볼 수 있는 대등한 적대자 사이의 싸움이 아니라 어떤 자를 살리려면 다른 자를 이 세상에서 지워버려야 한다는 이 무시무시한 권력을 푸코는 분석의 도마 위에 직접 올리지는 않았다. 그리고 1978년 강의와 1979년 강의에서도 이런 권력의 문제를 크게 우회하고 있다. 요컨대 이 두 해의 강의는 [차라리] '사회보호'론과의 관계에서 리스크로서 다뤄지는 기구, 즉 1976년 강의의 11강에서 간단하게 설명된 '안전장치'와 『앎의 의지』에서 '생명정치'라고 명명된 존재를, 통치성의 역사 속에 다시 위치짓는 작업이었다. 개인과 개별 신체가 아니라 인구의 조절을 조준하는 권력의 계보와 확대를 연구하는 것, 나는 바로 이것이야말로 1979년 강의의 제목인 '생명정치의 탄생'에 담겨 있는 의미였다고 생각한다.

좀 더 자세히 살펴보자. '생명정치,' '생명권력,' '안전장치'라는 말이 18세기 후반의 상황을 가리키는 것으로 처음 등장한 곳은 1976년 강의의 11강인 듯하다.[31] 거의 동일한 내용이 같은 해 11월에 간행된 『앎의 의지』의 마지막 장에도 나타난다. 다만 둘 모두 기근과 경제순환이라는, 1978년 강의에서는 서두부터 주목을 받은 주제를 포함하고 있지 않다.[32] 그 때문에 당초의 아이디어는 의료와 도시계획 같은 오랜 연구 영역에서 얻어진 것으로 보인다.[33] 여기에다 경제의 통제에 대한 18세기 경제학자들의 비판이 나중에 연결되면서 통치성 연구의 구상이 단숨에 크게 부풀어 오른 것이 아닐까? 강의 구성에서부터 살펴보건대, 처음에는 경제 없이 인구와 안전을 포함하고, 그 다음에는 경제적 자유주의를 포함한 18세기의 새로운 통치술에 관한 구상이 이 두 해의 강의 전체를 견인했음에 틀림없다.

---

31) 이날[1976년 3월 17일]의 강의에서 '생명권력'은 '생명정치'와는 똑같은 것이지만 규율과는 이질적인 권력으로 간주된다. 그러나 『앎의 의지』에서는 '죽음에 대한 권리'로서의 법적 권력과 대비되는 데 중점이 놓이기에, '생명권력'은 '규율'과 '생명정치' 둘 다를 포함한 말로 사용되고 있다.

32) Michel Senellart, "Situation des cours," in Michel Foucault, *Sécurité, territoire, population: Cours au Collège de France 1978-1979*, éd. Michel Senellart, Paris: Gallimard/Seuil, 2004, p.395. [오트르망 옮김, 『안전, 영토, 인구: 콜레주드 프랑스 강의 1978~79년』, 도서출판 난장, 2011, 512~513쪽.]

33) 언뜻 별개의 분야에서 공통적인 사고패턴이 똑같은 시기에 나타난다고 하는 발상은 『말과 사물』(1966)의 핵심을 이룬다. 이와 똑같은 생각을 인간 관리의 기술에 적용했던 것이 통치성 연구이다.

하지만 돌이켜보면, "결국 올해 강의는 서론이었어야 할 것에 모두 할애됐다"[34]라고 스스로 말하듯이, 1979년 강의는 새로운 방향성의 단서를 연다는 성질을 띠고 있지만 자유주의의 통치 혹은 포스트-규율적 통치방식에 관한 포괄적 연구가 되지는 않았다. 18세기의 고전적 자유주의에 관해서는 1978년 강의의 조감도에 따라 설명이 이뤄지는데, 마지막 두 번의 강의[11~12강]에서 다시 그것으로 돌아가 '시민사회' 개념의 중요성이 강조된다. 하지만 그 논의의 귀결은 분명하지 않다. 마지막 강의는 자유주의가 제기한 문제를 염두에 두면서 인구에 대한 생명정치가 통치실천으로서 그 뒤에 어떻게 전개됐는가를 추적하는 것이 향후의 연구 과제라고 말하며 끝난다.

아마도 사목의 통치에 관해 조사해가는 과정에서 푸코는 시대를 거슬러 올라가 고전-고대의 그리스-로마에 있어서의 통치로 한 발짝 내딛게 되는 듯하다. 1978년 강의의 서술에서 보면, 처음에는 그리스도교의 사목에서 그 이전과 무엇이 결정적으로 바뀌었는가를 이해하기 위한 참조항에 불과했던 헬레니즘 세계가 점차 그 자체로서 푸코를 매료시켰고, 푸코는 여기서 떠나기 힘들게 됐다.

그 때문에 1976년 강의의 11강에서 제기된 질문, 즉 생명권력의 시대에서 생겨나는 대량학살 문제에 관해서는 더 이상 깊이 파고들지 않은 채 끝내버렸다. 사회를 보호하기 위해 죽음과 배제와 격리에 노출된 사람들, 어떤 생명의 발전과 풍요를 위해 어둠 속에 버려지고 몰래 폐기되는 다른 생명. 생명정치에 관한 푸코의 논의방식이 지닌 강점은 그저 후자의 존재를 지적하고 비난하는 것이 아니라 살게 만

---

34) Foucault, *Naissance de la biopolitique*, p.323. [『생명관리정치의 탄생』, 435쪽.]

드는 것과 죽음 속으로 내팽개쳐지는 것 사이의 연결, 양자가 불가분하기 때문에 강화되고 재생산되는 구조를 묻는 것에 있었다. 그러나 그 구조가 자유주의의 통치를 시야에 넣었을 때 어떻게 포착되는가는 결국 명확하게 밝혀지지 않았다.[35]

| 자유주의에서의 개체와 전체 |

[푸코가 더 이상 언급하지 않은] 다른 문제로는 자유주의에서의 개체와 전체, 혹은 개별화하는 권력과 대중·인구에 관련된 권력 사이의 관계가 있다. 이 문제도 '사회보호'론에서 이미 맹아적으로 제시됐다. 즉, 사회체에서의 '리스크'이자 집단 수준에서의 확률 문제로서 다뤄지는 범죄자와, 개인으로서 그 자신의 생활사와 인간성 전체가 비정상성의 범주에 들어가고 항상적인 조사와 치료의 대상이 되는 범죄자 사이의 관계 말이다. 한 명의 인간이 두 개의 방식으로 파악됨으로써 권력관계가 어떻게 구성되고 그 안에서 사람은 어떻게 자리매김되는가? 이 문제는 국가인종주의에 있어서 종의 순결이라는 인구 수준의 문제와 사회의 말단이라는 엄격한 감시망의 형성이 어떻게 연결되는가 하는 문제로 바꿔 말할 수도 있다. 마지막으로 [한편으로는] 시장을 '자연'으로서 존중하고 개별 행위의 규제가 아니라 일반적 규칙을 설정해 전체로서 자발적 질서를 생성케 하는 자유주의의 새로운 통치기법, [다른 한편으로는] 시장에서 개인 각자가 몸에 배도

---

35) 드페르의 「연보」에 따르면, 1984년에 캘리포니아주립대학교 버클리 캠퍼스의 학생 집단이 제1차 세계대전 이후의 새로운 정치적 이성의 출현에 관한 연구계획을 푸코에게 써보냈다. 이 공동 연구가 실현됐더라면 이 테마에 관한 어떤 대답을 얻을 수 있었을지 모른다. Defert, "Chronologie," p.63.

록 해야만 하는 행동거지, [즉] 모종의 자기의 기법 사이의 관계 문제도 개체와 전체라는 점에서는 동일한 위상에 있다.

푸코는 이 두 개의 관계성이 서로 차원을 달리 하며 제각각 인간에 대한 접근법도, 권력의 배치방식도 다르다는 점을 보여줬다. [따라서] 자유주의를 논한다는 것은 결국 양자의 관계를 묻는 것으로 이어질 수밖에 없다. 왜냐하면 자유주의는 한편으로 경제라는 영역이 지닌 근본적인 조작불가능성, 임의대로 바꿀 수 없는 인구의 '자연성'에 의거하지만, 다른 한편으로 이 자연성은 자기 이익의 중시, 이익을 얻기 위한 합리적 사고방식과 행동, 타자의 행위에 대한 합리적 예측 같은 개인에 관한 여러 가지 전제를 필요로 하기 때문이다. 자유로운 행위의 집적에 의해 시장에 자연성을 부여하는 개인, 일반적인 시장규칙에 따라 삶을 구성하는 개인은 어떤 인간이고 어디서 어떻게 만들어지는 것일까? 푸코는 '호모 에코노미쿠스' 모델이 자유주의에서 하고 있는 역할을 실마리 삼아, 리스크와 확률의 시대에 있어서 개체와 전체, 미시와 거시의 복잡한 관계를 파고들려고 했다.

1979년 강의의 10강(3월 21일)에서 미국 신자유주의의 범죄 정책을 논하는 가운데 푸코는 이와 관련된 중요한 논점을 제시한다. 신자유주의는 범죄를 시장의 하나로 이해하기 때문에, 범죄를 수요와 공급의 용어로 파악한다. 이로부터 가령 범죄의 공급을 줄이려면 수요를 어떻게 조절해야 하는가 하는 생각이 나오게 된다. 푸코는 당시의 마약 정책을 예로 들며 유한한 법 집행을 효율적으로 하기 위한 비용 대비 효과의 발상이 어떤 제언을 이끌었는가에 대해 말했다. 단속을 강화하고 마약의 유통 전체를 규제하는 정책이 가격 급등과 독점에 의해 범죄를 키웠을 뿐이라는 반성에서, 강한 중독자가 아니라 사소한 계기로 일시적으로 마약 사용자가 된 사람을 조준한다고 하는 정책의 방향 전환이 당시 미국에서 논의됐다. 여기서는 우선 법집행의 비용 대비 효과라는 질문이 전면에 나온다. 또한 소비자로서의 범죄자는 범죄를 일으키기 쉽다거나 범죄 대상이 되는 물건을 쉽게 입수할 수 있다거나 하는 등, 본인의 인격과는 그다지 관계없는 기회나 환경에 의해 좌우되는 존재로 파악되고 있다.

여기서 나타난 일련의 사고방식은 범죄자의 인격을 타고 태어난 가공할 만한 생명체를 빼놓지 않고 선별해 실제로 범죄가 일어나기 전에 이들을 감시하고 경우에 따라서는 말소시킨다는 생각과는 어떤 의미에서 정반대된다. 그 인물이 인류학적으로 얼마나 무서운지, 내면에 어떤 어두운 그늘의 세계가 펼쳐져 있는지 등과 같은 사항은 처음부터 관심사가 아니다. 범죄자는 여느 인간과 별반 다를 바 없으며, 매우 평범한 합리성을 지닌 존재로 여겨진다. 바로 그렇기에 이들의 행동은 정책을 통해 어느 정도 통제할 수 있다[고 여겨진다].

이런 범죄 정책에는 푸코가 그때까지 오랫동안 관계맺었던 규율적인 범죄자 이미지가 전혀 없다고 말해도 좋을 정도로 거의 등장하지 않는다. 이 차이를 어떻게 생각해야 할까? 널리 공유된 합리성을 갖추고 있는 인간의 행동을 환경과 관련지어 이해한다는 발상은 범죄인류학을 제외한 범죄학, 범죄행동과는 다른 행동을 '합리적' 또는 '제한된 합리적' 선택에 따른 행동으로 동시에 포괄적으로 이해하는 환경범죄학으로 나아가는 길을 개척했다. 여기에 나오는 것은 개별화하는 권력, 개인을 그 비정상성의 정도에 따라 세밀하게 분류하고 치유하고자 하는 권력이 대상화하고 객체화하는 '악명 높은 자들'과는 다른 인간, 자기와 타자의 욕구와 충족 수단 사이의 관계를 감안

하면서 행동을 거듭해가는, 일종의 자기의 테크놀로지를 지니고 있
는, 더욱이 아주 평범한 개인이다.[36]

앞서 말했듯이, 1980년 이후의 푸코가 '자기 통치'의 테마로 기
울어져가게 된 배경에는 고전-고대에 대한 관심 증대라는 이유가 있
다. 다만 또 하나, 신자유주의적 통치가 욕구 충족과 그 수단 사이의
관계를 감안해 자신의 행위를 수립해가는 개인의 자기와의 관계맺기
없이는 성립될 수 없다는 점을 들 수 있다. 푸코는 미국의 신자유주의
사상에서는 인간을 '인적자본'으로 파악해 이에 투자하는, 평생 동안
의 자기 통치가 장려되고 있다고 지적했다. 여기서 극단적으로 나타
난 인간상, 곧 아이들의 교육부터 결혼에 이르기까지 모든 것을 투자
와 비용 대비 효과의 관점에서 파악하는 인간상은 일종의 희화화처
럼 비춰진다. 하지만 중요한 것은 이런 극단적 인간이 현실에서 실제
로 존재하는가가 아니라 신자유주의적 통치술이 스스로 계산하는 인
간, 자기의 인생을 어떤 합리성에 따라 구상하는 인간이라는, 특정한
형식·형태를 갖고 자기에 대해 관계하는 인간을 편입시킴으로써만
비로소 성립된다는 점이다. 신자유주의 전반에서 볼 수 있는 자기 관
계라는 계기의 불가피성은 자기 통치의 문제를 사유하는 것이 동시
대에 있어서 중요하다는 인상을 푸코에게 줬던 것 같다.[37]

---

36) 이 논점은 범죄 프로파일링이라는 예에 입각해 있는데, 다음의 책이 이것을
논하고 있다. 重田園江, 『フーコーの穴: 統計学と統治の現在』, 東京: 木鐸社, 2003.
현재 일본에서도 급속히 보급되고 있는 환경범죄학을 통치의 관점에서 포괄
적으로 연구하는 것이 급선무인데, 이에 관해서는 다른 글에서 논하고 싶다.

37) 현대 자유주의에 관한 고찰과 넓은 의미에서의 주체 문제의 재부상 사이의
관계는 다음에서 언급된다. Michel Foucault, "Une esthétique de l'existence"
(1984), *Dits et écrits*, t.4: 1980-1988, Paris: Gallimard, 1994, pp.732~733.

하지만 자유주의의 통치가 대중의 수준을 관리·조절하는 데서 어떻게 자기라는 계기를 편입시키게 되는가, 또 양자의 교묘한 연결에 의해 얼마나 많은 것을 비가시적으로 만드는가에 관한 문제는 그대로 남아 있다. 복지국가와 대비한다면, 일반적인 것과 개인 사이에 있는 것, 이것들 사이를 연결해왔을 '사회'는 자유주의에 있어서는 사회질서를 엮어낸 규율과 함께 일축된다. 그렇다면 그 대신 자유주의가 여전히 필요로 하는 '시민사회'의 조직과 관계성은 어떻게 산출될까? 『생명정치의 탄생』은 이 방향으로 더 전개됐어야 했다.[38]

| 자유주의가 불문에 부친 것 |

이미 말했듯이, 자유주의 통치의 커다란 특징은 자기 이익을 알고 그 실현을 위해 합리적으로 행위하는 인간이 모든 장면에서 상정된다는 점이다. 이렇게 하기 위해 규율화의 과정은 통치의 요소로서 눈에 보이는 것이 아니게 된다. 자유주의는 악명 높은 자들을 산출하면서

---

38) 파스콸레 파스퀴노의 증언에 따르면, 죽기 직전의 푸코는 고대로의 '탈선'에 하나의 매듭을 짓고 콜레주드프랑스의 연구회에서 통치성 연구를 계속할 생각이었다고 한다. "사망하기 몇 개월 전인 1984년 봄, 푸코는 콜레주드프랑스에서 자신이 이끌었던 근대적 통치 이론들의 연구에 전념하는 연구회에서 함께 일하지 않겠냐고 물었다. 푸코가 원래 예상했던 것보다 훨씬 길게 몰입했던 섹슈얼리티의 역사에 관한 프로젝트가 끝나가고 있었다. …… 푸코의 독자들이 알지 못한 것일 수 있지만, 이것은 푸코가 고전고대로 오랫동안 탈선하기 전에 시작됐던, 그가 1975년부터 1980년 사이에 강의했을 때 제시됐던 연구로 돌아갈 기회였다." Pasquale Pasquino, "Political Theory of War and Peace: Foucault and the History of Modern Political Theory," *Economy and Society*, vol.22, no.1, February 1993, p.77; 重田園江, 「ミシェル・フーコーの統治性研究」, 『思想』, 第870号, 東京: 岩波書店, 1996, 97~98頁.

권력의 객체로서 감시하는 것이 아니라, 그런 존재 자체가 없는 양 이들을 합리적 인간으로 재설정한다.

　푸코의 통치성 연구는 '악명 높은 자들'이 권력을 말하기 위한 언어를 찾아내려는 데서 출발했다. 결과적으로 규율화된 인간, 엄격한 감시와 관리에 노출된 사람들의 존재를 집요하게 밝혀온 푸코의 그때까지의 연구는 자유주의가 묻지 않게 된 사항, 즉 비가시적으로 만들어버린 사람들을 역설적으로 가리키는 형태가 됐다. 그리고 자유주의가 초래한 막다른 골목, 충돌과 투쟁의 존재 자체를 교묘하게 회피하는 논리에 대항하기 위해 푸코가 다음으로 향했던 것은 '자기 통치'의 재검토였다. 이것은 자유주의가 개체와 전체 사이를 이을 때 일종의 마법 주문이 되는 '자연성'이나 '자생성,' '자발성' 같은 계기에 대해 [1976년 강의에서처럼] 적대성과 전쟁을 대항시키는 것과는 다른 방식으로, 상이한 위상에서 권력의 관계성을 재파악하려는 시도로 이해할 수 있다. 1980년대에 기획된 자기 통치의 문제화는 '반자유주의'로서 자기의 문제를 생각하기 위해 자기를 배려하고 자기를 구성하는 윤리적 주체에 관해 말하는 것에 다름 아니었다.

2 | 인센티브란 무엇인가?
다카쿠와 가즈미

> 나는 유혹 말고는 모든 것에 저항할 수 있소 (오스카 와일드)*

| 인센티브란 무엇인가? |

'인센티브'라는 용어가 있다. 최근에는 '욕구자극'으로 바꿔 표현하자는 제안도 있다. 또 예전부터 '유인'이라는 전문용어도 존재했다.

이 용어는 1990년대 후반 무렵부터 조금씩 일본어에도 침투되기 시작했다. 일상 회화에서는 아직 생소한 외래어로 머물러 있지만, 특정 분야에서는 용법이 이미 정해져 있다.

예를 들어 프로스포츠 선수에게 보수의 기본은 연봉이지만, 여기에 더해 추가 보수를 받을 수 있다. 성적에 따라 보수가 더해지는 것이다. 이것이 '인센티브'라고 불린다. 미리 계약에 담겨져 있는 생산량出来高制의 보너스이다.

혹은 휴대전화의 단말기 가격이 이상할 정도로 낮게(가령 1엔[약 100원]으로) 책정되는 경우가 있다. 이런 일이 가능한 것은 개인에

---

* Oscar Wilde, *Lady Windermere's Fan: A Play About a Good Woman* (1892), London: Methuen & Co. Ltd, 1917, Act 1: 148-149. [오경심 옮김, 『윈더미어 부인의 부채』, 동인, 2010, 47쪽.]

게 단말기를 판매하거나 계약을 맺게 되면 대리점은 휴대전화 회사로부터 그 건수에 따라 포상금을 별도로 받는 구조가 만들어져 있기 때문이다. 이 포상금도 '인센티브'라고 불린다.

혹은 더 나아가, "인센티브가 작동한다" 혹은 "작동하지 않는다"는 경영 컨설턴트적인 말투도 듣게 됐다.

이 현대 용어 '인센티브'는 영어의 'incentive'에서 유래한다. 그러면 이 단어는 원래 어원적으로는 어떤 의미일까?

'incentive'는 라틴어의 'incentivus'에서 유래하며, 원래는 숨을 불어넣어ⁱⁿ 노래하게^{canere} 하는 것, 즉 피리를 부는 것 등을 가리켰다. 이런 의미가 바뀌어 이러저러한 감각이나 행동을 야기하는 것, 도발적·자극적인 것이라는 넓은 의미를 갖게 됐다. 누군가에게 일을 시킬 때, 자기가 생각한 대로 상대의 자발적 행동을 이끌어낸다는 것이다. [요컨대] "읊조리게 하거나 지저귀게 하다"라는 것인데, 일본어라면 결국 '춤을 추게 하다'라는 의미이다.

이 단어는 어원과 관련된 오해 때문에 "활활 타오르게 하는 것이나 치밀어 오르게 하는 것"이라는 뉘앙스로 이해되는 경우도 많다. 예를 들어 'incense'란 "향에 불을 붙이다" 또는 이런 뜻이 바뀌어 "화나게 하다"라는 의미이다. 일본어에도 "불을 지피다 혹은 부추기다"라는 표현이 있지만, 그 어원상 '인센티브'는 오히려 'incantation'(주문)에 가깝다. 이것도 'in'에 'cantare'(노래하다)를 붙여 만들어졌다. 'enchantment'(마법)도 거의 마찬가지이다. 마술사는 사람들에게 주문 같은 노래를 읊조리게 만들어 사람들을 몽롱하게 만든다.

어떤 매혹적인 노래를 읊게 하고, 우리는 그것을 스스로 자진해서 읊조린다. 마지못해서 읊조리는 게 아닌 것이다.

오늘날 이 용어는 경제학 관련 분야에서 자주 사용된다. 특히 이 용어는 '불확실성의 경제학'*이라 불리는 분야에서 열쇠가 된다.

'인센티브'와 아주 닮은 용어로 '동기 부여'가 있다. 영어는 물론 일본어에서도 이 두 단어는 혼용된다. 불확실성 경제학의 일인자인 조지프 스티글리츠가 쓴 교과서에 의하면, 인센티브는 "특정한 선택이 바람직하다고 의사결정자에게 동기 부여하는 …… 이익이다."[1] 즉, 동기 부여가 '할 기분/의욕'이라면, 인센티브는 '하게 되는 보람'이다. '당근과 채찍'의 '당근' 혹은 '말 코끝에 매단 당근'이다.

불확실성의 경제학이 가다듬어짐에 따라 인센티브는 경제학 용어로서 정착했다. 적어도 경제학 분야에서는 1970년대에도 이미 무리 없이 사용됐다.

『옥스포드 영어사전』 제2판(1989)에는 당연히 이 말이 기재되어 있다.[2] 이런 의미의 '인센티브'는 언제부터 사용됐을까?

---

* 경제학에서는 흔히 '리스크'[위험](risk)와 '불확실성'(uncertainty)을 구분한다. 이 두 용어를 맨 처음 명확하게 구분한 미국의 경제학자 프랭크 나이트(1885 ~1972)에 따르면, '리스크'란 (선험적 확률, 통계적 확률 등을 통해) 측정이 가능한 불확실성이며, 진정한 의미에서의 '불확실성'이란 주관적 추정에 의존할 수밖에 없는 무엇이다. Frank Knight, *Risk, Uncertainty and Profit* (1921), New York: Sentry Press, 1964, pp.19~20. 나이트가 이처럼 모호한 추상적 개념을 확률론을 이용해 구분·계량화한 이래로, 일군의 경제학자들이 (확률분포 계산에서부터 최근의 행동경제학에 이르기까지) 불확실성의 성격을 이해하고 그에 근거해 나양한 경제 현상을 분석·설명하려고 시도했는데, '불확실성의 경제학'이란 이런 흐름을 느슨하게 통칭하는 표현이다.

1) Joseph E. Stiglitz and Carl E. Walsh, *Economics*, 3rd ed., New York: W. W. Norton, 2002, p.11.

2) *The Oxford English Dictionary*, 2nd ed., Oxford: Clarendon Press, 1989, p.788.

이 『옥스포드 영어사전』에서 거론된 가장 오래된 예는 1943년의 용례이다. "찰스 E. 윌슨은 …… 군수산업을 닦달하는 데 있어서 '인센티브 지불'을 채택했다. 즉, 노동자가 더 많이 생산하면 더 많은 임금을 지불한다는 것이다."

이 구절은 제2차 세계대전 중 "더 많은 군수생산을 위해, 더 많은 평화 번영을 위해"라는 뻔뻔한 부제를 달고 『리더스 다이제스트』에 게재된 기사 「인센티브 지불」에서 인용된 것이다.[3] 당시 제너럴일렉트릭의 사장이던 윌슨은 군수산업 자문위원이기도 했다. 즉, 군수산업을 확대하려면 노동자를 더 동원해야 하는데, 동원가능한 노동자의 절대 수가 상한선에 도달해 있기 때문에, 가능한 길은 당연히 노동자 1인당 생산성을 향상시키는 것뿐이다. 그러면 어떻게 할까?

이 기사에서 언급되는 모델은 우선 '기준'이 되는 생산성(노동자가 특별히 무리하지 않는 통상적인 생산성)을 산정하고, 그로부터의 생산성 증가율과 똑같은 비율로 임금을 증가시킨다. 또한 집단 내의 구성원 전원에 관해 그 성과에 따라 임금을 일률적으로 증가시킨다. 이렇게 함으로써 자연스럽게 상호감시가 이뤄지며, 자연스럽게 태만도 감소된다. 결과적으로 기준을 웃도는 생산성(노동자의 '잠재능력'의 발휘라고 불린다)이 획득된다. 이 방책을 위해서는 노동조합도 협력해야 한다. 조합은, 기준이 되는 생산성의 산정이나 태만한 노동자의 특정에 개입한다. 생산성 향상 때문에 비용은 상대적으로 줄어들며, 노동자의 임금은 물론이고 경영자의 수입도 상승한다.

---

3) William Hard, "Incentive Pay': For More War Production, For More Peace Prosperity," *The Reader's Digest*, August 1943, pp.11~15.

이런 '인센티브 지불' 앞에서 경영자와 노동자, 경영진과 노동조합, 상사와 부하는 더 이상 대립하지 않는다. 이것에 사실상 저항할 수 있는 것은 기껏해야 노동자의 신체와 정신의 한계 정도일 것이다. 우리는 평온한 '기준'을 넘어서 '잠재능력'을 발휘하고, 때에 따라서는 문자 그대로 몸이 말을 듣지 않을 때까지 기쁘게 노동한다. 우리의 의욕과 욕망은 경영자의 그것과 일치하며, 그 조직으로부터 신체와 정신은 분리되어 한계까지 감축된다.

그런데 이 '인센티브 지불'로 상징되는 경영의 방책, 또 그것에 등장하는 '인센티브'는 사실 윌슨의 발명이 아니다. 이미 1938년에 체스터 어빙 바너드가 『경영자의 역할』을 출판했다.[4] 경영학에서 가장 중요한 이 고전은 이후 조직 이론의 기초가 되며, 경제학을 비롯한 다른 학문 영역에 조직 이론의 구성이 도입되는 데도 매우 큰 역할을 했다. 이 책의 주요 개념의 하나가 바로 '인센티브'이다.[5]

바너드의 몸짓은 권위주의적인 전체주의에 대한 저항에서 유래하기에, 애초부터 그에게 나쁜 생각은 추호도 없었다. 바너드는 조직의 정의를 확대해 "두 사람 이상의 행위나 힘이 의식적으로 조정되는 시스템"[6]이라는 유명한 정식을 제시한다. 이 정식은 조직을 유지하는 주요 요인을 권위주의적 강제에서 찾는 관점을 배제한다. 바너

---

4) Chester Irving Barnard, *The Functions of the Executive* (1938), Cambridge: Har-vard University Press, 1968. [이정혜 옮김, 『경영자의 역할』, 21세기북스, 2009.]

5) 바너드는 'inducement'라고 쓰고 있지만 똑같은 말이다. 이것은 원래 'in'+'ducere,' 즉 물 등을 끌어들이는 것, 도입하는 것을 가리킨다.

6) Barnard, *The Functions of the Executive*, p.81. '협조'(協調)[cooperation]는 '조정'(調整)[regulation]과 거의 동의어이다. [『경영자의 역할』, 113쪽.]

드가 구상한 조직에서는 어떤 목표가 설정되고 그 목표에 도달할 수 있도록 활동에 의식적인 협조가 더해질 뿐이다. 강제하는 명확한 권위주의적 주체를 결여한 이 구상은 바너드의 의도를 반영하고 있다. 사실 이 정식은 "인간의 노력들을 조정하는 비인칭적[비개인적] 시스템"[7]이라 달리 말해질 수 있다.

그러면 그 비인칭적 시스템에서는 상하관계가 없고, 위로부터의 조작도 존재하지 않으며, '협조'가 자발적 합의로 자연스럽게 얻어지는 것일까? 얼토당토 없는 얘기이다. 'Executive'라는 인물이 있고, 바로 이 인물이 구성원에게 '협조'를 통해 작용을 미치는 것이다. 이 용어는 책 제목에서 '경영자'로 번역되지만, 회사의 사장뿐만 아니라 조직(앞서 말한 바너드의 정의에 적합한 모든 시스템)을 관리하는 위치에 있는 자들 일반을 가리킨다. 비인칭 시스템에는 권위자가 아니라 관리자가 있다는 것이다.

이것이 나중에 '불확실성의 경제학'에서 '본인'으로 재표현된다(그밖의 구성원은 '대행자'라 불린다). 여기서 성립하는 '본인-대행자 모델'은 'PA 모델'로 약칭되는데, 이것이야말로 이른바 과거의 '주인과 노예'에서 권위주의적 강제의 색채를 배제한 것이고, 거기서 대신 등장하는 상하관계가 '경영자와 종업원,' '상사와 부하' 등이다.

'본인'과 '대행자' 사이에는 의도나 정보의 비통일성(이것이 '불확실성,' '비대칭성,' '불완전성' 등으로 불린다)이 당연히 있는데, 이 어긋남은 어느 정도까지 조정가능한 것이며(그렇기 때문에 경영학이나 경제학이 나설 차례가 있다), 예를 들어 '주인과 노예' 모델에서 상정되

---

7) Barnard, *The Functions of the Executive*, p.94. [『경영자의 역할』, 124~125쪽.]

는 투쟁은 고려되지 않는다. 관리상 필요하면 '대행자'가 바로 그 조직의 '본인'이 될 수도 있고, 또는 여차저차한 '대행자'가 실제로 다른 조직의 '본인'일 수도 있지만, 아무튼 '본인'과 '대행자'가 투쟁에 의해 교체되는 것은 있을 수 없다. '대행자'는 반란을 일으키는 것이 아니라 자신의 잇속에 따라 행동하고, 그 결과가 '본인'이 의도한 바에 반드시 도달하는 것은 아니지만 그렇더라도 상관없다. '본인'은 이 이른바 본성적 사실을 받아들인 뒤, '조정'(협조)에 의해 자신이 대표하는 '조직'의 능률·생산성을 최대화하고자 한다. 바너드의 이론에서 출발해 불확실성의 경제학에 이르면서, 조직의 축은 이른바 권위에서 비인칭으로의 이행을 완성시킨다.

　바너드의 인센티브 구상은 이 '조절'의 도구 일체를 포괄하는 확장을 이미 미리 갖추고 있다. 바너드가 생각한 인센티브는 단순히 비율제의 보너스 등 금전적으로 계량할 수 있는 보수('물질적 인센티브')만을 가리키는 것이 아니다. 금전적 보수는 다양한 인센티브의 일부를 차지할 뿐이며, 오히려 바너드의 핵심은 그밖의 요인들을 고려의 틀에 넣었다는 데 있다. 바너드는 "비물질적인 개인적 기회, 바람직한 물리적 조건, 이상적인 혜택," "집단적 매력, 습관적인 방식이나 태도에 대한 적응, 참여 기회의 확대, 교감의 조건"을 꼽는다.[8] 이 모든 것을 감안해 효율의 최대화를 꾀하는 것이 'Executive'가 종사해야 할 '인센티브의 경제'이다.

---

8) Barnard, *The Functions of the Executive*, pp.142~144. [『경영자의 역할』, 165~167쪽.] 물질적 인센티브가 인센티브의 대표로 생각되는 것은, 기술이 진보함에 따라 물질적 생산물이 증가하고 그 생산물(상품, 마침내 화폐)에 대한 욕망이 '강제적으로 길러졌다'는 역사적 경위가 있기 때문에 다름 아니다.

인센티브 이론을 경제학에서 확장·일반화한 'PA 모델'에서는 바너드가 상정했던 다양한 종류의 인센티브를 어떻게 정량화할 수 있는가가 중요해졌다. PA 모델의 총론인 『인센티브 이론』의 서론 「경제 사상에서의 인센티브」는 이 개념을 역사적으로 개괄하고 있는 논고이다. 저자인 장-자크 라퐁은 맨 먼저 인센티브 구상이 애덤 스미스에서 이미 발견된다며 경제학사에 대해 알랑거리는 말을 하지만, 그 직후 곧 바너드에게 페이지를 할애해 바너드의 조직 이론이 이후의 여러 전개들에 끼쳤던 막대한 영향을 높이 평가한다.[9]

| 안전, 영토, 인구 |

우리를 에워싼 세계에 관해 오늘날 여러 가지 설명이 시도되고 있다. [대표적으로 오늘날의 세계를] 행동주의(행동심리학·행동경제학)에 의거해 무의식의 심리에 작용함으로써 우리를 부지불식간에 동물처럼 조작하는 체제로 보거나, 시장에 대한 자유로운 참여가 점점 빈부 격차 등의 부작용을 낳게 되는 체제로 보는 설명 등이 있다. 전자는 '동물화,' 후자는 '신자유주의'(혹은 영어로 말하면 neo-liberalism)라는 용어와 더불어 말해지는 경우가 많다.

이런 설명은 오늘의 세계를 성립시키는 중요한 측면을 제각기 명확하게 보여준다. 하지만 이런 설명은 오해를 낳을 수밖에 없다.

---

9) Jean-Jacques Laffont and David Martimort, *The Theory of Incentives: The Prin-cipal-Agent Model*, Princeton: Princeton University Press, 2002, pp.11~14. 제사(題詞)로 바너드의 말이 인용됐다. 라퐁은 다음의 자료집도 편집했다. *The Principal Agent Model: The Economic Theory of Incentives*, Cheltenham: Edward Elgar, 2003. 역시 서두에 스미스와 바너드의 문구가 인용됐다.

우리는 단순히 동물처럼 조작되는 것이 아니다. 자신에 대해 행사되는 조작의 핵심을 명확하게 제시받고, 그것을 의식한 위에서 자진해서 그 조작에 자신을 맡겨버리는 경우도 있다. 조작이 가해지는 바로 그 대상은 무의식적인 것(동물적인 것)인 것도 있지만 의식적인 것(인간적인 것)도 있다. 오늘의 체제는 우리를 심리적 동물로서 다루는 데 그치지 않는다. 지적 인간으로도 취급하는 것이다.

신자유주의(혹은 그 연원에 있는 자유주의)에 관한 논의도 오해를 낳기 쉽다. 원래 'liberal'이라는 표현이 "인습에 얽매이지 않는 개명적開明的 사상의 소유자"라는 의미로 계속 사용되고 있기 때문에 초보적인 오해가 쉽게 생겨나기도 한다. 물론 자유주의는 원래 경제활동에만 한정되는 것이 아니라 국가의 통제 일반으로부터 자유롭다는 것을 긍정·옹호하는 입장이다. 다만 오늘날 이 용어는 오로지 경제활동에 국한되어 사용되는 경우가 많다(신자유주의에 관해서는 늘 그렇다). 이 점과 관련된 이해는 널리 퍼져 있으며, 이 용어를 보고 "자유의 뭔가 나빠!" 식으로 순박하게 말하는 사람은 적어졌다.

그렇지만 신자유주의라는 꼬리표는 그래도 오해를 낳을 수밖에 없다. 고전적 자유주의에서 주창된 '레세-페르'Laissez-faire라는 프랑스어 슬로건이 있다. 이 표현은 흔히 '자유방임'으로 번역되는데, 원칙적으로는 신자유주의도 이 슬로건을 계승하고 있다. '레세 페르'는 시장에서 개인들이 행하고 있는 경제활동에 대해 국가가 통제에 의해 개입하지 않고, [개인들이] "하는 대로 내버려둔다"라는 의미이다. 그러나 실제로는 국가가 아무것도 하지 않는 것이 아니다. 그러기는커녕 자유로운 시장이라는 것을 정의하고 설치하고 보전하기 위해 국가는 모든 조정·개입을 행한다.

[오늘날의] 사태와 관련된 설명을 '동물화'나 '신자유주의' 같은 용어로 간략하게 나타내는 것에는 이런 난점이 있다. 이 난점은 이미 말했던 '인센티브'와 관련해서도 드러난다. 아니 거꾸로, 우리는 '인 센티브'가 무엇인지를 이미 이해했기에 기존 설명이 낳은 틈새를 이 제는 메울 수 있다고 말할 수도 있다.

표면상 우리는 자유로운 계약에 의거해 경제활동·조직활동을 전 개한다. 그러나 실제로는 무리를 이루는 인간의 의식·무의식에 집중 적으로 [어떤] 작동이 가해진다. 또한 강제 등은 존재하지 않는다는 듯이 자연스러운 것으로서 만들어진 조직에 있어서, [이 조직의 관리 자들은] 조정·관리 같은 방식으로 간접적 개입을 행한다. 즉, 우리는 반드시 동물이라고는 할 수 없으며, 반드시 자유롭다고도 할 수 없다. 이것이 이른바 인센티브 체제라고도 불리는 것의 실태이다.

사실, 이런 설명을 뒷받침할 수 있는 논의는 이미 30년 전에 존재 했다. 바로 그것이 1978년에 미셸 푸코가 『안전, 영토, 인구』라는 제 목의 콜레주드프랑스 강의에서 전개했던 논의이다.[10]

이 제목은 알기 어렵다. 오히려 '통치의 계보' 1권이라는 제목을 달게 되면 이 책을 더 알기 쉽게 해줄 수 있을 것이다.

푸코의 작업이라고 말하면 흔히, 거기서 전개되는 권력론이 오히 려 얼핏 보면 사소한 제도를 다룬다는 식의 인상을 가질지도 모르겠 다. 사실, '미시권력'이라는 푸코의 용어가 있다. 이것은 국가 같은 거

---

10) Michel Foucault, *Sécurité, territoire, population: Cours au Collège de France 1978~1979*, éd. Michel Senellart, Paris: Gallimard/Seuil, 2004. [오트르망 옮김, 『안전, 영토, 인구: 콜레주드프랑스 강의 1978~79년』, 도서출판 난장, 2011.]

시·거대권력이 아니라 온갖 요소 사이에 작동하는 국소적 권력이다. 푸코는 미시권력에 집착함으로써 특정 시대나 지역(푸코의 경우는 서양 근대) 전체를 다스리는 어떤 권력 모델을 부각시키려 했다.

그런 푸코의 자세에서 보면, 국가권력의 분석은 기피되어야 할 것으로 보인다. 하지만 그런 파악방식을 전면적으로 변경토록 하는 것이 이 강의와 (이른바 '통치의 계보' 2권에 해당하는) 다음해 강의『생명정치의 탄생』[11]이다. 거기서 제시된 것은 대상이 국가라 해도 미시권력의 분석은 가능하며, 더욱이 필요하기조차 하다는 것이었다.

'통치'란 무엇인가? 오늘날의 우리는 이것이 국가의 활동과 불가분하다고 생각하는 데 익숙하다. 문자 그대로 '정부'government라는 행정기관에 의해 행사되는 것이 '통치'government이다. 에이브러햄 링컨이 1863년에 노래한 "인민의, 인민에 의한, 인민을 위한" 권력행사도 '통치'이다. 아돌프 티에르가 1830년에 주창했던 "왕은 군림하되 통치하지 않는다"라는 정식에서, 군림하는 왕이 행사하지는 않지만 그럼에도 불구하고 존재한다고 간주되는 바로 그 국가권력이다.

이 '통치'의 구체적 내실에 관해서는 후술하겠지만, 아무튼 이것은 국가의 권력행사 모델로서 어렵지 않게 상정될 수 있을 것이다. 그러나『안전, 영토, 인구』에서 푸코가 주장하는 것은 통치가 사실 국가권력으로서는 원래 본류에 속하지 않았다는 점이다. 말하자면, '통치'라고 불리는 권력행사의 패턴이 있었다. 그것은 원래 국가권력에

---

11) Michel Foucault, *Naissance de la biopolitique: Cours au Collège de France 1978-1979*, éd. Michel Senellart, Paris: Gallimard/Seuil, 2004. [오트르망 옮김, 『생명관리정치의 탄생: 콜레주드프랑스 강의 1978~79년』, 도서출판 난장, 2012.]

는 속하지 않고, 오히려 미시권력이라 불리는 것에 어울리는 무엇이었다. 그것이 어떤 시기부터 국가의 권력행사에 옆에서부터 파고들었다. 푸코가 강의에서 말하는 내용은 대략 이런 것이다.

『생명정치의 탄생』에서는 국가에서의 권력행사 패턴이 세 가지 거론되고 있다. 그 세 가지 중 어떤 것이 지배적인 것으로 되느냐에 따라 서양의 수백 년이 세 단계의 시대로 나뉜다. 첫째가 주권 내지 법적인 것의 시대, 둘째가 규율의 시대, 그리고 셋째가 안전의 시대이다. 예를 들어 범죄에 관해 말하면, 이 세 단계는 순서대로, 범죄자의 처벌, 범죄자가 될 수 있는 자의 교정, 범죄자를 포함한 사회 전체의 조정에 의해 특징지어진다. 각각의 논의에 따라 약간의 편차가 있긴 하지만, 첫째가 17세기 중반 무렵까지, 둘째가 그로부터 18세기 중반 무렵까지, 그리고 셋째가 그 이후의 거의 대부분에 상당한다. 넓은 의미의 근대는 규율의 시대와 안전의 시대에 해당한다. 준비 단계의 근대가 규율의 시대, 즉 고전주의 시대이며, 현대로 직결되는 좁은 의미의 근대가 안전의 시대이다.

이런 구분이 처음으로 분명하게 제시된 것은 『성의 역사 1권: 앎의 의지』(1976)에서였다. 『생명정치의 탄생』에서 두 번째와 세 번째 시대로 간주되는 것(즉, 넓은 의미의 근대)은 사람들에 대한 관리에 의해 특징지어지는데, 『앎의 의지』에서 이것은 '생명권력'으로 총칭된다. 사람들의 생명에 개입하는 권력행사의 패턴이라는 것이다. 푸코가 말하기를, 이 '생명권력'의 행사 방식은 시기에 따라 크게 두 가지로 구별된다. 전기의 권력행사는 '해부정치'anatomo-politique라 불리는데, 이것은 신민의 '신체'를 표적으로 삼아 이뤄진다고 한다. 후기의 권력행사는 '생명정치'라고 불린다(이것에만 '생명권력'의 호칭이 사용되는 경우도 있다). 이것은 인간의 총체로서의 '인구'를 표적으로 하여, 그 전체로서의 최적화를 도모한다고 간주된다.12) 『안전, 영토, 인구』에서 이뤄진 시대 설정에서 전자는 대체로 두 번째 시대(규율), 후자는 세 번째 시대(안전)에 해당한다.

그런데 이미 말했듯이 『안전, 영토, 인구』의 주요 부분은 정치에 이른바 옆에서부터 파고든 통치의 계보를 탐색해 과거로 거슬러 올라가는 것으로 채워지고 있다. 하지만 이 시기의 푸코가 **최종적인** 표적으로 삼고 있는 것이 이 세 번째 시대인 '안전'이라는 것은 의심할 여지가 없다. 사실, 『생명정치의 탄생』에서 다뤄질 것도 '안전' 체제의 으뜸가는 것, 즉 현재에도 이어지고 있는 정치경제학과 국가 운영의 뒤얽힘이다. 사실상 우리가 지금 문제삼고 있는 '인센티브'도, 말하자면 '안전'을 특징짓는 어휘라고 해야 할 것이다.

그러나 '통치'가 무엇인지 이해하려면 '안전'에 덤벼들기 전에 맨 먼저 푸코의 논의를 추적해 정치경제학 비판으로 이어지는 이야기를 개괄해둬야 한다. 『안전, 영토, 인구』는 '안전'이란 무엇인지 분명히 하면서 시작된다. 이 권력 모델은 이른바 중농주의를 단서로 하는 정치경제학(즉, 자유주의)으로 상징된다. 중농주의physiocracy란 문자 그대로는 "퓌시스(그리스어로 자연·본성)에 의한 지배"라는 정도의 의미인데, 거기서 본성이란 무엇인가? 그것은 인구나 사회라는 모습으로 전체로서 파악된 인간의 집합이 전체로서 보여지는 모양이다.

---

12) Michel Foucault, *Histoire de la sexualité, t.1: La volonté de savoir*, Paris: Galli -mard, 1976, pp.177~191. [이규현 옮김, 『성의 역사 1: 지식의 의지』(제3판), 나남, 2010, 145~157쪽.]

국가가 통치 대상으로 상정하는 인구라는 것이 생겨난다. 그 인구란 컵 속의 물 같은 것이다. 개별 분자가 어떤 특이한 행태를 하든, 물은 전체로서 하나의 정해진 물리적 성질을 띤다. 인구란 이런 물리적 특성을 갖추고 있다고 상정되는 인간들의 단위이다.

이런 인구를 그 본성에 입각해 관리하는 것이 '안전'을 특징짓는다. 자유주의(또는 중농주의)라 말하면 이미 언급한 '레세-페르'가 유명하지만, 더 정확하게 말하면 이 체계에서 중요한 것은 단순히 "하는 대로 내버려둔다"가 아니라 "하는 대로 내버려둘 수 있는 장을 마련하고 그렇게 하기 위해 간접적으로 여러 가지 조치를 개입시킨다"는 것이다. 그 때문에 인구나 사회에 대해 아무것도 하지 않는다는 것이 결코 아니다. 그것이 안전 체제에서의 통치이다.

이 '안전'의 여러 특징들을 모조리 규정한 뒤, 푸코는 그 계보를 찾아 과거로 향한다. 우선 행해지는 것은 '통치' 자체와 관련된 연구이다. 통치란 무엇인가? 원래 '통치하다'gouverner는 사람들과 관련되어 사람들을 인도한다[이끈다]는 넓은 의미를 지녔다. 이것의 계보는 오리엔트에서 기원해 그리스도교에서 발전한 '사목'이라는 권력행사의 패턴으로 거슬러 올라갈 수 있다고 푸코는 말한다. 이것은 목자가 양의 무리를 살펴보듯이 통치자가 인간들의 무리를 지켜보고 인도한다는 미시권력의 형식이었는데, 푸코에 따르면 그리스의 정치학에서는 이것이 이상적 정치 모델로서 존재한 적이 없었다고 한다. 즉, 이것은 정치적 주권의 행사와는 원래 무관했다는 것이다.

본래는 정치적이지 않았던 이 권력행사에서 중요한 것은 '미시권력'의 열쇠를 담당하는 '행위의 인도'이다. conduite는 보통 태도와 행동거지를 가리키는 단어이지만 문자 그대로는 '인도,' 즉 인도하는 행위 자체도 가리킬 수 있다. 행위의 인도는 그에 대항하는 '대항인도'contre-conduite('대항품행' 혹은 '대항지도'로도 번역된다)을 낳고, 그것이 더욱 더 품행으로 회수되는 것과 같은 우여곡절을 거친 끝에 마침내 정치적인 권력행사 속으로 파고들게 된다. 이렇게 되는 것이 규율을 중심으로 삼는 고전주의 시대이다. 여기에 이르러서야 통치는 정치적 범주(즉, 국가의 운영)에 개입해 들어간다고 한다. 통치가 국가권력에 진입해 처음 채용한 패턴이 규율이라는 것이다.

이어서 푸코는 통치가 정치에 개입하기 시작한 이 고전주의 시대에 국가 운영이 실제로 어떻게 됐는지 설명한다. 푸코가 말하기를, 국가는 처음으로 자기목적화한다. 국가는 국가 자체의 유지·증강을 위해 존재한다. 이 시기에 주창된 '국가이성'의 구상이 바로 이런 것이다. 실제의 운영에서 이 구상을 뒷받침한 것은 중상주의나 관방학이다. 법에 의한 정적인 일 대 일 대응의 처치를 넘어서(예를 들어 "이런 것을 훔치면 사형이다"라는 보편적 정식화에 그치지 않고) 국가 유지에 필요한 것이 정부(관방)에 의해 임기응변으로 결정되고 칙령(행정명령)이 발효된다. 국력 증강을 위해 신민에게 강제되는 이런 종류의 규율적 통제는 요컨대 탄력적 운용이다. 극단적으로 말하면, 신민을 붙들어 매는 것은 더 이상 법이 아니라 행정명령이다. 여기서 국가 운영의 중심이 사법에서 내치로, 법에서 통치로 이행했다.

이렇게 논의를 전개한 푸코는 마지막으로, 좁은 의미의 근대 국가·근대 사회, 즉 '안전'에 도달한다. 중농주의자가 중상주의적 시스템(규율)을 넘어서고자 도입했던 '경제적 통치'(또 그 특권적 대상으로 탄생한 '인구,' 나아가 인간들의 행태에서 중시된 '자유')는 그리스도교에 의해 서양에 도입된 사목이 최종적으로 도달했던 안주의 땅이었다는 것이 분명해진다. 인간 무리의 행복은 이제 '안락,' 즉 '복지'로서, 미리 숙고되고 계산된 인구 관리라는 계산에 넣어졌다. 내치에서 경제적 통치로의 중심 이동이다.

위와 같은 논의를 거쳐 주장되는 것은, 오늘날에도 '통치'가 지배하고 있는 까닭에 거대권력(즉, 국가 규모)의 정치는 사목·품행을 둘러싼 계보와 연결된다는 것이다. 그것은 곧 '안전'장치가 미시권력의 행사 없이는 성립하지 않는다고 말하는 것과 같다. 나아가 국가 분석 일반에는 (적어도 고전주의 이후의, 특히 근현대의 국가 분석에는) 미시권력 분석이 불가결하다는 것이기도 하다.

| 규율과 안전을 잇은 '경첩어' |

이것이 『안전, 영토, 인구』의 개략적인 흐름인데, 푸코의 이런 논의 전개에는 애매한 채 남은 부분도 있다. 그것은 두 번째 시대와 세 번째 시대 사이의 경계, 규율과 안전 사이의 경계이다. 이것이 단순히 설명의 부족에서 유래하는 애매함이 아니라는 점은 틀림없다.

원래 『앎의 의지』에서도 각각 '해부정치,' '생명정치'라는 이름이 주어지고 있지만, 아무튼 두 번째 시대와 세 번째 시대는 이미 '생명권력'이라는 공통의 틀 안에 자리잡고 있었다. 『안전, 영토, 인구』에서는 이것이 '통치'(나아가 '인도')로 바꿔 말해지고 있는 것에 불과하다고도 할 수 있다. 그리고 이미 말했듯이, 안전 시대의 통치는 단순히 방치하는 것이 아니라 방치가능한 환경을 마련하는 데 있기에, 어떤 인간 집합·집단에 대한 개입(그 품행에 대한 개입)은 안전에서도 계속되고 있다. 이것이 규율과 안전을 모두 포함하는 넓은 의미의 근대를 성립시킨다. 덧붙이면, 푸코 자신도 세 개의 구분이 시대를 확연하게 분할하는 것이 아니라 오히려 어떤 시스템을 중점에 두는가에 따라 바뀌는 것에 불과하다고 단언한다. 그렇지만 이런 고려를 통해 변화와 연속 사이의 관계 자체가 설명되는 것도 아니다.

이 애매함, 즉 양자의 공통성·통저성通底性을 추적하려면, 푸코 자신이 사용하는 어휘로 눈을 돌리지 않으면 안 된다. 『안전, 영토, 인구』에는 이 두 시대를 잇는 이른바 '경첩어'라고도 부를 단어가 몇 개 등장한다. '통치'(또는 그것에 엄밀하게 관련된 '인도')는 당연히 그것에 해당하는데, 이것 외의 단어를 몇 가지 살펴보자.

우선은 '내치'內政를 꼽을 수 있다. 이것은 국가이성을 따라(즉, 국가의 자율적 유지와 증강을 위해) 모든 자의적 개입을 작동시킬 수 있는 장치이다. 이것은 칙령이나 행정명령을 꺼내 들어 신민에게 규율적 통제를 가하는 것 일반을 가리킨다. '내무'內務로 번역할 수도 있다. 이것은 국가에 있어서의 규율을 대표하는 용어인데, 이것이 안전의 시대에 들어서면 우리들이 알고 있는 '경찰'警察을 가리키게 된다. 푸코는, 경찰은 내치가 부정적·억지적 기능으로 감축한 것이라고 말한다. 내치의 본령이랄까, 이른바 긍정적인 측면(신민에 대해 직접적·적극적으로 개입하고, 그 힘의 유지와 증강을 꾀하고자 하는 통제라는 측면)이 경제적 통치의 등장에 의해 후경으로 물러난 결과, 내치가 가지고 있던 그밖의 기능만이 시스템 유지를 위해 남게 됐다. 그것이 바로 경찰이다. 그런 셈이기에, 의미는 다르지만 '내치'는 근대적 통치의 두 단계에서 모두 노습을 느러내고 있다.

'내치'를 감축시키게 했던 '경제'에 관해서도 마찬가지로 말할 수 있다. 좁은 의미의 이른바 경제(즉, 자유로운 통상을 원칙으로 내걸고 이렇게 함으로써 최대의 효용을 기대하는 정치경제학)로 간주된다면,

이것은 안전의 시대에 속하는 것이지만, 푸코에 따르면 '이코노미'는 원래 그 계보가 사목적 통치로 거슬러 올라갈 수 있는 것이라고 한다. 보통 '이코노미'는 고대 그리스의 오이코노미아^{oikonomia}, 즉 오이코스(집)^{oikos}의 관리·경영을 가리키는 가정家政[집을 다스림]이라는 어원과 연결되어 해석되는 경우가 많다. 그렇지만 푸코는 오히려 이 지휘·두루 살핌, 혹은 관리·경영이 그리스도교에서 사목적 권력의 행사를 정의하기 위해 유용하게 사용됐다는 점에 주목한다. 말하자면, 사목적 권력의 행사는 '영혼의 에코노미^{économie}'라고 불렸다. 이것이 형태를 바꿔 근대 전반기에 '규율'로서 국가 운영에 들어섰다.

좁은 의미의 근대에 이르면, 경제학자^{economist}(문자 그대로는 '오이코노미아주의자')라는 새로운 등장인물이 나타난다. 이 인물은 이른바 '신의 보이지 않는 손'의 부하로서 인구라는 양들을 인도하게 되며, 이미 말했듯이 이렇게 함으로써 사목이 정치에서 성취된다. 즉, 여기서 '경제'는 사목의 별칭인 것이다. 이것은 규율의 시대에 (중상주의라는 불완전한 형태로) 국가 운영에 파고들고, 안전의 시대에 주도권을 쥐게 된다는 것을 가리킨다.

그런데 라틴 교부들은 '영혼의 이코노미'^{oikonomia psuchôn}를 '영혼의 통솔'^{regimen animarum}로 번역했다고 푸코는 쓰고 있다. '레기멘'[통솔]^{regimen}이라는 라틴어는 프랑스어의 '레짐'^{régime}에 상당한다. 이것은 보통 '체제'로 번역되는 단어이지만, 가령 다이어트라는 일상적 의미도 있다. 현대 프랑스어에서 "나는 지금 레짐 중이다"고 말하면, 나는 나 자신의 신체에 관한 자기관리 체제에 속해 있다, 즉 다이어트를 하는 중이라는 얘기이다. 이처럼 원래 '레기멘'은 운영·관리라는 측면을 강조했던 '체제'를 가리킨다. 바로 이 '체제'가 규율의 시대부터 국가권력에 침투했으며, 이 때문에 푸코는 이에 대해 '레짐'이 아니라 앞서 '인도'라 말했던 'conduite'라는 번역어를 제안하고 있다.

그런데 두 번째 시대와 세 번째 시대를 서술할 때 사용되는 단어 중 '경첩어'라고 부르는 데 가장 어울리는 것은 '조절하다'régler라는 동사일지도 모른다. 이것은 일상적으로 사용되며 색다를 것이 아무것도 없는 단어이다. 어원상 전 단계의 '통솔'[레기멘]과도 가까운 이 단어는, 두 번째 시대와 세 번째 시대의 통치적 개입을 각각 특징짓는 대표적 용어를 각각 파생시켰다. 규율의 시대의 경우에는 '통제'règlement 내지 '규제'réglementation('규칙'으로 번역할 수 있다), 안전의 시대의 경우에는 '조절'régulation이다.

이미 말했듯이 '통제'는 국가이성을 따라 내치가 집행하는 행정명령, 법의 효력을 가지면서도 법적 규범에는 속하지 않는 칙령·왕령 등으로 대표되는 조치이다. 이것은 신민의 신체나 행동에 직접 행사된다. 곡물을 예로 들고 있는 푸코의 논의를 빌리면, 곡물 가격의 급등·폭락을 예방하기 위해 수출입이나 판매 유보를 금지하거나 특정 작물을 강제적으로 재배하도록 하는 것이 '통제'에 해당한다.

이에 반해 '조절'은 수출입을 억제하기는커녕 자유화하고, 경우에 따라서는 조성·장려하기도 하며, (일시적으로는 가격의 급등·폭락을 야기할지도 모르지만) 최종적으로는 가격이 균형점에서 안정되도록 인도하는 것과 같은 종류의 조치를 가리킨다. 이런 종류의 조치는 더 이상 신민의 행동을 직접적으로 금지·방해하는 것이 아니라, 환경으로서의 시장과 시장에서 총체로서 작용하는 인구의 욕망 사이의 '자유'를 마련하는 방식으로 간접적으로 개입하기 때문에, '통제'가 아니라 '조절'이라고 부르는 것이 어울린다.

그런데 『안전, 영토, 인구』에서는 '조절하다'라는 동사가 '통제'와 '조절'이라는 두 가지 의미를 모두 가진 것으로 사용된다. 덧붙이면, '통제'의 경우에는 프랑스어에 '규제하다'réglementer라는 동사도 있지만, 푸코는 이 동사를 사용해 두 개의 시대를 구별하지 않는다. 마찬가지로, '질서를 세우다'ordonner라는 동사도 무차별적으로 사용된다 (참고로, 내치를 대표하는 도구인 '행정명령'ordonnance의 어원도 이것이다). 즉, 이 동사는 이른바 '통치'의 본질을 이루는 '관리'의 별명이며 (프랑스어로는 'gestion' 혹은 'administration'이라 하지만 이 맥락에서는 거의 동의어이며, 둘 모두 '운영'으로 번역해도 좋다. 다만 후자는 '행정'으로 번역되기도 한다), 거기서 행해지는 조작이 직접적(규율)이냐 간접적(안전)이냐를 가리지 않고 사용된다.[13]

'통치,' '인도,' '내치'(경찰), '경제'(오이코노미아), '통솔'(체제), '조절하다,' '질서를 세우다,' '관리'(운영) —— 이 용어들은 규율의 시대와 안전의 시대에 걸터앉아 있다. 푸코는 경우에 따라 의미의 섬세한 뉘앙스를 변경시켜 이런 단어들을 사용하고, 그렇게 함으로써 넓은 의미의 근대의 특징을 보여주려고 한 것 같다. 두 번째 시대와 세 번째 시대의 거리감은 관리 대상으로서의 '인구'가 점차 명확해지는 것과 같은 결정적인 표시에 의해 충분히 강조되기도 하나, 거기에는 생

---

13) '제어'(control)도 '조절하다'와 거의 마찬가지로 규율과 안전에 걸터앉은 권력행사를 나타내기 위해 사용된다. 이 단어가 맥락에 따라 '관리'로 번역된다는 것도 시사하는 바가 있다(이 경우에는 '안전'과 관련된다고 간주될 때가 많다). 다음의 글에서 보이는 '관리사회'라는 표현을 참조하라. Gilles Deleuze, "Post-scriptum sur les sociétés de contrôle," *Pourparlers 1972-1990*, Paris: Minuit, 1990, pp.240~247. [김종호 옮김, 「추신: 통제사회에 대하여」, 『대담 1972~1990』, 도서출판 솔, 1993, 198~205쪽.]

각한 만큼의 거리는 없을지도 모른다. 국력의 기초로서의 부를 할 수 있는 한 증대시키려고 하는 기도 자체는 좌우간 공통적이다.

실제로 중상주의(규율)에 비해 중농주의(안전)가 목표에 대한 사실적 도달에 관해서는 훨씬 합리적이며, 그 새로운 합리성이 도입됨으로써 수량적 계산이 훨씬 능숙하게 이뤄지게 됐음은 부정할 수 없다. 그러나 기법의 장단점을 가리지 않는다면, 거기서 중시되는 것이 국가 전체의 생산성 향상이라는 데에는 변함이 없다.

| 인센티브의 탄생 |

그런데 안전의 시대에 이르러 신민에 대한 명백한 강제는 상대적으로 후경으로 물러났다. 하지만 이미 누차 강조했듯이, 통치의 도구가 개개인(인구 구성원으로서 새롭게 파악된 단위)에 대한 권력행사를 그치는 것은 아니다. '자유방임'은 사실상 '자유방임'이 아니다. '통치'가 국가권력의 주축에 계속 위치해 있는 한, 당연한 일이다.

여기서 전경에 나오는 것이 집단적 욕망의 간접적 조작이다. 푸코는 이 조작을 언급할 때 '불러일으키다'^{susciter}라는 동사를 자주 사용한다. 대상이 되는 개인들이 의식적이건 무의식적이건 상관없이, 강제 이외의 수단으로, 이쪽이 기대하는 행동을 그 개인들이 자진해서 행하도록 만든다는 것이다. [요컨대] 뜻대로 조종하기보다는 자발적으로 조종되는 것인 양 처리하는 것이다.

사람들을 조작하는 것(푸코는 '시도하나,' '소종하다' 등이라고 말한다)이 바로 이른바 '안전'한 형태로 안전의 시대로 계승되어 '야기하다'가 되며, 표면상의 '자유방임'에서 숨은 원동력이 된다. 푸코는 이에 관해 거듭 말한다. 다음은 전형적인 설명이다.

그러나 이 개입은 반드시 통제적 개입이라는 형태를 취하지는 않습니다. 아니, 일반적으로 그런 형태를 취하지도 않습니다. …… 조작하고 불러일으키며 조장하고 그대로 내버려두는 것이 필요해진다는 것입니다. 달리 말하면, 이제 필요한 것은 통제하는 것이 아니라 관리하는 것입니다. 이 관리의 본질적 목표는 사물들을 방해하는 것이라기보다는 필요하고 자연적인 조절이 작동되도록 하는 것, 더 나아가 자연적 조절을 가능케 하는 조절을 행하는 것이 됩니다. 그러므로 필요해지는 것은 자연적 현상을 틀짓고, 그것을 통해 자연적 현상이 일탈하지 않도록 하거나 어설프고 자의적이며 맹목적인 개입이 자연적 현상을 일탈시키지 않도록 하는 것입니다. 다시 말해서 필요해지는 것은 안전메커니즘을 설치하는 것입니다. 안전메커니즘, 즉 소위 경제적 과정이나 인구에 내재하는 과정인 자연적 현상의 안전을 확보하는 것을 본질적 기능으로 하는 국가의 개입, 이것이 바로 통치성의 근본적 목표가 되어갑니다.[14]

이 '불러일으키다'를 나타내기 위해 푸코는 다른 용어도 사용한다. 다음의 구절은 내치가 경찰로 감축되어간다고 하는, 앞서 이미 말했던 사태를 설명하는 한 구절이다.

앞서 논의한 거대하고 과잉통제적인 내치가 어떻게 지리멸렬하게 됐는지 아시겠죠. 17세기의 내치를 여전히 특징짓던 영토와 신민에

---

14) Foucault, *Sécurité, territoire, population*, pp.360~361. [『안전, 영토, 인구』, 477~478쪽.]

대한 통제는 당연히 다시 문제화되어야 했으며, 이제는 소위 이중의 체계가 존재하게 됩니다. 한편에는 경제와 인구관리에 속하는 갖가지 메커니즘, 그야말로 국력 증강을 기능으로 하는 메커니즘이 있고, 다른 한편에는 혼란, 불규칙성, 불법행위, 비행 등이 저지되고 억제되도록 보장하는 어떤 장치나 몇몇 도구가 존재합니다. 고전적인 의미에서, 17~18세기적 의미에서 내치의 관건이었던 바[인] 균일적인 기획, 즉 전체의 질서를 존중하면서 국력을 증강하려는 기획은 지리멸렬해집니다. 혹은 [달리 말하면] 이 기획은 이제 여러 다른 제도와 메커니즘 속에서 구체화됩니다. 한편으로는 **현상들을 부추기고 조절하는 거대한 메커니즘이 존재**하게 됩니다. 경제나 인구관리 등이 이에 해당됩니다. 다른 한편으로는 단순히 부정적인 기능을 갖는 것으로서, 근대적인 의미에서의 경찰제도가 생겨나게 됩니다. 이것은 단순히 상당수의 혼란이 발생하지 않도록 방지하는 도구가 됩니다. 질서 속에서의 증강과 실정적인 모든 기능들은 일련의 제도, 장치, 메커니즘 등에 의해 확보됩니다. 그리고 무질서의 제거가 경찰의 기능이 됩니다. 따라서 내치라는 개념은 완전히 전도되고 주변화되며, 우리가 아는 순전히 부정적인 의미를 갖게 되는 것입니다.[15]

'이중의 체계'의 '경찰제도'에서는 없는 쪽('경제나 인구관리'라고 불리는 쪽)이 여기서는 "현상들을 부추기고 조절하는 거대한 메커니즘"으로 형용되고 있다.

---

15) Foucault, *Sécurité, territoire, population*, pp.361~362. [『안전, 영토, 인구』, 478 ~479쪽. 강조는 인용자.]

이 '부추김/유인'incitation이라는 단어에 주목하자. 이 강의에서 이 단어는 이 대목에만 등장한다. 분명히 이것은 푸코 개인의 어휘에는 속하지 않는다. 그만큼 일상적인 단어도 아니다.

사실 이것이 프랑스어에서 말하는 '인센티브'이다. 푸코는 이 강의에서 단 한번, 그러나 확실하게 '인센티브'라 말했던 것이다.[16]

푸코가 이 단어를 사용한 1970년대 후반의 프랑스어에서도 이것은 용어로 정착되어 있었다(남용으로 의미의 이해에 균열이 생겨나 정리할 필요가 있었을 정도이다).[17] 푸코는 '안전'의 시대를 묘사할 때 이른바 당시 유행하던 현대 용어를 들먹였다. 그러나 명백히 이 용어만큼 '안전' 시대의 통치방식을 시사해주는 것도 없다. 어느 정도 의식적이었는지는 모르나, 푸코는 단어를 절묘히 선택한 것이다.

그런데 이 용어의 유래를 찾아보면 재미있는 것을 알 수 있다. 여기서 말하는 유래란 어원이 아니라 실제로 어떤 경과를 거쳐 이 단어가 경영학·경제학 용어로 만들어지게 됐는가이다.

이미 말했듯이, 『옥스포드 영어사전』 제2판의 '인센티브' 항목은 왜 그런지는 모르나 1938년에 출판된 바너드의 『경영자의 역할』을 언급하지 않는다. 백번양보해서, 이것이 아무튼 잘못이라고 해보자. 그러면 『옥스포드 영어사전』 제1판(1933)에서 이 의미를 설명하는

---

16) 프랑스어의 'incitation'은 'in'과 'citare'(왕성하게 움직이다)에서 만들어진 'incitatio'에서 유래한다. 어원은 다르나 프랑스어에서는 마침 '인센티브'를 가리키는 것으로 사용된다. 덧붙이면 영어에도 'incitation'이라는 거의 동의어인 단어가 있지만, 전문용어로는 'incentive'를 사용하는 것이 보통이다.

17) 다음의 책이 그 증거이다. Susanne Quiers-Valette, *Un nouveau concept de politique économique: L'incitation*, Paris: Hachette, 1978.

항목 자체를 볼 수 없는 것은 당연할까? 사실, 바너드의 책이 언급되어 있지 않은 것은 이 책이 아직 출간되지 않았기 때문에 당연하며, 제2판에서 처음 거론되는 용어가 원래 1943년의 것이다. 이 시기의 『옥스포드 영어사전』 편집자는 이 용례의 존재를 눈치 채고 있었지만 향후 정착되지 않을 신어라며 우습게 여겼을지도 모른다.

그러나 이 시기에 '인센티브'는 이미 우리가 알고 있는 의미로 자주 사용되고 있었다. 바너드의 책이 등장하기 전에는 몇 권의 문헌이 이런 의미의 '인센티브'를 책제목에 붙인 채 출판됐다.[18]

해리 덱스터 킷슨이라는 응용심리학자는 1925년 『심리학적 관점에서 본 특별 인센티브 임금안』이라는 소책자를 출판했다.[19] 4년 뒤에는 일본어판도 출판됐다. 번역자가 쓴 「후기」에는 이런 대목이 있다. "이 소논문은 …… 극히 간단하지만, 종종 다른 책에서 참조되고 있다는 것만으로도 이 소논문이 능률에 관한 문헌으로는 간과할 수 없는 것임을 알 수 있다. 입론은 너무도 정리되어 있지 않지만, 임금 문제를 신선한 각도에서 본 연구가 아직 별로 없는 오늘날 시사하는 바가 매우 풍부하며, 곱씹을 만큼 흥미가 솟구치는 논문이다. 킷슨의 이름은 우리나라에도 꽤 알려져 있다. 미국 선진의 응용심리학자인

---

18) 가령 다음을 참조하라. Charles Walter Lytle, *Wage Incentive Methods: Their Selection, Installation and Operation*, New York: Ronald Press, 1929; Richard Stephen Uhrbrock, *A Psychologist Looks at Wage-Incentive Methods*, New York: American Management Association, 1935; Clarence William Hazelett, *Incentive Taxation: A Key to Security*, New York: E. P. Dutton, 1936.

19) Harry Dexter Kitson, *Extra Incentive Wage Plans from a Psychological Point of View*, New York: American Management Association, 1925. [킷슨 (1886~1959)은 직업지도 전문가로도 유명하다. 뒤의 각주 27번을 참조하라.]

킷슨의 저서는 모두 대중용으로 나와 있으며, 심리학자로서는 그의 나라의 산업계에서 가장 친숙한 사람 중 한 명이다."[20]

'응용심리학자' 킷슨은 이후 '우리나라'에서도 '그의 나라'에서도 잊혔지만, 이 소책자의 논의는 그래도 한 번 볼 만한 가치가 있다. 인센티브에 관해 이후 전개된 논의의 모형을 제공한다고 생각되기 때문이다. 가령 노동자에게 인센티브를 줘서 생산성을 향상시킨다고 하면 노예처럼 혹사시키는 것이 인센티브라 이해할지 모르지만, 그것은 사실과 다르다.[21] '기준'(미리 산정한 도달가능한 생산성을 100으로 한 경우의 75)에 도달하기 전까지는 동일 임금을 지불하고(즉, 생산성이 낮아졌다고 임금을 기준 아래로 내리는 것이 아니다), '기준'을 상회한 생산에 관해서는 그 비율에 따라 추가 임금을 지불한다.[22] 그러면 애초에는 55에 그쳤던 노동자의 생산성이 시간이 경과됨에 따라 저절로 75를 초과하고, 최종적으로는 100에 도달했다.

킷슨의 논의에서 가장 흥미로운 것은 인센티브의 설정이 **곧바로** 생산성 향상이라는 결과를 낳는 것은 아니라는 대목이다. "만일 최대한 힘을 다함으로써 새로운 노동을 할 수 있다면, 노동자는 일주일

---

20) 本社[日東社]研究部 訳,「心理上より見たる特別刺戟賃銀」,『工場パンフレット』, 第698号, 東京: 日東社, 1929, 10頁. 인센티브는 '자극'(刺戟)으로 번역되어 있다.

21) 인센티브를 도입하는 시스템이 노동자의 혹사로 이어지는 것이 아닌가라는 논의는 다음에도 등장한다. Hard, "Incentive Pay'," pp.11~12.

22) 이미 언급한 '윌슨 씨'의 안(案)에서는 '기준'을 100으로 정하고 이를 상회한 비율과 똑같은 비율의 추가 임금이 약속되고 있다. 킷슨의 사례에서 '기준'은 75이며, 이를 상회한 비율의 2/3에 해당하는 추가 임금이 설정됐다. 예를 들어 '기준'보다 10% 증가한 노동에 대해 '윌슨 씨'의 사례에서는 10%, 킷슨의 사례에서는 약 6~7%의 추가 임금이 주어졌다.

이 끝나갈 때부터 그럴 수 있을 것이다."[23] 그러나 생산성은 즉각적으로가 아니라 서서히 향상된다. 그것은 "인센티브가 그들[노동자]이 **작업을 개선하게 되는** 원인, 또 **새로운 작업의 방법을 배우게 되는** 원인이 됐기" 때문이라고 한다. 인센티브는 직접적으로 단위 시간당 노동량을 증가시키는 데 도움을 주는 것이 아니라 "**더 능률적인 방법의 모색을 자극하는**"[24] 역할을 맡았다. 인센티브는 노동자가 생산성 향상을 위해 스스로 궁리할 것을 촉구하는 도구라는 것이다.

이 궁리에는 피곤해지지 않기 위한 궁리도 포함된 까닭에 노동자는 혹사되는 것이 아니라고 간주된다. "우리는 그것[인센티브]을 노동자들이 더 많이 생산하도록 인도하는, 잠재력을 지닌 유익한 방책으로 간주해야만 한다. 노동자는 더 많이 생산하기 위해 쓸데없는 동작을 제거하고, 그 대신에 시간이나 노력을 절약할 수 있는 동작을 하게 된다. 이렇게 하는 것이 그 자신의 재정적 이익도 낳을 것이며, 또 아마 과거의 방법보다 피로를 줄여주게 될 것이다."[25] 그러나 피로가 줄어든다는 것은 물론 동일한 생산성과 비교한 경우이다. 노동자는 성과급을 갖고 싶다고 생각해서 피곤하지 않을 정도로 여분의 노동을 더 하게 되며, 그에 따른 결과로 피로의 총량이 증가할지 모르는데도, 물론 이럴 가능성은 검토되고 있지 않다.[26]

---

23) Kitson, *Extra Incentive Wage Plans* ……, p.5.
24) Kitson, *Extra Incentive Wage Plans* ……, p.5.
25) Kitson, *Extra Incentive Wage Plans* ……, p.6.
26) 인센티브제가 도입된 뒤부터 휴일도 없이 2년 동안 매일 8시간씩 노동에 기쁘게 종사하는 노동자들의 사례는 다음의 글에서 읽을 수 있다. Hard, "Incentive Pay'," pp. 12~13.

여기서 인센티브는 노예의 혹사에 대비되어 말해지기 때문에, 이 것이 뛰어난 '안전'장치에 속하는 것임은 두말할 것도 없다.

그런데 응용심리학자 킷슨에게 공장에서의 생산성 향상이라는 테마는 사실 중심적인 관심사가 아니었다. 동일한 직업심리학이라는 틀 안에서도, 오히려 킷슨은 직업지도(즉, 취업상담)의 개척자적 존재로만 간신히 이름을 남겼다.[27]

지금은 전 세계의 고등학교나 대학교에서 취업상담이 이뤄지고 있지만 그 역사는 새로운 것이다. 20세기 초반 보스턴에서 취업상담 시설이 개설되고 소장인 프랭크 파슨스의 『직업선택』[28](1909)이 그의 사후에 출판되자, 1910년대에는 미국 전역에서 '직업지도 운동'이 전개된다. 이 운동을 뒷받침한 가장 중요한 조직이 1913년에 발족한 '전미직업지도협회'인데, 킷슨은 이 조직에서 영향력을 행사한 중심 회원이었는데도 불구하고, 맨 처음부터 참가한 겨우 두 명뿐인 심리학자 중 한 명이기도 했다.[29]

---

27) 킷슨의 그밖의 작업으로는 다음을 참조하라. Harry Dexter Kitson, *How to Use Your Mind*, Philadelphia: J. B. Lippincott, 1916; *Manual for the Study of the Psychology of Advertising and Selling*, Philadelphia: J. B. Lippincott, 1920; *Mind of the Buyers*, New York: Macmillan, 1921; *Scientific Advertising*, New York: Codex Book, 1926; *Commercial Education in Secondary Schools*, Boston: Ginn & Co., 1929. 이것들 중에는 직업지도에 인접하는 영역을 다루는 것도 있는데, 여하튼 모두 응용심리학에 속한다.

28) Frank Parsons, *Choosing a Vocation*, Boston: Houghton Mifflin, 1909.

29) 좁은 의미의 직업지도와 관련된 킷슨의 단행본으로는 다음의 책들이 있다. Harry Dexter Kitson, *The Scientific Study of the College Student*, Princeton: Psychological Review, 1917; *The Psychology of Vocational Adjustment*, Phila -delphia: J. B. Lippincott, 1925; *How to Find the Right Vocation*, New York:

킷슨이 회고에 따르면, 협회 설립을 전후로 심리학에 입각한 직업 지도가 주창되고, 그때까지 산재되어 이뤄졌던 적성 검사가 한 권의 소책자로 정리된다. 또 통계학적 관점이 도입되어 각자에게 확실하게 적합한 직업을 예언하는 것이 아니라 적합할 개연성이 높은 직업을 제시하는 것으로 직업지도의 내실이 이동된다.[30] 킷슨은 그 모든 과정을 함께 했으며, 때에 따라서는 그 과정을 선도했다.[31]

이것을 집대성했다고 할 수 있는 것이『직업 적응의 심리학』(1925),『올바른 직업을 찾는 방법』(1929),『나는 내 직업을 찾아낸다』(1931)라는 세 권인데, 특히『직업 적응의 심리학』과『나는 내 직업을 찾아낸다』에서는 인센티브와 관련된 언급을 찾아볼 수 있다. 후자에서는 보수와 관련된 장에 '비재정적 보수'에 관련된 단락이 들어 있다.[32]

Harper & Bros, 1929; *I Find My Vocation*, New York: McGraw-Hill, 1931; *Vocational Guidance for Those Out of School*, Washington, D.C.: United States Bureau of Education, Committe on Youth Problems, 1936.

30) Harry Dexter Kitson, "Psychology in Vocational Adjustment," *Personnel and Guidance Journal*, vol.36, no.5, January 1958, pp.314~319.

31) 직업적성 검사에서 사용되는 '홀랜드의 육각형'은 현실적·예술적·사회적·기업적·관습적이라는 여섯 개의 패턴으로 이뤄져 있는데, 존 L. 홀랜드[John Lewis Holland, 1919~2008]가 이 육각형을 고안하기 훨씬 전에 킷슨도 이와 비슷한 육각형을 고안했다. 이것을 구성하는 것은 물리적·심적·경제적·도덕적·생리적·사회적이라는 여섯 개의 패턴이다. 이것을 통해서 이른바 장래의 각종 인센티브에 대한 감도 패턴을 스스로 도식화할 수 있게 된다. Kitson, *How to Find the Right Vocation*, p.82. 또한 다음의 글도 참고하라. Andrew D. Carson, "Kitson's Hexagon," *Vocational psychology.com*, May 18, 2004. [vocationalpsychology.com/essay_12_kitson.html]

32) Kitson, *I Find My Vocation*, pp.55, 107. [예를 들어] 외무장관이 위대한 사람들과 어울릴 수 있는 것도, 그 외무장관에게는 중요한 보수가 된다. [이와 마찬가지로] 배우에게는 관중의 갈채가 주된 보수가 된다.

킷슨의 시대에는 아직 인센티브라고 불리지 않았지만, 이것은 바너드의 인센티브 개념 자체이다.

게다가 『직업 적응의 심리학』에는 인센티브를 명확한 형태로 논한 문장이 있다. 그 문장이 어떤 것이냐면, 같은 해[1925년]에 출판된 『심리학적 관점에서 본 특별 인센티브 임금안』과 완전히 똑같은 내용을 자세하게 설명한 한 문장이다.[33]

정리하자. 직업지도 운동이 자선적 관심에서 생겨나 사회 운동이 됐다. 이것이 학교 조직에 침투되면서 심리학을 끌어들여 자발적 노동으로 몰아가는 것을 개념화했다. 즉, 미래의 '대리인'에 해당하는 학생은 직업에 대해 기꺼이 관심을 품지 않으면 안 되는 까닭에 자기 나름의 '할 만한 보람'을 미리 특정하는 편이 좋다는 것이다. 이 개념이 경영학 내지 조직 이론으로 유입되어 확장되고 정비됐다. 이것이 경제학에서 더 일반화되고 순수화되기에 이르자 이 개념은 완성되는 동시에 그 기원을 잊어버렸다.

지금까지 말한 것은 '인센티브'의 탄생에 관한 하나의 있을 수 있는 이야기이다. 나아가 여기에 흥미로운 일화를 덧붙일 수 있다.

『안전, 영토, 인구』의 막바지에서 푸코는 '규율'의 시대(근대의 단서)를 특징짓는 '내치'를 설명하기 위해 루이 튀르케 드 마이에르느라는 인물의 유토피아적 구상을 소개하고 있다. 이 인물이 쓴 『귀족민주주의적 군주제』에 의하면 국가의 통치에는 사법장관, 총사령관, 재정장관에 덧붙여 내치장관이 필요하다고 한다. 이 장관은 내치·자선·상인·영지領地를 담당하는 네 개의 사무국을 지휘한다. 이 중 내

---

33) Kitson, *The Scientific Study of the College Student*, pp.158~173.

치사무국(즉, 진정한 내치에 종사하는 부서)은 아이들의 교육, 나아가 직업 선택[에 대한 지도]을 그 임무로 한다.

일단 양성이 끝나고 젊은 남성이 25세가 되면 내치사무국에 출두해야 합니다. 거기서 [지금] 부자이건 아니건, [앞으로] 부자가 되기를 갈망하건, 아니면 단순히 즐기기를 원하건 그는 자신이 평생 어떤 직업을 갖고 싶은지 말해야 합니다. 아무튼 자신이 하려는 일을 말해야 합니다. 그는 직업 선택, 생활방식의 선택과 더불어 명부에 기재됩니다. 기재는 그때 한번뿐입니다. 그리고 우연히 어느 항목에도 기재되기를 원하지 않는 자가 있다면, [뤼르케 드 마이에르느의 책에서] 제시되고 있는 항목에 관해서는 여기서는 그냥 넘어가겠습니다만, 그 사람은 시민으로서 취급되어서는 안 되고 "인민의 쓰레기, 불명예스러운 무뢰한"으로 간주되어야 했습니다.[34]

근대의 여명기에 이미 통치성은 이런 것으로 꿈꿔졌다. 그러므로 '안전'의 시대에 직업지도에 있어서 '인센티브'가 탄생했던 것은 전혀 수수께끼가 아니다.

푸코는 '안전'의 시대가 '규율'의 시대와는 다르다는 것을 정말이지 몇 번이나 강조하고 있다. 하지만 '내치사무국'에서 '유인'의 메커니즘에 이르기까지를 무수한 '경첩어'들로 연결시켰던 푸코는, 결국 '통치'라는 권력행사의 패턴이 늘 살아남아 있다는 것에도 심할 정도로 계속 주의를 환기시키고 있는 듯하다.

---

34) Foucault, *Sécurité, territoire, population*, p.327. [『안전, 영토, 인구』, 434쪽.]

'인센티브'에 관해 생각하는 것은 푸코의 이 미묘한 가르침에 주의 깊이 귀를 기울일 절호의 계기를 제공해줌에 틀림없다.[35]

---

35) 『안전, 영토, 인구』의 편집자는 푸코의 논의가 현재에서는 인재관리론[인적 자원의 관리]이나 조직 이론에도 적용되고 있다고 말한다. Michel Senellart, "Situation des cours," in Foucault, *Sécurité, territoire, population*, p.410. [「강의정황」, 『안전, 영토, 인구』, 533쪽.] 단, 이런 학문 영역은 푸코의 관심 바깥이었다고 덧붙였다. 이 문제를 다룬 논문집에는 다음의 책들이 있으나 인센티브를 문제삼지는 않는다. Barbara Townley, *Reframing Human Resource Manage-ment: Power, Ethics and the Subject at Work*, London: Sage, 1994; Alan Mc-linlay and Ken Starkey, ed., *Foucault, Management and Organization Theory: From Panopticon to Technologies of Self*, London: Sage, 1998; Armand Hat-chuel, Éric Pezet, et Ken Starkey, éd., *Gouvernement, organisation et gestion: L'héritage de Michel Foucault*, Saint-Nicolas: Les Presses de l'Université Laval, 2005. 단, 다음의 논문에서는 유사한 논점을 확인할 수 있다. Jacques Donzelot, "Le plaisir dans le travail," *Résistance à la médecine et démultipli-cation du concept de santé*, Paris: Collège de France, 1980, pp.283~342. [이승철 외 옮김, 「노동 안에서의 즐거움」, 『푸코 효과: 통치성에 관한 연구』, 도서출판 난장, 2014, 367~404쪽.] 푸코를 다룬 다음의 논문에는, 포스트-포드주의(우리는 이것을 여기서는 '인센티브 체제'로 확장시켜 재정의한다)에 관해 '인센티브'라는 용어를 명기한 한 절이 포함되어 있다. Nancy Fraser, "From Disci-pline to Flexibilization?: Rereading Foucault in the Shadow of Globalization," *Constellations*, vol.10, no.2, Summer 2003, pp.160~171. [김원식 옮김, 「훈육에서 유연화로?: 지구화의 그림자 속에서 푸코 다시 읽기」, 『지구화 시대의 정의: 정치적 공간에 대한 새로운 상상』, 그린비, 2010, 197~218쪽.] 또한 다음의 논문도 참조하라. 渋谷望・酒井隆史, 「ポストフォーデイズムにおける〈人間の条件〉」, 『現代思想』, 第28券, 第9号, 東京: 青土社, 2000, 78~91頁.

제2부

안
전

3 | '생존'에서 '생명'으로
사회를 관리하는 두 개의 장치
| 세리자와 가즈야

1. 사람은 그저 살아 있다는 사실만으로는 권력이 관여하는 대상이
되지 않는다.

　여기서 말하는 권력은 일정한 모습으로 인간에 관여하고자 하는
실천을 뜻한다. 즉, 그런 구체적 실천의 대상이 되는 가치나 힘을 인
간의 생존이나 생명은 선험적으로 갖고 있지 않다는 것이다. 어떤 이
해관심이 발견되지 않는 한, 인간이라는 존재는 권력에 있어서는 없
는 것과 마찬가지이다.

　지금까지 권력은 실로 다양한 모습으로 인간에 관여해왔는데, 그
렇게 한 것은 거기에 그 나름의 이익이 있었기 때문이다. 예를 들어
병사의 신체를 훈련시켰던 것은 기계의 부품마냥 싸우는 병사를 육
성하기 위해서였으며, 집합으로서의 주민의 위생이 시야에 갑자기
들어오게 됐던 것은 페스트나 콜레라 같은 전염병을 막기 위해서였
다. 늘 구체적인 이해관심 아래에서 사람은 여러 가지 방식으로 권력
의 관여 대상이 됐다. 미셸 푸코는 그 관여의 기법과 기술을 분석하

는 데 일평생을 바쳤다고 해도 과언이 아니다. 그리고 푸코의 작업은 역사주의적인 시선에 의해 뒷받침됐다.

여기서 말하는 역사주의란 이런 것이다. 권력은 일정한 기법으로 인간을 대상화하고 그에 걸맞는 기술을 갖고 관여한다. 거기서[즉, 역사주의에서] 말하는 권력의 기법과 기술은 역사적으로 형성된 것이며, 바로 그 때문에 역사와 더불어 늘 변용됐다. 당연히 향후에도 계속 변용될 것이다. 언뜻 보기에 아주 자연스럽게 영위되고 있는 실천에서도, 그 권력의 기법과 기술은 어디까지나 역사적으로 짜여진 것이며, 그 구성이 바뀌면 모든 것이 근본적으로 변용된다.

요컨대 똑같이 인간이라는 말로 지칭되더라도, 그것이 편입된 실천의 기법에 의해 [그 인간은] 상이한 대상으로 출현하며, 권력이 [그 인간에게] 관여할 때의 기술도 완전히 달라진다는 것이다.

푸코적인 역사주의, 하지만 그것은 항간에 유포된 패러다임 역사관과는 다르다. 후기 푸코의 작업은 질 들뢰즈의 약간 더 듣기 좋은 슬로건인 "규율사회에서 관리사회로"라는 슬로건으로 정리되고, 그 도식을 따라 우리의 '현재'가 이해되는 경향이 있다.[1] 그러나 당연한 말이지만, 현실에서 생겨나는 것은 이런 단순한 도식 따위로 환원되지 않는다. 오히려 이런 단순화는 일본이라는 사회 속에서 실제로 영위되고 있는 실천의 개별성을 감출 수밖에 없다. 어디까지나 문제는 실천을 수립하고 있는 특정한 구성이기 때문이다.

---

1) Gilles Deleuze, "Post-scriptum sur les sociétés de contrôle," *Pourparlers 1972-1990*, Paris: Minuit, 1990, pp.240~247. [김종호 옮김, 「추신: 통제사회에 대하여」, 『대담 1972~1990』, 도서출판 솔, 1993, 198~205쪽.]

구체적으로 얘기해보자. 푸코적인 분석의 중요한 도구는 법, 규율, 안전이다. 푸코는『안전, 영토, 인구』라는 제목의 [1978년 콜레주드프랑스] 강의에서 이 도구들이 범죄에 대해 상이한 접근법을 취한다면서 이것들 각각의 특징을 다음과 같이 묘사한다.

첫 번째인 법은 금지와 벌에 의해 성립한다. 법을 정해 법을 위반한 자를 처벌하는 시스템, 즉 입법과 사법메커니즘이 그것이다. 예를들어 "살인하지 마라, 도둑질하지 마라" 같은 금지에 대해 사형이나 추방형, 벌금형 같은 형벌이 마련된다. 범죄는 행위로서 대상화되며, 법적 실천은 이런 수준에서 수립된다. 이어서 규율은 법과 형벌 곁에서 구금이라는 실천을 만들어낸다. 거기서는 범죄자라는 인간이 대상화되며, 일련의 노동이나 훈련에 의해 교화와 교정을 하는 것이 목표가 된다. 마지막으로 법과 규율과 동일한 모체에서 안전이 나타난다. 범죄는 집합적인 현상으로 대상화되며, 법의 적용과 교정을 위한 처벌은 범죄 발생률에 대해 그런 처벌이 지닌 효과 등과 같은 통계적인 평가에 비춰서 이뤄진다. 또는 예를 들어 절도의 피해와 그 억제에 들어가는 비용 사이의 균형, 즉 비용 대비 효과가 고려된다.

그렇다면 이 세 개의 시스템은 역사를 말하기 위한 단선적인 도식이냐 하면, 결코 그렇지는 않다.

중세~17·18세기에 발견되는 오래된 처벌 시스템인 법, 18세기 이후 정비된 근대 시스템인 규율, 현대 시스템인 안전 같은 식으로 얼핏 보면 이 세 가지 집근법은 역사 속에서 잇따라 일어난 듯하다.

그렇지만 가령 법의 발동인 신체형에서도 처벌의 현장을 둘러싸고 있는 민중에 대한 교정 효과가 기대됐기 때문에, 형벌을 본보기로서 부과하는 것은 규율적 기술이기도 했다. 또, 규율은 범죄자의 교정을 목표로 한 것이지만 재범 위험성에 비춰 시도되는 것이었기 때문에, 거기에는 안전의 메커니즘이 작동하고 있다. 그리고 안전이 전개되는 현대에서도 법이나 규율이 중지되는 것은 전혀 아니다.

현재 출현하는 것이 기존의 것을 사라지게 하는 식으로, 여러 요소가 서로 연이어 오게 되는 그런 계열은 결코 없습니다. 법적인 것의 시대, 규율적인 것의 시대, 안전의 시대가 있는 것이 아닙니다. 일찍이 법률-사법메커니즘을 대체했던 규율메커니즘를 다시금 대체한 안전메커니즘이 있는 것이 아니죠. 사실상 일련의 복합적인 건조물이 있고 그 내부에서 변하게 되는 것은, 물론 완성되어가고 아무튼 복잡하게 되어갈 기술 그 자체인 것입니다. 특히 변하게 되는 것은 지배적인 요소 혹은 더 정확히 말해서 법률-사법메커니즘, 규율메커니즘, 그리고 안전메커니즘이 맺는 상관관계의 체계입니다.[2]

실제로 근대에서 현재로 변천되면서 흐름은 규율에서 안전으로 옮겨졌다. 하지만 문제는 법, 규율, 안전이 만든 "복합적인 건조물"이다. 분석되어야 할 것은 구체적인 실천, 한 사회 속에서 실제로 배치되고 투입된 '장치'이다. 여기에 푸코적인 분석의 요체가 있다.

푸코의 역사주의는 "시대가 바뀌면 모든 것이 바뀐다"라는 낙관주의나 그 반편향인 냉소주의에 봉사하지 않는다. 또 자주 혼동되는

---

2) Michel Foucault, *Sécurité, territoire, population: Cours au Collège de France 1978-1979*, éd. Michel Senellart, Paris: Gallimard/Seuil, 2004, p.10. [오트르망 옮김, 『안전, 영토, 인구: 콜레주드프랑스 강의 1978~79년』, 도서출판 난장, 2011, 26~27쪽.]

데, 사회사에서처럼 과거를 재현하는 것과도 완전히 무관하다. 게다가 권력론처럼 일반적인 모델의 구축을 목표로 하지도 않는다.

과거에 대한 [푸코의] 역사주의적인 분석 시선은 이런 것으로 향하는 것이 아니라, 우리의 존재 조건인 '현재'를 가시적인 것이게 만드는 것으로 향한다. 현재의 실천을 역사적 산물로 파악하고, 그것이 자연적인 것인 양 치장된 것을 벗겨내기 위해서 말이다.

이 글은 안전의 현재를 밝히는 것을 목적으로 한다.

이를 위해 과거와 현재의 일본 사회에서 나타난, 사회를 관리하는 두 개의 장치를 비교한다. 하나는 전전戰前, 사회사업 영역에서 출현한 '방면위원제도'方面委員制度이며, 다른 하나는 오늘날 방범활동 영역에서 추진되고 있는 '안전·안심하는 거리 만들기'이다.

이 두 개의 장치를 비교할 때, 규율에서 안전으로 흐름의 이행에 수반되는 실천의 구성의 변용이, 나아가 그것이 인간의 생존에 초래한 전도顛倒가 분명해질 것이다.

2. 1918년 7월, 토야마현 우오즈 시내에서 어민의 아내들이 쌀의 이전 저지와 염가 판매를 요구하며 들고 일어났다. 원인은 쌀 부족과 투기에 의한 쌀값 급등이다.

이 일이 '엣츄 여성 폭동'越中女一揆이라고 신문에 보도되자, 교토와 나고야로 불길이 번지기 시작해 곧 전국 주요 도시에서 일제히 소동이 진개됐나. 득히 산사이 이서關西以西에서는 잡일을 하는 도시 계층이나 노동자들이 궐기했는데, 이들은 자신들의 요구가 받아들여지지 않으면 격렬한 약탈을 자행했다. 폭동이라는 표현이 적절한 상황을 앞에 두고 정부는 계엄령을 선포하고 군대를 출동시켰다. 정부는 수

많은 사상자를 내고서야 소동을 겨우 막아냈다. 바로 이것이 이른바 쌀 소동이라고 불리는 사건이다.

같은 해인 1918년 10월 [9일], 미쓰카와 가메타로와 오카와 슈메이가 노장회老壯會를 결성한다. 노장회는 사회 개조에 관심을 둔 자들을 널리 모은 연구 단체로, [이듬해인 1919년 8월 1일] 유존사猶存社를 산출함으로써 역사에 이름을 남겼다. 『국가개조안 원리 대강』의 저자인 기타 잇키를 이론적 지도자로 맞이해 쇼와 국가주의 운동의 원류를 만들었던 바로 그 유존 말이다.

이런 흐름의 기점이 되는 노장회를 결성한 이유에 관해 미쓰카와는 훗날 다음과 같이 회고했다.

쌀 소동에 의해 폭발한 사회 불안과 강화 외교의 기회를 틈탄 민주주의 사상의 범람은 다이쇼 7년[1918년] 가을부터 겨울에 걸쳐 일본의 향후 운명을 결정지을 한 계기로 간주되기도 했다. 한 가지 잘못이 국가를 망가뜨리고 국가를 끝장내버릴지도 모르지만, 또 이를 교묘하게 응용하면 국가 개조의 기조가 될 수 있을지도 모른다. 그래서 우리들은 3년 전부터 청풍정淸風亭에 모여서 때때로 연구에 종사하고 있었던 삼오회三五會를 확대 강화하고, 일개의 유력한 사상교환 기관을 만들자고 생각했다. 이리하여 노장회가 만들어졌다.[3]

일본 사회에 민주주의 사상이 전례 없는 기세로 전파되는 가운데 국민의 사회 불안이 쌀 소동이라는 형태로 폭발했을 때, 일본은 파국

---

3) 滿川龜太郎, 『三国干渉以後』, 東京: 現代ジャーナリズム出版会, 1977, 182頁.

과 재생 사이의 운명적인 분기점에 들어서고 있다고 생각된 것이다.

이 쌀 소동이 고무시켰던 것은 국가주의자들만이 아니었다. 쌀 소동은 노동 운동도 활기차게 했다.

이 당시 최대 노동단체였던 우애회友愛会[일본노동총동맹의 전신] 지도자 스즈키 분지는 다음과 같은 회상을 남겼다.

쌀 소동은 민중에게 '힘'의 복음을 전했다. 노동계급에게 자신감을 심어줬다. 다수가 단결해 일에 달려들면 천하의 무슨 일이든 이뤄지지 않으랴. 즉, 쌀 소동은 무산계급의 자비심을 일소했다. 비굴한 마음을 떨쳐냈다. 강한 자신감과 자존심을 심어줬다. 쌀 소동은 우리나라 노동운동의 박차가 되어 노동운동이 맹활약하게 만들었다.[4]

이 시대는 커다란 전환을 맞이하고 있었다.

제1차 세계대전을 이데올로기 투쟁의 장으로 삼은 미국은 민주주의가 세계의 대세라는 슬로건을 유포시킨다. 다른 한편으로 볼셰비키에 의한 러시아 10월 혁명의 성공은 사회주의 정권의 실현가능성을 세계사에 아로새겼다. "모든 계급의 민주주의"라는 우드로 윌슨의 목소리가 울려퍼지는 한편, "무산계급의 해방"이라는 블라디미르 일리치 레닌의 소문이 당도했던 것이다.

훗날 5·15 사건[1932년 해군의 극우 급진파 청년 장교들이 당시 수상을 암살한 사건]과 관련해 취조를 당했던 오카와는 자신이 국가개조 사상을 품게 됐던 이 중대한 역사 상황을 이렇게 말했다.

---

4) 鈴木文治, 『労働運動三十年』, 東京: 一元社, 1931, 163頁.

세계 역사상 가장 중대하고 획기적인 서유럽 전쟁이 발발했고 이윽고 그것은 세계전쟁이 됐다. 이 전쟁이 널리 퍼지고 있다는 점에서 우리나라에 심대한 영향을 미친 것은 말할 필요도 없다. 첫째로 이 전쟁은 경제적으로는 우리나라의 자본주의를 급격하고 신속히 발전시켰다. 이에 따라 사회적 결함도 갑자기 현저해졌고 처음으로 우리나라의 소위 사회 문제가 서양 선진 자본주의의 그것과 궤를 같이 하는 모양새가 되어 사회 운동이 갑작스럽게 대두되기에 이르렀다. 노동자의 계급의식이 강하게 고취됐고 계급투쟁이 부르짖어졌으며 파업과 소작쟁의가 빈번하게 벌어지기 시작되는 한편, 전쟁에 의한 요행때문에 부자가 된 크고 작은 졸부들이 사치와 방탕을 일삼고 더구나 정치가의 남편 같은 졸부가 아첨·영합한 일은 국민의 뜻있는 자들을 화나게 했다. 둘째로, 이 전쟁이 동반한 공산주의 혁명, 독일과 오스트리아 두 제국의 붕괴, 스페인 혁명, 이탈리아의 파쇼 독재 등이 사회 개조의 기운을 전 세계에 세차게 일어나게 하고 적어도 문화가 꽃 피우는 곳에서는 개조 운동을 볼 수 없는 곳이 없기에 이르렀다. 우리나라가 이런 팽배한 물결의 바깥에 설 수 없다는 것은 말할 것도 없다. 따라서 크고 작은 다수의 개조 단체가 나타났다.[5]

세계사적 격동에 휩쓸리는 가운데, 때는 '개조의 시대'로 전환되고 있었던 것이다. 메이지 유신 정치에 대항하는 민주주의 사상이 한 세대를 풍미하고, 자본주의의 심화가 야기하는 사회 문제가 사회 운

---

5) 高橋正衛 編,「国家主義運動 2」(第5巻), 『現代史資料』, 東京: みすず書房, 1931, 683~684頁.

동을 대두시키고, 계급의식에 고취된 노동자들이 파업에 나선다. 그리고 사회주의가 아나키즘과 볼셰비즘으로 갈라서면서, 대역 사건 이후의 '겨울의 시대'에서 부활하기 직전이었다. 그것은 다양한 정치 사상이 국가의 개조를 목표로 삼아 각축을 벌였던 시대이다.[6]

쌀 소동은 바로 이런 중차대한 상황에서 발발했다.

그리고 이때 국민의 '생활'이 갑작스레 정치적 문제가 됐다.

예를 들어 이것은 여명회黎明会의 대강령에도 뚜렷하게 나타나고 있다. 여명회는 쌀 소동 이후 국가주의 사상의 고조에 대항하기 위해 1918년 12월 [23일]에 요시노 사쿠조와 후쿠다 도쿠조가 중심이 되어 결성된 계몽 단체이다. 여명회의 결성은 다이쇼 데모크라시의 정점을 이루는 사건이었다. 여명회의 대강령에는 "세계의 대세에 역행하는 위험하고 편협한 사상을 박멸하는 것"과 나란히 "전후 세계의 새로운 추세에 발맞춰 국민생활의 안정·충실을 촉진하는 것"이 포함됐다. 세계의 대세란 민주주의를 의미했는데, 보통선거에 의한 국민의 정치 참여를 지향하는 동시에 "국민생활의 안정·충실"도 좇아야 할 정치 목표로 간주됐다.

---

6) 오카와는 이 시기의 개조 운동에 관해 이렇게 말했다. "그 무렵의 개조 운동은 대강 다음과 같은 경향으로 분류된다. 첫째는 무정부주의적 경향의 것으로 고(故) 오스기 사카에[大杉栄, 1885~1923]가 그 대표자이다. 둘째는 나중에 공산당이 되는 것, 셋째는 나중에 제반 무산 정당이 될 수 있는 사회민주주의적 경향의 것, 넷째는 다카하타 모토유키[高畠素之, 1886~1928]를 중심으로 한 국가사회주의적 경향의 것, 다섯째는 곧 '유존사'를 중심으로 하는 것으로, 구체적인 정강에 입각하면 국가사회주의와 유사하다고 파악되지만 이것이 의거하는 정신적 기초는 순수하게 일본적이라는 점에서 전자와 다른 것으로 파악된다." 高橋正衞 編,「国家主義運動 2」(第5卷), 684頁.

사회 문제가 심각해지고 노동쟁의가 발발하는 가운데 민주주의 진영의 중심축은 이때 이미 다이쇼 전반기의 정치 목표였던 형식적 민주주의의 실현에서 국민 복지의 충실로 이동됐다. 이 관심 이동의 배후에는 하나의 국민에 기초한 일국적 민주주의가 생활 불안에 의해 초래된 계급 분단으로 분열되는 것을 피하려는 뜻이 있었다.

아무튼 폭주하는 정치적 역학 속에서 국민생활의 안정이 정치적 의제로 부상했다. 이것은 국가에서 사회로 시선이 전환됐음을 뜻했다. 쌀 소동 폭동을 계기로 인간 생활의 장이 '사회'로 대상화된 것이다. 이때의 사회란 생활의 어려움 한복판에서 민중이 폭도로 들고 일어서는, 이른바 활활 타오르는 불구덩이 같은 장이었다.

이때 사회는 위험한 장이 됐다. 미츠가와 가메타로의 말처럼, "한 가지 잘못이 국가를 망가뜨리고 끝장낼지 모를" 정치적 힘을 획득했던 것이다. 다이쇼 후반기의 개조 시대는 인간들의 생활의 어려움과 불만이, 즉 인간의 '생존'이 체제를 뒤흔들 힘을 띠었던 때였다.

3. 이 글에서 검토하는 사회 관리의 첫 번째 장치는 바로 이런 시대의 한복판에서 등장했다.

1918년 10월, 오사카에서 방면위원제도方面委員制度[훗날(1948년)의 민생위원제도民生委員制度]라는 이름의 사회사업이 시작됐다. 그것은 쌀 소동의 열기가 아직 식지 않은 가운데 "사회 문제 해결의 관건이어야 할 사명"[7]을 담당하는 것으로 간주됐다.

---

7) 小河滋次郎,「方面委員なる新施設に就て」,『救済事業』(12月), 第8券, 第12号, 東京: 救済事業研究会, 1920, 1頁.

개조의 시대에서 국민의 생활이 정치적 의제가 됐을 때, 그런 사회 문제를 해결하기 위한 장치가 동시에 세워졌던 것이다.[8]

방면위원제도라는 명칭은 각 읍면과 마을을 초등학교 1개 정도의 범위로 구획하고 이것을 하나의 방면[구역]으로 간주, 사업 단위로 삼았던 것에서 유래한다. 그리고 이 지역에 거주하거나 직업이나 영업 등에서 깊은 관계를 가진 주민 중에서 지방장관이 바람직하다고 여긴 인물을 방면위원으로 촉탁했다. 방면위원 각각은 명예직, 즉 자원봉사자이다. 이 자원봉사 위원이 담당할 관할 지역에서 주민의 생활 전반을 사각지대 없이 두루 시선에 담고자 했다.

방면위원들은 주민의 생활상태를 조사하기 위해 담당 구역 내부를 순찰하고 가정을 방문했다. 그때는 경찰, 학교, 신사神社, 사원, 교회, 위생조합, 재향군인단 등 각종 공공기관과 밀접한 관계를 유지하며 주민의 정신적·물질적 생활상태를 조사했다. 조사 결과는 카드식 수첩에 기입하고, 변동이 있으면 재빨리 보태거나 빼는 수정을 가했다. 생활이 곤란한 주민을 발견하면, 생활고의 원인을 조사해 그 제거방법을 강구했다. 구제가 필요하다고 인정된 경우에는 가급적 신속히 생활보호 절차를 개시하고, 수급 뒤에는 그 처지가 하루빨리 개선되도록 지도했다. 그 때문에 각종 공적·사적 구제기관과 밀접한 연락을 유지하며 항상 신속히 처치할 수 있도록 마음을 썼다.

그뿐만이 아니다. 아래에서 보듯이 내건 목표는 지나칠 정도로 생활의 세부사항에 걸쳐 있었다. 가정이나 육아 등에 관한 상담이 있을

---

8) 방면위원제도에 관한 자세한 사항은 다음을 참조하라. 芹沢一也,「社会を監視する方面委員」(第3章),『〈法〉から解放される権力』, 東京: 新曜社, 2001.

경우, 방면위원이 직접 상담에 응하거나 해당 기관에 소개했다. 또 이런 상담이 자발적으로 이뤄지지 않더라도 방면위원이 솔선해 지도하고 원조를 제공했다. 공적인 신고에 힘쓰고, 법규상의 절차가 이행되지 않는 것을 방지하고, 내연관계나 사생아처럼 가족 이외의 관계가 발생하지 않도록 단속했다. 임산부와 유아의 건강에는 더 치밀한 주의가 기울어졌다. 생활을 안정시키기 위해 시장과 구매조합 등을 이용하도록 꾀하고, 노동계급의 주부에게는 가정과 관련된 지식을 보급시켰다. 소년·소녀의 직업과 노동상황에 주의를 기울이고, 건강한 풍기風紀와 경제적 능력의 보전에 힘썼다.

가정, 육아, 호적, 건강, 생계, 노동상황, 즉 주민의 일상생활을 구성하는 모든 영역에 대해 방면위원들은 세심한 시선을 뻗치고자 했다. 그리고 그런 제한 없는 배려의 근저에 있으며 생활 영역 전체에 대해 시선을 기울이게 만들었던 것은 다름 아니라 주민들의 '빈곤'에 대한 관심이었다. 방면위원들은 빈곤상태에 있다고 여겨진 주민의 상황을 카드식 수첩에 자세하게 기재했는데, 바로 이 조사카드가 방면위원제도의 핵심이었다.

방면위원들이 지역을 순찰하면서 접하게 된 주민의 생활상황이 매일 조사카드에 적혀 정보화되고 축적되자, 이것은 사회의 양상을 고스란히 비춰주는 거울이 됐다. 사회가 위험한 장으로 부상됐던 개조의 시대에 방면위원제도는 주민의 빈곤을 가시화하는 장치이자 질서를 위협할 진원지를 탐사하는 역할을 담당했던 것이다.

즉, 이 장치가 조준했던 것은 당시 빈곤이 띠었던 '위험성'에 다름 아니었다. 이런 '위험성'은 애당초 방면위원제도가 적용된 장소가 빈민이나 노동자, 지방에서 돈벌이를 위해 와서 무리지어 살았던 새로 개간된 땅이었다는 것에서도 분명히 드러난다. 그곳은 '위험한 거대 화약고,' 곧 가장 위험하다고 간주된 장소였다.

오사카에서 방면위원이 설정된 지역은 오사카시의 변두리에 속하는 일부 및 그 근방 마을들로 대개 한정되어 있다. 이 지역은 빈민, 노동자 또는 각 지방에서 일자리를 찾아 오사카에 온 이주자 등이 비교적 다수를 이뤄 밀집된 개간지였으며, 그저 어수선하게 군집을 이룬 것에 지나지 않는다. 질서도 없고 절제도 없으며, 사교의 중심을 이루는 것도 없고, 물론 그 토지의 이해 여부라고 운운되는 것에 관한 아무런 관념도 갖고 있지 않다. …… 단독의 빈민굴뿐만 아니라, 시의 변두리나 인접 마을의 무질서하고 무절제한 무산계급자들의 생활상태는, 그 모든 것이 거의 절해고도[육지에서 아주 멀리 떨어진 외딴섬]에 새로 개간된 식민지 같은 것이었으며, 문명 도시로서의 체면을, 그리고 제국 상공업 도시로서의 체면을 크게 손상시킨다는 것은 말할 것도 없으며, 도시 생활의 안녕한 질서를 파괴하고 위협하는 모든 화근도 이 지역 안에 개처럼 바짝 엎드린 채 점점 무르익고 있다. 오사카에 있어서 이 지역은 마치 위험한 거대 화약고처럼 아무런 대비도 없이 개방되어 있는 듯하다. 이렇게 말하는 이유 때문에도, 우선 이 지역을 골라 사회민중생활의 기상대 또는 측후소라고도 칭해야 할 방면위원제도를 설치하기에 이르렀던 까닭이 있다.9)

---

9) 小河滋次郎, 「方面委員制度」, 『救済事業』(8月), 第9券, 第8号, 東京: 救済事業研究会, 1921, 8~9頁.

위험한 계층이 무리를 이뤄 살고 있는 지대에 설치된 "사회민중 생활의 기상대." 방면위원들은 이런 지역에서 주민의 생활을 하루도 게을리하지 않고 감시했으며, 빈곤이 사회의 질서를 파괴하는 사태를 미연에 방지하고자 했다.

주민의 생활고에 대한 연민이나 동정도 생존권 사상에 의해 충동질된 것이 아니었다. 앞서 말한 문구를 반복한다면, 아무런 이해관심도 발견되지 않는다면, 권력에게는 인간이라는 존재가 없는 것이나 진배없다. 이 시기에 주민의 생활에 대한 이해관심이 생겨났던 이유는 이것이 다름 아닌 정치적 위험성을 품고 있었기 때문이다.

방면위원제도란 인간 생존에 대한 배려를 통해 사회의 안전을 달성하려는 실천이었다. 그리고 사회를 관리하는 이 장치를 떠받쳤던 것이 감옥에서 유래한 교정메커니즘, 즉 규율권력이었다.

4. 방면위원제도를 고안한 인물은 오가와 시게지로이다.[10] 오가와는 메이지 시대에 감옥의 근대화에 반평생을 바친 내무관료이자 감옥학의 제1인자였다. 이런 인물이 감옥행정을 떠나 오사카에 구제사업지도 촉탁으로 초대됐을 때 고안한 것이 바로 방면위원제도였다.

이때 오가와는 감옥의 교정메커니즘을 사회사업에 들여왔다. 이것은 푸코가 범죄에 대한 세 가지 양상의 접근법으로 분류한 것 중에서 법에서 규율로의 이행에 의해 특징지어진다. 오가와는 범죄와 빈곤이라는 현상을 동일한 하나의 지평에 놓고 이렇게 논한다.

---

10) 오가와와 그의 행형(行刑) 사상에 관해서는 다음을 참조하라. 芹沢,「人格を裁く刑事制度」(第1章),『〈法〉から解放される権力』, 東京: 新曜社, 2001.

옛날에는 이 사업의 목적물이 단지 빈곤, 질병, 재해, 범죄 같은 일정한 사실이나 행위에 머물렀지만, 오늘날에는 나아가 그 외에도, 아니오히려 무게를 사실 혹은 행위의 담당자인 인격, 즉 유기적 조직에서 성립하는 살아 있는 인간에 두지 않으면 안 된다. 사실[실제로 일어난 일]의 근본은 결국 인격이다. 인격이 있고 그 위에서 빈곤이나 범죄를 말하는 것처럼, 사실이 발생·조장하는 이유가 있다. 마치 어떤 질병을 치료하는 데 먼저 해당 환자의 개성적 관계를 다방면에서 정밀히 진찰함으로써 그 병의 원인을 탐구할 필요가 있는 것처럼, 모름지기 이른바 빈곤자, 범죄자, 기타 모든 구제보호가 필요한 각종 개인에 대해서도 일일이 그 현상의 유래 이유를 조사하고, 더욱이 그의 개성적 관계에 적응하는 상당한 조치를 진척시켜야 할 것이다.[11]

빈곤 혹은 범죄라는 사실이나 행위가 아니라 그 담지자인 살아 있는 인간을, 즉 빈곤자나 범죄자를 초점에 두지 않으면 안 된다.

감옥의 근대화에 골몰했던 오가와는 법에 의해 금지된 행위에 대해서가 아니라 범죄자의 위험성에 따라 형벌이 부과되어야 한다고 생각했다. 즉, 범죄자의 교정에 필요한 정도에 맞게, 혹은 교정 효과를 볼 수 있는 형벌을 가하기를 원했다. 이것은 치료로서의 형벌을 뜻했는데, 오가와는 이 발상을 사회사업 영역에 적용했던 것이다.

단순한 빈곤이라는 사실이 아니라 실제로 빈곤상태에 빠져 있는 인간을 대상으로 삼고, 그 상황을 정밀하게 조사한 다음에 효과적인

---

11) 小河滋次郎, 「医家と社会事業の関係に就て」, 『救済事業』(3月), 第2券, 第3号, 東京: 救済事業研究会, 1914, 2頁.

처치를 베푸는 것. 이것은 구제의 실천을 규율 시스템에 종속시키고 자 하는 것이나 다를 바 없다. 오가와에 따르면, 법에 구속된 구제 실천은 원래 두 개의 커다란 결함을 가진다.

첫째로 외부로 나타나는 사실에 구속되기 때문에 빈곤으로 힘겨워하는 인간의 개별적 사정을 배려하기가 어려워진다. "법률이 그 대상으로 삼는 것은 아무래도 외부로 나타나는 어떤 일정한 조건을 구비한 사실이기를 요구"[12]하는바, "예를 들어 실제로는 하루하루 생계를 겨우 버틸 수 있는 곳의 빈민과 다를 바 없는 자라고 하더라도, 만일 그가 작지만 집 한 채를 갖고 있고 불효자이지만 친자식이 한 명 있다면, 법제에서 볼 때 고독하고 의지할 곳 없는 극빈자로 간주되어 구호 조치를 받을 이유가 없게 된다."[13]

둘째로, 법에 기초한 공적 구제는 구제 대상자에게 권리 의식을 환기시키기 때문에 빈곤을 정당화하고 조장할 가능성이 있다. 국가나 자치체가 행하는 구제에서는 "구제를 받는 자도 역시 구태여 은혜를 느끼지 못하고, 하나를 얻으면 열을 요구하고, 열을 얻으면 백을 원하고, 이것을 얻는 것을 당연한 권리라고 마음먹고, 이것을 얻지 못하면 갑자기 불평을 터뜨리며, 이리되어 결국에는 구제의 행위가 무서운 빈민 세력을 조장하는 폐단을 면치"[14] 못한다.

---

12) 小河滋次郎, 「公私救済事業の関係に就て」, 『救済事業』(1月), 第2券, 第41号, 東京: 救済事業研究会, 1916, 11頁.

13) 小河滋次郎, 「救済事業の趨勢(中)」, 『救済事業』(2月), 第2券, 第2号, 東京: 救済事業研究会, 1916, 8~9頁.

14) 小河滋次郎, 「救済の要義」, 『救済事業』(1月), 第1券, 第5号, 東京: 救済事業研究会, 1913, 28頁.

법체계 속에서의 구제 실천은 상황에 맞는 개별적 대응이 곤란한 까닭에 구제가 [국가나 자치체의] 의무로서 이뤄진다는 권리 의식을 [구제 대상자에게] 심어준다는 것이다. 이런 법적 실천이 지닌 결함을 오가와는 규율적 메커니즘에 의해 극복하고자 했다.

거기서 이상적 시스템으로 묘사됐던 것은 그 사정이 천차만별인 주민을 개별적 대상으로 삼아, 이들 각자에게 최적의 조치를 친밀한 대인관계 속에서 시행하는 그런 구제 실천에 다름없었다. 방면위원 제도라는 사회의 관리장치는 이런 구상에서 수립됐다.

범죄에 대한 접근법이라는 면에서 보면, 법제도의 곁에서 규율이 생겨났을 때 범죄자라는 관여 대상이 발견된 것처럼, 구제 실천이 규율 시스템 아래에서 전개되기 위해서는 일상적인 생활환경에서 살아가고 있는 빈곤자들이 가시화되어야만 했다. 바로 이런 이유 때문에 방면위원들은 사회의 세부사항에도 감시의 시선을 보내는 행위자로서 자신들 각자가 담당하고 있는 지구를 순찰하고 가정방문을 다녔던 것이다. 방면위원들은 주민의 본적이나 수입, 학력, 경력, 나아가 성적 취향이나 신앙까지 조사했다.

또한 의무와 권리라는 법적인 관계성을 피하기 위해 공무원이 아니라 민간의 사인私人이 활용됐다. 왜냐하면 주민과 접촉하는 장면에 등장하는 것이 "대인관계에 깊은 동정심을 갖고"[15] 일하는 사인이라면, 구제받는 자의 주관에는 그저 감사한 마음만이 환기될 것이라고 여겨졌기 때문이다. 방면위원이 자원봉사자였던 이유가 이것이다. 그것은 단순히 경제적인 합리성, 비용만의 문제가 아니었다.

---

15) 小河, 「公私救済事業の関係に就て」, 17頁.

이렇듯 방면위원제도의 획기성은 민간인을 자원봉사자로 활용한 데 있었다.

자원봉사자로 방면위원을 담당하는 자들은 공무원이나 경찰관처럼 법의 집행인이 아니다. 그 때문에 방면위원과 주민 사이에 맺어진 관계는 권력적이거나 사무적인 관계에서는 결코 없는, "마치 육신의 부모형제나 기타 가까운 친척, 후견인과 피후견인, 가장 친한 친구들, 가장 신뢰하는 두목-부하"16) 같은 친밀한 관계가 될 것이었다.

유명인, 자본가, 공무원 등은 방면위원에 적합한 인물이 아니고, 중산계급에 속하는 자들, "가령 의사, 종교인, 전당포 주인, 약제상, 집주인, 관리인, 가내공업 경영자, 미곡어채신탄米穀魚菜薪炭[곡식, 생선, 야채, 땔감] 등의 일용품 소매상"17)이 방면위원에 적합하고 가장 이상적이라고 간주됐던 것도 이런 사람들은 무산계급 사람들과 일상적으로 접할 기회가 언제나 있었기 때문이었다.

지역에서 일상을 공유하는 친근한 사람들이 구제 실천의 주체가 되면, 빈곤에 시달리는 자에게 방면위원은 사심 없는 은인으로 보이고, 방면위원에게도 주민은 일가족인 양 느껴진다는 것이다.18)

---

16) 小河, 「方面委員制度」, 11頁.

17) 小河滋次郎, 「方面委員制度(續)」, 『救済事業』(9月), 第9券, 第9号, 東京: 救済事業研究会, 1921, 2頁.

18) 자조(自助)와 공적 구제 사이에 자리잡고 국민의 생존권을 억제하는 이런 구제 시스템은 오늘날 국가에 의한 사회보장이 후퇴하는 가운데 부활하고 있다. NPO법인 자립생활지원센터 공동사무국장인 유아사 마코토는 최근 행정부가 내놓고 있는 지역복지 시스템의 발상을 이렇게 정리하고 있다. "저출산 고령화 사회에서는 사회보장제도나 지방자치행정 등의 부담들에 대한 '담당자'[떠맡는 사람]가 줄어들고 '수급자'가 증가한다. 현행의 사회보험 방식을 전

여기에는 일종의 '쾌락'이 활용되고 있었다. 가족적 관계성 속에서 지역 주민을 후견한다는 역할, 나아가 사회를 감시하고 다니는 지역 유지라는 사실이 가져다주는 쾌락에 의해 방면위원들은 곤궁한 주민의 생활을 세심하게 배려했던 것이다. 때로는 사재를 털어서라도 빈곤한 주민의 생활을 다시 세우려고 한 경우도 있었다.

방면위원제도는 개조의 시대를 뒷받침했던 국민생활의 문제를 유사-가족적인 관계성 속에서 해소하려고 꾀했다. 그것은 인간의 일상생활에서 불거질 수 있는 정치성을 법에서 해방된 자원봉사자들이 무화시키기 위한 장치였다. "유산계급과 무산계급의 양해"[19]를 노리면서, 빈곤이 위험한 힘을 띠는 것을 미연에 막고자 한 방면위원제도는 이런 생존의 관리장치였던 것이다.

이리하여 인간의 생존은, 권력이 관여할 값어치가 있는 가치와 힘을 인간의 생존이 지닌 '위험성'에 의해 획득했다. 이 시기에 국민의

제로 각각의 '지속가능성'을 유지하려면 '담당자'의 부담을 늘리고 '수급자'를 줄이는 것을 병행해 추진할 수밖에 없다. 고용이 불안정해지고 가족의 '유대'도 낮아지고 있는 현재, 기대할 수 있는 것은 '지역의 상호협력'이다. '지역'은 '관'에서 '민'으로 향하는 기존 노선 중에서 감소하는 공적 영역을 보완하는 행위자 중 하나이며, 거기서 '새로운 공공 공간'이 형성된다." 단, 유아사는 [당시에] 거기서 보이는 것은 '새로운 공공 공간'의 출현이 아니라 "'옆집 할아버지, 할머니를 방치해둬서는 안 된다'는 사람들의 선의를 무상 노동력으로서 이용하며 공적 영역으로부터 후퇴해가는 행정의 모습"이라고 한다. 이런 구제 시스템의 기괴함은 "나라의 정책을 훨씬 앞서는 '기타큐슈 방식'(北九州方式)"이나 "'21세기의 모델 도시'라고 불릴 정도로 선진적"이라고 간주되는 기타큐슈시의 시영단지(市営団地)에서 2006년 5월 일어났던 남성의 아사 사건에서 확연하게 드러난다. 湯浅誠, 「ダンピングされる"生"=貧困化」, 『論座』(5月), 第144号, 東京: 朝日新聞社, 2007.

19) 小河滋次郎, 「方面委員事業報告」, 『救済事業』(12月), 第6券, 第12号, 東京: 救済事業研究会, 1918, 10頁.

생활에 대한 배려가 생겨나고, 나아가 이것의 구제를 목표로 한 실천이 나타났던 까닭은 다름 아니라 노동하고 생활하는 인간들의 집합이 체제를 뒤흔들지도 모를 불씨 같은 위험성을 띠었기 때문이다. 방면위원제도가 순식간에 전국으로 퍼졌던 것도 이 때문이다.

빈곤의 위험성을 억제하고자 했던 이 장치는 부르주아적인 사회질서의 방어를 목표로 했기 때문에, 이데올로기로서는 확실히 보수적이었다. 그렇지만 이것이 '생존에 대한 배려'를 초래했다는 점에 관해서는 반드시 주의해야 한다.

일상생활의 여러 장면에 개입하고 자비롭다고 할 수 있는 배려를 통해 주민을 빈곤에서 구해내고자 한 방면위원은, 사회질서에 대한 위험성을 어디까지나 사회 내부에서 해소하고자 했다. 이 시스템은 규율이 대세였던 시대에서 관리장치의 실정적positive 특징을 명백히 드러내고 있다.

앞서 살펴봤듯이, 현대의 사회관리장치를 관통하고 있는 것은 생존이 아니라 생명을 구하려는 관심이다. 그런데 역설적이게도 이것은 매우 배타적인 효과를 초래한다. 다이쇼 시대의 사회사업에서 현대의 방범활동에 시선을 돌리면, 사회를 관리하는 두 장치가 선명하게 대조될 것이다.

5. 1995년 3월 [20일, 도쿄에서] 지하철 사린가스 사건이 일어났다. 이 사건을 계기로 범죄 피해자 문제가 중요하다는 점이 인식되고 피해자 지원에 대한 관심이 높아졌다. 혹은 같은 해의 한신 대지진과 더불어 트라우마나 외상 후 스트레스 장애 같은 증상이 피해자의 정신적 피해의 심각성을 나타낸다고 널리 알려지게 됐다.

1996년 1월, '경찰피해자대책연구회'의 보고가 마련된다. 거기서는 "그동안 피해자는 너무도 무시되어왔다"고 지적되고, "피해자는 단순한 조사의 단서 정보·증거 자료의 제공자가 아니다. 피해자의 인권을 지키고, 넓은 범위에서 피해자를 위한 활동을 하는 것이 경찰의 기본적인 임무로서 자리매김될 필요가 있다"고 요구됐다. 이 요구를 받아들여 경찰청은 같은 해 2월에 「피해자 대책 요강」을 책정했고, 이후 이것은 경찰에서 피해자 시책의 기본 지침이 됐다.

1996년은 "경찰에게 '피해자 원년'이었다."[20] 같은 해의 『경찰백서』에는 피해자의 '발견'이라고도 해야 할 사태가 경찰에 가져다줬던 충격파가 분명하게 나타나 있다.

최근에 사린가스를 사용한 다수의 살인 사건, 총기 사용으로 일반 시민에게 피해를 준 살인 사건 등, 흉악 범죄의 피해자나 그 유족이 처한 부당한 상태에 대해 사회적 관심이 높아지고 있다. 특히, 살인 피해자의 유족, 강간 같은 신체범 피해자가 짊어지는 정신적 피해에 관해서는 이런 사건을 통해 그 심각한 곤경이 널리 인식되기에 이르렀다. 또한 우리나라의 관련 학계에서도 피해자를 둘러싼 다양한 조사·연구활동이 이뤄지고 있으며, 피해자의 사회적 구제의 필요성에 관해 기회가 있을 때마다 적극적인 제언이 이뤄졌다. 이런 피해자에 대해 요즘 국민의 관심이 고조되는 가운데, 피해자가 사회적으로 충분한 구제를 받지 못하는 실태가 주목을 받고 있는 동시에 경찰에게 기대되는 역할도 더욱 중요해지고 있기 때문에, 경찰에서는 각종 피

---

20) 浜井浩一·芹沢一也, 『犯罪不安社会』, 東京: 光文社, 2006, 31頁.

해자 대책을 피해자의 관점에 입각해 종합적이고 적극적으로 추진해 나가기로 했다.[21]

피해자용 팸플릿의 작성 배포, 피해자 연락 담당자의 설치, 성범죄 조사에서 여성 경찰관의 역할 확대, 피해 소년에 대한 지원 체제의 확립, 피해자 상담 체제의 정비, 수사관의 피해자 대응 매뉴얼 작성, 피해자 대책 추진 체제의 정비 등, 경찰은 피해자 대책 요강 아래에서 종합적인 피해자 대책을 전개한다.

동시에 사회 전체에서 여성이나 아이에게 가해지는 폭력에 대한 혐오감이 높아졌고, 이들을 지키기 위해 아동 학대, 가정폭력, 성범죄, 치한 같은 폭력의 철저한 대책이 이뤄진다. 1999년의 「아동 매춘, 아동 포르노와 관련된 행위 등의 처벌 및 아동 보호 등에 관한 법률」, 2000년의 「스토커 행위 등의 법제 등에 관한 법률」과 「아동 학대의 방지 등에 관한 법률」, 2001년의 「배우자의 폭력 방지 및 피해자 보호에 관한 법률」을 비롯해, 과거에는 민사불개입 등을 이유로 경찰이 대처하지 않았던 행위가 법률에 의해 범죄로 규정됐다.

이런 가운데 피해자 의식이 급변한다. 그동안 성범죄 등에 직면해도 수치심 등 때문에 참았던 피해자들이, 혹은 그때까지는 범죄로 정의되지 않았던 스토커나 가정폭력의 피해자들이 권리 의식이 고조됨에 따라 피해를 호소하기 시작했다. 사회도 경찰 상담 체제의 충실이나, 고소·고발의 수리·처리 체제 강화, 혹은 법제도의 정비 등에 의해 이런 피해자의 목소리를 적극적으로 받아들였다.

---

21) 警視庁 編,『警察白書 平成8年版』, 東京: 大蔵省印刷局, 1996, 341~343頁.

사회가 범죄 피해자의 호소에 귀를 기울이는, 그것 자체로 매우 진보적인 기운이 높아지는 가운데, 소년 범죄의 영역에서 급진적인 지각 변동이 생겨났다.

1997년 6월, 고베 연속 아동 살상 사건이 공개된다. 세간에 널리 알려진 이른바 사카키바라 사건인데, 확실히 이것은 비정상이라고밖에는 말할 수 없는 범행이었다. 6학년 여학생 두 명을 망치로 공격하고[2월 10일], 그로부터 1개월도 채 지나기도 전에 4학년 여학생 머리를 망치로 내리쳤으며, 더욱이 10분 뒤에는 부근을 지나던 다른 여학생의 배를 칼로 찔렀다[3월 16일]. 2개월 뒤에는 면식이 있는 초등학교 6학년 남학생을 교살하고 머리를 톱으로 자른 뒤 자기가 다니는 중학교 교문 앞에 걸어뒀다[5월 24~27일]. 범인이 14세 소년이라고 판명났을 때 일본 전역이 충격을 받았다.

그렇지만 당시의 논조는 지금의 눈으로 보자면, 수수께끼일 정도로 이 소년에게 관용적이었다. 실제로 사건의 피해자 유족에게는 당시의 논조가 다음과 같이 비춰졌다.

이 소년은 왜 범죄로 치닫게 됐는가? 소년의 마음의 그늘을 이해해 보자. 학교교육이 소년을 그곳까지 몰아넣었다. 소년을 갱생시키려면 어찌하면 좋을까? 그 주장이나 의견은 문제가 소년 그 자체에 있는 것이 아니라 소년을 둘러싼 학교나 사회에 있다는 것이었다. 그것은 그대로 소년에 대한 '동정'으로 휩쓸려갔다. 소년 A는 비뚤어진 교육, 그리고 병든 사회의 피해자라는 것이다.[22]

22) 土師守, 『淳』, 東京: 新潮社, 2002, 136頁.

소년 범죄의 역사에서도 매우 흉악한 이 사건의 범인이 비뚤어진 교육과 병든 사회의 피해자라고 말해지고 있는 것이다.

범죄에 이르게 된 소년은 오랫동안 사회의 피해자라고 생각됐다. 그래서 소년은 소년법에 의해 여러 가지로 보호를 받았다.

소년범 재판에서는 범행을 엄격하게 추궁하기보다는 소년에게 어떤 보호가 필요한가가 고려됐다. 소년법의 목적은 죄에 대한 응보가 아니라 소년을 갱생시키기 위한 지원이었기 때문이다. 그 때문에 갱생을 저해할 수 있는 것은 철저하게 회피됐다. 이름, 얼굴 사진, 주거 등, 소년이 특정되는 보도는 모조리 규제됐으며, 여러 사람이 지켜보면 소년이 위축될까봐 소년 재판은 완전히 비공개였다.

소년법의 발상은 가령 다음과 같은 문장에서 확연히 드러난다.

소년법은 소년을 성장발달의 도상에 있는 가역성이 풍부한 존재로 본다. 소년은 성장과정에서 이러저러한 일로 고민하고 때로는 비틀거리며 잘못을 저지른다. 다양한 시행착오를 거듭하는 가운데 자신을 발견하고 어른이 된다. 때로는 비행으로 평가된 행위도 할 것이다. 그러나 많은 어른들의 도움을 받아 이런 것을 넘어서고 사회의 일원이 된다. 아이들은 그런 존재라고 소년법은 생각하는 것이다.[23]

이런 따뜻한 배려에 둘러싸여 소년은 설령 살인죄 같은 것을 저질렀다 해도 전면적인 교육의 시선 아래에 놓이게 된다. 가정법원의 전前-소년부 조사관은 이렇게 말한다.

---

23) 後藤弘子 編, 『少年犯罪と少年法』, 東京: 明石書応, 1996, 93頁.

소년법의 경우에는, 도둑질을 하든 혹은 살인을 하든, 실무적으로는 그 죄가 큰가 작은가에 따라 구별되지 않습니다. 이런 식으로 비행 자체를 실수로 받아들이기 때문에, 그것이 심각한 실수일수록 그 아이가 처해 있던 상황이 얼마나 불우했는지, 얼마나 심각한 상황 아래에서 비행이 이뤄졌는가가 해명되는 모양새가 됩니다.[24]

소년법 아래에서의 처우는 바로 푸코가 말한 규율권력에 의해 관통되고 있었던 것이다.

물론 이런 실천의 배후에는 안전에 대한 의지가 있었다. 형벌보다 교육이 우선시된 것은 결국, 형사 정책의 측면에서 말하면, 즉 사회질서의 관점에서 보면 소년에게 교육을 시행하고 신속하게 사회에 복귀시키는 편이 효과적이라고 생각됐기 때문이다. 안전에의 의지가 규율을 뒷받침했다는 것이다.

그렇지만 주지하다시피 최근 들어 이런 사고방식은 설득력을 완전히 잃었다.

예전에 질서는 규율 속에 깃들어 있었지만, 우리 사회는 법을 그 수호신으로서 다시 선택한 것이다.

이 전환은 소년 사건의 피해자, 특히 유족의 등장으로 초래됐다.[25] 피해자 유족들이 이의제기를 한 결과나 효과로, 소년에 대한 규율적 관여는 후퇴할 수밖에 없었고 안전은 법과 결탁하게 된 것이다.

---

24) 後藤 編, 『少年犯罪と少年法』, 157頁.

25) 소년 범죄 피해자의 문제와 범죄 피해자 일반에 관해서는 각각 다음을 참조하라. 宮崎哲弥・藤井誠二, 『少年の「罪と罰」論』, 東京: 春秋社, 2001; 東大作, 『犯罪被害者の声が聞こえますか』, 東京: 講談社, 2006.

6. 그렇지만 피해자 유족들의 호소는 지극히 정당한 것이었다.

유족들은 소년법의 벽에 막혀서 무시당하고 불리한 취급을 받았다. 설령 자식을 잃은 유족이라 해도 재판을 방청할 수 없었을 뿐만 아니라 재판 기록을 관람할 권리조차 없었다. 일가족을 살해했는데도 소년의 이름조차 알 수 없던 유족도 있었다. 소년법에서 교육적 배려는 이렇게까지 소년들을 외부로부터 철저하게 차단하는 것이었다. 게다가 소년들에 대한 처분은 이들이 저지른 죄에 의해서가 아니라 어디까지나 교육적 관점에서 결정됐기 때문에 유족들의 눈에는 소년들에 대한 처분이 부당할 정도로 가볍다고 비춰졌다.

사건의 진상과 죄에 알맞는 벌을 요구하면서 유족들은 소년법 개정을 목표로 내건 운동을 벌였는데, 이것이 소년법에 이의를 제기하는 하나의 조류를 만들어냈다.

다른 한편 1990년대 후반, 피해자 운동이 활발해지는 것과 병행해 소년들의 사회적 이미지가 계속 악화됐다. 고베의 사카키바라 사건 이후 소년 범죄가 사회 문제가 되고 유례를 찾아볼 수 없는 분량으로 보도됐지만, 그런 가운데 1998년에는 수업에 지각해 쉬는 시간에 주의를 받았던 중학생이 여교사를 칼로 찔러 죽인 [도치기현] 구로이소 여성 교사 척살 사건이 일어나자[1월 3일], 그동안 사회의 피해자라고 일컬어졌던 소년에 대한 시선이 급변했다.

구로이소 여성 교사 척살 사건과 더불어 "사건을 일으킨 소년은 평범한 아이였다"는 이의가 제기되고 요새 아이들은 쉽게 폭발한다는 이미지가 순식간에 퍼졌다. 게다가 칼을 사용한 중학생들의 살인이나 상해 사건들이 잇따르면서, "폭발하는 중학생들"이라는 상투어가 미디어의 보도에 정착된다. 이로부터 모든 중학생이 금방이라도 칼을 들고 덤벼들 것만 같다는, 마치 소년 전체가 범죄 예비군이라도 되는 듯한 시선이 생겨난 것이다.

게다가 2000년에는 17세 소년이 저지른 사건이 사회를 뒤흔들었다. "사람을 죽이고 싶었다"며 생면부지인 노인 주부를 살해한 도요카와시 주부 살해 사건[5월 1일], "고베로 가서 아이들의 왕국을 만들고 싶었다"며 고속버스에 올라타 승객을 살해한 사가 버스 납치 사건[5월 4~5일] 등이 일어났다.

이런 사건이 미디어에서 스펙터클화되는 가운데 소년들은 마치 괴물 같은 존재인 양 꾸며지게 됐다. 이리하여 "모든 소년이 이제 프랑켄슈타인의 괴물처럼 누구도 다가서지 않는 공동체의 '종기'가 되어버렸다."[26]

사회는 돌변해 소년들에게 공포를 느끼게 된 것이다.

현실에서는 [미디어 등에 의해] 선전된 것처럼 소년 사건이 흉악해진 것도, 연령층이 낮아진 것도 아니었다. 그런데도 이렇게 악화된 이미지를 바탕으로, 소년에게 엄벌을 내리도록 해야 한다는 극히 보수적인 감정이 사회에 뿌리내렸다. 그것은 가령 2000년 5월, 자민당의 '소년법에 관련된 소위원회'가 낸 성명문에 잘 나타나 있다.

소년법이 목표로 삼은 '소년의 건전 육성'이라는 기본 이념은 향후에도 견지해야 한다. 하지만 소년이 응석을 부리게 한다는 의미에서 보호주의적으로 치우치는 것이 아니라, 죄를 저지르면 처벌받는다는

---

26) 別冊宝島編集部, 「"とち狂っている"のは少年ばかりじゃない!?」, 『少年はなぜ人を殺せたか』, 東京: 宝島社, 2000. 서론 부분을 참조하라.

법 규범을 명시해 범죄를 억제할 필요가 있는 동시에 소년이 자기 행위에 관해 책임을 자각하게 만들고 자성을 요구하는 것도 우리나라의 장래를 담당할 소년의 건전한 육성을 꾀한다는 관점에서 중요하다. 이런 관점에서 소년법의 기본 방향을 재검토해야 한다.[27]

[피해자 유족들과 보수적인 감정으로부터 나온] 이 두 개의 조류는, 소년은 교육의 대상이어야 한다는 보호주의와 대립했다.

피해자 유족의 운동과 보수적인 엄벌 감정은 모두 법에 의한 처벌을 요구했다는 점에서 이해관심을 공유하고 있다. 이리하여 이 두 가지 조류는 서로 연동되면서 교육 대상으로서의 소년이라는 상을 무너뜨리고, 결국 소년법의 개정을 이끌어내게 됐다.[28]

이때부터 구도가 완전히 반전됐다. 사회가 소년들을 범죄로 몰아가고 있는 것이 아니라 소년들의 범죄가 사회 문제를 야기하고 있다는 식의 구도로 말이다. 과거에는 소년이 사회의 피해자로 간주됐지만, 이제는 사회가 소년 범죄의 피해자가 된 것이다. 달리 말하면, 사회가 피해자화됐다고 할 수 있다.

---

27) 自民党 少年法に関する小委員会, 「少年法の在り方について」, 2000年 5月 19日.

28) 이 동향은 현재에도 가속되고 있다. 2007년 5월, 14세 미만 소년이 일으킨 사건에 대해 경찰에 수색·압수 등의 강제조사권을 부여하고 소년원에 수감할 수 있는 연령 하한선을 14세에서 '대체로 12세'로 낮추는 것을 골자로 한 소년법 개정안이 통과됐다. 소년 사건이 흉악해지고 연령이 낮아지고 있다는 상투어가 널리 퍼지는 가운데, 법을 어긴 소년은 성인처럼 법으로 더욱 엄벌해야 한다는 논조가 지배적이게 됐다. 소년법은 [이미] 2000년 10월 엄벌화의 방향으로 개정됐다. 형벌의 적용 연령이 16세에서 14세로 낮춰졌고 16세 이상의 소년이 저지른 고의적 살인은 원칙적으로 검찰에 송치됐다.

거기에는 미디어에 의한 소년 범죄의 스펙터클화가 있었다. 그리고 그 배후에는 지하철 사린가스 사건을 계기로 한 피해자의 발견, 그리고 사회에 초래됐던[특히 여성이나 아이에게 가해지는] 폭력에 대한 기피 의식의 고조가 있었다. 더욱이 그 근저에는 '생명'을 존중하지 않으면 안 된다는 피해자 유족의 바람이 있다.

확실히 소년 범죄는 통계적으로 보면 흉악해진 것도 급증한 것도 아니었다. 오히려 통계에 따르면, 이와 정반대로 흉악한 소년 사건은 과거와는 비교되지 않을 만큼 줄어들고 있다. 그 때문에 형사 정책적 관점에서는 소년을 엄벌의 대상으로 삼을 필요가 전혀 없다.

그렇지만 문제의 핵심은 피해자 유족의 응보 감정이다.

유족이 보기에 소년에 의해 목숨을 빼앗긴 자기 가족의 구성원은 이 세상에 단 한 명이자 그 무엇으로도 결코 대체될 수 없는 생명이다. 그 생명은 통계상의 숫자 등으로는 측정될 수 없는 구체적이고 현실적인 실존이다. 그런 생명을 빼앗긴 유족이 법의 정의를 요구해 소년의 엄벌을 원했을 때, 그리고 그런 생각이 미디어에 의해 스펙터클화될 때, 통계적인 논의는 사회적 설득력을 잃었다. 예를 들어 모토무라 히로시의 다음과 같은 주장 앞에서는 통계의 효과나 사회적 비용이라는 합리성이 퇴색된다.

마지막으로 사형제도에 대한 생각을 말하겠습니다. 사형제도는 말 그대로 인간 사회의 질서를 유지하기 위한 제도의 하나입니다. …… "사람이 사람을 심판할 권리를 갖고 있는가" 같은 철학적 사고방식이 제게는 없습니다만, "사람이 사람을 심판하지 않으면 누가 사람을 심판하는가"라고 저는 묻고 싶습니다. 결국에는 사람이 사람을 심판하고 관리하는 것이라고 생각합니다. 또한 피해자와 가해자 사이에는 결정적인 차이가 있습니다. 가해자는 어떤 이유가 있더라도 자신의 의식으로 죄를 저질렀습니다. 피해자는 자신의 의사에 반하여 피해를 입었던 것입니다. 이 차이는 역력합니다. 사형당하고 싶지 않으면 사람을 죽이지 않으면 됩니다. 그 이상도 그 이하도 없습니다. 이 극히 간단하고 명확한 규칙을 지키지 못하고 사람의 목숨을 함부로 하는 인간은 규칙을 따르게 해야 한다고 생각합니다.[29]

모토무라는 히카리시 모자 살인 사건[1999년 4월 14일]의 피해자 유족이다. 이것은 18세 소년이 수질 조사를 가장해 집에 침입, 저항 때문에 강간하지 못한 어머니를 살해하고 옆에서 울부짖던 여자아이도 교살한 사건이었다. 위에서 인용한 문장은 일본변호사협회가 주최한《사형집행 정지에 관한 전국 공청회》중 "피해자 지원과 사형 문제"라는 제목의 패널 토론회에서 모토무라가 한 발언이다.

과거에는, 즉 피해자 유족이 제 목소리를 내기 전에는, 소년이 사회나 나쁜 환경의 피해자였다. 하지만 유족의 등장으로 이 배역은 일변했다. 생명을 어처구니없이 빼앗긴 피해자 유족 앞에서, 혹은 피해자화된 사회 속에서 이제 법을 어긴 소년이 절대악이 된 것이다.

7. 한편으로는 그 무엇과도 바꿀 수 없는 생명을 존중하려는 바람과 다른 한편으로는 절대악이 된 소년에 대한 엄벌 감정, 이런 구도 속에서 규율적인 관심은 후퇴하고 법과 안전의 논리가 돌출된다. 소년

---

29) 藤井誠二,『殺された側の論理』, 東京: 講談社, 2007, 38~39頁.

사건뿐만 아니라 20세기와 21세기의 두 세기에 걸쳐 이뤄진 범죄의 스펙터클화는 모두 이런 구도에 수렴됐다.

이리하여 희생된 생명에 대한 탄식과 비극을 초래한 범죄자에 대한 분노, 이 두 가지가 교차되는 가운데 사회를 관리하는 새로운 장치가 모습을 드러내게 됐다.

2001년 6월 [8일], 오사카교육대학교 부속 이케다 초등학교에서 사건이 일어난다. 한 남자가 백주대낮에 아이들이 공부하고 있는 교실에 난입해 흉기로 아이들[8명]을 무차별적 살해한 이 사건 때문에 범죄에 대한 사회의 공포는 결정적이게 됐다. 이와 더불어 범죄 살해를 둘러싼 상상력의 중심에 '아이들'이 놓여졌다. 사회의 피해자 의식이 이때 무구한 아이들에게 집약된 것이다.30)

그리하여 괴물적인 범죄자와 생명을 위협당하는 아이들이라는 구도가 만들어졌다.

이런 흐름 속에서 2004년에는 귀가하던 초등학교 1학년 여자아이가 유괴돼 성적으로 유린되고 살해된 나라 여아 살해 사건이 발생했고[11월 17일],31) 이어 2005년 말에는 히로시마 여아 살해 사건

---

30) 이 사건에 의해 조치입원제도(措置入院制度), 즉 책임 능력이 없는 정신장애인을 정신병원에 수용하는 제도에 대한 비판이 높아졌다. 범인인 다쿠마 마모루는 과거에 상해사건을 일으켰지만 통합실조증을 이유로 기소 유예, 조치입원 처분을 받았다. 범죄 이력이 있는 위험한 정신장애인이 아무런 가책도 없이 '제멋대로 하게 내버려뒀다'는 여론이 높아지자, 2003년 심신상실자 등에 긴힌 의료관찰법이 제정됐다. 이것은 전후에 몇 번이나 실현시키고자 시도됐던 보안처분제도가 마침내 수립됐다는 것을 뜻한다.

31) 범인인 고바야시 카오루에게는 성범죄 이력이 있었다. 성범죄자의 재범 문제가 부각되는 가운데 2005년 6월 성범죄자의 출소 정보를 법무성이 경찰청에 제공하는 제도가 개시됐다. [범인은 2013년 2월 21일 사형됐다.]

[11월 22일], 토치기현 이마이치시 여아 살해 사건[12월 1일]이 일어나는 등, 아이들이 희생되는 사건이 잇달아 터지자 사람들의 범죄에 대한 불안감은 극에 달했다. 안전 신화는 이미 붕괴됐고, "아이들을 지키려면 모든 수단을 강구해야 하지 않는가"[32]라고 미디어가 외쳤다. 통계적으로 보면, 현실적으로는 아이들이 강력 사건의 피해자가 될 리스크가 그 여느 때보다 낮아지고 있었다. 하지만 미디어가 "아이들을 지키자"는 대합창을 하는 가운데 범죄에 대한 공포가 실제의 리스크에 비춰보면 어울리지 않을 정도로 증폭됐다.

그리고 사회는 범죄에 대한 관용성을 완전히 잃어버렸다.[33]

게다가 피해를 둘러싼 사회적 이미지의 중심에 자리잡은 것은 생명을 빼앗긴 아이들이었다. 그것은 아무런 잘못도 없는, 피해자의 정반대극이라고 해야 할 존재이다. 당연히 아이들을 범죄로부터 지키자는 목소리가 높아졌으며, 이것은 "목소리를 높여 말하고 싶다. 겨우 6~8살의 인생밖에는 살지 못했던 아이들을 생각해 유족들의 탄식을 들어라"[34] 같은 피해자 유족의 목소리와 공명했다.

아이들이 곳곳에서 습격당하고 있다는 공포와 불안이 확산됐다. 그리고 이런 공포와 불안에 의해 구동되어 사회를 관리하는 새로운 장치가 모습을 드러냈다. 이것이 바로 오늘날 지역 사회에서 추진되는 '안전·안심하는 거리 만들기'라는 이름의 방범활동이다.

---

32) 社説, 「大人が懸命に守らねば」, 『朝日新聞』, 第42981号, 2005年 12月 3日, 3頁.

33) 일본 사회에서의 범죄에 대한 시선 변용에 관해서는 다음을 참조하라. 浜井·芹沢, 「凶悪犯罪の語られ方」(第2章), 『犯罪不安社会』, 75~132頁.

34) 伊賀興一 ほか, 『なにが幼い命を奪ったのか: 池田小児童殺傷事件』, 東京: 角川書店, 2001, 42頁.

국민생활 '안전'의 기반이 되는 것은 안전하고 살기 좋은 지역 사회의 실현임은 말할 것도 없습니다. 안전하고 살기 좋은 지역 사회의 실현은 경찰 혼자만으로 할 수 있는 것이 아니라, 특히 지역 주민들이나 자치체 직원들과의 연계가 불가결한 동시에 원래 범죄가 발생하기 어려운 거리 만들기를 추진하는 것이 중요하다고 생각합니다.[35]

1994년 경찰청에 생활안전국이 설치되어 지역안전활동이 추진되기 시작한 이후, 경찰은 늘 이런 메시지를 보냈다. 그 배후에는 지역 커뮤니티가 공동화空洞化되고 주민의 연대 의식이 희박해져, 결국 범죄를 억지할 능력이 지역에서 실종됐다는 인식이 있었다.[36]

그래서 지역 주민이나 자치체가 경찰과 일체가 되어 사전에 범죄 발생을 억제하는 커뮤니티를 만들지 않으면 안 된다. 아이들이 범죄에 노출되지 않을까 불안에 떠는 주민들이 경찰의 이런 요청에 화답했을 때,[37] 지역 사회를 새로운 관리장치가 온통 에워싸게 됐다.

---

35) 小林奉文,「推薦のことば」, 安全・安心街づくり研究会 編,『安全・安心まちづくりハンドブック』, 東京: ぎょうせい, 1998.

36) 예를 들어 2003년 3월에『도쿄도 안전・안심하는 거리 만들기에 관한 보고서』가 공표됐는데, '범죄가 빈발하게 된 배경'으로 맨 처음 거론된 것이 '지역 사회의 일체감・연대의식의 희박화'이다. 東京都安全・安心まちづくり有識者懇談会,「東京都安全・安心まちづくりについての報告書」, 2003年 3月.

37) 방범 자원봉사자 단체의 급증이 이 경위를 예증한다. 경찰청 조사에 따르면, 2003년 말에 전국적으로 3천56개였던 방범 자원봉사자 단체가, 아이들이 희생된 사건들이 일어난 2005년 말에는 2만 개로 급증했다. 그 중 약 70%가 통학로에서 아이들을 보호하거나 안전하게 유도하는 일을 한다. 또 이 시기의 새로운 경향은 초중등학교의 학부모회 등 보호자 중심 자원봉사자의 활동이 활발해진다는 점이다. 학부모회가 위기관리 단체로 변모한 것이다.

달리 말하면, 이 장치는 커뮤니티 재생 운동을 매개로 수립됐다. 방범활동에 참가하는 자원봉사 주민의 자발성이 경찰과 일체가 된 공동체를 생성시켰는데, 이런 커뮤니티가 동시에 방범 시스템을 만들어낸 것이다. 그리고 자원봉사 주민의 '쾌락'이 이런 구조 안으로 비뚤어진 채로 안으로 향한다.

예전의 방면위원제도의 경우, 자원봉사 주민의 쾌락은 지역 유지들처럼 가난한 주민의 후견인으로서 행동하는 곳에서 생겼다. 이런 쾌락에 의해 뒷받침되어 방면위원들은 주민들의 일상생활, 즉 주민들의 생존을 헌신적으로 배려했던 것이었다.

그에 반해 안전·안심하는 거리 만들기에서는 붕괴됐다고 간주된 커뮤니티를 재생하는 것이 쾌락을 가져다준다. 범죄로부터 지역을 지키기 위해서 방범을 축으로 지역의 인간관계가 구축되는데, 그런 연대를 산출하는 활동 자체가 쾌락을 산출하는 것이다. "범죄라는 무거운 테마에서 출발하지만 지역 커뮤니티의 재생이라는 즐거운 활동으로 발전된다"[38]는 것이다.[39]

하지만 이 희열에 찬 관리장치가 동원하는 쾌락은 과거와는 달리 결코 약자의 생존에 대한 배려로는 향하지 않는다. 오히려 이와는 정반대로 약자의 배제를 구조적으로 초래한다.

---

38) 中村攻, 『安全·安心なまちを子ども達へ』, 東京: 自治体研究社, 2005, 4頁.

39) 실버 인재 센터에서 통학로 순찰을 위해 파견된 노인들이 "동년배의 지인들도 늘었고, 손자뻘이 되는 아이들과도 얼굴을 익히게 되어 기쁘다"는 기쁨의 소리를 낸다면, 애견가가 개와 산보하면서 방범 순찰을 하는 '멍멍이 순찰'(わんわんパトロール)의 경우에는 회원 모집문에 지역 교류나 회식 모임의 실시 등이 명문화되어 있다.

8. 예전의 방면위원제도는 생활의 빈곤이 초래하는 '위험성'을 길들이는 장치였다. 그에 반해 안전·안심의 거리 만들기는 생명에 닥쳐오는 '리스크'를 관리하는 장치로서 수립된다. 전자가 인간을 교정하는 규율의 메커니즘에서 그 뒷받침을 찾아냈다면, 후자는 환경을 조정하는 안전의 메커니즘에 입각해 있다.

후기 근대에 출현한 새로운 사회의 관리장치, 이것을 떠받치고 있는 것이 환경범죄학이다.[40] 이것은 기존 범죄학의 발상을 일변시킨 이론이라고 한다.

이전까지의 범죄학은 범죄원인론에 기초해 있었다. 어떤 인간이 왜 범행에 이르게 됐는가, 그 원인을 범죄자의 비정상적 인격이나 환경(가정, 학교, 회사 등)에서 찾아내 그 원인을 없앰으로써 범죄(재범)를 방지하려는 것이었다. 이것은 방면위원제도를 고안한 오가와를 이끈 이론이기도 하다. 비정상적 인간에게 관심을 집중하고 그 비정상성을 교정해 사회에 동화시키려는 규율적 접근법이다. 하지만 범죄환경학은 이런 접근법이 방범에 전혀 효과가 없다고 비판한다.

당사자의 성장, 성격, 가정환경 등을 조사함으로써 당사자가 다시 일어서고 갱생되는 데 도움을 주는 정보를 끌어낼 수 있을지도 모른다. 그러나 안타깝게도 그런 정보는 개별적인 것이며, 일반적인 예방에는 거의 아무런 도움도 되지 않는다. 범죄의 원인을 특정하고 그것을 세서할 수 있다면 좋겠지만 원인을 특정할 수도 없고, 설령 특정할 수

---

40) 안전·안심하는 거리 만들기와 환경범죄학에 관해서는 다음을 참조하라. 浜井·芹沢, 「地域防犯活動の行き着く先」(第3章), 『犯罪不安社会』, 133~183頁.

있어도 그것을 제거하는 것은 불가능에 가까우며, 예방으로는 연결되지 않는다. 지금까지 일본은 줄곧 그런 것을 되풀이해왔다.[41]

이렇게 주장하는 것은 현재 정력적으로 환경범죄학을 보급하고 있는 범죄사회학자 고미야 노부오이다. 이런 주장은 범죄자를 괴물적인 존재로 스펙터클화함으로써 범죄자에 대한 규율적 관심을 후퇴시킨 사회에 극히 적합하다. 범행 배후에서 개인적 동기나 처지를 읽어내는 것은 범죄 예방에 아무런 의미도 없다고 주장하기 때문이다.

혹은 피해자화된 사회에 정말로 어울린다. 피해를 당한 사람들에게 범죄자의 성격이나 가정환경 따위는 아무래도 좋은 것이다. 사건의 이해보다 훨씬 중요한 것은 범죄 피해를 피하는 것이기 때문이다. 문제는 어떻게 피해를 당할 리스크를 줄일 것인가이다. 환경범죄학은 이런 소망에 부응하고자 한다.

환경범죄학의 최대 특징은 인간에 대한 관심을 버렸다는 것이다. 그 대신에 관심을 기울이는 것이 '장소'이다. 그리고 이런 접근법은 범죄기회론으로 불린다. 이 이론은 범죄자를 기존처럼 특별시하지 않는다. 어떤 인간이든 기회가 있으면 범행을 저지르게 된다고 생각한다. 그 때문에 환경범죄학은 누구든 범행을 저지르기 어려운 환경을 정비함으로써 범죄를 미연에 방지하려고 한다. 즉, 범죄자의 규율 대신에 환경의 관리로 눈을 돌리는 것이다.

이런 발상을 지닌 환경범죄학이 안전·안심하는 거리 만들기의 토대가 되고 있다. 그것은 하드웨어 측면에서의 방책인 "범죄 방지를

---

41) 小宮信夫 監修, 『子どもは「この場所」で犧牲になった』, 東京: 宝島社, 2006, 3~4頁.

배려한 환경설계활동의 추진"과 소프트웨어 측면에서의 방책인 "지역 안전활동의 추진"이라는 두 가지 측면에서 진행되고 있다. 하드웨어 측면에서는 경찰에 의한 가두 긴급 통보 시스템(사건·사고 등이 발생했을 때 긴급 체포 버튼을 누르면 인터폰으로 경찰관과 서로 대화할 수 있는 슈퍼마켓 방범 등)이나 가두 방범카메라 시스템의 설치, 혹은 경찰이 관여한 가운데 점포, 주택, 주차장 감시카메라의 설치가 이뤄지고 있다. 그리고 소프트웨어 측면에서 추진되는 것이 지역 안전활동, 즉 주민에 의한 순찰활동이다.[42]

이 모든 것이 환경을 관리함으로써 범행의 기회를 뺏고자 하는 실천에 다름 없다.

그리고 바로 이 실천이 지역 사회에 '수상한 자'不審者라는 편재하는 리스크를 산출한다.

예를 들어, 어떤 범행 순찰대의 슬로건은 다음과 같다. "수상쩍은 행동을 하는 사람을 예리하게 찾아내 경찰에 재빨리 통보합니다." 이런 말이 분명하게 이야기해주듯이, 범행 순찰에서는 수상쩍은 자라는 것 말고는 감시 대상이 전혀 한정되지 않는다.

혹은 경찰이 지리정보 시스템(지리적 위치를 실마리 삼아 위치 관련 정보를 가진 공간 데이터를 관리·가공해 시각적으로 표시하고 높은 수준의 분석이나 신속한 판단을 가능하게 만드는 기술)을 활용해 작성, 인터넷에 공개하는 수상한 자에 관한 정보 맵map에서는 지역이나 학교로부터 전해진 '[낯선 이의] 말걸기,' '수상한 차량,' '스토커,' '치

---

42) '안전·안심하는 거리 만들기'에 관해서는 다음을 참조하라. 清水雅彦, 『治安政策としての「安全·安心まちづくり」』, 東京: 社会評論社, 2007.

한, 노출행위' 등 지역에서 발생하고 있는 수상한 자의 정보 개요를 한눈에 파악할 수 있게 된다. 또한 경찰은 민간 기업이나 각종 단체 등과 함께 지역 네트워크를 구축하고 거기서 수집된 수상한 자의 정보를 주민들에게 이메일로 배포하고 있다.

이리하여 지역 사회에서는 수상한 자라는 말이 뚜렷한 실상을 동반하지 않은 채 일사천리로 진행됐다.

그래서 수상한 자가 도대체 누구를 가리키냐고 물으면, 물론 명확한 정의 따위는 없다. 그것은 미디어에서 스펙터클화된 범죄자에 대한 공포 앞에서, 범죄 불안에 떠는 주민들이 방범을 위해 커뮤니티를 만들고자 할 때, 거기에 수반되어 산출되는 '그림자' 같은 것일 수밖에 없기 때문이다.

그렇지만 이처럼 아무런 정의도 없이 수상한 자가 가리키는, 그림자 같이 편재하는 리스크라는 이미지야말로 중요하다. 이런 리스크에 대한 불안 속에서 주민은 방범을 위해 연대하며, 안전·안심하는 거리 만들기는 이런 불안을 초래하는 리스크를 관리하는 장치로서 수립되기 때문이다.

커뮤니티의 형성이 동시에 안전을 높인다. 편재하는 리스크를 매개로 그런 질서 형성을 촉구하는 장치가 확산되는 가운데, 이렇게 커뮤니티의 경계가 배타적으로 닫혀버린다.

거리 만들기가 목표로 삼은 "매력 있는 거리"란 가령 다음과 같은 것이라고 여겨진다.

잘 정돈되어 있다고 느껴지는 개성적인 거리나 정해진 장소·시간에 쓰레기를 내놓고 길가가 꽃으로 장식된 주택지는 거리에 대한 주민의식이 투영되어 범죄 기획자에게 관리가 잘 되어 있다는 인상을 준다. 거리의 미관을 높이는 것은 방범성의 향상에 도움이 된다.[43]

관리해야 할 리스크란 이런 거리를 어지럽히는 것과 다름없다. 그것은 주민들에게 불쾌나 불안을 안겨주고 삶의 질을 떨어뜨리는 반-질서적인 것으로 간주된다. 하지만 왜 그것이 관리 대상이 되는가라고 말하면, 환경범죄학적인 시선에서 볼 때, 그런 것이 미래의 범죄를 산출하는 작은 싹에 다름 없기 때문이다.

우리가 품은 불안이 꼭 범죄 그 자체인 것은 아니다. 역 주변에 젊은 이들이 모여 있다, 주정뱅이가 큰 소리로 노래를 부르며 길을 걷고 있다, 여기저기에 낙서가 있다, 쓰레기가 널부러져 있다, 곳곳의 유리창이 깨져 있다, 빈집이 방치된 채 있다. 이런 것을 불안하다고 생각하는 것이다. 이것들을 범죄라고 말할 수 있는지는 모르겠다. 하지만 이것들을 방치해두면, 이윽고 범죄로 이어질 것이다.[44]

인간이 아니라 환경을 조준하는 관리장치는 주민들이 연대해 부라리며 쏟아내는 감시의 눈을 통해, 불안을 초래하는 반-질서적인 행태나 현상을 지역 사회에서 배제하려고 한다. 여기서 다시 '인간'이, 그것도 최악의 모습으로 회귀하는 것이다.

---

43) 安全·安心街づくり研究会 編, 『安全·安心まちづくりハンドブック』, 76頁.

44) 小宮信夫, 「街頭の監視カメラとプライバシーの問題を考える」, 『安心な街に』(5月), 第24券, 第5号, 東京: 全国防犯協会連合会, 2003, 48頁.

환경범죄학이 관심을 기울이는 것은 범죄가 일어나기 어려운 환경의 정비이다. 하지만 이런 접근법 속에서 모종의 인간들이 범죄 리스크로서 부상된다. 더욱이 빈곤에서 위험성을 발견하고 생존의 배려를 매개로 안전을 달성하고자 했던 과거의 방면위원제도와는 달리, 환경범죄학에서는 이제 리스크 관리의 대상이 되는 인간들에 대해 그 어떤 긍정적 배려도 생겨나지 않는다.

오히려 질서정연하게 생활환경을 정비하고자 할 때, '매력 있는 거리'에서는 사물이든 인간이든 불쾌나 불안을 주는 것은 모두 배제되어야 할 노이즈에 지나지 않게 된다. 이렇게 지역을 순찰하는 주민들의 시야에는 질서에 어긋나는 수상한 자들이 구체적인 '실존'이 되어 들어오는 것이다.

"수상쩍은 행동을 하는 사람을 예리하게 찾아내 경찰에 재빨리 통보합니다."

거리의 미관이나 질서를 헤치고 불안이나 불쾌를 가져온다고 간주되는 존재, 혹은 지역 주민과는 상이한 생활 리듬이나 스타일로 살고 있는 자들은 수상한 자라고 경찰에 통보되며, 때로 지역에서 배제된다. 거기에는 실업자나 노숙자, 그리고 정신장애인이나 지적장애인이 많이 포함되어 있다.[45)]

이처럼 사회적 약자에 대한 관여의 기법은 배려에서 배제로 역전되는 것이다.

---

45) 사회적 약자가 배제된 결과, 감옥의 과잉 수용과 복지시설화가 초래됐다. 이에 관해서는 다음을 참조하라. 浜井浩一, 『刑務所の風景』, 東京: 日本評論社, 2006; 浜井・芹沢, 「厳罰化がつくり出した刑務所の現実」(第4章), 『犯罪不安社会』, 185~235頁; 山本讓司, 『累犯障害者』, 東京: 新潮社, 2006.

소년 범죄에 대한 시선이 급격하게 변용되고 범죄 불안이 횡행했던 1990년대 후반은 경제구조와 고용형태의 변용이 그 누구의 눈에도 명확하게 비춰졌던 시기였다. 또 이런 변용이 초래하는 불안정성과 불확실성이 미디어에서 널리 선전된 시기이기도 했다.

전지구적 경제 경쟁의 격화로 인건비 감축이 요구되고 서비스 경제화나 생산주기의 단기화가 고용유연화를 요청하는 가운데, 일본경제인연합회는 1995년에 「신시대의 '일본적 경영'」에서 기간제 고용을 대담하게 추진하자고 제언한다. 소비 불황이 심각해진 1997년 이후에는 기업이 신규 대졸자의 정규직 채용을 억제하기 시작하고, 값싸고 고용을 유연하게 조정할 수 있는 비정규 고용자에 의존했다. 고도 성장기부터 1990년대 초반까지 존속됐던 종신고용이나 연공서열 임금 같은 일본형 고용제도에 지각 변동이 일어난 것이다.[46)]

또한 이 시기에 자민당에 의한 이익유도 정치는 '관료지배,' '정계-관계-재계의 유착'이라 비판당하고 규제 철폐를 슬로건으로 내

---

46) 일본형 고용을 전제로 한 노동형태와 생활방식이 국민 전체에 의해 실천됐던 것은 당연히 아니며, 하나의 이미지로서 사회적으로 공유된 모델에 불과했다. "일본형 고용에서 일하는 아버지를 축으로 한 가족의 범위에 있는 사람들은 아이들을 포함해, 넉넉하게 잡아도, 국민의 절반을 훨씬 밑돈다. 하지만 이런 표준적인 이미지는 사회질서의 유지라는 점에서, 혹은 현재의 사회체제를 많은 국민이 받아들인다는 점에서 매우 중요한 의미를 가졌다. 왜냐하면 이런 표준적인 살림살이는 '나쁘지 않은' 것이며, 더욱이 그 범위에 참여하는 것은, 설령 자기 자신에게는 무리가 있더라도 자기네 아이들에게는 무리가 없는 듯이 보였기 때문이다. 즉, 이 표준은 현재의 사회질서 아래에서도 생활의 유지·향상이 가능하다는 감각이 국민의 대다수에게 널리 퍼지게 된 근거가 됐던 것이다." 後藤道夫, 『収縮する日本型〈大衆社会〉: 経済グローバリズムと国民の分裂』, 東京: 旬報社, 2001, 5~6頁.

건 신자유주의 개혁에 의해 해체되기 시작했는데, 그 과정에서 시장 원리가 사회의 모든 영역을 뒤덮었다. '자립,' '자기책임,' '시장 원리'를 내건 구조 개혁이 자민당의 이익유도 정치를 부정하는 것을 넘어서 노동 정책뿐만 아니라 사회보장까지도 내다버렸다. 이리하여 국민의 복지에 대한 배려는 한없이 후퇴했다.

가족, 학교, 기업이 서로를 떠받쳤던 세계는 뿌리째 뒤흔들렸다. 사람들이 삶이나 장래의 전망에 흔들림 없이 확신을 품었던 세계는 불확실성으로 가득 찬 극히 불투명한 세계로 변해버렸다. 그리고 존재론적 불안이라고도 말해야 할 것이 사회 전체에 휘몰아치는 가운데, 그것과 병행하듯이 사회를 관리하는 새로운 장치가 확산됐다.

문제는 이 장치가 생존이 아니라 생명을 조준한다는 점이다.

본래라면 안전망에 구멍이 생기고 있는 현재만큼 고용, 건강, 생활을 지키기 위해 생존에 대한 배려가 필요하다고 간주되는 시대는 없다. 그런데 공포와 불안의 정치라고 해야 할 관리장치가 퍼지는 가운데 편재하는 리스크에 대한 배제 의식만이 비대화되고 있다.

그리고 인간의 생존을 배려하는 규율권력이 후퇴하고 질서에 대한 의지를 관철시킨 안전권력이 지배적이게 됐다. 주민의 생명을 지킨다고 칭하는 이 권력의 아이러니는 약자의 생존에 대한 배려를 완전히 잃어버렸다는 것이다.[47] 그것은 생명의 무게에 민감해질수록

---

47) 생존에 대한 배려를 잃은 현대 사회에서 '난민'화되고 있는 젊은이들로부터 반격의 봉화가 피어오르고 있다고 한다. 그 투쟁선언서라고 해야 할 아마미야 가린의『살게 해라!』에서 인용한다. "우리는 반격을 시작한다. 젊은이들을 저임금으로 쓰고 버리며, 그렇게 해서 이익을 얻으면서 젊은이들을 맹공격하는 모든 자에 대해. 우리는 반격을 시작한다. '자기책임'이라는 말로 사람들을

생존에 대한 배려가 후퇴한다는 아이러니에 다름없다. 하지만 이것이 우리 사회에서 안전의 '현재'인 것이다.

몰아세우는 담론에 대해. 우리는 반격을 시작한다. 경제지상주의, 시장원리주의 아래에서 자기에게 투지하고 능력을 개발해 치열한 생존 경쟁을 뚫고 이기고, 뚫고 이기고, 뚫고 이겨서, 고작 '살아남을' 만큼의 자유만 주어지는 것에 대해. …… 싸움의 테마는 단지 '생존'이다. 살게 해라, 라는 것이다." 雨宮処凜, 『生きさせろ!』, 東京: 太白出版, 2007, 5~10頁. [김미정 옮김, 『프레카리아트, 21세기 불안정한 청춘의 노동』, 미지북스, 2011, 11~17쪽.] 또한 다음을 참조하라. 本田由紀, 『多元化する「能力」と日本社会』, 東京: NTT出版, 2005.

4 | 전지구적 통치성

| 토사 히로유키

| 들어가며 |

감옥 등을 예로 들면서 권력과 앎(특히 인간을 관리하는 앎으로서의 인간과학)의 연관관계를 파헤쳐 보여준 미셸 푸코의 근대 비판. 그 문제제기나 이론적 함의는 신자유주의를 기조로 한 포스트포드주의 시대를 맞이해 세계체제의 거대한 재편과정 한가운데 있는 오늘날에도 여전히 유효할까?[1] 푸코는 1979년의 콜레주프랑스 강의에서

---

1) 푸코의 논의는 포드주의 시대와 강하게 연결되어 있으며 포스트포드주의 시대에 들어선 현대 사회를 분석할 때에는 그 시대적 제약을 넘어서야 한다는 낸시 프레이저의 비판도 있지만, 여기서는 그 비판이 꼭 들어맞는 것은 아니라는 입장을 취하고 있다. Nancy Fraser, "From Discipline to Flexibilization?: Rereading Foucault in the Shadow of Globalization," *Constellations*, vol.10, no.2, Summer 2003, pp.160~171. [김원식 옮김, 「훈육에서 유연화로?: 지구화의 그림자 속에서 푸코 다시 읽기」, 『지구화 시대의 정의: 정치적 공간에 대한 새로운 상상』, 그린비, 2010, 197~218쪽.] 한마디로 포드주의 시대란 대량생산·대량소비를 기본으로 하는 국민경제 시스템의 시대인 반면, 포스트포드주의란 유연한 생산·소비를 기본으로 하는 전지구적 경제 시스템의 시대이다. 포스트포드주의에 관한 논의의 상세에 관해서는 다음의 문헌을 참조하라. Ash Amin, ed., *Post-Fordism: Reader*, Oxford: Blackwell, 1994.

이미 프리드리히 하이에크부터 시카고 학파로 이어지는 신자유주의 사조思潮의 흐름에 관해 자세히 서술하고 그 새로운 통치성의 방향성을 시사했다.[2] 하이에크가 1974년에, 밀턴 프리드먼이 1976년에 각각 노벨 경제학상을 수상했다는 점을 생각한다면 푸코의 지적은 결코 놀랄 만한 것은 아니지만 통치성 개념을 통해 편재하는 권력의 전체상을 파악하려 한, 푸코가 약 30년 전에 시도한 작업은 포스트포드주의 시대의 '전지구적 권력네트워크'의 양태를 밝히는 데 있어서 오늘날에도 여전히 중요한 시사점을 우리에게 주고 있다.

1990년대에 들어서면서 통치성이라는 시각, 특히 '통치기술로서의 (신)자유주의'라는 시각의 현재성과 유용성에 주목한 연구자들에 의해 통치성을 응용한 사회 분석이 시도됐다. 구체적으로는 그래엄 버첼 등이 편집한『푸코 효과』(1991), 미첼 딘의『통치성』(1999), 바버라 크룩생크의『역량증대에의 의지』(1999), 니콜라스 로즈의『자유의 권력들』(1999) 등을 효시로 하여,[3] 통치성 연구는 지적 산업의

---

2) Michel Foucault, *Naissance de la biopolitique: Cours au Collège de France 1978 -1979*, éd. Michel Senellart, Paris: Gallimard/Seuil, 2004. [오트르망 옮김,『생명관리정치의 탄생: 콜레주드프랑스 강의 1978~79년』, 도서출판 난장.]

3) Graham Burchell, et al., ed., *The Foucault Effect: Studies in Governmentality*, London: Harvester Wheatsheat, 1991. [이승철 외 옮김,『푸코 효과: 통치성에 관한 연구』, 도서출판 난장, 2014]; Michell Dean, *Governmentality: Power and Rule in Modern Society*, London: Sage, 1999; Barbara Cruikshank, *The Will to Empower: Democratic Citizens and Other Subjects*, Ithaca: Cornell University Press, 1999. [심성보 옮김,『시민을 발명해야 한다: 민주주의와 통치성』, 갈무리, 2014]; Nikolas Rose, *Powers of Freedom: Reframing Political Thought*, Cambridge: Cambridge University Press, 1999; Mitchell Dean and Barry Hindess, ed., *Governing Australia: Studies in Contemporary Rationalities of Government*, Cambridge: Cambridge University Press, 1998.

한 부문을 형성했다. 푸코의 콜레주드프랑스 강의의 상세한 내용이 출판되어 널리 알려지게 된 것도 이런 움직임을 가속시켰다. 또한 급속한 전지구화의 전진에 호응하는 모습으로 일국 단위의 통치성 연구를 넘어선 전지구적 통치성 연구가 현저히 발전됐다. 구체적으로는 웬디 라너 등이 편집한『전지구적 통치성』(2004), 로니 D. 립슈츠의『전지구화, 통치성, 전지구적 정치』(2005), 마이클 바넷 등이 편집한『전지구적 거버넌스에서의 권력』(2005) 등을 꼽을 수 있다.[4] 나아가 생명정치와 최근의 전지구적 정치가 어떤 형태로 접전을 벌이고 있는지를 고찰한 제니 에드킨스 등이 편집한『주권적 생명: 전지구적 정치에서의 권력』[5]도 있고, 갈래는 다르나 안토니오 네그리와 마이클 하트의『제국』을 통치성이나 생명정치 같은 문제의식을 전지구적 수준에 투사한 시도의 변주로 자리매김할 수도 있다.

전지구적 수준의 통치성 논의가 이렇게 전개된 배경에는 통치성이라는 단면에서 파악됐던 '권력-앎'의 연결체가 전지구화와 연동되는 모습으로 재편됐다는 것이 있으리라. 그 재편과정의 전개는 국내적인 수준이 신자유주의적인 거버넌스의 수준으로 단순히 확대된 것만으로, 즉 국내적 유비[6]만으로 파악될 수 있는 전개가 아니다. 신자

4) Wendy Larner, et al., ed., *Global Governmentality: Governing International Spaces*, London: Routledge, 2004; Ronnie D. Lipschutz, et al., *Globalization, Governmentality and Global Politics: Regulation for the Rest of Us?*, London: Routledge, 2005; Michael Barnett, et al., ed., *Power in Global Governance*, Cam -bridge: Cambridge University Press, 2005; Markus Lederer, et al., ed., *Criticizing Global Governance*, New York: Palgrave Macmillan, 2005.

5) Jenny Edkins, et al., ed., *Sovereign Lives: Power in Global Politics*, London: Routledge, 2004.

유주의적 통치성은 지역이나 국가의 수준에서 전지구적 수준으로 확대되는 동시에, 그 권력네트워크는 베스트팔렌 체제(주권국가 체제)에서 포스트-베스트팔렌 체제로 질적인 전환[7]을 겪고 있다. 그 변화의 한 가지 특징은 국가나 그 하위기관에 덧붙여 국제기관, NGO, 다국적 기업 같은 초국적 비국가 주체가 거버넌스의 구조에 덧붙여졌다는 것을 꼽을 수 있다. 이와 더불어 이런 여러 행위자들을 편입한 초국적 권력네트워크 자체가 어떤 통치성을 목표로 한 하나의 거대한 '권력-앎'의 연결체가 되고 있다. 바로 이 연결체가 전지구적 거버넌스라고도 말해지는 것의 한 측면을 나타내고 있다.

더 나아가 신자유주의적 통치성이 세계 규모로 확대된다는 것은 동시에 대안적 통치성이 성립될 가능성이 줄어든다는 것을 의미한다. 미소 냉전에는 국가사회주의적 통치성과 자본주의적 통치성 사이의 경합이라는 측면도 있었다. 하지만 냉전의 종언에서는, 전자가 붕괴·소멸한 데 따른 대안으로서의 유력한 통치성이 사실상 없어졌다. 물론 자기조절적 시장을 기축으로 한 통치성을 대신할 대안적 통치성의 소실은 소련이 붕괴하기보다 훨씬 전에, 국가사회주의의 환상이 무너졌을 때부터 이미 일어나고 있었다. 통치성 문제를 파고들었던 푸코 자신이 1979년의 이란 혁명에 매우 큰 기대를 걸고, 거기

---

6) 국내 유비에 관해서는 다음을 참조하라. Hidemi Suganami, *The Domestic Analogy and World Order Proposals*, Cambridge: Cambridge University Press, 1989.

7) 베스트팔렌 체제에서 포스트-베스트팔렌 체제로의 전환에 관해서는 여러 문헌이 있지만 우선은 다음을 참조하라. Andrew Linklater, *The Transformation of the Political Community: Ethical Foundations of the Post-Westphalian Era*, Columbia: University of South Carolina Press, 1998.

서 영성적이고 대안적인 통치성을 찾아내려 했다는 것은[8] 이런 사정과 관련지어보면 쉽게 이해할 수 있을 것이다.

이렇듯 세계 규모로 확대되며 질적 전환을 겪고 있는 신자유주의적 통치성의 양태를 분명히 하려면 당연히 국가 단위의 분석에 머물렀던 푸코의 논의를 확장·재정리하면서 전지구적 수준의 문제를 사정거리에 넣을 필요가 있다. 현실의 전지구적 정치가 상이한 수준에 있는 복수의 권력 주체를 포함하는 편재적 권력네트워크의 방향으로 전개된다는 사정도 있다. 실제로 전지구적인 것에서 국지적인 것에 이르는 다층적 거버넌스가 주체를 생성하는 권력네트워크로서 그 영향력을 점점 더 강하게 미치면서, 우리의 생(명)을 취급하려는 정치의 존재방식, 이른바 생명정치도 크게 바뀌고 있다. 이 글의 목적은 푸코의 통치성 등의 틀을 참조하면서, 그런 전지구적 수준의 통치성과 생명정치의 새로운 국면을 분명히 하는 데 있다. 다만 전지구적 정치의 현장에서는 푸코의 틀을 단순히 기계적으로 적용하는 것만으로는 산뜻하게 처리되지 않는 심각한 문제가 분출되기도 한다. 푸코는 1976년의 콜레주드프랑스 강의[9] 등에서 19세기 유럽 사회에서 죽음을 부여하는 권력(주권적 권력) 위에 새로운 유형의 권력(생명정치적 권력)이 덧씌여졌고, 이것이 권력에 있어서 커다란 질적 전환이

---

8) 이란 혁명에 관한 푸코의 논평과 이 논평에 대한 주위의 반응에 관해서는 다음의 문헌을 참조하라. Janet Afary, et al., *Foucault and the Iranian Revolution*, Chicago: University of Chicago Press, 2005.

9) Michel Foucault, *"Il faut défendre la société": Cours au Collège de France 1974 -1975*, éd. Mauro Bertini et Alessandro Fontana, Paris: Gallimard/Seuil, 1997. [김상운 옮김, 『"사회를 보호해야 한다": 콜레주드프랑스 강의 1975~76년』, 도서출판 난장, 2015.]

었다는 것을 강조했다. 그러나 생명정치의 축이 되는 과거의 '살리는 권력'이 점차 후경으로 물러서고, '죽음을 부여하는 권력'의 문제가 가령 세계 내전 같은 모습으로 다시 표면화되어 더 심각해지고 있다. 이것은 신자유주의적 통치성이 국경을 넘어서 세계 규모로 퍼져나가는 것과 더불어 복지 정책과 깊은 연관을 가진 '살리는 권력'(좁은 의미의 생명권력)보다 '죽이는 권력'의 중요성이 부상하게 된 것과도 관련되어 있다. 이 점은 푸코도 생전에 예상하지 못했던 사태가 아닐까? 강제수용소에서의 생사라는 맥락 속에서 생명정치의 문제를 어거지로 끌어들인 모습을 보인 조르조 아감벤의 문제제기는 이런 새로운 사태에 비춰보면 절실함을 갖고 우리에게 다가오고 있다고 할 수 있다. 이런 점도 두루 살피면서, 전지구적 통치성이 어떤 방향으로 향하는가에 관해 그 문제점도 포함시켜 소묘해보고 싶다.

| 통치기술로서의 자유주의 |

전지구적 통치성에 관해 논의하기 전에 우선 '통치성'에 관한 정의로 돌아갈 필요가 있을 것이다. 푸코 자신은 콜레주드프랑스의 강의 요지에서 통치성에 관해 여러 가지 정의와 설명을 시도하고 있다. 우선 '품행의 인도'conduite de conduite 또는 "타인의 행동[품행]을 인도하고 지시하는 모든 시도" 같은 정의가 있다. 다른 곳에서는 "제도·절차·분석·고찰·계측·전술의 총체," "'통치'[정부]라고 부를 수 있는 권력 유형을 …… 주권이나 규율 같은 다른 권력 유형보다 우위로 유도해간 경향, 힘의 선"이라고 하고 있다. 또한 통치를 뜻하는 라틴어 (gubernare)가 원래는 "조타에 의해 배를 모는[인도하는] 것"을 뜻한다고 말하며, 배를 통치한다는 것은 "바람, 암초, 폭풍우, 악천후를 고려하는 일"이며, 이것은 "선원들, 구해야 할 배, 항구로 가져가야 하는 화물, 바람·암초·폭풍우 같은 모든 요소와 관계맺는 것"과 같다고 설명하기도 한다.10) 이렇듯 통치해야 할 사물·사람을 목적지로 인도한다는 점에서 통치성은 어떤 목적을 목표로 하는 유토피아주의적 권력의 프로젝트라는 측면을 갖고 있다고도 할 수 있다.

나아가 푸코는 통치성이 "한편으로 통치에 특유한 일련의 장치를 발전시키고 다른 한편으로 일련의 지식을 발전시켰다"고 말하며, 통치성에는 '권력'과 '앎'이 긴밀하게 얽혀 있는 넓은 의미의 통치기술이라는 측면이 있음을 강조한다. 예를 들어 자유주의는 국가의 과도한 간섭을 제한해 개인의 자유를 최대화하는 이데올로기(앎)인 동시에 어떤 종류의 목표·목적을 달성하기 위해 '자유로운 주체'의 능력을 이용하는 통치기술(권력)로 파악될 수도 있다. 근대 이후 이 두 가지는 시대를 막론하고 긴밀한 관계에 있었는데, 양자의 균형과 내용은 시대의 맥락에 따라 변천됐다. [가령 자유주의는] 17세기까지는 전자에 역점을 둔 자유방임적인 것이었지만, [나중에는] 그 과도함에서 생긴 사회 문제를 해결한다는 관점에서 가족 등을 통해 개개의 삶에 개입하는 사회적 자유주의로 바뀌었다.11) 그것은 규율권력이나 생명

---

10) Michel Foucault, *Sécurité, territoire, population: Cours au Collège de France 1978-1979*, éd. Michel Senellart, Paris: Gallimard/Seuil, 2004, pp.91~118. [오트르망 옮김, 『안전, 영토, 인구: 콜레주 드 프랑스 강의 1978~79년』, 도서출판 난장, 2011, 131~148, 163, 148쪽]; Foucault, "La 'gouvernementalité'"(1978), *Dits et écrits*, t.3: 1976-1979, Paris: Gallimard, 1994, pp.635~637. [이승철 외 옮김, 「통치성」, 『푸코 효과』, 앞의 책, 133~156쪽.]

11) '사회적인 것'의 발견과 그 통치에 관해서는 다음을 참조하라. Jacques Donze -lot, *L'invention du social: Essai sur le déclin des passions politiques*, Paris: Fa

정치를 통해 개인들이나 집단의 능력을 형성하려 하며 개개의 삶에 대한 관여를 강화하고, 이윽고 감옥·학교 등의 기관들, 나아가 이것들을 포함한 사회복지국가라는 모습으로 제도화됐다.

그렇지만 1980년대 후반 무렵부터는 재정 적자의 문제, 복지제도의 악용 같은 도덕적 해이의 문제를 해소한다는 관점에서 사회복지 정책을 통한 개개의 삶에 대한 관여나 직접적 통치에 대한 과도한 몰입(사회적 자유주의)에 대한 비판이 이뤄졌고, 시장을 통한 통치를 목표로 한 신자유주의가 주류를 형성했음은 주지하는 바와 같다. 사회적 자유주의가 과도한 자유방임laisser-faire에 의해 부상된 '사회적인 것'을 직접 통제하려고 한 통치기술인 반면에, 신자유주의는 경제 부문의 새로운 탈정치화를 진행시키면서 기존의 사회 문제를 개개인의 책임으로 환원시키면서 "자립을 강제하는 생명정치"로의 전환을 촉구하는 통치기술이라고 할 수 있다. 주의해야 할 것은 신자유주의라는 통치기술에는 그저 시장만이 아니라 시민사회 등 비국가 부문을 통해 '사회적인 것'을 원격으로 통치한다는 측면이 있다는 점이다.[12] 이런 의미에서 신자유주의는 자유방임으로의 단순한 회귀가 아니다. 전지구화의 진전과 더불어 이런 신자유주의적 통치는 전지

---

yard, 1984. [주형일 옮김, 『사회보장의 발명: 정치적 열정의 쇠퇴에 대한 시론』, 동문선, 2005.] 또한 자유방임에서 사회적 자유주의, 신자유주의에 이르는 자유주의의 변천을 세계 정치의 관점에서 정리한 것으로는 다음의 책을 참조할 것. James L. Richardson, *Contending Liberalisms in World Politics: Ideology and Power*, Boulder: Lynne Riemer, 2001.

12) '사회적인 것'은 없어진 것이 아니라 변용됐다는 논의에 관해서는 다음의 책을 참조하라. Robert Castel, *Les métamorphoses de la question sociale: Une chronique du salariat*, Paris: Fayard, 1995.

구적 수준으로 확대되는 동시에 새로운 양상을 보여주기 시작한다. 이어서 이 점을 살펴보고 싶다.

| 전지구적 벤치마킹 시스템: 서열화·감사·감시를 행하는 '권력-앎' |

'권력-앎'으로서의 신자유주의에서는 자기통치 능력을 측정하는 척도를 표준화·수치화하면서 통치 대상을 비교·분류하고 각각의 통치 대상에 대해 딱지를 붙이는 앎이라는 측면이 두드러지게 발견된다. 민간 기업에서의 척도 표준화와 그 적용처럼, 국가 비교 등에서도 거버넌스의 퍼포먼스를 평가하기 위한 표준적 척도와 그 적용이 행해진다. 그 대표적 예가 세계은행의 세계 거버넌스 지표World Governance Indications(이하 WGI)이다. WGI란 책무성, 정치적 안정, 통치 효율성, 규제의 질, 법의 지배, 부패의 통제라는 여섯 가지 지표에 의한 종합 평가이다('도표 1' 참조). 이 여섯 가지 척도 지표에 비춰 세계 각국의 순위를 매기고 평가해 세계은행은 무엇을 달성하려고 하는 것일까? 그 하나는 이 척도에 따라 더 상위를 목표로 삼도록 자기개선 노력을 촉구하는 모양으로 권력 작용을 밀어부치는 것이다. 이와 동시에 당연하게도 최하층 집단, 이른바 리스크 집단을 확정함으로써 전지구적 거버넌스에서 리스크 관리를 더 효율적으로 하려고 한다.

수치화된 척도에 비춰 통치 대상의 상황을 파악하는 행위의 단계들마다 권력작용이 작동하고 있다. WGI를 예로 들면, 우선 '거버넌스의 질'을 측성하려고 할 때 그 '거버넌스의 질'을 어떻게 측정할 것인가, 그 결과를 어떻게 해석할 것인가 등에서 고도의 정치적 판단이 끼어든다. 하지만 측정가능한 수치로 치환함으로써 그 정치적 판단은 외견상 '객관적,' '중립적'이 되며, 그 척도에 의한 테크노크라트적

	책무성	정치적 안 정	통 치 효율성	규제의 질	법의 지배	부패의 통 제
아프가니스탄	11.6	2.4	9.1	5.4	1.4	2.5
알바니아	49.8	27.4	35.9	45.0	21.3	27.6
알제리	24.6	17.9	42.6	26.2	31.9	42.4
앙골라	16.9	23.1	17.7	8.9	8.2	10.3
아르헨티나	59.4	37.7	47.8	25.2	36.2	41.9
아르메니아	30.4	38.2	49.3	56.9	41.5	33.5
오스트레일리아	94.7	73.6	94.7	96.0	80.2	85.7
오스트리아	90.3	81.6	92.3	93.6	94.7	95.1
아제르바이잔	16.4	13.2	28.7	33.2	96.6	96.1
바하마	87.4	7.5	86.6	77.2	22.2	15.3
바레인	25.1	36.8	66.5	70.3	88.9	89.2
방글라데시	31.4	6.6	21.1	14.9	70.5	71.4

도표 1. 세계은행의 WGI에 의한 각국별 성적
수치가 낮을수록 거버넌스의 상태가 나쁘다는 뜻이다. [출전: http://www.govindicators.org]

통치행위는 탈정치화되기 때문에 그 정당성은 높아진다. 수치적인 앎과 통치기술을 관련짓는 것은 인구조사나 경제통계 등에서 볼 수 있듯이 근대적 통치의 기본이며, 특별히 새로운 것은 아니다. 하지만 신자유주의적 통치에서 이 벤치마킹(기준에 의한 평가)의 특징은 규제 완화라는 모습으로 직접적 지령을 해소하는 한편, 통치의 목표·지표를 간접적으로 지시하는 모습으로 '원격통치'를 진행한다는 데 있다.[13] 즉, 표준적 척도를 통한 신자유주의적 통치는 규칙·규범에 의한 직접적·수직적 조직의 관리 강화도 아니고, 시장에 완전히 맡겨버린 통치(또는 비통치)도 아니다.[14] 그것은 NGO 등을 포함한 '제3자'

---

13) Rose, *Powers of Freedom*, p.43.

에 의한 감사나 감시를 통해 항상 자립과 자기개선·조정을 요구하는 간접적 통치이다. 이런 의미에서 신자유주의적 통치는 19세기적인 자유방임으로의 회귀가 아니라 '감사문화'를 지닌 '감사사회'라는 새로운 특징을 지닌다.15) 이 점을 강조해두는 편이 좋겠다.

이렇게 표준화된 목표·지표를 제시하면서 '원격통치'가 진행되는 것의 끝에는 '자립한' 주체의 형성이라는 더 고차적인 목표가 있다. 또 자립상태가 아닌 경우는 '역량증대'empowerment라는 모습으로 항상적인 개입이 이뤄진다.16) 여기서 주의해야 할 점은 이 개입이 근대적 통치에서 볼 수 있던 규율적 권력의 행태와는 약간 다르다는 것이다. 규율적 권력은 학교, 병원, 감옥 등을 통해 개인들을 모종의 주형에 가장 가깝게 만드는 것인 반면, 신자유주의적 통치의 조정적 권력은 NGO를 포함한 여러 가지 권력네트워크를 통해 평생학습, 지속적인 평가·자기개선 같은 모습으로 끝없이 조정한다.17) 전자를 규율사회, 후자를 관리사회로 부르고 전자에서 후자로 이행하고 있다고 지적한 것은 질 들뢰즈이다.18) 물론 현실에서는 전자의 권력형

---

14) Nils Brunsson, et al., *A World of Standards*, Oxford: Oxford University Press, 2000, pp.22~39.

15) Michael Power, *The Audit Society: Rituals of Verification*, Oxford: Oxford University Press, 1997; Marilyn Strathern, ed., *Audit Cultures: Anthropological Studies in Accountability, Ethics and the Academy*, London: Routledge, 2000.

16) Cruikshank, *The Will to Empower*, passim. [『시민을 발명해야 한다』, 여러 곳.]

17) Rose, *Powers of Freedom*, p.234.

18) Gilles Deleuze, "Post-scriptum sur les sociétés de contrôle," *Pourparlers 1972 -1990*, Paris: Minuit, 1990, pp.240~247. [김종호 옮김, 「추신: 통제사회에 대하여」, 『대담 1972~1990』, 도서출판 솔, 1993, 198~205쪽.]

태가 없어지지 않으며, 오히려 전자는 후자의 새로운 권력형태와 뒤얽히고 융합하면서 사회 속에 더 깊이 편입되고 있다. 예를 들어 역량증대로 향하도록 만드는 조절적 권력의 유도에 호응하지 않는 일탈 집단은 리스크 집단으로서 규탄당하고, 때로는 그 일부가 선택적으로 징벌이나 본보기의 대상이 된다. 앞서 말했듯이, 가령 WGI 등의 상위 성적을 두고 다투는 끝없는 자기개선의 경쟁 같은 전지구적 벤치마킹 증후군이라고도 해야 할 정황이 전개되고 있는 한편,19) 거기서 탈락한 하위 집단을 리스크 집단으로서 묶어서 제재하거나 격리하는 '선별적 거버넌스'가 실제로 진행되고 있다.20)

이런 선별적 거버넌스의 선구적이고 전형적인 사례는 로널드 레이건 정권 때부터 이어지고 있는 미국 정부의 '마약과의 전쟁' 정책에서 볼 수 있다. 「마약 및 향정신성 약물의 부정거래 방지에 관한 국제연합 조약」(1988년 체결)을 앞세워 미국 정부는 마약에 대한 통제가 충분하지 않다고 여겨진 나라에 대해 '자격을 갖추지 못했다'며, 인도적 지원 등을 뺀 경제 지원을 50% 이상 삭감하는 제재 조치를 취했다. 수요 쪽의 문제를 보류하고 공급 쪽에만 책임을 돌리는 강제적인 정책은 제국주의적이라고 받아들여졌다. 예를 들어 1997년에는 미국 정부와 멕시코 정부 사이에 커다란 마찰을 빚었다. 그 결과로 멕시코 정부는 미국의 해상경비대가 멕시코 영해에서 수사·추적

---

19) Wendy Larnet and Ricahrd, "Global Benchmarking: Participating 'at a Distance' in the Globalizing Economy," *Global Governmentality*, pp.212~232.

20) Mariana Valverde, "Targeted Governance and the Problem of Desire," *Risk and Morality*, ed. Aaron Doyle and Richard V. Ericson, Toronto: University of Toronto Press, 2003, pp.434~458.

등을 벌이는 것을 인정하고, 국가 주권의 일부를 미국에 이양할 수밖에 없었다.[21] 그밖에도 콜롬비아, 볼리비아, 파나마 등의 사례처럼, 미국은 마약의 통제라는 관점에서 거버넌스에 문제가 있다고 간주된 나라를 특정한 뒤, 때로는 일방적으로 군사적 간섭을 자행하고 있다. 이런 '마약과의 전쟁'의 연장선상 위에 '테러와의 전쟁'이 있는 셈인데, 거기에는 국지적 거버넌스에 문제가 있는 나라에 대해서는 제재를 가하거나 일방적으로 간섭을 하는 등, 북에 의한 남에 대한 선별적 거버넌스라는 측면이 있음에 유의할 필요가 있을 것이다.

이런 선별적 거버넌스는 미국 정부가 단독으로, 혹은 NGO 등의 협력을 얻어 행한다. NGO 등을 포함한 '제3자'에 의한 감사나 감시를 통해 리스크 집단을 특정하는 작업의 대표적인 사례로 부패 통제를 꼽을 수 있다. 부패 통제는 앞서 언급한 세계은행의 WGI에 들어 있는 지표 중 하나이기도 한데, 부패 문제가 이렇게 전지구적 거버넌스의 중요 과제 중 하나가 된 것은 1990년대 이후의 일이다.[22] 세계은행의 전前 직원들이 반부패 캠페인의 추진체 역할을 한 NGO인 국제투명성기구[23]를 결성한 것이 1993년이다. 국제투명성기구 등에 의한 '아래로부터의 반부패 캠페인'에 영향을 받아 1996년 유엔 총

---

21) Martha L. Cottam and Otwin Marenin, "International Cooperation in the War on Drugs: Mexico and the United States," *Policing and Society*, vol.9, no.3, Fall 1999, pp.209~240.

22) 전지구적 거버넌스의 한 과제로서의 부패 문제를 파악하는 방식에 관해서는 다음을 참조하라. Hongying Wang and James N. Rosenau, "Transparecy Inter -national and Corruption as an Issue of Global Governance," *Global Govern -ance*, vol.7, no.1, Spring 2001, pp.25~49.

23) 국제투명성기구의 웹사이트는 다음과 같다. www.transparency.org

회에서 국제 상거래에서의 부패·매수에 반대하는 결의안[24]이 채택되고, OECD에서도 국제 상거래에서의 외국 공무원 매수를 단속하는 협정이 1996년에 채택됐다. 이렇게 부패의 통제가 전지구적 거버넌스의 과제에 편입된 배경에는 1980년대 후반 이후의 경제 자유화와 '민주화'의 파도 속에서, 개발도상국에 대한 경제 원조의 틀이 당초의 맹목적인 시장 자유화를 독촉한 구조조정 프로그램적 접근법에서 포괄적인 제도적 개선을 재촉한 굿 거버넌스$^{Good\ Governance}$ 접근법으로의 이행이 있다. 즉, 성급하고 강제적인 시장 자유화가 거꾸로 외부 불경제$^{external\ diseconomies}$를 산출한다는 사태를 인식하게 된 동시에, 공사 구분의 확립에 수반된 부패 척결 등을 포함한 공적 부문의 개혁에도 초점이 맞춰졌다. 이리하여 국제기관과 NGO 등이 개발도상국에 대해 국제적 간섭을 하는 범위는 더 광범위하고 포괄적이 됐다. 그런 가운데 국제투명성기구는 부패 문제에 관해 감시·평가를 담당하는 행위자로서도 '원격통치'의 중요한 일익을 담당하게 됐다. 국제투명성기구는 1995년 이후의 '부패 실감 지표,' 1999년 이후의 '뇌물 수수자 지수' 같은 지표에 기초한 각국의 평가 성적을 매년 공표하고, 부패의 통제 강화에 공헌하고 있다.

여기서 주의해야 할 점은, 부패가 문제라고 할 때 공정한 자유 무역이나 경제 성장 등에 걸림돌이 된다고 얘기되는 것처럼, 주로 기능적 평계가 붙는다는 것이다. 단적으로 말하면, 여기서 일탈로 간주되는 기준은 자본 회전의 걸림돌이 되느냐 아니냐에 있다. 모든 것을 상품화하는 것이 전지구화의 기본 추세이지만, 어떤 상품화는 거꾸로

---

24) UN Genreral Assembly Resolution A/RES/51/59, December 12, 1996.

자본 회전의 방해가 되기도 하며, 이 경우 그 상품화의 행위는 범죄로 다뤄지고 적발 대상이 된다. 그 대표적 사례가 공직의 사적 유용, 즉 공적인 것의 상품화라는 부패이다. 또 부패를 방치하는 정체政体도 일탈 체제régime로 낙인찍힌다. 이런 부패를 범죄라며 엄단해야 한다고 밀어붙인 나라가 미국이었음은 말할 것도 없다. 미국 정부는 이미 1977년에 '외국 부패 단속법'을 제정하고, 단독주의적 형태로 부패 범죄화의 국제적 레짐 형성을 추진해왔다.25) 거기에 국제투명성기구 등의 NGO나 세계은행 등의 국제기관이 강력한 추진체 역할로서 가담해 부패에 관한 전지구적 벤치마킹의 시스템을 정비했다.

이런 전지구적 벤치마킹, 수치화된 앎에 의한 '포섭/배제'의 정치는 출판 미디어 등에서도 곳곳에서 보인다. 예컨대 『포린 폴리시』라는 잡지는 상승 지향을 촉구하는 '전지구화 지표'를 통해 각국의 점수를 공표할 뿐만 아니라, 거꾸로 거버넌스의 나쁜 질을 '파탄 국가 지표'라는 척도에 따라 점수 매기고 매년 각국의 점수를 공표하고 있다.26) 이 잡지는 고급 외교지 『포린 어페어스』의 뒤를 바싹 쫓는 모양으로 판매부수 확대를 모색하며 타블로이드 잡지처럼 되고 있는 특징이 있는데, '파탄 국가 지표'에 관한 기사에서도 그 특징이 현저하게 드러난다. 거기서는 우선 '파탄 국가 지표'에 비춰본 점수표가 제시되고, 나아가 위독critical, 위험상태in danger, 경계선borderline처럼 질병의 은유를 사용해 리스크 집단을 세 가지로 분류하고, 각각을 다

---

25) Peter Andreas, et al., *Policing the Globe : Criminalization and Crime Control in International Relations*, Oxford: Oxford University Press, 2006.

26) "The Failed States Index," *Foreign Policy*, no.154, May/June 2006, pp.50~58.

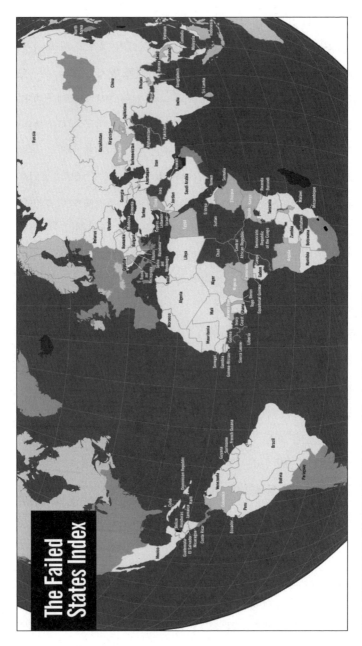

그림 1. 파탄 국가 지표에 의한 지도그리기 [출전: *Foreign Policy*, no.154, May/June 2006.]

른 색으로 표기해 지도로 나타내고 있다('그림 1'). 이처럼 '수치화된 앎'과 '지도작성적 앎'의 조합에 의해, 21세기 초반의 지정학적 인지도認知図가 효과적으로 제시되고 있다고도 말할 수 있는데, 이런 리스크 집단의 맵핑은 전지구적 벤치마킹에 내재하는 '배제의 정치'를 시각적인 모습으로 멋들어지게 빚어낸 모습이 되고 있다.

이런 리스크 집단의 맵핑을 '문명/야만'의 조야한 이분법적 논리에 따라 밀어붙인 것도 많이 발견된다. 토머스 바넷의 『펜타곤의 새로운 지도』에서 제시된 이미지가 그 예이다('그림 2').[27] 거기서는 앞서의 '파탄 국가 지표'에서 위험 수위에 도달한 듯한 지역은 '통합되지 않은 간극'non-integrated gap으로 한 묶음이 되는 한편, 전지구화에 성공적으로 적응하고 있는 지역은 '기능적 핵심'functioning core으로 자리매김되고 있다. 흥미로운 점은 미군이 사용하는 '불안정의 호弧'arc of instability 개념에 바넷이 이의를 제기하고 있는 것이다. '불안정의 호'란 중동에서 중앙아시아와 동아시아에 이르는 유라시아의 정치적으로 불안정한 지역을 가리키는 말인데, 바넷의 주장에 따르면, '불안정의 호'는 위험한 것을 배제하는 지향 말고는 아무것도 갖고 있지 않다는 점에서 불충분하다고 한다. 즉, 위험한 것을 서서히 통합시켜 나갈 필요가 있다는 것이 바넷의 주장이다. 바넷에 따르면, 이라크 전쟁도 그 간극을 받아들이는 과정에서 피하기 힘든 중요한 전쟁이라고 한다. 이런 지정학적 인지도를 기초로 한 '포섭/배제'의 국제정치는 여러 가지 수준에서 볼 수 있다.[28]

---

27) Thomas P. M. Barnett, *The Pentagon's New Map: War and Peace in the Twen -ty-First Century*, New York: G. P. Putnam's Sons, 2004.

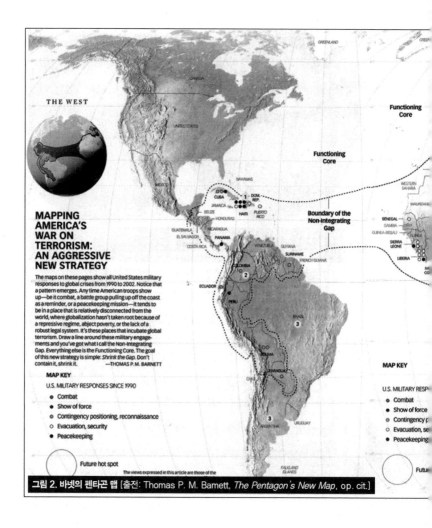

그림 2. 바넷의 펜타곤 맵 [출전: Thomas P. M. Barnett, *The Pentagon's New Map*, op. cit.]

---

28) 예를 들어 미국 국무부는 인신매매에 대한 대응에 있어서 각국 상황에 관련된 평가표를 발표하고 있는데, 그 중에서 문제가 있다고 간주된 나라들에 대해서는 경제지원 중단 등의 제재 조치도 취할 준비를 하고 있다. 土佐弘之, 「ジェンダーと国際関係の社会学」, 梶田孝道 編, 『新・国際社会学』, 名古屋: 名古屋大学出版会, 2005, 76~80頁.

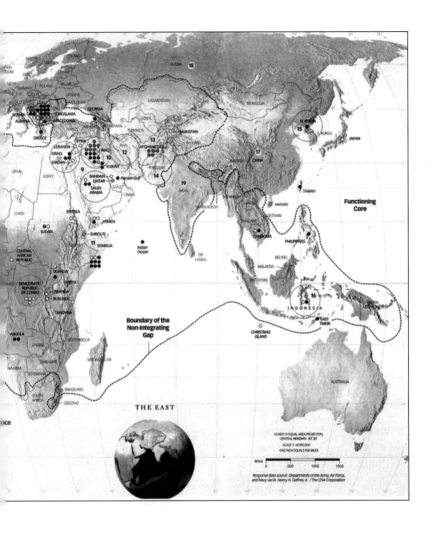

미국의 단녹주의적 군사외교 정책뿐만 아니라 다국간주의적 전
지구적 거버넌스에서도 이런 움직임을 간파할 수 있다. 예를 들어 국
제형사재판소의 시도가 그것에 해당한다. 바넷에 따르면, 거기서는
핵심과 간극 사이의 경계는 바뀌고 있지만, 간극으로 자리매김되는

지역은 중앙아시아에서 중동, 아프리카, 라틴아메리카에 이르기까지 널리 남아 있으며, 이것이 핵심의 중심인 미국에게는 커다란 위협이 되고 있다고 한다. 학살처럼 국지적 거버넌스에서 최악의 사례가 발생한 경우에 관해서는 그 책임자를 색출해 처벌하려고 하는 '전지구적인 규율적 사회'의 제도화라는 측면을 볼 수 있다. 다만, 전지구적 수준에서는 세계정부에 해당되는 것이 없는 까닭에 거기서의 처벌은 승자의 정의 또는 강대국의 정의에 가까운, 매우 자의적인 것이 되지 않을 수 없다는 문제가 남는다.[29]

이에 덧붙여 신자유주의적 통치성으로 이행함에 따라 앵글로-아메리카 사회를 기점으로 징벌의 의미가 바뀌었다는 것에도 주의를 기울일 필요가 있을지 모른다. 사회학자 데이비드 갤런드에 따르면, 그것은 갱생이나 사회복귀 등 것에 주안점을 둔 '형벌-복지주의'에서 징벌과 배제에 역점을 둔 '새로운 사회적 통제'로의 이동이다.[30] 더욱이 이 '새로운 사회적 통제'는 '형벌-복지주의'보다 더, 위협으로 간주되는 사건이 있을수록 그 체제의 유지·정당화를 도모하는 구조를 취한다. 즉, "감옥은 실패함으로써 성공한다"는 푸코의 지적처럼, 이 '새로운 사회적 통제'는 실패함으로써 성공하게 된다.

실제로 전지구화의 움직임이 확대되고 침투됨에 따라, 주권국가가 시민에게 안전을 보장하는 사회경제적 환경을 포괄적으로 제공

---

29) 국제형사재판소 프로세스의 문제점에 관해서는 다른 곳에서의 논의를 참조하라. 土佐弘之, 『アナーキカル·ガヴァナンス: 批判的国際関係論の新展開』, 名古屋: 御茶の水書房, 2006, 113~137頁.

30) David Garland, *The Culture of Control: Crime and Social Order in Contemporary Society*, Oxford: Oxford University Press, 2001.

하기가 어려워져 비용이 많이 드는 형벌-복지주의를 포기하게 됐으며, 이와 동시에 사후적 징벌과 격리에 역점을 둔 리스크 통제 수법에 의존하게 됐다. 이런 경향이 사회 문제를 체제적 요인에서 찾는 것이 아니라 개별 행위자의 책임(리스크의 관리 책임)으로 돌리는 신자유주의의 논리에 의해 한층 더 강화되고 있다는 것은 더 말할 것도 없다. 이런 흐름은 전지구적 수준의 사회적 통제에서도 퍼져가고 있으며, 인도적 위기 같은 심각한 국제 문제는 세계체제적 요인에 의한 것이 아니라 오히려 국지적 거버넌스에서 일어나는 문제로 치부되기에 이른다. 이것은 1970년대에 막강한 영향력을 지녔던 종속 이론 같은 체제구조론, 즉 남측의 빈곤을 세계체제의 구조적 요인에서 찾는 논의가 서서히 하락·실추됐던 것과도 관련되어 있다. 이렇듯 전지구적 수준에서도 문제 책임의 소재를 체제 수준이 아니라 국지적 수준에서 찾아내는 한편, 불특정 다수의 위험 집단에 대한 징벌과 배제·격리에 역점을 둔 '새로운 사회적 통제'가 추진되고 있다. 이런 '새로운 사회적 통제'의 편재화는 '수치화된 앎'과 '지도작성적 앎'을 조합한 새로운 지정학적 '권력-앎'의 연결체, 그리고 이를 기초로 한 '포섭/배제'의 전지구적 거버넌스의 커다란 특징 중 하나이다.

그러나 징벌과 격리에 너무 역점을 두면 동의보다는 강제의 비중이 커지게 되며, 통치성의 정당성이 상실되어버린다. 앞서 언급한 마약 단속 문제를 예로 들면 공급 측면에 중심을 두고 범죄화되고 있는 중남미 국가에 일방적으로 산섭하거나, 마약 중독자를 국내에 과도하게 수감하는 미국 식의 사회 통제도 분명히 통치성의 정당성을 줄여버릴 것이다. 이와 동시에 표준화된 척도가 일률적으로 적용되는 것이 아니라 때로는 이중적인 기준이 사용되거나 자의적으로 적용된다면, 통치성의 정당성 상실 같은 심각한 문제가 야기된다. 이 문제가 희화화되어 나타난 '배제에 역점을 둔 거버넌스'의 예로, 아래에서는 이스라엘/팔레스타인에서 분리장벽 문제를 살피고 싶다. 뒤에서 서술하듯이, 그 예외성이 두드러진다는 점에서, 이 문제는 전지구적 통치성에서의 문제를 부각시키고 있다고 생각하기 때문이다.

| 예외상태에 있는 국지적 거버넌스: 이스라엘/팔레스타인 |

국지적 거버넌스 수준에서 징벌과 배제에 역점을 둔 '새로운 사회적 통제'를 노골적으로 전개하고 있는 전형적인 예를 오슬로 협정 붕괴 뒤의 이스라엘/팔레스타인에서 찾아볼 수 있다. 오슬로 협정 이후 이츠하크 라빈 총리 암살(1995년), 우파인 리쿠드당의 베냐민 네타냐후 정권 성립(1997년), 제2차 인티파다(알-아크사 인티파다)의 개시(2000년), 리쿠드당의 아리엘 샤론 정권 성립(2001년) 같은 일련의 역류 속에서 팔레스타인 자치구는 이스라엘 정부에 의해 실질적으로 해체·봉쇄된다. 나아가 9·11 사건 이후 미국 정부의 '테러와의 전쟁'을 핑계거리로 삼아 이스라엘 정부는 징벌과 배제에 역점을 둔 '새로운 사회적 통제'를 더욱 강화하고 있다. 이런 추세를 상징적으로 드러내는 것이 팔레스타인 자치구를 에워싸는 동시에 점재点在하는 유대인 이주지를 지키고 자치구 속으로 침식해 들어갈 수 있도록 끝없이 쌓아올려진 분리장벽이다. 아파르헤이트 벽으로도 불리는 분리장벽은 건설되고 있는 것도 포함해 전체 길이가 약 670km에 이른다.* 이 장벽에 의해 가자 지구와 요르단강 서안 지구라는 두 개의

---

* 현재(2014년 기준)까지의 계획으로는 약 712km에 달한다.

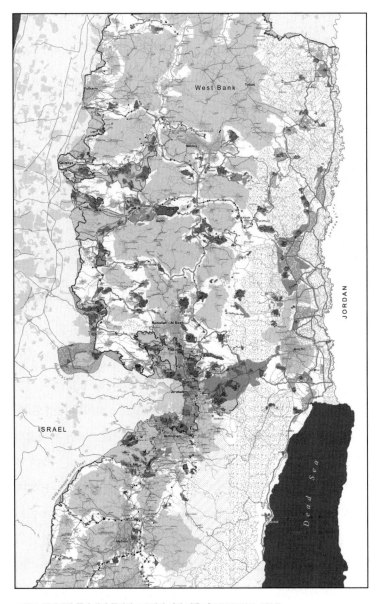

그림 3. 분리장벽 등에 의해 분단된 요르단강 서안 지구 지도(UNOCHA, 2006)
　　[출전: www.ochaopt.org/June 2006.]

그림 4. 예루살렘과 라마라 사이에 건설된 분리장벽 [필자 촬영, 2007년 3월]

팔레스타인 자치구는 완전히 차단됐다. 그뿐 아니라 요르단강 서안 지구도 몇 개 지역으로 실질적으로 분단되고, 그 사이의 교통도 검문소 등에 차단되고 해체되어버렸다. 자치구는 팔레스타인 자치정부가 완전히 자치를 행한다고 여겨지는 A지구, 행정은 팔레스타인 자치정부가 맡지만 치안은 이스라엘 정부와 공동으로 관리하는 B지구, 나아가 이스라엘 정부가 행정과 치안 둘 다에서 계속 지배하고 있는 C지구 등으로 분류되면서 복잡하게 해체된 데다가, 각 지역을 높이 10m 가까운 장벽에 의해 봉쇄하는 형태가 되고 있다('그림 3~4' 참조). 아파르헤이트 체제의 남아프리카에서 벌어졌던 반투스탄 정책*과 이런 상황의 유사성에 관해서는 자주 지적되고 있다.31)

이처럼 거주 구역을 지리적으로 분단할 뿐만 아니라 주민들을 인종차별주의적으로 분류하는 방법이라는 점에서도 분리장벽과 아파르헤이트 체제의 유사성을 찾아볼 수 있다. 우선 팔레스타인에서는 이스라엘 시민 자격을 지닌 팔레스타인인, 이스라엘 거주권(블루 ID 카드)을 지닌 팔레스타인인, 자치구 내에서만 이동을 허가받은(즉, 오렌지 내지 그린 ID 카드를 지닌) 팔레스타인인, 이스라엘 국외에서 귀환될 전망도 없이 계속 난민으로 살고 있는 팔레스타인인이라는 계층적 분류가 이뤄진다. 이런 차별적 구분은 유대인들 자신에게도 동구·러시아계, 에티오피아계 같은 형태로 침투되고 있는데, 위험한 프론티어의 이주지에 들어가는 것은 이런 계층 중에서도 밑바닥에 가까운 계층의 사람들이다. 이 가운데 가장 가혹한 차별적 상황에 놓인 것은 자치구 내의 한정된 지역이나 국외의 난민 캠프에 처넣어지고 바깥으로 나가지 못하는 팔레스타인인이다. 분리장벽이나 게토에 의해 교육, 의료서비스, 직장에 대한 접근이 제한되고 있는 데다가 때로는 테러 대책이라는 명목으로 불시에 법적 근거도 없는 채 가택 수색을 당한다. 뿐만 아니라 모든 주택 구역을 불도저로 밀어버리기도 한다. 이런 의미에서 그/녀들은 실질적으로 '법 바깥'의 상황에 놓여 있다고 말할 수 있으며, 푸코의 생명정치라는 문제의식을 계승하며

---

* Bantustan Policy. 남아프리카공화국이 시행한 아파르트헤이드 정책의 하나로 남아프리카공화국과 그들의 통치 아래 있던 남서아프리카(현재의 나미비아)에 흑인들의 거주 구역(반투[사람=흑인]+스탄[땅])을 따로 두어 지역적으로 격리한 정책이다. 넬슨 만델라가 대통령이 된 1994년에 해체됐다.

31) Leila Farsakh, "De l'Afrique de Sud à la Palestine," *Le monde diplomatique*, no.596, novembre 2003, pp.22~23.

독자적인 사회 사상을 전개하고 있는 아감벤의 말을 빌린다면, 바로 '호모 사케르'의 상태에 있다고도 할 수 있다.[32]

아감벤에 따르면, 호모 사케르(성스러운 인간)는 법의 외부에 놓여 있기 때문에 누군가가 그/녀를 살해해도 처벌당하지 않는다.[33] 또한 의례에 의해 인정되는 형식으로 살해당하는 것도 인정되지 않기 때문에, 호모 사케르는 그저 죽임을 당해야 할 대상으로만 등장하게 된다. 그것은 마치 법을 다스리는 자 스스로가 법을 중지시키는 형태로 예외상태를 창출하는 주권이 현현하는 것과 평행상태에 있다. 이런 호모 사케르의 벌거벗은 생명의 전형적인 예로 아감벤이 염두에 두는 것은 나치즘 아래에서 강제수용소에 있던 유대인이다. 즉, 예외상태의 범례가 강제수용소인 것이다. 하지만 예루살렘 교외에 있는 야드 바솀 홀로코스트 추모관의 전시에서 전형적으로 드러나듯이[34] 현실에서 홀로코스트의 사망자들은 이스라엘 건국의 주춧돌이 되는 '희생자'로서 기려지고 있으며, 사후적이긴 하지만 그/녀들은 더 이상 아감벤이 말하는 의미의 호모 사케르가 아니게 됐다. 그리고 이런

---

32) 가자 지구나 요르단강 서안 지구에 사는 팔레스타인인의 인권상태가 어떤지에 관한 보고는 인권 NGO가 작성한 것을 포함해 몇 개가 있는데, 쉽게 입수할 수 있는 번역된 문헌으로는 다음이 있다. アミラ ハス, くぼたのぞみ 訳,『パレスチナから報告します占領地の住民となって』, 東京: 筑摩書房, 2005.

33) Giorgio Agamben, *Homo sacer: Il potere sovrano e la muda vita*. Torino: Einaudi, 1995, p.81. [박진우 옮김,『호모 사케르: 주권권력과 벌거벗은 생명』, 새물결, 2008, 156쪽.]

34) 야드 바솀 홀로코스트 추모관에서의 '기억의 정치'의 방향성에 관해서는 다음 책의 논의를 참조하라. James E. Young, *The Texture of Memory: Holocaust Momorials and Meaning in Europe, Israel and America*, New York: Yale University Press, 1993, pp.243~260.

희생자들 위에 수립된 이스라엘이라는 국가가 그 주위의 팔레스타인이라는 권역에서 호모 사케르의 벌거벗은 생명을 창출한다는 역사의 아이러니를 우리는 현재 목격하고 있다.

이런 맥락을 염두에 두면, 분리장벽이 "법을 중지하는 폭력"의 건축학적·지정학적 표현이라는 것은 저절로 분명해진다.[35] '테러리스트'를 봉쇄해 안전 보장을 확보한다는 표면적인 이유와 더불어, 팔레스타인 자치구를 잠식하는 형태로 유대인 이민 이주지를 확대하고, 결국에는 팔레스타인인을 봉쇄하고 내쫓아 '사람 없는 땅'을 확보한다는 목적 아래 벽 건설이 이뤄지고 있다고 일반적으로 지적되는 경우가 많다.[36] 그러나 안전보장을 이유로 들먹이는 폭력, 또 식민주의적 폭력은 모두 법을 중지하는 폭력의 전형적인 예이다. 국제사법재판소가 2004년 7월 9일, 이스라엘 정부가 건설하고 있는 분리장벽의 위법성을 지적하는 권고 의견을 냈듯이, 국제법상에서 장벽의 법적 정당성이 문제시됐던 것은 그 때문이다.[37] 하지만 그 뒤에도 상황은 시정되기는커녕 미국 정부의 실질적 지지 아래 더욱 악화일로로 치닫고 있으며, 국제 사회는 실질적으로 이를 방관하고 있는 상태이다. 여기서 이 장벽의 정치적 의미, 즉 법 중지상태 내지 예외성이

---

35) Ariella Azoulay and Adi Ophir, "The Monster's Tail," *Against the Wall: Israel's Barrier to Peace*, ed. Michael Sorkin, New York: The New Press, 2005, p.11.

36) 분리장벽을 건설하는 배경에는, 급속히게 증기히는 팔레스디인의 인구 폭발에 의해 이스라엘이 삼켜져버리지 않을까 하는 인구학적 공포도 강력하게 작동하고 있다고 한다. Ray dolphin, *The West Bank Wall: Unmasking Palestine*, London: Pluto Press, 2006, passim.

37) International Court of Justice, *Advisory Opinion: Legal Consequences of the Construction of a Wall in the Occupied Palestine Territory*, July 9, 2004.

라는 의미가 두드러진다고 할 수 있다. 분리장벽으로 상징되는 예외상태는 단순히 이스라엘 정부에 의해 등장한 통치의 일탈성이라기보다 앞서 말한 전지구적 거버넌스에서 표출된 '배제의 정치'의 문제로 재파악하는 편이 적절할 것이라는 말이다.

국민국가를 정초한 베스트팔렌 체제의 모순, 즉 한나 아렌트가 일찍이 『전체주의의 기원』(1951) 등에서 지적했듯이 시민과 인간의 간극 문제는 '유대인 문제'라는 형태로 표출되어 결국 홀로코스트라는 극적인 국면을 거친 다음에, '토지 없는 백성인 유대인의 이스라엘로의 귀환'이라는 신화의 형태로 팔레스타인의 토지에 이식됐다. 달리 말하면, '유대인 문제'는 '팔레스타인인 문제'로 변환됐을 뿐, 주권국가 체계를 기초로 한 근대적 통치성에 내재하는 모순(푸코도 통치성과 연관지어 지적했던 인종차별주의 문제)은 근본적으로 해결되지 않은 채 오늘날에 이르고 있는 것이다. 팔레스타인을 에워싼 분리장벽이라는 예외상태, 그 내부의 '벌거벗은 생명'이라는 생명정치 문제의 뿌리는 바로 거기에 있다. 국민국가 체계의 모순을 물리적인 힘으로 제거하고자 하는 정치 체제 위에, 신자유주의적인 전지구적 통치성의 '배제의 정치' 체제, 특히 테러와의 전쟁이라는 이름의 징벌과 배제·격리에 역점을 둔 사회적 통제 체제가 덧씌워진 형태가 되고 있는 것이 작금의 상황이라고 할 수 있는 것이다.

| 마치며: 네트워크권력 속의 생명정치와 저항 |

분리장벽에 의해 포위된 '벌거벗은 생명' 같은 문제에 직면할 수밖에 없을 만큼 주변화된 것은 아닌 사람들의 입장에서 보면, 일단 다음과 같은 질문을 제기할 수 있을 것이다. 주체화를 항상적으로 재촉하는 네트워크권력, 그것의 그물에 사로잡힌 상태에서, 권력으로부터의 자유가 어느 정도 가능한가? 푸코도 이 질문에 대한 해답의 열쇠를 계속 찾았다. 그렇기 때문에, 이미 말했듯이, 대안적 통치성의 모델을 시사한 것으로서, 푸코는 이란 혁명을 매우 높이 평가했던 것이리라. 그 이후에 푸코는 신체성, 특히 섹슈얼리티에 초점을 맞추면서 법이나 그리스도교적 윤리 등에 복종하지 않는 도덕 주체의 형성 가능성을 고대 그리스 사회로 거슬러 올라가 탐구하기도 했는데, 삶의 방식의 기술로서의 '자기에의 배려'souci de soi라는 핵심 개념을 제시했을 무렵에 세상을 떠났다. 얼핏 보면 도락적이면서도 내부 반성적으로도 보이는 이 최후의 연구 역시, 이란 혁명에 대한 논평과 마찬가지로 권력의 그물로부터의 자유, 대안적 통치성 같은 문제에 대한 관심의 연장선상에 있다고 할 수 있다.

전지구적 확장을 지닌 형태로 새롭게 다시 짜여지는 권력의 그물. 푸코의 사유의 궤적이 시사하듯이, 권력의 그물에 대한 투쟁의 회로는 몇 가지가 있다. 첫째, 거시적 수준에서 대안적 통치성을 추구하는 것이다. 이런 추구의 고전적인 예에는 혁명을 거친 공산주의적 통치성, 또 이란 혁명처럼 이슬람주의를 기초로 한 통치성에 대한 지향 등이 포함될 것이다. 둘째, '자기에의 배려' 같은 형태를 포함한, 개인 단위의 미시적 수준에서 추구하는 대안적 통치성, 생명정치의 방식이 있을 것이다. 전자에 관해 말하면, 불의로 가득 찬 통치방식을 대신한 '혁명석' 정부가 전체의 정의를 대행한다는 명목 아래 거꾸로 개개인의 삶을 억압하고 말살하는 아이러니한 역사를 야기했음은 주지하는 바와 같다. 오늘날에는 이처럼 전체주의라는 '정부의 실패'의 교훈도 있고 또 다시 시장을 통한 통치의 방향에서 급속히 진행되고 있는 재편도 있는 셈인데, 이 후자의 과도함으로 인해 이미 '시장의 실패'라는 문제가 심각해지기 시작했다. 앞서 말했듯이, 이런 문제의 하나로서 신자유주의에 기초한 통치 기준·척도의 일원화(반강제적 포섭화)와 그에 수반된 배제의 정치 같은 것도 들 수 있다. 이런 상황에서 바람직한 대안적 통치성은 또 다른 식의 일원적 통치성으로 자리바꿈하는 것이 아니라 척도의 복수화를 담보하는 통치성을 창출하는 것이다. 이런 척도의 복수화를 가능하게 만들려면 당연히 개인 수준의 대안적 삶의 방식(푸코가 모색한 모종의 '자기에의 배려'의 방식도 여기에 포함될 것이다)이 담보되지 않으면 안 된다. 이런 의미에서 거시적 수준의 대안적 통치성을 모색하는 것은 미시적 수준의 대안적 생명정치를 추구하는 것과 긴밀한 관계를 맺고 있다.

여기서 말하는 복수성과 정반대의 극에 있는 통치성에 있어서 척도의 일원화는, 권력론적 맥락에서 바꿔 말하면 어떤 것일까? 3차원 또는 4차원적 권력론의 맥락에서 바꿔 말하면,[38] 통치성에 있어서 동질화가 진행되는 과정이란, 우선 통치 대상자가 스스로 하고 싶지 않은 것을 우격다짐으로 하게끔 만드는 것과 같은 직접적 권력(1차원적 권력)의 행사에서 시작해, 하고 싶은 것을 금지하고 하지 못하게 하는, 또는 쟁점을 정치적 의제에서 빼버리는 2차원적 권력의 행사, 주체의 선호나 욕망을 조작함으로써 해당 주체의 객관적 이해와 상

---

38) 3차원 내지 4차원적 권력론에 관해서는 다음을 참조하라. Peter Digeser, "The Fourth Face of Power," *The Journal of Politics*, vol.54, no.4, November 1992, pp.997~1007; Steven Lukes, *Power: A Radical View*, London: Macmillan, 1974; John Gaventa, *Power and Powerlessness: Quiescence and Rebellion in an Appalachian Valley*, Urbana: University of Illinois Press, 1980.

반되는 행위를 '자발적으로' 행하게 만드는 3차원적 권력의 행사, 나아가 주체의 정체성이나 인식틀 자체를 바꿈으로써 쟁점이 되어야야 할 것을 '정치적 무의식'의 권역으로 쫓아버리는 4차원적 권력의 행사처럼, 그 권력의 형태가 고차원화되는 과정이기도 하다. 정치적 쟁점이 되어야 할 것이 쟁점 바깥으로, 나아가 의식 바깥으로 옮겨지는 과정은 간단히 말하면, 억눌러지던 통치성의 척도가 '자연적인 것'으로 수용되는, 명실공히 그 통치성의 헤게모니가 확립되는 과정이다. 삶의 복수성의 추구는 이와는 반대되는 과정, 즉 패권적인 통치성의 자명성을 박탈하면서 그 근간을 흔들어가는 과정이기도 하다.

적나라한 권력관계에서 더 교묘한 것으로 권력의 행사를 고차원화하면서 헤게모니가 확립되는 정치 공간은 동시에, 그 동질성을 유지하기 위해 이질적인 것을 배제함으로써 외부를 가질 수밖에 없다. 즉, 그 동질적인 정치 공간은 그 경계선에 의해 외부로부터 분리됨으로써 성립될 수 있다. 그러나 동시에 경계선을 통해 외부로 연결된다는 것에 의해, 바로 그 경계가 동질적 정치 공간을 뒤흔드는 계기가 되기도 한다. 이런 포섭과 배제의 정치과정에서 그어진 경계선의 양의성과 비결정성·우발성에 관해 게오르그 짐멜은 약 1세기 전에 「다리와 문」이라는 논문에서 다음과 같이 적고 있다.

인간은 결합시키는 존재이지만, 또한 언제나 분리를 수행해야 하는 존재이기도 하다. 그리고 인간은 분리시키지 않고서는 결합시킬 수 없다. 그렇기 때문에 [인간은] 서로 무관하게 존재하는 양쪽 물가의 기슭을 다리를 통해 결합시키기 위해서는 먼저 정신적으로 그것들을 분리된 것으로 파악하지 않으면 안 된다. 또한 인간은 어떤 경계

도 갖고 있지 않으면서 동시에 경계를 설정하는 존재이다. 인간의 주
거 공간이 문으로 닫혀 있다는 사실은 확실히 연속적인 통일성을 유
지하는 자연적 존재로부터 한 조각을 잘라냈다는 것을 의미한다. 하
지만 이로써 형태가 없던 경계에 형태가 부여되는 것과 마찬가지로,
이제 그런 경계가 지닌 의미와 존엄성은 문의 역동성이 상징하는 것,
즉 언제라도 그런 경계를 벗어나 자유를 향한 발걸음을 내디딜 수 있
는 가능성 안에 존재한다.[39]

짐멜이 지적하는 문의 양의성은 경계 일반에 관해서도 마찬가지
로 말할 수 있다. 경계는 외부로부터 절단됨으로써 내부의 안정성을
얻을 수 있지만, 이 경계는 바깥과 이어진다는 사실 때문에 항상 불안
정성을 안에 담고 있다. 거꾸로 말하면, 닫힌 부자유는 바깥과 이어짐
으로써 해방되고 자유를 회복하게 된다. 예전이라면 이런 경계는 국
경과 거의 동의어였을 것이다. 그러나 여기서 말하듯이, 국가들을 모
두 그 안에 담고 있는 전지구적 통치성이 생성되고 있는 오늘날, 경
계가 국경과 꼭 일치하는 것은 아니며 점점 더 우발적인 형태로 정해
진다. 앞서 말한 '기능적 핵심'과 '통합되지 않는 간극' 같은 '중심/주
변'의 지정학적 구분도 그 중 하나이다. 이렇게 절단된 외부는 단순
히 불필요한 것이 아니라 내부에서 생명의 의미를 충전하는 주요 요
소로 기능하게 된다. 이 점에 관해 아감벤도 이렇게 지적한다.

---

39) Georg Simmel, "Brücke und Tür"(1909), *Gesamtausgabe*, Bd.12, Frankfurt am
Main: Suhrkamp, 2001, pp.60~61. [김덕영·윤미애 옮김, 「다리와 문」, 『짐멜의
모더니티 읽기』, 새물결, 2005, 270쪽.]

인간학적 기계는 필연적으로 배제와 포함을 통해 기능한다(배제는 또한 항상 이미 포획이기도 하며, 포함은 또한 항상 이미 배제이기도 하다). 실제로 인간이 이미 매번 전제되고 있기 때문에, 인간학적 기계는 일종의 예외상태, 즉 외부가 내부의 배제에 지나지 않고 내부가 외부의 포함일 뿐인 미결정의 지대를 현실적으로 산출한다.[40]

즉, 내부와 외부, 인간과 동물 사이에 경계가 있으며, 포함과 배제의 정치과정이 있는 한, 내부에서 인간의 생명의 의미는 계속 충족되지만, 그 경계가 사라져버렸을 때 '인간의 동물화'가 일어나게 된다. 이 문제는 통치성의 척도가 일원화되는 가운데, 그 척도에 있어서 성적 향상을 목표로 끊임없이 자기 개선의 압력 아래에서 살아가지 않으면 안 되는 인간의 생명[삶]이라는 문제와도 관련된다.

인간은 이제 자신의 역사적 텔로스에 도달했다. 다시 동물이 된 인류에게는 오이코노미아를 무조건적으로 펼치거나 생물학적 생명 그 자체를 최고의 정치적(혹은 오히려 비정치적) 과제로 받아들여 인간 사회를 탈정치화하는 것 말고는 아무것도 남아 있지 않다.[41]

여기서 아감벤이 지적하고 있듯이, '인간의 동물화'라는 문제는 바로 텔로스[목표/결말]가 상실됐다는 현실의 노정과 관련되어 있다.

---

40) Giorgio Agamben, *L'aperto: L'uomo e l'animale*, Torino: Bollati Boringhieri, 2002, p.42.

41) Agamben, *L'aperto*, p.79.

현재의 통치성이 목적지로 삼은 것에 관해서도, 끝까지 파고들면 그것이 '공허한 기호'일 수밖에 없다는 것은 저절로 분명해지고 있다. 그리고 그 '공허한 기호'를 목표로 한 자기조정적 통치성이란 것도 자본 회전이라는, 그 자체로는 아무런 의미도 없는 동력에 의해 계속 가동되고 있는 것에 지나지 않는다. 그래서 삶의 의미를 보충하기 위해 외부라는 희생이 또 다시 필요해진다. '공산주의자'라는 딱지붙이기에 이어 곧바로 등장한 '테러리스트'라는 딱지는 바로 이렇게 창출된 외부성을 표상하고 있다. 물론 거기에는 통치의 실패로서 외부성이 창출된다는 측면도 있을 테지만, 통치성에 있어서 텔로스의 상실이라는 사태를 극복하기 위해 외부성을 창출하지 않으면 안 된다는 측면도 있음에 주의를 기울이는 편이 좋을 것이다.

그러나 경계에 의해 외부를 창출한다는 것은 완전히 동질화되고 있는 정치 공간을 변혁하는 계기가 생겨난다는 것을 뜻하기도 한다. 자폐적으로 되고 있는 부자유한 내부는 문을 엶으로써 외부와 연결되고 해방의 계기를 거머쥘 수 있게 된다. 즉, 문을 열고 외부성을 안쪽에 집어넣는다는 것은, 앞서 언급한 WGI 등의 벤치마킹 시스템을 통한 통치 등으로 대표되는 도구적 이성에 의한 테크노크라트적 지배의 방향에 대한 교란이나 저항 운동의 계기가 될 수 있는 것이다. 이런 저항 운동은 결과적으로 통치성의 척도를 복수로 만드는 계기가 될 수 있다. '보편주의'의 제국에 대한 저항 운동은 이른바 경합적 민주주의에 대한 지향과도 겹치는 것인데, 통치성의 척도가 일원화되는 가운데 경합적 민주주의 운동은 상이한 척도·가치판단을 전면에 내세우면서 동질적 정치 공간을 교란시키고, 자명하다고 여겨질 정도로 헤게모니적 지위를 확고히 한 벤치마킹 시스템을 탈자연화하는 시도이기도 하다. 거듭 말하지만, 벤치마킹 시스템 속에서의 저항 운동이란 동질적 정치 공간을 창출하고 유지하기 위해 그어진 경계선, 그 바깥으로 배제된 타자라는 외부성의 문제를 다시 안쪽으로 끌어들이면서 경계 자체를 탈자연화하는 시도이기도 하다.

21세기 초반의 이른바 '테러와의 전쟁'을 둘러싼 상황이 보여주 듯이, 동질화를 강화해나가는 전지구적 통치성은 그 유지를 위해 새로운 형태로 외부성을 창출하지 않으면 안 되며, 그것이 거꾸로 통치성-생명정치에 저항하는 운동을 산출하는 계기도 만들어내고 있다. 예를 들어 세계사회포럼 같은 초국적 사회운동은 탈정치화·동질 화를 추진하는 전지구적 통치성의 부산물이기도 하지만, 이와 동시에 전지구적 통치성에 대한 저항 운동으로서 외부나 주변부의 타자 성을 굳이 내부에 도입함으로써 '권력의 그물'을 다시 짜려고 하는 시도이기도 하다. 이 글과 관련해 말하면, 이스라엘/팔레스타인에서 폭력·군사화의 문제가 세계사회포럼의 주요 과제 중 하나로 다뤄지 고 있는 것도[42] 마찬가지의 움직임이라고 할 수 있다. 팔레스타인 주 변의 분리장벽이 예외상태의 상징이라는 점에 관해서는 앞서도 지적 했지만, 이 장벽 건설에 대해 항의하는 형태로 전개되고 있는 국제연 대운동[43] 등도 배제된 외부성(예외성)을 내부로 끌어들이며 일종의

---

42) William F. Fisher and Thomas Ponniah, ed., *Another World is Possible: Popular Alternatives to Globalization at the World Social Forum*, London: Zed Books, 2003, pp.159, 357.

43) 이스라엘/팔레스타인 분리장벽 건설 반대 운동에 관해서는 다음을 참조하라. Dolphin, *The West Bank Wall*, pp.187~212. 국제연대운동에 관해서는 이 단체의 홈페이지를 참조하라. www.palsolidarity.org

차이화 작용을 불러일으키려는 한 가지 시도로 파악할 수 있다. 이런 분리장벽 반대 운동, 또 푸코 자신이 일찍이 씨름했던 감옥이나 정신병원 그리고 동성애자 문제와 관련된 사회 운동도 포함해, 개개의 불의의 문제와 씨름하는 사회 운동은 전지구적 정의를 목표로 한 초국적 네트워크 운동으로 이어지며, 전지구적 통치성 속에 편입된 '권력의 그물'을 풀어버리고자 하는 것이다.

POPULATION ET LES GRANDS PROBLÈ

제3부

투
쟁

5 | 이슬람적 통치는 존재하지 않는다
푸코의 이란 혁명론과 대항인도

하코다 테츠

미셸 푸코는 1978년, 혁명적 정세에 있던 이란을 두 번 방문했고, 평생 동안 유일하게 '저널리스트'로서 9개의 기사를 썼다. 그러나 프랑스 국내의 반응은 극히 부정적이었다. 특히 이듬해인 1979년에 들어서 아야톨라 호메이니 등이 정치의 주도권을 쥐게 되자, 푸코는 이슬람주의자를 찬양한 무책임한 신좌파 지식인으로 공격당하기도 했다. 하지만 정치에 대한 종교인의 직접 개입을 지지할 만큼 푸코가 둔감한 것은 아니었으며, 반체제 운동을 여러 요소들로 분해해 설명하는 '분석'에 대해서도 비판적이었다. 오히려 이란에 관한 텍스트가 흥미로운 까닭은 당시의 푸코가 이론적으로 고찰했던 '대항인도'에 대한 관심이 짙게 반영됐다는 데 있다. 이 글은 이 점을 규명하기 위해 '이슬람적 통치'와 '정치적 영성'이라는 두 개의 표현에 초점을 맞추고, 이란에 관한 텍스트와 대항인도에 관한 논의를 포개어 고찰한다. 그리고 지금까지 종교, 영성, 저항 같은 어휘로 파악됐던 푸코의 논의를 통치의 관점에서 재파악함으로써 1970년대 후반에 푸코가 제기한 통치의 주제를 읽어내는 관점을 탐색한다.

| **들어가며: 사건으로서의 이란 혁명** |

푸코는 1978년 9월 15일, 한 가지 과제를 품고 이란으로 떠났다. 푸코 본인은 이것을 '이념의 르포르타주'라고 부른다.

동시대의 세계에는 [새로] 생겨나고 길길이 날뛰고 사라지거나 재등장하는 이념들로 득실대고 있다. …… 지상에는 지식인들이 자주 상상하는 것보다 더 많은 이념들이 있다. 그리고 이런 이념들은 정치인들이 이에 관해 생각할 수 있는 것보다 더 활동적이고 강력하며 저항적이고 정열적이다. 이념들의 탄생과 그 힘의 폭발을 목격해야만 한다. 게다가 이런 이념들이 언표된 책들 속에서가 아니라, 이 이념들이 그 힘을 현시하는 사건들 속에서, 이념들에 맞서든 이념을 위해서든, 이념들을 위해 이뤄지는 투쟁 속에 입회해야만 한다.[1]

이념이 책 속이 아니라 사건 속에 있다는 것은 무슨 말인가? 그러나 그 전에 사건이란 무엇을 가리키는가? 푸코에게 이 말은 역사적 대사건이 아니라 "역사적 특이성의 돌발"이라 불러야 할 사태를 의미한다.[2] 정신질환 범주의 형성과정이나 형벌 수단으로서의 수용[소]의 일반화가 '사건'인 것이다. 사건은 이것들이 일어나게끔 해서 일어난 것이 아니라, 당시 사회의 허를 찌르는 데서 생긴다. 사건은, 인식과 실천을 떠받치는 기존의 틀로는 이해불가능한 비연속성의 경

---

1) Michel Foucault, "Les 'reportages' d'idées"(1978), *Dits et écrits*, t.3: 1976-1979, Paris: Gallimard, 1994, p.707. [이하 '*DÉ*, 권수, 쪽수'만 표기.]

2) Judith Revel, "Événement," *Le vocabulaire de Foucault*, Paris: Ellipses, 2002, pp.30~32; *Dictionnaire Foucault*, Paris: Ellipses, 2008, pp.56~58.

험이다. 또 사건은 새로운 틀을 설정하고 그 틀을 자명한 것인 양 수립하는 식으로 작동한다. 가령 이런 것이다. 18세기의 시점時点에도 형벌과 수용은 분명 존재했으나 이 둘을 서로 조합한다는 발상은 어디에도 없었다. 그러나 겨우 2세기밖에 지나지 않은 오늘날에는 수용이 형벌의 핵심을 이루며, 이에 의문이 제기되지 않는다. 이런 급속한 이행은 어떻게 가능해졌을까? 이를 살펴보려면 형벌과 수용의 연결을 사건으로 파악함으로써 그 자명성이나 절대성을 뒤집어버리는 작업이 요구된다. 즉, 기존의 인식과 실천의 틀에서 일단 벗어날 필요가 있다. 이란을 취재하기 약 4개월 전인 1978년 5월 27일에 역사가들과 『감시와 처벌』에 관해 나눈 토론을 정리한 텍스트와 이로부터 일주일 뒤의 강연인 「비판이란 무엇인가?」에서, 푸코는 이런 접근법을 '사건화'événementialisation[사건으로 파악하는 것]라 부른다.[3]

과거의 사태를 사건으로 파악한다는 것은 그 사건에 의해 자명한 것으로 간주되기에 이른 현재의 상황을 다시 파악하는 작업이기도 하다. 그렇다면 지금 여기의 '현재'도 사건으로 파악할 수 있는 것이 아닐까? 이런 관점에서 푸코는 임마누엘 칸트의 「계몽이란 무엇인가에 대한 답변」(1784)에 주목한다. 칸트는 이 소론에서 인간은 국가나 종교의 영향 아래에 있다는 것에 익숙해져 있으며, 타자에 의해 인도

---

3) Michel Foucault, "Qu'est ce que la critique?," *Bulletin de la Société française de Philosophie*, 84e année, no.2, avril-juin 1990, pp.47~48. [정일준 옮김, 「비판이란 무엇인가?」, 『자유를 향한 참을 수 없는 열망: 푸코-하버마스 논쟁 재론』, 새물결, 1999, 139~140쪽]; "Table ronde du 20 mai 1978," *L'Impossible Prison: Recherches sur le système pénitentiaire au XIXe siècle*, éd. Michelle Perrot, Paris: Seuil, 1980; *DÉ*, t.4: 1980-1988, pp.23~25.

되는 상태에 안주하고 있다며 당시의 사회를 비판한다. 그리고 계몽이란 인간이 이런 미성년[혹은 미성숙]의 상태에서 **벗어나는** 것이며, 용기와 결의를 갖고 자신의 오성[지성]을 자유롭게 사용할 책임을 떠맡는 것이라고 역설한다.

어떤 사람이 자기 자신에 있어서는, 그것도 잠시 동안이라면 자신이 알아야 할 의무가 있는 일에서 계몽을 지연시켜도 좋겠지만, 그러나 자신을 위해서건 하물며 후손을 위해서건 간에 계몽을 단념하는 것은 인류의 신성한 권리를 손상시키고 유린하는 일이다.[4]

여기서 칸트는 계몽에 대해 근대 계몽사상이 흔히 논하는 의미와는 달리 계몽을 역사의 기원이나 목적, 완성이나 구원과 관련된 역사상의 한 시점時点으로 파악하지 않는다. 확실히 계몽을 진보시키는 것은 인류의 권리이며, 이를 담당하는 것이 각자에게 부과된 책무이다. 이런 의미에서 계몽은 하나의 이념이다. 그러나 동시에 계몽은 그 자신이 그 소용돌이 속에 있는 비가역적인 과정이기도 하다.[5] 사람이 계몽을 단념하는 것이 허용되지 않는 것은, 계몽이 이미 시작되고 있으며 현재란 '계몽의 시대'이기 때문에 다름 아니다.

---

4) Immanuel Kant, "Beantwortung der Frage: Was ist Aufklärung?," *Gesammelte Schriften*, Bd.8, Leipzig: Walter de Gruyter, 1923, p.39. [이한구 옮김, 「계몽이란 무엇인가에 대한 답변」, 『칸트의 역사 철학』(개정판), 서광사, 2009, 19쪽.]

5) Michel Foucault, "Qu'est que les Lumières?"(1984), *DÉ*, t.4: 1980~1988, p.564. [정일준 옮김, 「계몽이란 무엇인가?」, 『자유를 향한 참을 수 없는 열망: 푸코-하버마스 논쟁 재론』, 새물결, 1999, 181쪽.]

칸트가 이런 계몽관에 이르게 된 배경에는 하나의 새로운 물음이 있다고 푸코는 말한다. "내가 속해 있는 이 현재란 정확히 무엇인가?"라는 질문이다.6) 여기에는 하나의 역설이 있을 것이다. 사람이 타자의 인도에 의하지 않고 자신의 책임으로 이성을 사용하는 것, 즉 이성의 **공적** 사용이라고 칸트가 부르는 것을 실천하고자 한다면, 미성년의 상태에서 벗어나지 않으면 안 된다. 하지만 현재는 아직 계몽된 시대가 아니라 계몽의 시대이며, 사람은 여전히 미성년의 상태로 **남아 있다.**7) 그러면 어떻게 사람은 자신이 미성년이라는 것을 알게 될까? 계몽이라는 이념을 받아들이고 현재가 계몽의 시대라는 점을 의식함으로써. 즉, 사람은 현재를 벗어남으로써 현재를 주시하며 그로부터 벗어나고자 시도한다. 바꿔 말하면, 현재를 사건으로서 재귀적으로 파악하는 것이 이념으로서의 계몽의 기능인 것이다.

이렇게 '계몽'이 현재의 존재방식을 묻는 기능을 맡고 있으며, 철학의 역사에 새로운 문제설정을 들여온다는 것에 관해 푸코는 조르주 캉길렘의 『정상과 병리』의 영어판 서문에서 이렇게 적었다.

과학사는 18세기 말에 철학에 거의 은밀한 방식으로 도입된 주제 중 하나를 작동시킨다. 이때서야 처음으로 합리적 사유의 본성, 기초, 권력, 권리에 대해 질문이 제기됐을 뿐만 아니라 그 역사와 지리학에 대해, 그 즉각적인 과거와 현재성에 대해, 그 계기와 장소에 대해 질문이 제기됐다. 이 질문은 먼저 멘델스존이, 이후 칸트가 1784년에

---

6) Foucault, "Qu'est que les Lumières?," p.568. [「계몽이란 무엇인가?」, 186쪽.]
7) Kant, "Was ist Aufklärung?," p.40. [「계몽이란 무엇인가에 대한 답변」, 20쪽.]

『월간 베를린』에서 대답하려고 시도했던 "계몽이란 무엇인가?"이다. 이 두 텍스트가 '철학적 저널리즘'을 창시했다.8)

곧장 이해할 수 있듯이 철학적 저널리즘은 철학자가 시사 주제에 관해 평론하는 것이 아니라 현재란 무엇인가라는 물음을 철학적으로 다루는 시도를 가리킨다. 그렇다면 18세기 말이 아니라 현대를 살고 있는 우리에게는 어떤 이념이 현재를 현재로서 묻는 것을 가능케 하는가? 이 점을 다루는 것이 '이념의 르포르타주'의 테마이다.

이것[푸코가 문제 삼은 의미에서의 이념]은 세계를 이끄는 이념들이 아니다. 하지만 세계는 이념들을 갖고 있기 때문에(그리고 세계는 이념들을 계속 많이 산출하고 있기 때문에) 세계를 경영하는 자들을 따라서, 혹은 이번에야말로 마지막으로 사유하라고 가르치는 자들을 따라서 세계가 수동적으로 인도되는 것은 아니다.

이것이 이 **르포르타주**에 부여하고 싶은 의미이다. 여기서 사람들이 생각하는 것에 관한 분석은 닥쳐올 것에 관한 분석과 연결될 것이다. 지식인은 이념과 사건의 교차점에서 저널리스트와 더불어 일한다.9)

'이념'이란 정치가가 부르짖는 이데올로기도 아니고 지식인이 논하는 사상이나 철학도 아니다. 또 외부 주입이나 전위에 의한 지도라

---

8) Michel Foucault, "Introduction par Michel Foucault"(1978), *DÉ*, t.3: 1976-1979, p.431. [여인석 옮김, 「미셸 푸코의 서문」, 『정상적인 것과 병리적인 것』, 인간사랑, 1996, 21~22쪽.]

9) Foucault, "Les 'reportages' d'idées," p.707.

는 레닌주의적 운동론과도 무관하다. 사람들은 이런 의미의 이념에 의해 타자의 인도를 받는 것이 아니다. 왜냐하면 세계에는, 즉 사람들 사이에는 수많은 '이념'이 있다는 사실이, 사람들에게 타자에 의한 인도를 거부하고 독자적인 힘으로 자신을 인도하는 것을 가능케 해주기 때문이다. 따라서 '이념'은, 칸트가 말하는 계몽과 마찬가지로, 현재를 질문으로 설정함으로써 사람들에게 재귀적으로 작동되는 기능을 맡고 있다. 푸코에게 '계몽'도 하나의 이념이다.

사건이든 이념이든 이것들은 모두 기존의 인식과 실천의 틀에서 벗어남으로써 '현재'와 관련된다. 이념이란 현재를 질문으로 파악하려는 노력이며, 사건은 그 경험이라고 할 수 있다. 그렇기에 사건 속에서 탄생하고 폭발하는 이념을 투쟁의 현장 속에서, 즉 사건의 한가운데서 파악하려는 것이 '이념의 르포르타주'라 불리는 것이다. 그러면 푸코는 이란 혁명에 관해 기록하는 가운데, 무엇을 이념으로 파악하고 어떤 구체적 기능을 고찰했을까? 실제 텍스트를 살펴보자.

| 이란 혁명의 진전과 푸코의 텍스트에 대한 한 반응 |

푸코가 이란의 반체제 운동과 맺은 관계는 1970년대 전반기로 거슬러 올라간다. 푸코는 1970년대 전반기에 감옥정보그룹에서 주도적인 역할을 맡고 있었는데, 그때 함께 활동했던 변호사의 요청에 따라 이란의 반체제 운동 지원에 나서고, 1976년 2월에는 프랑스 정부기 이란의 인권 침해를 묵시하는 것을 비판하는 선언에 동참한다. 이후 파리로 망명한 이란의 반체제 활동가와 접촉하기도 했고, 1977년 12월에는 마오주의자인 이란 학생을 통해 이란 내에서 반정부 운동의 기운이 높아지고 있음을 알게 됐다.[10] 푸코가 지식인에 의한 세계 정세 리포트의 연재 기획인 '이념의 르포르타주'를 생각하고, 이 탈리아의 주요 일간지인 『코리에레 델라 세라』의 담당자와 그 내용에 관해 협의했던 것도 때마침 이 무렵이다.[11]

당시 이란을 통치한 것은 국왕 모하마드 레자 샤였다. 1954년에 국왕은 석유 국유화를 추진한 모하마드 모사데그 정권을 미국 CIA 등의 지원을 받아 타도한 이래 전제적인 경향을 강화했다. 정권은 반체제 세력을 강력히 탄압하는 한편, 1960년대 전반에는 농지 개혁 등의 근대화 정책에도 착수했다. '백색 혁명'이라고도 일컬어지는 일련의 시도는 [근대화가] 국민경제에 침투하는 것을 촉진시킨 효과를 냈다고 인정받았지만 전체적으로는 도시와 농촌의 격차 확대, 농촌에서 도시로의 대규모 인구 이동, 도시 빈곤층의 증가를 초래했다. 또한 오일 쇼크 이후 원유 가격 급등은 국고를 윤택하게 했지만, 빈곤층의 [생활수준] 향상으로 이어진 것이 아니라 인플레이션의 심화 등 빈부 격차를 오히려 확대하는 사태가 됐다. 당시 이란은 국가정보안전기관으로 대표되는 정보기관의 감시체제와 세계 제5위의 군사력에 의해 뒷받침되어 중동에서 가장 안정된 국가로 불렸다. 그러나 사회 모순의 축적과 강권적인 정권 운영은 국왕의 지배를 전복시킨 1970년대 말의 혁명적 정세를 도래시킨 커다란 한 가지 요인이었다.[12]

---

10) David Macey, *The Lives of Michel Foucault: A Biography*, London: Vintage, 1994, pp.407~411; Daniel Defert, "Chronologie," in Michel Foucault, *DÉ*, t.1: 1954-1969, pp.49, 52.

11) 애초에는 수전 손택 등의 기고도 예정되어 있었지만, 실제로 게재된 것은 푸코를 포함해 5명의 기사에 그쳤다. 자세한 것은 다음의 글 앞에 붙은 편집자 각주를 참조하라. Foucault, "Les 'reportages' d'idées," p.706.

1978년 1월 9일, 종교 도시 쿰에서 벌어진 학생들과 시민들의 반 정부 시위에 관헌이 발포한 것을 계기로, 40일마다 순교자 추도식이 거행되자 이란 정세는 더욱 긴박하게 돌아갔다. 8월 19일에는 남서 부의 도시 아바단에서 영화관이 불에 타 수백 명이 희생됐는데, 이것 이 정권과 비밀경찰의 소행이라는 소문이 파다해졌고 단숨에 반정 부 운동의 기운이 높아졌다.[13] 6월에 이란 정세와 관련된 문헌을 학 습한 푸코는 이 사태를 보고 이란에 가기로 결심하고, 9월과 11월에 각각 일주일 정도 현지 취재를 해 기사를 집필하게 된다.

푸코가 쓴 텍스트 중에 당시 프랑스어로 발표된 것은 세 개이다. 「이란인들은 무엇을 생각하고 있는가?」, 이 글에 대한 비판에 응답 한 「이란인 여성 독자에게 보내는 미셸 푸코의 답신」, 1979년 4월에 출판된 책에 수록된 좌담 「정신 없는 세계의 정신」이 그것들이다.[14] 프랑스에서 푸코에게 가해진 비판은 이것들을 바탕으로 하고 있다. 가장 전형적인 것은 원래 마오주의자였던 클로디 브로예와 자크 브 로예가 『르마탱』 1977년 3월 24일자에 쓴 규탄조의 논설일 것이다.

---

12) 新井政美・八尾師, 「現代のトルコ, イラン」, 永田雄三 編, 『西アジア史 II』, 東京: 山川 出版社, 2002, 436~444頁. 또한 이란과 관련된 서술에 대해서는 다음의 책 을 참조했다. 吉村慎太郎, 『イラン・イスラーム体制とは何か』, 東京: 書肆心水, 2005. 특히 제1~2장을 참조할 것.

13) 당시의 경과에 관한 자세한 내용은 다음을 참조하라. 大野盛雄研究室, 「革命日 誌: 一九七八年一月九日~一九七九年二月一一日」, 大野盛雄 編, 『イラン革命考察の ために』, 東京: アジア経済研究所, 1982, 123~149頁.

14) Michel Foucault, "À quoi rêvent les Iraniens?"(1978); "Réponse de Michel Fou -cault à une lectrice iranienne"(1978); "L'esprit d'un monde sans esprit"(1979), DÉ, t.3: 1976-1979, pp.688~694, 708, 743~755.

두 사람은 푸코가 호메이니를 예찬했다는 식으로 논한 뒤에 '이슬람 정권 만세!'라고 선언하거나 자기비판을 하거나, 이 둘 중에서 선택하라고 압박했다.15) 푸코는 며칠 뒤 『르마탱』의 요구에 응하는 형태로 이에 대해 논평하고, 이런 말에 대응할 필요가 없다고 한 뒤, 4월에 이란의 인권 상황을 우려하는 「메흐디 바자르간에게 보내는 공개 서한」을 『누벨옵세르바퇴르』에 게재하고, 『르몽드』 5월 11일자에 기고한 「봉기는 무용한가?」에서 일련의 비판에 관해 응수한 것을 마지막으로 이란에 대해 더 이상 언급하지 않는다.16)

지금 보면, 푸코의 텍스트에는 정세론으로서 특필할 것이 별로 없다. 이란의 다수파 종교인 12이맘파(이 글에서 '시아파'라는 용어는 이 종교를 가리킨다)의 신앙과 전국적 네트워크가 전제정치에 대한 저항운동을 가능케 했고 이슬람 혁명의 원동력의 하나로서 기능했다는 푸코의 이해는 특별히 드문 것이 아니다. 또 카세트나 전화를 이용해 전국적으로 메시지를 전하는 반정부 운동의 미디어 전략은 매우 선진적인 것이었지만, 호메이니가 1960년대 중반 이후 망명 시절부터 카세트를 사용한 선전 전략을 채택했다는 것도 잘 알려져 있다.17) 원

15) Claudie and Jacques Broyelle, "What Are the Philosophers Dreaming about?: Was Michel Foucault Mistaken about the Iranian Revolution?," *Foucault and the Iranian Revolution*, ed. Janet Afary, et al., Chicago: University of Chicago Press, 2005, pp.247~249.

16) Michel Foucault, "Michel Foucault et l'Iran"; "Lettre ouverte à Mehdi Bazargan"; "Inutile de se soulever?"(1979), *DÉ*, t.3: 1976-1979, pp.762, 780~782, 790~794,

17) Michel Foucault, "La révolte iranienne se propage sur les rubans des cassettes" (1978), *DÉ*, t.3: 1976-1979, pp.709~713; Peter Manuel, *Cassette Culture:*

래 국왕에게 충실한 국군 장교의 이반離反이 정권의 위기를 증폭시켰음을 일찍이 지적했다는 점은 주목받고 있다.[18]

이란에 관한 푸코의 텍스트들은 1990년대 이후에야 연구 대상이 됐다. 선행 연구는 대체로 종교와 저항이라는 두 개의 시각에서 푸코의 텍스트들을 고찰하고 있으며, 특히 '정치적 영성'이라는 생경한 표현이 빈번하게 거론되고 있다.[19]

이슬람적 통치를 '이념'이나 '이상'이라 말하는 것은 당황스럽게 느껴집니다. 하지만 '정치적 의지'로서 이슬람적 통치는 제게 인상적입니다. 현실의 문제들에 응답함으로써 불가분하게 사회적이고 종교적인 구조들을 정치화하려고 노력한다는 점에서 인상적이죠. ……
그러나 이 '정치적 의지'에 관해서는 제게 더 많이 와 닿는 두 개의 질문이 있습니다.
하나는 이란과 그 특이한 운명과 관련된 것입니다. ……

Popular Music and Technology in North India, Chicago: University of Chicago Press, 1993, pp.34~35.

18) Michel Foucault, "L'armée, quand la terre tremble"(1978), *DÉ*, t.3: 1976-1979, pp.662~669; Defert, "Chronologie," p.55.

19) Georg Stauth, "Revolution in Spiritless Times: An Essay on Michel Foucault's Enquiries into the Iranian Revolution," *International Sociology*, vol.6, no.3, September 1991, pp.259~280; Jeremy Carrette, *Foucault and Religion. Spiritual Corporality and Political Spirituality*, London: Routledge, 2000, pp.136~141; Michel Leezenberg, "Power and Political Spirituality: Michel Foucault on the Islamic Revolution in Iran," *Michel Foucault and Theology: The Political of Religious Experience*, ed. James Bernauer and Jeremy Carrette, Burlington: Ashgate, 2004, pp.99~116.

다른 하나는 토지와 지하[자원]가 세계 전략의 관건인 이 작은 땅 덩어리와 관련이 있습니다. 그곳의 거주자들에게 자신들의 생명을 대가로, 우리가 르네상스 이후와 그리스도교의 거대한 위기 이후에 그 가능성을 망각했던 것, 즉 **정치적 영성**을 탐구하는 것에 어떤 의미가 있는가라는 질문입니다. 벌써 키득거리는 프랑스인들의 웃음소리를 듣고 있지만, 저는 그들이 틀렸음을 알고 있습니다.[20)

곧 언급하겠지만, 이 표현은 "푸코가 정치적·윤리적 주체화에 관해 했던 고찰과 깊게 관련"되어 있었지만, 그 진의는 제대로 이해되지 못했다.[21) 「이란인은 무엇을 생각하고 있는가?」를 게재한 『누벨옵세르바퇴르』에 이란인 독자가 투고한 글은 이를 잘 보여준다.

파리에 거주하고 있는 내게 참을 수 없는 것은 '이슬람 정권'이 수립되어 '샤'의 피비린내 나는 전제 정권을 대체할지 모르는데도, 프랑스의 좌파 지식인들이 평안해 보인다는 점이다. 예를 들어 미셸 푸코는 오늘날 흔들리고 있는 배금주의적이고 잔인한 독재를 거만하게 대체하고 있다고 하는 '이슬람적 영성'에 감동한 듯하다. 약 20년의 침묵과 억압 이후, 이란의 사람들은 비밀경찰이나 종교적 광신 중어느 한 쪽을 고를 수밖에 없었을 것인데도.[22)

---

20) Foucault, "À quoi rêvent les Iraniens?," p.694.

21) Defert, "Chronologie," p.55.

22) Atoussa H., "An Iranian Woman Writes," *Foucault and the Iranian Revolution*, op. cit., pp.209~210.

나아가 이슬람의 '영성'이라는 것이 실제로는 여성 차별이나 소수자에 대한 억압을 정당화하는 도구라며 이렇게 계속한다.

많은 이란인들은 나처럼 '이슬람'적 통치[정권]에 대해 생각하는 것만으로도 괴롭고 절망적이다. 우리는 그것이 뭔지를 알고 있다. 이란 바깥의 모든 곳에서 이슬람은 봉건적이거나 사이비 혁명적 억압의 눈가리개로 사용되고 있다.

그리고 "서양의 자유주의적 좌파는 변화를 갈망하는 사회에 이슬람 율법이 무거운 짐이 될 수 있음을 명심해야 한다"고 푸코를 비판했다. 아투사 H.라고 밝힌 이 여성 독자에게 이슬람적 통치란 종교의 이름을 빌린 억압의 한 형태에 지나지 않으며, 그것에 흥미를 보여주는 듯한 푸코의 발언은 믿기 어렵다는 것이다.

"아투사 H씨는 자신이 비판하고 있는 기사를 읽지 않았다." 푸코는 짧은 반론의 첫머리에서 이렇게 말했다.[23] 그러나 그저 자기변명에 불과한 것이 아니라면, 이슬람적 통치와 정치적 영성이라는 표현을 사용함으로써 푸코는 이란 혁명의 무엇을 문제삼은 것일까? 이 두 개의 표현을 검토하자.

| 이슬람적 통치와 정치적 영성 |

푸코는 '이슬람적 통치'를 "현실의 문제들에 응답함으로써 불가분하게 사회적이고 종교적인 구조들을 정치화하려고 노력한다"고 형용

---

23) Foucault, "Réponse de Michel Foucault……," p.708.

했다. 그러나 이것은 푸코의 독자적인 표현이다. '이슬람적 통치' 또는 '법학자의 통치'란 이란의 다수파 종교인 12이맘파에서만 볼 수 있는 사고방식이다. 12이맘파에서는 창시자 무함마드의 사촌이자 사위인 알리와 그의 자손만이 무오류의 최고 지도자(이맘)로 간주된다. 교의에 따르면, 순교한 제11대 이맘의 아들인 무함마드 알-문타자르는 9세 후반에 '은둔'의 상태에 들어가 민중 앞에서 자취를 감췄지만, 세상의 종말에 재림해 압정을 뒤집고 신의 정의를 실현한다고 간주된다. 이슬람 법학자의 중요한 역할은 이 제12대 이맘이 숨어 있는 사이에 그의 의도를 알고서 신도에게 지시를 내리는 데 있다.[24] 그래도 법학자의 통치 내용은 전통적으로 비정치적인 것으로 여겨졌으며, 법학자의 역할도 코란의 해석 등과 같이 종교적 사항이나 이슬람법에 기초한 재판에 한정되어 있었다.[25]

푸코는 「이란인들은 무엇을 생각하고 있는가?」에서 호메이니의 최대 라이벌이던 당시 최고층 종교학자 호세인 샤리아트마다리를 취재한 내용을 통해 '이슬람적 통치'에 관한 자신의 이해를 제시하고 있다. 그리고 이슬람적인 사고방식에서 일반적으로 이해되고 있는 것에 기초하면, 혁명 뒤에는 민주적인 정치체제를 확립할 수 있다는 긍정적인 전망을 말하고 있다(또 '샤'에 의한 통치가 비민주주의적이며, 혁명 뒤의 국가는 민주주의를 지향해야 한다는 인식이 당시 이란에

---

24) 加賀谷寬,「十二イマーム派」, 日本イスラム協会 監修,『イスラム事典』, 東京: 平凡社, 1982, 210~211頁; モハンマド=ホセイン・タバータバーイー, ム森本一夫 訳,『シーア派の自画像: 歷史・思想・敎義』, 東京: 慶應義塾大学出版会, 2007, 第3部.

25) Ervand Abrahamian, *Khomeinism: Essays on the Islamic Republic*, Berkeley: University of California Press, 1993, pp.19~20.

널리 보급되어 있었다). 그러나 이 스승의 온건한 견해를 믿고 다음과
같이 말했던 것은 푸코의 커다란 실수였음이 분명했다.

한 가지는 분명하죠. 이란에서는 그 누구도 '이슬람적 통치'를 성직
자가 지휘나 인솔 역할을 하는 정치체제로 이해하지 않습니다.[26]

왜냐하면 이 대목에서 호메이니가 정치적 이데올로기로 내건 이
슬람적 통치, 즉 '이슬람 법학자의 통치론'을 푸코가 몰랐음을 알 수
있기 때문이다.[27] 호메이니는 1960년대 전반에 행한 엄격한 체제 비
판에 의해 탄압을 받아 국외로 추방당하고, 결국 1965년에 이라크의
나자프로 망명했다. 그리고 바로 그곳에서 '법학자의 통치'라는 사고
방식을 국가의 통치까지 포함한 절대적 성격을 지닌 것으로 바꿔 읽
고, 이슬람법에 기반을 둔 정권에 대한 구상을 '이슬람 통치론'으로
전개했다. 1971년에는 강의록을 바탕으로 똑같은 제목의 책이 출판
됐으며 이란에서도 지하 유통됐다.[28]

하지만 혁명의 소용돌이 속에서 무엇이 이슬람적 통치인가에 관
해 종교학자나 정치 지도자들 사이에서도 견해가 나뉘었다.[29] 또 호
메니이 등의 세력은 정치적 배려 때문에, 혁명 중에 자신들의 정치 이

---

26) Foucault, "À quoi rêvent les Iraniens?," p.691.
27) Maxime Rodinson, "Critique of Foucault on Iran," *Foucault and the Iranian
Revolution*, op. cit., p.270.
28) 일본어 번역은 다음과 같다. R. M. ホメイニー, 富田健次編 訳, 『イスラーム統治論・
大ジハード論』, 東京: 平凡社, 2003.
29) Leezenberg, "Power and Political Spirituality," p.106.

데올로기를 일반에게 선전하는 것을 앞두고 있었다.[30] 1979년 12월 2~3일의 국민투표를 거쳐 성립된 이란 이슬람 공화국 헌법에는 확실히 '법학자의 통치'라는 규정이 있다. 이 조항에 따르면, 유력한 이슬람 법학자들로 이뤄진 전문가회의가 뽑은 최고 지도자는 통치권과 국가의 주도권을 가지며, 그 권력은 삼권에 우선한다. 하지만 이 조항은 1979년 9월, 헌법 초안 작성의 최종 과정인 헌법전문가회의에서 호메이니파에 의해 삽입된 것이다.* 이 법학자의 통치론은 격렬한 논쟁을 불러왔고, 찬성파인 호메이니나 이슬람 공화당계 세력과 반대파인 샤리아트마다리 등의 이슬람 인민공화당계 세력과의 무장투쟁으로까지 발전한다.[31] 이런 사정을 고려하면, 푸코가 호메이니의 저작이나 사고방식에 관해 충분한 정보를 얻지 못했음은 틀림없지만, 푸코가 호메이니와 똑같은 입장을 편들었다는 비판도 과녁을 벗어난 것이다. 푸코가 "'무슬림의 영성이 독재를 더 잘 대체하고 있다'는 이념에 동참해서는 안 된다"고 말한 것은 이런 의미였다.[32]

푸코는 '이슬람적 통치'가 정치적 결집축과 집단적 저항의 원리라는 이중의 역할을 맡았다고 파악했다. 반체제 운동에는 종교 세력부터 세속적 민주주의자, 공산주의자까지 다양한 세력이 참여했지만

30) Baqer Moin, *Khomeini: Life of the Ayatollah*, New York: St. Martin's Press, 2000, pp.195~196.
* 1979년 8월 19일 소집된 헌법전문가회의는 9월 12일까지 '법학자의 통치'라는 규정을 통과시키지 않았다. 이 규정은 9월 21일에야 통과된다. Binesh Hass, "The Juristic Republic of Iran," *Social and Political Foundations of Con-stitutions*, Cambridge: Cambridge University Press, 2013, pp.343~365.
31) 新井·八尾, 「現代のトルコ, イラン」, 447~451頁.
32) Foucault, "Réponse de Michel Foucault……," p.708.

'이슬람'은 이들을 하나로 묶는 '국민적' 키워드였다. 실제로 좌파라고 밝힌 학생도 '이슬람적 통치'라는 플랜카드를 내걸고 있었기 때문에, 이슬람을 "종교는 민중의 아편이다"라는 의미의 이데올로기라고 정리해서는 안 된다고 푸코는 생각한다.[33] 다른 한편으로, '이슬람적 통치'란 사람들이 현 정권을 믿지 않고 행하는 자율적 연대의 실천이며, 새로운 민주적 사회의 구상을 떠받치는 원리이기도 했다.

「군은 대지가 흔들릴 때에」는 푸코가 이란에 관해 저술한 첫 번째 텍스트이다. 이 기사는 과거의 지진 피해자가 정부 지원에 의존하지 않고 종교 지도자의 지도 아래 재건에 힘 쏟는 모습을 서술하는 것으로 시작되며, 혁명 직전인 1977년에 일어난 타바스의 대지진이 사람들을 반체제 운동으로 추동한 동기가 됐다고 전한다. 정부에게 충분한 보증을 얻지 못한 지진 피해자와 정부의 총구에 목숨을 빼앗긴 반체제 운동 참가자의 모습이 '샤'에 대한 불신에 의해 연결됐기 때문이다.[34] 따라서 이슬람적 통치란 어떤 구체적인 통치형태가 아니라 '샤'에 대한 거부를 집단적으로 표명하는 행위라고 푸코는 이해한다. 이것을 정치적 의지의 표명이라고 말해도 좋을 것이다.

이슬람적 통치를 말할 때, …… 이란인들의 머릿속에 있는 것은 그들 자신의 아주 가까운 곳에 있는 현실입니다. 왜냐하면 그들 자신이 그 현실이라는 무대의 배우이기 때문입니다.[35]

---

33) Michel Foucault, "Téhéran: La foi contre le chah"(1978), *DÉ*, t.3: 1976-1979, p.686.
34) Foucault, "L'armée, quand la terre tremble," p.664.

푸코는 사람들이 현 체제를 거부하고 있다는 사실을 매우 중시한다. 그리고 일련의 움직임을 팔레비 왕조를 대신할 체제를 수립하기 위한 정치 운동이 아니라 사람들이 '샤'의 퇴위를 요구하는 과정에서 자신을 통치할 가능성을 찾는 실천과 같은 것으로 자리매김하려고 한다. 푸코가 이란 혁명을 '혁명'이라고 부르지 않고 봉기나 저항이라고 계속 불렀던 주된 이유는 여기에 있다.

하지만 왜 '이슬람'은 이란에서 거대한 슬로건이 됐는가? 푸코는 그 이유를 12이맘파 신도의 존재방식에서 찾는다. 푸코의 일련의 서술에서 배경에 있는 것은 프랑스의 고명한 이슬람 학자인 알랭 코르뱅의 연구, 그리고 이란 혁명에 지대한 영향을 끼치고 1977년의 사건 직후 런던에서 객사했던 사상가 알리 샤리아티의 사상이었다. 푸코는 코르뱅으로부터 신자의 내적 혹은 신비적 측면을 중시하는 시아파상을, 그리고 샤리아티로부터 초기 이슬람에 대한 재평가와 민중이 사회 변혁의 주체임을 자각할 것을 촉구한 혁명적 이슬람 이해를 받아들였다.[36] 푸코는 샤리아티의 대담 등도 참조하며 제12이맘의 재림을 '기다리는 것'에서 **적극적인** 자세를 간파해낸다. 왜냐하면 메시아 신앙이 있기 때문에 신자의 내면에 초기 이슬람의 평등주의

---

35) Foucault, "À quoi rêvent les Iraniens?," p.692.
36) Leezenberg, "Power and Political Spirituality," pp.106~108. 또한 다음을 참조하라. アンリ・コルバン, 黒田壽郎・柏木英彦 訳, 『イスラーム哲学史』, 東京: 岩波書店, 1974. 특히 제1장을 참조할 것; アリー・シャリーアティー, 櫻井秀子 訳, 『イスラーム再構築の思想: 新たな社会へのまなざし』, 東京: 大村書店, 1997, 67~91頁. 레젠베르크도 말하듯이, 푸코가 거듭 말하는 12이맘파의 혁명성은 1960년대 이후의 사회적 움직임 속에서 생겨났다고 생각된다. 예를 들어 다음의 논의를 참조하라. 吉村, 『イラン・イスラーム体制とは何か』, 69~82頁.

적 공동체의 존재방식을 불러서 일깨우고, 부패한 기성 권력자로부터 신앙 공동체를 유지하자는 "정치적**이자** 종교적인 열정을 고무시키는"것이며, 이런 민중의 행동은 내켜하지 않는 '비혁명적' 종교학자들을 따돌리기도 하기 때문이다.[37] 당시 이란에서 '이슬람'은 장래에 대한 희망을 나타내는 것일 뿐만 아니라 과거의 기억을 일깨워 인민을 정치투쟁으로 결집시키는 유일한 장치였다는 것이다.

시아파는 수만 가지의 불만, 증오, 비참, 절망을 하나의 **힘**으로 만든다. 시아파는 하나의 표현형식, 사회관계들의 하나의 양식, 융통성 있고 널리 받아들여진 하나의 기초 조직, 전체이게 되는 한 가지 방식, 그밖의 사람들에게 귀 기울이며 그들과 더불어 그들과 동시에 욕망하는 것을 가능케 하는 무엇이기 때문에 힘인 것이다.[38]

'이슬람'은 종교나 행동 규범의 체계로 제도화된 종교와 다를 뿐만 아니라 국가의 지배체제 속에 편입된 종교와도 다르다. 그것은 이슬람이 페르시아에 도입된 동시에 발생됐으며, "국가권력에 저항하기 위한 한없는 자원을 민중에게 주었던" **다른** 종교이다. 푸코는 그것을 '이슬람적 통치'라고 부르고 다음과 같이 묻는다.

이 '이슬람적 통치'의 의지 안에서 봐야 하는 것은 화해일까요, 모순일까요, 아니면 새로움의 분턱일까요?[39]

---

37) Foucault, "Téhéran," pp.686~687.
38) Foucault, "Téhéran," p.688.

푸코는 어쩌면 코르뱅의 영향을 받은 것처럼, 이슬람적 통치의 밑바탕이 된 12이맘파의 신앙의 큰 특징을 "코드[규범]에 대한 단순한 외면적 복종과 깊은 영적 삶을 구별한 것"에 있다고 말한다. 그리고 이 구별이 영적 삶에 대한 배려라는 신자 내면의 문제를 정치적 주체성의 변혁이라는 정치적 과제로 모순 없이 연결시켰다고 논한다.[40] 왜냐하면 "이슬람적 종교를 혁명적 힘으로서 살게 만드는 이런 방식에는 …… 자신의 실존을 쇄신하겠다는 의지가 있었기" 때문이다.[41] 그리고 '혁명적' 영성으로서의 이슬람이란 "자신의 실존을 주권자의 실존과 저울질하는 인민의 역사극을 머금을 수 있는 어휘, 기념식, 비시간적 연극"의 역할을 계속 맡는 것이다.[42] '정치적 영성'의 '영성'이란 정치적 차원을 포함하는 형태로 사람들 사이에 존재하는 영적인 노력으로서의 종교성을 가리킨다.

그렇다면 이런 영성을 머금은 사람들이 담당하는 '정치'란 무엇인가? 그것은 정치적 흥정이라는 의미의 정치가 아니다. '거부'를 중심에 두는, 한치의 흐트러짐도 없는 의지의 등장이야말로 '정치'여야만 한다. 그것은 현 정권의 존속과 정치적 타협을 한꺼번에 물리치는 이중의 거부로서의 **정치에 대한 파업**이다. 당시의 운동은 '샤'의 퇴위라는 단기적 목표에 관해서만 일치했을 뿐이며, 각 당파나 정치 세력마다 이후의 정치적 전망이나 의도는 제각각이었다. 하지만

---

39) Foucault, "À quoi rêvent les Iraniens?," p.694.

40) Foucault, "L'esprit d'un monde sans esprit," pp.748~749.

41) Foucault, "L'esprit d'un monde sans esprit," p.749.

42) Foucault, "L'esprit d'un monde sans esprit," p.746.

이 점은 운동에 대해서는 강점으로 작용한다. 왜냐하면 온건한 민주화나 개혁이라는 정치적 양보의 제안은 운동 당사자들의 결속을 통해서만 단호히 거부될 수 있기 때문이다.

인민의 의지가 단순할수록 정치인들의 임무는 복잡하다. 정치란 필시 자신이 그렇다고 주장하는 바의 것, 즉 집단적 의지의 표현이 아니기 때문이다. 정치는 집단적 의지가 여럿이고 주저하고 혼란스럽고, 자기 자신에게도 모호한 곳에서만 숨을 잘 쉴 수 있다.[43]

여기서의 '집단적 의지'는 사회계약설이 픽션으로서 상정하는 일반의지가 아니다. 사람들은 자신의 안전을 위해 권리의 일부를 맡기지 않는다. 그러기는커녕 위험을 개의치 않고 반체제 운동에 참가해 목숨을 잃는다. 이런 사망자들은 시아파가 중시하는 순교자의 이미지와 드라마틱하게 연결되며, 추도 의례를 통해 운동의 기폭제가 됐다. 왜냐하면 희생자는 신앙과 더불어, 이 세상의 변혁이라는 대의를 위해 순교하기 때문이다. 사람들은 순교와 추도라는, 피안彼岸을 말하는 '종교적' 실천에 참여함으로써, 민주적 권리들을 요구하는 차안에서의 '정치적' 실천으로의 연결을 돈독히 한다.[44] 실제로 '샤'의 추방을 목표로 하는 인민적 봉기는 포스트식민주의적 성격을 가질 수밖에 없다. 그것은 한편으로 대표제의 정치를 거부하고, 자신의 의지를 직접 발견하고자 하는 실천이며, 다른 한편으로는 미국 같은 열강

---

43) Michel Foucault, "Une révolte à mains nues"(1978), *DÉ*, t.3: 1976-1979, p.702.
44) Foucault, "Téhéran," p.686.

의 간섭과 지배로부터의 탈각脫却이라는 "세계 질서에 대한 최초의 대규모 봉기"이기도 하기 때문이다. 호메이니는 푸코에게 있어서, 그런 거부의 정치를 상징하는 인물상이었다.[45]

푸코가 이런 '정치'에 연연한 배후에는 맑스주의나 '사회학적' 사회운동론에 대한 비판이 있다.[46] 물론 이란에 사회적 모순도 계급 대립도 존재하지 않는다는 것이 아니다. 경제결정론이나 이데올로기 분석으로는 봉기의 실상에 바싹 다가서는 것이 불가능할 것이라고 푸코는 생각했다. 실제로 당시의 이란에서는 사회주의 이데올로기에 그렇게 커다란 호소력이 없고 그 대신 '이슬람'을 하나의 슬로건으로 삼아 민중 봉기가 일어나고 있는 것이 아니냐는 것이다.[47]

이란에서 사람들이 '이슬람적 통치'를 외치며 시위를 벌이고 죽임을 당하고 있기 때문에, 우리의 기본적인 의무는 이 용어에 어떤 내용이 주어졌고 어떤 힘이 사람들을 고무시켰는지 자문하는 것이다.[48]

푸코는 이 과제를 떠맡았다. 그리고 정치적 요구를 내걸고 파업에 들어간 석유 노동자나 항공 노동자가 반체제 운동에 대해 자신들

---

45) Michel Foucault, "Le chef mythique de la révolte de l'Iran"(1978), DÉ, t.3: 1976-1979, p.716.

46) Defert, "Chronologie," p.55.

47) 원래 호메이니가 채택했던 이데올로기는 시아파의 전통적 교의와 단절된 것이었으며, 라틴아메리카형의 포퓰리즘이나 본인이 비판했던 맑스주의 등의 혼효물(混交物)이었다고 간주된다. Abrahamian, Khomeinism, ch.1.

48) Foucault, "Réponse de Michel Foucault……," p.708.

이 놓인 장에서 '국민으로서의' 역할을 맡는 모습을 전한다.[49] 푸코는 이런 움직임을 "정치 속에서 영적 차원을 열고자 하는 시도"라고 부르면서 이것에 감명받았음을 숨기지 않는다. '영적 차원'이란 교의나 제도로서의 종교의 차원이 아니라 사람들에게 공동성과 정의와 권리를 상기시키고 연대를 실현하는 이념의 차원을 가리킨다. '정치적 영성'이란 "집단적 행동과 종교의례, 시민권의 행사"가 연결된, 집합적인 정치적 의지의 발로이다.[50]

| 대항인도로서의 이슬람적 통치 |

이슬람적 통치와 정치적 영성이라는 키워드는 집단성이나 통일성을 강조한다.

이에 반해 현대의 이슬람주의(정치적 이슬람)에 관한 저작으로 유명해진 올리비에 로이는 "'전 사회적 봉기'나 '선명한 …… 거의 만장일치의 의지,' '실로 일사분란한 집합적 의지'라는 표현을 보면, 왜 이렇게 단순한 말을 하느냐라는 의문이 들끓지 않을 수 없다"고 말한다.[51] 또 푸코와의 좌담에서 『리베라시옹』의 특파원이었던 클레르 브리에르는 서양의 백인 여성 기자로서 이란 취재 중 경험했던 여성 차별을 말하며 "봉기의 아름다움은 있겠죠. 그러나……"라고 말끝을 흐린다. 그리고 이런 일체감이 매우 사소한 차이도 인정하지 않는 배

49) Foucault, "La révolte iranienne……," pp.709~711.

50) Foucault, "À quoi rêvent les Iraniens?," p.693; "L'esprit d'un monde sans esprit," pp.747~748.

51) Olivier Roy, "L'énigme du soulèvement: Michel Foucault et l'Iran," *Vacarme*, no.29, automne 2004, p.34.

제의 논리로 이어지지 않는가라고 지적한다. 푸코는 이 지적에 답하면서, 이 운동 안에는 반유대주의나 배외주의적 민족주의의 요소가 있음을 인정한다. 그러나 이런 한계를 지닌 기존의 사회적 틀을 바탕으로 하지 않고서는 이란 혁명 운동이 성립되지 않았으며, 이런 문제를 단숨에 극복하기는 어려울 것이라고 말하는 데 그친다. 푸코의 시선은, 집합적이고 정치적인 의지와 자신의 삶의 방식의 급진적인 변혁을 바라는 의지라는 이중의 요소를 띠었던 당시 운동의 앞날로 향했던 듯하다.52) 관념적이라고 할 수 있는 관심이긴 하지만, 푸코 자신에게는 구체적인 사상적 질문이었다. 왜냐하면 이란에 관한 논의에서 푸코가 염두에 뒀던 것은 '대항인도'의 도식이기 때문이다. 이 개념은 이란을 취재하던 바로 그해 1978년 1~4월에 행한 콜레주드프랑스 강의 『안전, 영토, 인구』에서 거론됐다. 푸코는 여기서 『성의 역사 1권: 앎의 의지』에서의 권력론과 저항론을 파고 들어가는데, 이때 '인도'와 '통치'는 매우 중요한 역할을 맡고 있었다.

『안전, 영토, 인구』와 그 이듬해[1979년]의 『생명정치의 탄생』의 키워드는 '통치성'이었다. 푸코는 이 두 강의에서 17세기에 성립된 베스트팔렌 체제 이후에 등장한 서양 국가의 통치방식을 분석 대상으로 삼아 국가이성에서 고전적 자유주의를 거쳐, 신자유주의53)에

---

52) Foucault, "L'esprit d'un monde sans esprit," pp.753~754.

53) 이 말에는 두 개의 의미가 있다. 하나는 제2차 세계대전 이후의 서양이 정책적으로 도입했던 신자유주의이며, 이념계로서의 완전 시장을 목표로 하여, 정부가 적극적인 조건 정비를 행하는 것을 취지로 한다. 강의에서는 서독의 질서자유주의 학파에 초점이 맞춰졌다는 것은 잘 알려져 있으며, 프랑스에 관해서는 지스카르 데스탱의 경제 정책이 다뤄졌다. 다른 하나는 개인을 이해관계의 주체로서 파악하는, 미국형 시장중심주의적 신자유주의이다.

이르는 시대 구분을 통해, 규율권력과는 다른 종류인 '안전'권력의 전개에 대해 논의한다. 이 안전권력의 근저에 있는 것은 "전체적이고 개별적으로"라는 표현으로 알려진 그리스도교 사목권력론의 구도였다. 사목 신학은 초기 그리스도교 교부의 시대에서부터 성직자에게 이중의 임무를 수행할 것을 요구했다. 성직자는 신도라는 양을 관리하는 목자에 비유되고, 개개의 양을 배려하는 동시에 무리 전체를 관리하고 구원으로 인도하는 것이 요구된다. 왜냐하면 각자에게 올바른 영적 인도를 부여하고 신앙 공동체를 전체로서 영적으로 발전시키는 것이 성직자 자신을 구원하는 조건이 되기 때문이다. 푸코에 따르면, 그리스도교 교회가 당초에 담당했던 이런 사목의 역할은 16세기의 종교개혁과 그 뒤의 종교전쟁이 상징적 계기가 되어 중앙집권화되는 절대 군주제 하의 영토국가로 이식됐다. 행정기구는 규율적 권력장치를 통해 사람들을 개체화하면서 주민을 인구라는 하나의 집합으로서 통계적으로 다루고 데이터를 축적하는 작업을 하게 됐다. 다른 한편 푸코는 18세기의 중농학파가 시장이라는 자생적 질서를 발견한 것과 고전적 자유주의의 발흥을 연결시킨다. 그리고 자유주의를 국가이성적인 "항상 과잉통치하는" 통치방식에 대한 비판이기도 했다고 논한다.[54]

---

54) Michel Foucault, *Sécurité, territoire, population: Cours au Collège de France 1978-1979*, éd. Michel Senellart, Paris: Gallimard/Seuil, 2004, pp.32~43, 73 ~77, 128~133. [오트르망 옮김, 『안전, 영토, 인구: 콜레주드프랑스 강의 1978~ 79년』, 도서출판 난장, 2011, 55~77, 112~123, 181~190쪽]; *Naissance de la bio -politique: Cours au Collège de France 1978-1979*, éd. Michel Senellart, Paris: Gallimard/Seuil, 2004, pp.31~38, 53~56. [오트르망 옮김, 『생명관리정치의 탄생: 콜레주드프랑스 강의 1978~79년』, 도서출판 난장, 2012, 55~67, 83~87쪽.]

그렇지만 1970년대 후반에 푸코가 전개했던 통치론이 그리스도교 사목 또는 국가의 통치성의 전개만 다룬 것은 아니다. 왜냐하면 푸코는 (실제로는 읽지 못했던) 1978년 3월 1일의 강의원고에 다음과 같이 써 놓았기 때문이다.

통치성의 분석은 …… "모든 것은 정치적이다"라는 것을 함의한다. …… 정치란 통치성에 대한 저항, 최초의 봉기, 최초의 대결과 함께 탄생하는 것 이상도 이하도 아니다.[55]

통치는 저항이라는 정치에 항상 따라다닌다. 따라서 통치의 시스템이나 기술에 관한 사상사적 분석은, 통치방식이 그때마다 어떻게 저항을 받게 됐는지를 보여주는 것이지 않으면 안 된다. 하지만 통치에 있어서 왜 저항은 필연인가? 이것은 통치 개념의 존재방식을 통해 이해할 수 있다. 푸코는 이 말이 겪은 의미의 변천에 주목한다. 그리고 16세기에 나라를 다스린다는 의미로 사용되기 전에 통치란 늘 "사람이 사람을 인도한다"는 의미였다고 지적하고, 이 용법의 한 가지 계보를 그리스 교부의 한 명인 나지안조스의 성 그레고리우스가 신자의 구원을 담당하는 사목의 역할을 보여줄 때 사용한 '혼[신자]의 경제/이코노미'라는 표현에서 찾는다. 물론 이 말에는 신학적 차원에서 중요한 의미가 있지만, 다소 무리하게 번역하면 미셸 드 몽테뉴의 '인도'라는 표현으로 귀착된다고 푸코는 논한다. 이 말은 "누

---

55) Foucault, *Sécurité, territoire, population*, p.221, n.5. [『안전, 영토, 인구』, 270쪽. '각주 5번'에서 이어지는 내용.]

군가를 인도한다"와 "누군가에 의해 인도된다"는 이중의 의미를 겸비하고 있기 때문에 "그리스도교의 사목에 의해 서양 사회에 도입된 가장 근본적인 요소 중 하나"이다.56)

이런 인도의 이중성이 있기 때문에, **타인을 인도하는** 사목권력이 있는 곳에는 이것과 동형적인 **스스로를 인도하는** 저항이 반드시 출현한다. 푸코는 몇 가지 명칭을 검토한 뒤에, 이 움직임을 '대항인도'라고 명명한다. 이것은 『안전, 영토, 인구』의 편집자인 미셸 세넬라르가 지적하듯이 "푸코의 사색 속에서는 예속화 기술에 관한 분석과 1980년대 이후에 행해진 주체화 실천에 관한 분석 사이에 존재하는 아주 중요한 단계"이다. 왜냐하면 1980년 이후의 강의에서 통치 개념은 자기의 기술이나 자기의 통치술 같은 표현과 연결되고, 최종적으로는 '자기에의 배려'의 문제계로 연결되기 때문이다.57) 푸코는 이런 대항인도를 인도에 대한 거부나 다른 인도를 요구하는 운동으로 파악한다. 그리스도교와 관련된 예로서, 종교개혁의 원인이 됐던 중세의 수도회 설립이나 신앙각성 운동, 얀 후스나 존 위클리프 등의 교회 비판, 신비주의, 성서의 중시, 종말 사상 등을 꼽는다. 이 모

---

56) Foucault, *Sécurité, territoire, population*, pp.196~197, 220, n.3. [『안전, 영토, 인구』, 267~268쪽. '각주 3번'도 참조.] 또한 이 강의의 편집자인 미셸 세넬라르가 각주에서 예시하고 있는 『에세』(1580)의 해당 대목에서, 일본어판은 '지도'(指導)라는 번역어를 쓰고 있다. モンテーニュ, 宮下志朗 訳, 『エセ 』, 第1券, 東京: 白水社, 2005, 260頁.

57) Foucault, *Sécurité, territoire, population*, pp.126, 197~199, 221. n.5. [『안전, 영토, 인구』, 178, 268~272쪽. 또한 270쪽의 '각주 5번'.] 또한 다음도 참조하라. 箱田徹, 「夢と痕跡から夢見る主体へ: 後期フーコーの主体概念への一考察」, 『社会思想史研究』, 第28号, 東京: 藤原書店, 2004. 특히 제1장 참조.

든 것들은, 그리스도교가 제도화된 종교로서 성직자의 지위나 의례 등을 정비해가는 데 반해, 사목권력의 틀에 머물면서도 제도화나 조직화를 거부하고 다른 형태의 신앙의 방식을 추구하는 영적 운동이며 '인도된 쪽의 반란'이다.

그리스도교 사목의 인도는 "전체적이고 개별적"이다. 즉, 신도에게 자기의 포기, 또는 타자에게의 절대적인 종속을 요구함으로써 사람들을 개인화하는 한편, 신도를 집단으로도 파악한다. 따라서 대항인도도 전체적이고 개별적이어야만 한다. 설령 신과의 합일이라는 신비 체험이 개인적인 것이었다고 할지라도, 사목의 역할을 부정하고 그 인도에 도전하는 의미에서는, 실천으로서는 집단적인 양상을 띠지 않을 수 없다. 이란 혁명에 관한 푸코의 서술을 돌아보면, 국가가 통치기계에 편입한 이슬람이라는 종교의 인도에 대해, 그 나라의 내부에서 모습을 드러내는 것이 이슬람적 통치라고 불리는 집단적 의지, 대항인도이다. 이처럼 저항의 집단적 성격을 강조하는 것이 대항인도론의 특징이라고 할 수 있다. 왜냐하면 통치론을 전개하기 전의 저항론이 상정하는 장면은, 그리스도교의 고해의 제도화에서 정신분석 비판에 이르기까지, 때로는 일종의 법정투쟁 같은 인상마저 받는 '일대일'의 대결로 그려지는 것이 거의 대부분이었기 때문이다. 이 집단적인 대항인도는 권력의 세속화 혹은 국가의 사목화라는 통치성의 변용에 수반된 현대의 정치투쟁에서도 찾아볼 수 있다. 푸코는 1978년 당시에 크게 화제가 됐던 알렉산드르 솔제니친이나 동구의 반체제 운동을 접하고, 그것들이 "저항과 거부의 복잡한 방식"의 정치투쟁이라고 논했다. '거부'의 실천이란 단순히 사회의 구석구석까지 파고든 스탈린주의적 당의 정치적 지배를 거부하고 정치체제의 전환을 목표로 하는 것이 아니라 공포와 복종에 의해 일상생활의 구석구석이 타자에 의해 인도되는 삶의 방식 자체를 **사람들**이 거부하는 것, 즉 '인도의 거부'라고 푸코가 명명하는 것이다.58)

집단성, 정치, 거부, 영성이라는 대항인도가 다루는 주제는 모두 앞 장에서 검토했던 이슬람적 통치와 집단적 영성이라는 말로 푸코가 파악하고자 했던 이란 혁명의 운동과 뚜렷하게 겹친다. 실제로 이란 혁명의 대항인도로서의 성격은, 이런 말 자체는 한 번도 사용되지 않았지만, 다음과 같은 모습으로 묘사됐다.

군중이 들어가기에 모스크가 너무 작을 때는 거리에 스피커가 놓였다. 마을 전체, 구역 전체에 [이슬람의 이름으로 샤를 규탄하는 율법학자들의] 그 목소리가 울려퍼졌다. 피렌체에 메아리쳤을 사보나롤라의 목소리, 뮌스터 재세례파들의 목소리, 크롬웰 시대의 장로파들의 목소리가 그랬을 것처럼 공포스러운 목소리가. …… 종교인이 아닌, 오히려 정반대인 어떤 문필가가 [그 카세트를] 테헤란에서 들려줬다. 그것은 퇴각도 도피처도, 당황도 겁먹음도 아니었다.59)

유럽 중근세의 그리스도교 관련 사회 운동과 대비해 20세기 후반의 제3세계 혁명을 말하는 것은 동양이 서양보다 '지체됐다'는 도식으로 받아들여질 수도 있다. 그러나 이란인들은 군대의 총구와 비밀경찰의 폭력에 대한 공포를 극복하고 일치단결해 '샤'의 통치를 거부

---

58) Foucault, *Sécurité, territoire, population*, pp.204~205. [『안전, 영토, 인구』, 285쪽.]
59) Foucault, "Téhéran," p.686.

했다. 이런 운동의 역동성을 전하려는 푸코의 필치에는 대항인도를 방불케 하는 요소를 분명히 간파할 수 있다. 푸코는 다른 곳에서 '시아파'는 적어도 이념으로서는 신앙의 인도자를 신도가 선택하는 절차를 갖추고 있기에 신앙의 주도권은 설교하는 쪽이 아니라 그 얘기를 귀 기울여 듣는 신자에게 있다고 논한다. 이것은 대항인도의 바탕이 되는 통치의 틀 자체가 이란에도 있음을 시사한다.[60] 확실히 거기서는 이슬람이라는 종교적 요소가 주된 역할을 맡았다. 하지만 그것은 전제적 통치에 종속되는 삶의 방식으로부터의 탈각이다. 새로운 인도를 요구하기로 결단한 하나의 주관성의 창조 또는 정치적 실천인 것이며, 통치의 방식을 목표로 하는, 집단적일 수밖에 없는 의지였다. 그것이 우연히 1978년의 이란에서는 역사적·사회적 한정 때문에 이슬람이나 민주주의라는 이름으로 불렸던 것에 불과하다.

실제로 '영성'은 1982년의 콜레주드프랑스 강의인 『주체의 해석학』의 1강에서 다음과 같이 정의된다.

진실에 도달하기 위해 주체가 자기 자신에게 필요한 변형을 가하는 탐구·실천·경험의 전반, [다시 말하면] 인식이 아니라 주체, 주체의 존재가 진실에 접근하기 위해 치러야 하는 대가를 구성하는 정화, 자기 수련, 포기, 시선의 변환, 생활방식의 변화 등과 같은 탐구·실천·경험 전반을 '영성'이라 부를 수 있을 것입니다.[61]

---

60) Foucault, "Téhéran," p.687.
61) Michel Foucault, *L'herméneutique du sujet: Cours au Collège de France 1981 -1982*, éd. Frédéric Gros, Paris: Gallimard/Seuil, 2001, pp.16~17. [심세광 옮김, 『주체의 해석학』, 동문선, 2007, 58쪽.]

그해의 강의 소재는 플라톤에서 헬레니즘 시기에 이르는 서양 철학이다. 따라서 여기서 말해지는 '진실'이란 근대 과학이나 합리주의적 인식이 아니라 생존의 미학, 즉 자신의 삶의 방식을 좋게 만들기 위해 필요한 인식을 가리킨다. 이런 주체와 진실의 관계에 관한 견해를 정치적 영성이라는 표현으로 거슬러 올라가 적용하면, '샤'의 전제정치가 당연하다고 하는 현 체제의 진실을 목숨 걸고 거부하는 '정치적' 행동은 주체의 변용을 요구한다는 점에서 '영적'이라고 불리지 않으면 안 된다. 이슬람적 통치란 정치적 영성의 한 예이다.

이란에서는 1979년 1월 17일 '샤'가 국외로 도주하며 호메이니가 귀국했고 그 뒤 소수파나 정치적 반대파에 대한 탄압이 격화된다. 이 와중에 푸코는 호메이니 등의 정치 노선을 비판하며 "죽어가던 사람들이 참조했던 영성이란 한 명의 보수적 종교학자[호메이니]에 의한 피비린내 나는 통치와는 아무런 공통점도 없다"고 말한다. 푸코는 정말로 그렇게 생각했다. 왜냐하면 이슬람적 통치란 운동 속에 있는 '환원불가능한 것'이지 구체적인 체제의 것이 아니기 때문이다. 그러나 거부를 중심으로 한 봉기의 정치에는 언젠가 끝이 온다. 봉기에는 국민투표나 선거라는 대의제 민주주의 정치로의 회수 혹은 혁명 정권의 정당화의 핑계라는 운명이 기다리고 있는 법이다. 실제로 국민투표에 의해 1979년 4월 1일 '이슬람 공화제'를 수립한 이란에서는 권력 투쟁에서 승리한 호메이니가 이슬람 통치론을 편입한 헌법에 기조해 스스로 최고 지도자가 되며 '이란 이슬람 혁명의 지도자'라는 지위를 확고부동하게 만들었다. 하지만 봉기 자체의 시비나 성공가능성을 현재형이든 과거형이든 분석적으로 논하는 것은 푸코의 문제와는 거리가 멀다. 푸코는 "사람은 봉기한다"는 사실에 눈을 돌리고,

거기서 이념의 작동에 주목한다. 그렇기에 사건이 일어날 때, 즉 "특이한 것이 봉기할 때에는 그것을 존중하고, 권력이 보편적인 것에 등을 진다면 강경한 자세를 취한다"고 하는 '반전략적 도덕'을 따라 봉기를 정치적 영성의 출현으로 파악할 수 있었던 것이다.[62]

| 마치며: 이슬람적 통치는 존재하지 않는다 |

지금껏 봤듯이, 푸코의 이란 혁명에 관한 서술에는 대항인도라는 이론적 관심이 짙게 반영되어 있다. 맑스주의적 이론장치와는 연결되지 않는 곳에서 집단적 실천으로서의 저항이 가능해진다면, 거기에는 어떤 '이념'이 있을까? 그 대답을 푸코는 당시의 이란에 입각해 일단 '이슬람적 통치'라 불렀다. 그것은 정치적인 집단적 의지의 결절점으로서 작용하는 하나의 표현형식이며, 전제정치라는 인도를 거부하는 집단적 실천을 의미했다. 그러나 집단성에 연연할수록, 푸코의 이란 혁명에 관한 서술이 '인민 대 국가'라는 고전적 도식에 가까워진다는 것도 사실이다. 이란 반체제 운동은 '샤'의 퇴위라는 거부의 입장에서는 결속했으나, 좌우의 여러 세속·종교 세력이 뒤섞여 헤게모니 다툼을 벌였다. 푸코는 이 점을 의식하여 '성인 대 폭군'이라는 의인화된 도식으로 이란 혁명을 말하는 것을 단호히 배격한다. 그래도 『앎의 의지』까지에서 말했던 미시적 저항의 '일대일' 도식이 거시적 차원으로 연장되고 있을 뿐이 아닌가라는 의문은 남는다.

『안전, 영토, 인구』의 주요 테제 중 하나는 "국가는 존재하지 않는다"였다. 국가란 끊임없이 국가화의 과정이며 어떤 실체를 갖고 있

---

62) Foucault, "Inutile de se soulever?," pp.793~794.

지 않다. 그렇기 때문에 국가의 역사도 사람들이 무엇을 하고 무엇을 생각하는가라는 사실(그 중심에는 사목과 통치의 구도가 존재한다)에서 묘사할 수 있다. 그렇기 때문에 권력에 관한 미시 분석과 국가 혹은 통치에 관한 거시 분석은 모순 없이 연결된다. 이렇게 푸코는 주장했다. 그리고 이 도식에 의해, 절대 왕정기의 영토국가를 뒷받침했던 국가이성론, 중앙집권화와 자유주의, 혹은 사회의 관계도 인도와 대항인도의 도식으로 생각할 수 있게 됐다.[63]

　이란의 예를 마지막으로 다시 한번 생각해보자. '샤'의 전제정치는 압도적인 경찰력과 군사력으로 개인의 내면에 공포를 심어주는 동시에 근대화의 이름 아래 국민국가화를 추진하고 사람들을 유순한 노동자나 소비자로서 인도하고자 했다. 하지만 이런 개인화와 집단화를 이중으로 행하는 인도이기 때문에, 국왕의 인도를 모조리 거부하는 것도 이슬람이라는 호명에 반응해 공포의 극복과 민주주의적 요구가 결합된 '봉기'로 결실을 맺는다. 즉, 내적 갈등의 극복이라는 개인적 노력과 공동성이나 민주주의적 원리의 재활성화에 기초한 집단성의 획득이라는 두 측면이 연결되어 '정치적 영성'이라는 이름의 대항인도로서 나타난다. 그렇기에 푸코는 이렇게 말해**버린다**.

　이란인들은 우리와 같은 진실체제를 갖고 있지 않습니다. 게다가 설령 거의 보편적으로 됐다고 하더라도, [우리의 진실체제에서 보면 그들의 진실체세는] 매우 특수합니다. 그리스인들은 그들의 [나름의] 진

---

63) Foucault, *Sécurité, territoire, population*, pp.363~366. [『안전, 영토, 인구』, 481~484쪽.]

실체제를 가졌습니다. 마그레브의 아랍인들은 또 다른 진실체제를 갖고 있습니다.[64]

이것은 이란인이라는 집단의 심성이 실체로서 존재하고 있다는 의미가 아니다. 이런 식으로 파악하는 것이 가능한 까닭은 이것이 사물을 분석적으로 파악하는 '사회학적' 태도에 기초하기 때문이다. 푸코에게 이란혁명은 역사를 가로질러 분명한 이유 없이 계속 일어나는 봉기, 인도의 거부로서의 봉기에 다름 아니었다. 전체적이고 개별적인 인도를 행하는 사목에 맞서 대항인도 쪽도 전체와 개별, 거시와 미시의 움직임을 직접적으로 일치시킴으로써 인도를 거부하는 의지를 분출시킨다. 대항인도라는 이름으로 불렸던 1970년대 말의 푸코의 저항권론은 이런 인도와 대항인도의 동형성을 보여준다는 점에서 시사하는 바가 크다. 대항인도란 "어떻게 인도하는가?," "어떻게 인도되는가?," "자신은 어떻게 행동하는가?"라는 삼중의 것으로서 제시되는 통치의 물음을 인도되는 쪽에서 파악한 표현이다.[65] 통치의 세계에는 국가가 존재하지 않듯이 이슬람적 통치도 존재하지 않는다. 인도와 대항인도만이 존재하는 것이다.[66]

---

64) Foucault, "L'esprit d'un monde sans esprit," p.753.

65) Foucault, *Sécurité, territoire, population*, p.205. [『안전, 영토, 인구』, 285~286쪽.]

66) 箱田徹, 「エロスの技法を再読する: フーコー統治論の形成過程」, 『社会思想史研究』, 第31号, 東京: 藤原書店, 2007. 특히 제3장 참조.

6 | 혁명과 야만, 이것이 슬로건이다!
『"사회를 보호해야 한다"』를 사용하기 위하여

히로세 준

> **혁명이냐 야만이냐**가 아니라 **혁명과** 야만, 혁명에서의 야만의 경제,
> 바로 이것이 그 문제입니다 (미셸 푸코)*

| 반란의 역사적 필연성: 투쟁을 계속하라! |

미셸 푸코의 1976년 콜레주드프랑스 강의인 『"사회를 보호해야 한
다"』 전체는 "반란의 논리적·역사적 필연성"(96/144)을 집요하게
역설한 것이며, 또 이렇게 함으로써 당시의 청중(또한 오늘날의 독자)
을 투쟁으로, 혹은 오히려 투쟁의 계속으로 강력히 유인한다. 『"사회
를 보호해야 한다"』를 오로지 '사용'을 위해서만 읽어내려고 시도하
는 데 있어서 무엇보다 우선 이것을 최대한 강조해두고 싶다.

『감시와 처벌』(1975)까지의 이른바 '권력론' 시기, 즉 '규율권력'
이 집중적으로 논해졌던 시기와, 『성의 역사 1권: 앎의 의지』(1976)
부터 시작되는 이른바 '통치론' 시기, 즉 '생명권력'이 집중적으로 논

---

* Michel Foucault, *"Il faut défendre la société": Cours au Collège de France 1974
-1975*, éd. Mauro Bertini et Alessandro Fontana, Paris: Gallimard/Seuil, 1997,
p.176. [김상운 옮김, 『"사회를 보호해야 한다": 콜레주드프랑스 강의 1975~76년』,
도서출판 난장, 2015, 241쪽. 이하 본문에서 이 책이 인용될 때에는 인용 부분 뒤의
괄호 속에 '프랑스어판 쪽수/한국어판 쪽수'만 표기한다.]

해지게 된 시기 **사이**에 있고 이 두 시기를 경첩처럼 잇고 있는 『"사회를 보호해야 한다"』(1976년 1월부터 3월까지 매주 수요일에 진행된 총 11번의 강의)는, 그렇지만 전자에 관한 「후기」도 아니고 후자에 관한 「머리말」도 아니다(비록 "사회를 보호해야 한다"라는 강의 제목이 곧바로 '통치론'을 상기시킨다고 할지라도 말이다. 편집자들이 제시한 이 제목은 우리가 보기에는 부적당하다고 단적으로 말할 수 있다).

확실히 이 해의 강의는 '규율권력'에 관해 그때까지 진행됐던 논의를 정리하면서 시작되고, '생명권력'에 관해 이제부터 줄곧 이뤄지는 논의를 소묘하면서 끝난다. 그렇지만 이 해의 강의에는 여전히 이 강의보다 앞선 시기로도 환원될 수 없고, 이 강의에 이어진 시기로도 환원될 수 없는 확고한 특이성이 있다. "우리가 5년 전, 10년 전, 또는 더 나아가 15년 전에 경험했던 상황에 비춰보면 사정이 변했을 수 있다"고 진단되는 1976년에, 혹은 말할 것도 없이 '1968년 5월'도 당연히 여기에 포함되는 "5년 전, 10년 전, 또는 더 나아가 15년 전"의 그것과 비교하면 "싸움은 완전히 똑같은 모습을 하고 있진 않습니다"(12/29)고 진단되기도 하는 1976년에, 그래도 여전히 '싸움'의 유효성과 필연성을 다시 분명하게 드러내고, '싸움'의 계속으로 사람들을 인도하고자 하는 강한 움직임. 사람들을 운동 속에 (다시) 말려들게 하고자 하는 그런 **벌거벗은** 작동이야말로, 혹은 그 무매개적인 힘이야말로 1976년 강의의 특이성을 이룬다.

따라서 그 '타임캡슐'로서의 『"사회를 보호해야 한다"』는 투쟁이 어떤 위기에 빠지고 그 운동이 지지부진하고 있을 때는 **언제나** 그리고 **어디서나** 곧바로 처방을 내릴 수 있는 일종의 각성제로서, 푸코 자신이 좋아하는 말을 사용한다면 '아고니스트'(흥분제)로서 존재하는 책이라고 할 수 있다. 모든 투쟁이 늘 다시 시작되어야 하는 것이라면, 『"사회를 보호해야 한다"』는 이런 재개를 무제한으로 계속 활성화하는 책, 재개의 무진장한 힘 자체로서 존재하는 책이다. 요컨대 이 책은 '권력론'과 '통치론' 사이에 있으며, 그 어느 쪽으로도 환원될 수 없는 하나의 '투쟁론'을 이루고 있다.

| 소수자적 앎들의 일제 봉기: '1968년 5월'과 그 시대 |

'1968년 5월'이라고 불리는 사건은 무엇이었는가? 1968년 초반의 푸코에게 이 사건은 무엇이었는가? 실제로 푸코는 『"사회를 보호해야 한다"』를 시작할 때, 1강에서 "우리가 살아왔던 시대, 10년이나 15년, 많아야 고작 20년이라는 아주 한정된 기간"(6/20)을, 즉 직접 언급하고 있지는 않으나 여기에는 당연히 '1968년 5월'이 기입되어 있다고 여겨질 수 있는 시기를 논하고 있다. 푸코는 이 '한정된 기간'을 규정하는 것으로 두 개의 특징을 지적한다.

하나는 "산발적이고 불연속적인 공격이 지닌 실효성"(6/20)이며, 특히 또한 거기서 보이는 "불연속적이고 개별적이며 국지적인 비판들"(7/22)이다. 푸코에 따르면, 이 시기에도 여전히 "총체적인 이론" 또는 "포괄적이고 전반적인 이론들"의 비판적 실효성이 완전히 상실되어버린 것은 아니다. 그렇지만 바로 맑스주의나 정신분석의 경우가 그랬듯이, 이런 전반적인 이론이 어떤 유효한 "국지적으로 사용가능한 도구들"을 제공할 수 있었던 것은 어디까지나 그 전체적 통일성 또는 통일적 전체성이 상실되고 뿔뿔이 단편화된다는 한에서였다(7/23). 푸코는, 이 분산적이고 단속적이고 국지적인 '공격=비판'의 실효성을 보여주는 하나의 예를 "그 자체가 지닌 놀라운 이론적 창조력 외에는 아무것에도 거의 의거하지 않는 이 책, 아니 이 사물, 이 사건"(7/22)으로서의 질 들뢰즈와 펠릭스 가타리의 『안티-오이디푸스』(1972)에서 발견하고 있다. 단일한 전반적 투쟁으로부터 다양한 국지적 투쟁으로의 이행, 혹은 오히려 전반적인 것에서 국지적인 것으로의 이행이야말로 투쟁 자체를 가능케 했다는 것이다.

'1968년 5월' 무렵의 이 '한정된 기간'을 규정하는 또 다른 특징으로 푸코가 지적하는 것은, 위와 같은 '국지적 비판'은 "앎들의 회귀"를 통해 실행됐고, 나아가 이것에 의해 "'예속된 앎들'의 봉기"가 생산됐다는 것이다(8/24). 즉, '1968년 5월'은 뛰어난 하나의 **봉기** 혹은 **반란**이었는데, 푸코에게 이 봉기/반란은 특히 '예속된 앎들'(혹은 '예속되어 왔던 앎들')에 의한 봉기/반란이었다는 것이다.

그렇다면 거기서 봉기한 '예속된 앎들'이란 도대체 무엇인가? 푸코는 서로 다른 두 가지 형식의 앎이 그래도 여전히 동시에 봉기했다고 주장한다. 하나는 '역사적 앎들'이다. 그때까지 "기능적이고 체계적인 전체 속에 현존해 있으나 은폐되어 있는" 역사적 앎들이 "박식의 수단을 통해" 다시 발굴되어 비판의 도구로 사용됐다는 것이다(8/24). 그리고 이와는 또 다른 형식으로 꼽히는 것은 푸코가 '서민들의 국지적인 앎들'(9/24)이라고 부르는 것이다. 즉, "비개념적인 앎들, 충분히 세공되지 못한 앎들 …… 지식 및 과학의 위계질서에 의해 자격이 박탈된 앎들" 같은 "서민들의 국지적인 이런 앎들"이 '박식의 역사적 앎들'과 더불어 동시에 그리고 일제히 봉기했다는 것이다(9/24~25). 한편으로는 박학적이고 다른 한편으로는 민중적인, 즉 '예속된 앎들'의 이런 두 개의 다른 형식은 그래도 여전히 양자와 더불어 "투쟁에 관한 역사적 앎" 또는 "싸움의 기억"이라는 점에서 공통적이며, 그렇기에 또한 이것들은 하나의 동일한 봉기 속에서 '짝짓기'하게 됐다고 푸코는 말하고 있다(9/25).

파묻혀진 박식한 앎들과 자격이 박탈당한 서민적 앎들을 이 둘에 공통적인 투쟁성에 의해 짝짓기하는 것, 혹은 오히려 짝짓기를 통해 이 둘에 공통적인 투쟁성을 재활성화시키는 것. 그리고 또 이렇게 함으로써 '예속된 앎들'을 예속에서 해방시키는désassujettir 것, 즉 "통일적이고 형식적이며 과학적인 이론적 담론의 강제에 대립하고 투쟁할 수 있도록 하는" 것(11/28). '예속된 앎들'을 이것들 자체의 투쟁성에 의해 봉기/반란으로 인도하는 이런 전술이 바로 푸코가 '계보학'이라고 부르는 것이다. "만일 괜찮다면 그런 박식한 지식들과 국지적 기억들의 결합을 '계보학'이라고 부릅시다. 이 짝짓기는 투쟁에 관한 역사적 앎을 형성하고, 그런 앎을 현재의 전술에서 활용하는 것을 허용합니다"(9~10/25).

여기서 문제가 된 "아주 한정된 기간"의 한복판에서 푸코가 했던 것이 바로 이런 의미의 '계보학'이며, 또 바로 그런 한에서 『광기의 역사』(1961)부터 『임상의학의 탄생』(1963)과 『지식의 고고학』(1969)을 거쳐 『감시와 처벌』에 이르는 푸코 자신의 작업1)도 들뢰즈와 가

---

1) 푸코가 1960년대 초반의 것도 포함해 자신의 작업을 '계보학'으로 간주하게 된 것은 『감시와 처벌』이 출판된 무렵부터였다. 가령 1967년에 발표된 어떤 대담에서 푸코는 이렇게 말하며 자신의 작업이 '계보학'이 **아니라고** 분명히 단언하고 있다. "제가 이해하고 있는 한에서 '고고학'이란 (지하층들에 관한 분석으로서의) 지질학과 유사한 것도, (시작들과 계속들을 서술하는 것으로서의) 계보학과 유사한 것도 아닙니다. 그것은 담론을 문서고라는 그 양상 속에서 분석하는 것입니다." Michel Foucault, "Sur les façons d'écrire l'histoire"(1967), *Dits et écrits*, t.1: 1954-1969, Paris: Gallimard, 1994, p.595. 그러나 1975년에

타리의 작업 등과 더불어 '예속된 앎들의 봉기'의 한복판에서, 즉 예속으로부터 해방된 '소수자적 앎들'(11/28)의 압도적인 소란스러움의 한복판에서 발견되는 것이다.

| 권력 개념에 '운동'을 도입하기: 불랭빌리에라는 사건 |

이르면 1950년대 후반, 늦어도 1960년대 후반부터 시작됐다고 푸코가 여기는 소수자적 앎들의 이 봉기/반란은 더 엄밀히 말하면 무엇에 대한 봉기였는가? 이런 앎들은 무엇에 의해 "예속당해왔는가"?

발표된 대담에서 푸코는 프리드리히 니체에 의한 '계보학'이 '권력관계'를 그 본질적인 표적으로 삼고 있다고 지적한 뒤, 상당히 조심스러워 하면서도 "잘난 체 말한다면, 제가 하고 있는 것에 도덕의 계보학이라는 총칭을 부여했을 것입니다"고 말하는 데 이르게 된다. "Entretien sur la prison: Le livre et sa méthode"(1975), *Dits et écrits*, t.2: 1970-1975, Paris: Gallimard, 1994, p.753. [홍성민 옮김, 「권력의 유희」, 『권력과 지식: 미셸 푸코와의 대담』, 나남, 1991, 81쪽]. 이후 푸코가 자신의 작업을 '계보학'으로 간주하는 것이 정착되며, 가장 말년의 대담에서는 자기가 **했던** '계보학'을 다음과 같이 정리하고 있다. "계보학에는 세 개의 영역이 있을 수 있습니다. 첫째, 우리가 진리와 맺는 관계에 있어서 우리 자신의 역사적 존재론. 이때의 진리란 우리가 우리를 인식의 주체로서 구성하는 것을 가능하게 해주는 것입니다. 둘째, 우리가 어떤 권력장과 맺는 관계에 있어서 우리 자신의 역사적 존재론. 여기서 권력장이란 우리가 타자들에게 작용을 미치고 있는 주체로서 우리를 구성하는 장입니다. 마지막으로, 우리가 도덕과 맺는 관계에 있어서 우리의 역사적 존재론. 이때의 도덕이란 우리가 우리를 윤리적 행위자로서 구성하는 것을 가능케 해주는 것입니다. 따라서 하나의 계보학에는 세 개의 축이 있을 수 있습니다. 약간 혼동된 방식이기는 합니다만, 이 세 가지 모두가 『광기의 역사』에 제시됐습니다. 저는 『임상의학의 탄생』과 『지식의 고고학』에서 진리의 축을 연구했습니다. 『감시와 처벌』에서는 권력의 축을 발전시켰고, 『성의 역사』에서는 도덕적 축을 발전시켰죠." "À propos de la généalogie de l'éthique: Un aperçu de travail en cours"(1984), *Dits et écrits*, t.4: 1980-1988, Paris: Gallimard, 1994, p.618. [서우석 옮김, 「윤리학의 계보학에 대하여: 진행중인 연구에 대한 개관」, 『미셸 푸코: 구조주의와 해석학을 넘어서』, 나남, 1989, 333쪽.]

이 질문은 1976년 1분기에 푸코가 한 일련의 강의(그리고 그 강의록)에서 중심적인 질문 중 하나로 간주할 수 있다. 푸코는 이 질문을 제기하기 위해, 그해의 강의에서 17세기 전반기 영국의 에드워드 쿡(1552~1634)이나 존 릴번(1614?~1654) 등의 담론으로, 혹은 18세기 초반 프랑스의 앙리 드 불랭빌리에(1658~1722) 등의 담론으로 거슬러 올라가며, 혹은 오히려 '1968년 5월'이 일어난 지 이제 8년이 막 지나고 있었던 당시의 '우리 사회'(이와 동시에 투쟁이 늘 재개되지 않으면 안 됐던 임의의 '지금 여기')의 한복판에서 그것들을 **소환**하고 청중(그리고 독자)을 그 분석과정 속에 말려들게 하려고 한다.

미리 말하자면, 쿡이나 불랭빌리에의 담론들은 소수자적 앎들을 예속시켰던 바로 그런 담론으로서 소환되는 것이 아니다. 오히려 이들의 담론들은 소수자적 앎들이 꿈틀거리는 장^{champ}을 처음으로 분명히 드러낸 것으로서 소환되는 것이자, 이와 동시에 [그 담론들 자체가] 스스로 그 장 속에 소수자적 앎의 하나로서 파고들었던 것으로서 소환되는 것이며, 이런 의미에서 소수자적 앎들이 예속되는 조건을 준비한 것으로서 소환되는 것이다.

여기서는 불랭빌리에에 관해서만 이야기의 초점을 맞출 것이다. 푸코에게 1976년 상황의 한복판에서 불랭빌리에의 담론을 파헤치는 것이 중요한 까닭은 바로 불랭빌리에의 담론이 적어도 프랑스에서는 권력 개념 속에 **운동** 또는 **운동성**을 최초로 도입했기 때문이다. 18세기 초반의 프랑스에서 불랭빌리에와 더불어 일어난 것은 그때까지 '주권'/'복종'이라는 상 아래에서 고정적 혹은 정태적으로 파악됐던 권력 개념이 '지배'/'예속'이라는 새로운 상 아래에서 동적 또는 동태적으로 재파악된 것이다(24~25/43~44).

때마침 들뢰즈가 앙리 베르그송과 영화에 관해 말했던 것과 같은
방식으로, 불랭빌리에도 권력 개념 속에 운동을 도입한 것이다. "영
화의 발명과 베르그송 사유의 형성은 동시에 일어났습니다. 개념에
운동이 도입됐던 것은 이미지에 운동이 도입됐던 것과 아주 똑같은
시대에 이뤄진 것입니다."2) 말할 것도 없이, 불랭빌리에와 베르그송/
영화는 동시대의 것이 아니다. 동시대성은 불랭빌리에의 담론 속에
서 권력 개념에 운동이 도입됐음을 독해하는 푸코와 베르그송/영화
사이에서, 혹은 오히려 베르그송의 사유와 영화 속에 운동이 도입됐
음을 찾아낸 들뢰즈와 불랭빌리에의 담론 속에서 권력 개념에 운동
이 도입됐음을 찾아낸 푸코 사이에서 발견되어야 한다.

들뢰즈는 가타리와 함께 이렇게 쓴다. "우리는 내재성을 초월적
인 것에 보내는 것으로는 더 이상 만족하지 못한다. 우리는 내재성이
초월적인 것을 되받아던지고 재생산하기를, 내재성 자체가 초월적인
것을 제조하기를 원한다. 사실대로 말하면 이것은 어렵지 않다. **운동
을 멈추는** 것으로 충분하다. 무한자의 운동이 멈추자마자 초월은 하
강하며, 다시 나타나고 다시 활기를 띠고 다시 분출될 절호의 기회를
맞이한다."3) 운동을 멈추지 않는 것, 이를 위해 운동을 끊임없이 계
속 도입하는 것, 이 운동에 대한 배려라는 점에서 푸코와 들뢰즈는 하
나의 동일한 시대를 살았던 것이다. 들뢰즈가 『영화』(1983~85)에서
'운동-이미지' 개념의 창조를 통해 이를 꾀하게 됐던 것과 같은 방식

---

2) Gilles Deleuze, "Les intercesseurs," *Pourparlers 1972-1990*, Paris: Minuit, 1990,
   p.166. [김종호 옮김, 「조정자들」, 『대담 1972~1990』, 도서출판 솔, 1993, 127쪽.]
3) Gilles Deleuze et Félix Guattari, *Qu'est-ce que la philosophie?*, Paris: Minuit,
   1991, p.49. [이정임·윤정임 옮김, 『철학이란 무엇인가』, 현대미학사, 1995, 72쪽.]

으로, 푸코도 『"사회를 보호해야 한다"』에서 불랭빌리에를 **지금 여기에** 다시 불러내 기능하게 만듦으로써 **지금 여기**를 사는 우리 모두를 그 벌거벗은 운동 속으로 휘말려들게끔 기획한 것이다.

불랭빌리에는 권력관계들을 주권/복종의 **한정적 경제**[이코노미]로부터 지배/예속의 **일반적 경제**[이코노미]로 재기입하는 것, 혹은 오히려 이 재기입 자체에 의해 권력이 그 '관계적 성격'(150/208)에서 처음으로 파악됐던 것에 의해, 주권/복종 아래에서 파악되는 한에서 권력의 규정들로 간주된 고정성·단일성·전반성을 각각 운동성·다양성·국지성으로 치환했다. 그리고 특히 불랭빌리에는 주권자(혹은 그 대리인들)에 의한, 주권자를 위한, 주권자에 관한 역사서술로서의 '권력의 역사'의 효력을 잃게 만들고, 그 대신 역사를 "투쟁들에 관한 앎"으로 새롭게 자리매김함으로써, 그러나 이와 동시에 "투쟁들에 관한 앎"으로서의 이 새로운 역사 자체를 실제의 '투쟁의 장'에서 전개·기능시키고 '정치적 싸움'과 '역사적 앎'을 하나의 '정치적-역사적 연속체' 속에서 결합시킴으로써(즉 "투쟁들의 서술"로서의 '역사적 앎'을 고스란히 "투쟁에서의 무기"로도 삼음으로써)[152~153/213], 이런 비가역적 방식으로 권력 개념에 운동을 도입했던 것이며, 혹은 권력 개념을 운동의 장에 던져 넣었던 것이다.

불랭빌리에는 ['주체들의 역사'라는] 역사의 이 새로운 소재를 부동의 실체로서가 아니라 힘 혹은 힘들로서, 이런 힘들 중 하나일 뿐인 권력 자체로서, 사회체 내부에서 서로 싸우는 모든 힘들 중에서도 일종의 특이한 힘, 가장 기묘한 힘으로서 분석했습니다. 권력은 권력을 행사하지만 힘을 갖고 있지는 못한 사람들로 이뤄진 소집단의 권력입니다. 하지만 이 권력은 결국 모든 힘들 중에서 가장 강력한 힘이 되며, 폭력이나 반란을 빼면 그 어떤 것도 저항할 수 없는 힘이 됩니다. 불랑빌리에가 발견했던 것은, 역사란 권력의 역사가 아니며 …… 괴물적이고 매우 기묘한 짝의 역사라는 것입니다. 다시 말해, 인민의 원초적 힘들과 힘은 없으나 그럼에도 권력인 어떤 것으로부터 마지막으로 구성된 힘 **사이**의 짝짓기의 역사인 것입니다(149~150/208).

요컨대 푸코에게 불랑빌리에는 하나의 행위로 두 가지를 동시에 행하고, 그렇게 함으로써 나중에 소수자적 앎들이 예속되기에 이르는 조건을 준비한 인물이다. 즉, 불랑빌리에는 '역사를 말하는' 행위에 의해 권력 현상을 더 이상 '소유물'(150/208)이라는 정태적 상이 아니라 '힘관계'라는 동태적인 상 아래에서 재파악하고, 권력 개념 속에 운동을 비가역적으로 도입하는 동시에, 역사를 어디까지나 '투쟁들의 역사'로서 말한다는 동일한 행위에 의해 "힘관계들을 그 장치 자체 속에서, 그리고 그 현실적 균형 속에서 변경하는 것"(152/212)을 기획한 인물, 혹은 오히려 '사건'인 것이다.

| 내재적인 권력 경제: 역사적 앎들의 규율화 |

곧바로 정치적 힘이기도 한 다양한 역사적 앎들이 늘 서로 계속 격렬하게 부딪치고 있는 장으로서의 '역사적-정치적 장'(149/210). 국가에 의한, 국가를 위한, 국가에 관한 역사서술도 이 모든 '정치적 힘-역사적 앎'들 가운데 하나에 불과한 것으로서, "앎들 **사이의** 다수이자 거대한 싸움"(159/221)의 한가운데로 비가역적으로 던져 넣어지고 있는 '역사적-정치적 장.' 고정성·단일성·전반성에 의해 규정될

수 있는 과거의 주권/복종의 메커니즘이 더 이상 기능할 수 없게 된 이 동태적인 힘의 장 한가운데서, 이 장을 규정하는 본질적 요소로서의 운동성·다양성·국지성에 대응할 수 있는 것으로서 도입된 새로운 '권력의 경제'(32/55)이야말로 '1968년 5월'을 포함한 "아주 한정된 기간"에 소수자적 앎들이 그에 맞서 봉기했던 바로 그것이다.

푸코는 "예속된 세력들을 증대시켜야만 하는 동시에 이 세력들을 예속시키는 쪽의 힘과 효율도 증대시켜야만 하는 것"(32/55)을 그 원리로 삼은 이 새로운 권력의 경제, 즉 모든 '정치적 힘-역사적 앎' 들의 운동을 운동으로서 그대로 통제하고자 하는 이 **내재적** 권력의 경제를 '정치적 힘-역사적 앎'들의 '규율화'(154/214)라고 부른다. 따라서 '규율화'는 늘 운동상태에 있는 '힘관계'를 그것으로서, 즉 그 운동을 멈추지 않고 오히려 그 운동의 한가운데로 파고 들어간 상태에서 내재적으로 통제하려는 권력의 경제이며, 푸코에게 18세기 이후의 국가란 어디까지나 이런 의미의 '규율화'에 의해 '정치적 힘-역사적 앎'들을 지배하고 예속시키고자 하는 것이다.

'규율화'에 달려 있는 권력으로서의 '규율권력'에 관해, 특히 신체에 대해 작동되는 '규율권력'에 관해, 우리는 이미 일본어로도 양질의 해설을 읽을 수 있다. '선별,' '규범화,' '위계화,' '집중화'라는 네 가지 '기법' 또는 '조작'을 통해 행사된다(160~162/222~224)고 간주되는 **앎에 대한** 규율권력의 경우도, 그 행사의 메커니즘은 신체에 대해 작동하는 규율권력의 그 메커니즘과 기본적으로 다르지 않다. 그래도 여전히 여기서 앎들의 규율화를 강조해야 한다면, 그것은 첫째로 앎들의 규율화가 '과학'의 이름으로 진행됐다는 것이며, 그런 한에서 푸코가 '과학'을 "앎들의 규율적 경찰"(162/224)로 자리매김하고 있다는 점이다. 푸코가 다음과 같이 말하는 것은 바로 이런 의미에서이다. "계보학은 바로 과학적이라고 간주된 담론에 고유한 권력효과들에 맞서 싸워야만 합니다"(10/26).

'국가과학'에 대한 '전쟁기계의 유목적 과학' 또는 '소수자적 과학'의 봉기를 기획한 들뢰즈와 가타리의 『천 개의 고원』(1980)은 푸코의 이런 요청에 따라 발생한 사건 중 하나라고 할 수 있다. "국가과학은 유목과학에서 전유할 수 있는 것만을 채택하고 그 이외의 것은 진정한 과학적 지위를 갖지 못하게 하고 응용 범위도 아주 제한된 편법으로서 취급하거나 억압하고 금지시켜버린다"[4] 『천 개의 고원』에서 들뢰즈와 가타리도 푸코가 말하는 '앎들의 규율화'를 자신들의 독자적인 방식으로 문제삼고 있으며, 그런 위에서 '예속된 앎들'을 봉기로, 혹은 오히려 봉기의 천 번째(즉 n번째) 재개로 인도한다. "이 양자의 경계에서 발생하는 여러 현상, 즉 유목과학이 국가과학에 압력을 가하고 또 이와 반대로 국가과학이 유목과학의 성과를 전유하고 변형시키는 상호작용이 가장 중요하다"[5]는 들뢰즈와 가타리의 인식은 푸코의 인식과 고스란히 똑같다고 할 수 있을 것이다.

앎들의 규율화를 둘러싼 푸코의 논의에 관해 강조해둬야 할 또 다른 점은 푸코가 '테크놀로지적 앎들'에 대해 작동하는 규율화와 '역사적 앎들'에 대해 작동하는 규율화 사이에서 '유효성'의 차이를 발견하고 있다는 점이다. 앎들이 서로 충돌하는 힘의 장 속에 이런 앎을

---

4) Gilles Deleuze et Félix Guattari, *Mille plateaux: Capitalisme et schizophrénie 2*, Paris: Minuit, 1980, p.448. [김재인 옮김, 『천 개의 고원』, 새물결, 2001, 694쪽.]

5) Deleuze et Guattari, *Mille plateaux*, p.449. [『천 개의 고원』, 695쪽.]

규율화하려는 국가가 개입하고 있다는 점에 관해서는, 테크놀로지적 앎도 역사적 앎도 별반 다르지 않다. 역사적 앎들의 규율화도 테크놀로지적 앎들에 대한 규율화와 마찬가지로 지배적 앎으로서의 '국가의 앎'(165/228)을 확립하고, 그밖의 앎들을 이것에 예속시키려고 시도하는 것이다. 그렇지만 푸코는 여전히 역사적 앎의 규율화가 테크놀로지적 앎의 규율화와 이런 점에서 다르다고 주장한다.

> 역사가 …… 본질적으로 반국가적인 앎인 한에서, 국가에 의해 규율화된 역사, 그러니까 공식적 교육의 내용이 된 역사는 투쟁과 연결된 역사, 즉 투쟁하는 주체의 의식으로서의 역사와 끊임없이 대결했습니다. 규율화가 이런 대결을 누그러뜨리지는 못했습니다. 18세기 동안 시행된 규율화가 테크놀로지의 차원에서는 대체로 효과적이고 성공적이었다고 할 수 있는 반면, 역사적 앎에 관련해서는 한편으로는 규율화가 있긴 했지만 이 규율화는 비국가적 역사, 탈중심화된 역사, 투쟁하는 주체들의 역사를 막지 못했을 뿐만 아니라 [다른 한편으로] 투쟁, 몰수, 상호대결의 모든 방식을 통해 결국 이런 역사들을 강화했습니다(165~166/228~229).

불랭빌리에라는 사건 이후의 '역사'가 "본질적으로 반국가적인 앎"이라는 것은 "국가에 의해 규율화된 역사"도 포함한 모든 역사적 앎들이 본질적으로 '투쟁들의 역사'이며, 이런 의미에서 개개의 역사적 앎은 모두 예외 없이 그 내부에 투쟁적인 '이항적 분할'(64/97)을 내포하고 있다는 것이다. 즉, 어떤 역사적 앎이든, 그 한복판에는 근원적 '차이'나 '어긋남'이 해소할 수 없는 형태로 파고들었으며,[6] 이 근원적이고 해소할 수 없는 '차이' 혹은 '어긋남'이 각각의 역사적 앎에 그 내부로부터 정치적 힘을 부여하고 그것들을 투쟁의 항상적인 계속으로 인도하는 것이다. 또 바로 이렇기 때문에 역사적 앎들의 규율화는, 즉 역사적 앎들의 운동을 운동으로서 통제하고자 하는 내재적 권력의 경제는, 그것만으로는 충분하게 기능하지 않는다.

| 광학적 조작으로서의 '운동을 멈추는 것': 살아남은 법적-정치적 이론 |

지배/예속의 메커니즘은 철저히 운동 또는 '힘관계'를 낳는 권력의 경제이며, 이 때문에 그것만으로는 충분한 유효성을 가질 수 없다. 여기서 푸코가 지적하는 기묘한 사태가 발생한다. "[규율권력은] 정상적이라면 주권 이론이라는 이 거대한 사법적 구조물의 소멸 자체를 초래하는 것이었습니다. 그러나 실제로는 어땠냐 하면, 주권 이론은 이른바 '법권리'[법=권리]의 이데올로기로서 계속 존재했을 뿐만 아니라, 19세기 유럽이 나폴레옹 법전들 이래 갖추게 됐던 법전들을 계속 조직했습니다"(33/56). 즉, 지배/예속과 주권/복종이라는 두 이질적인 메커니즘이 겹쳐져 공존한다는 기묘한 사태가 발생한 것이다. 운동을 멈추지 않고 그것으로서 통제하려는 **내재적** 권력의 경제로서의 지배/예속의 메커니즘이 이와 정반대로 "운동을 멈추는" 것에 의

---

6) 바로 이런 의미에서 푸코의 작업은 '**문제**의 계보학'이지 '**해답**의 역사'가 아니라고 간주된다. 따라서 소수자적 앎들의 봉기란 해답들에 대한 문제들의 봉기이기도 하다. Michel Foucault, "À propos de la généalogie de l'éthique: Un aperçu de travail en cours"(1983), *Dits et écrits*, t.4: 1980-1988, Paris: Gallimard, 1994, p.386. [이것은 앞의 각주 1번에서 인용된 논문의 초판이다. 「윤리학의 계보학에 대하여」, 325쪽.]

해(즉, "한편으로는 주권의 정당한 '법권리들'**과** 다른 한편으로는 복종의 법적 의무를 부각시키기 위해"[24/43]) 통제를 행하려는 **초월적** 권력의 경제로서의 주권/복종의 메커니즘과 공존하게 된 것이다.

"왜 주권 이론은 이처럼 이데올로기로서, 그리고 대규모 법전들의 조직 원리로서 존속했을까요?"(33/56). 이렇게 묻는 푸코는 두 가지 이유를 드는데, 그 중 특히 우리의 관심을 끄는 것은 "지배의 사실과 그 귀결들을 배척"(24/43)하는 것이라는 이유이다. "주권 이론과 이 이론을 중심으로 한 법전의 편찬은 규율메커니즘에 법체계['법권리'의 시스템]를 덧씌우는 것을 가능케 했습니다. 이 법체계는 규율메커니즘의 [작동]방식을 은폐하고, 규율에 포함된 지배와 지배의 기술을 지워버리고, 마지막으로는 국가의 주권을 통해 자신의 고유한 주권적 권리를 행사한다는 것을 만인에게 보증했습니다"(33/56). 이와 마찬가지의 것을 이렇게 바꿔 말할 수도 있다. "규율적 구속이 지배의 메커니즘으로서 행사되는 동시에 권력의 효과적인 행사로서는 감춰져야만 했던 때부터, 주권 이론은 사법적 기구 속에서 주어지고, 법전들에 의해 부활·보완될 필요가 있었습니다"(33/57).

요컨대 운동을 운동으로서 통제하려고 하는 내재적 권력의 경제로서의 규율권력이 바로 그 본성 자체 때문에 충분히(혹은 결정적으로) 기능할 수 없었기 때문에, 그 기능을 보완하는 것으로서 **운동의 정지**라는 **외양**이, 혹은 이 외양의 고정성 속에 사람들을 포획하는 것이 필연적으로 요청됐다는 것. '힘관계' 그 자체로서 어떤 지배/예속의 한복판에서 근원적이고 항상적으로 포함되는 운동을 마치 멈춘 것처럼(혹은 마치 처음부터 존재하지 않았다는 듯이) 보여주기 위한 광학적 효과를 산출할 수 있는 자격이 있다는 점에서, 정치적인 것의 모든 것을 법적 차원으로 환원하는 것에 있는 "주권에 관한 법적-정치적 이론"(31/53)은 규율사회의 한복판에서 재활성화될 수 있었다는 것이다. "근대 사회에서 권력은 주권의 공법[공적인 '법권리']과 규율의 다형적 기제 사이의 이런 이질성의 놀이 자체를 통해, 이 놀이에서 출발해, 이 놀이 속에서 행사되는 것입니다"(34/57).

법적-정치적 주권 이론은 이것에 기초해 조직되는 '법권리' 시스템과 더불어 지배/예속의 힘의 장 위에 베일처럼 드리워지며, 이 동태적인 힘의 장을, 혹은 이 힘의 장의 운동성을 은폐하려 한다. 그리고 이렇게 함으로써 사람들은 정치적 권력의 구성이 마치 '법권리'의 '교환'(14/32)에 의해서**만** 이뤄지는 듯한 겉모습에 속게 된다. 즉, 우리가 겪고 있는 것은 끊임없는 투쟁의 동태적 과정이 아니라 어디까지나 투쟁을 끊임없이 해소하고자 하는 정태적 과정, 끊임없는 평화의 과정이라는 식의 광학적 효과가 산출된다는 것이다.

소수자적 앎들에 의한 봉기/반란을 끊임없이 계속해서 호소하는 1976년의 푸코에게는, 주권 이론이나 그 법적-정치적 담론들에 의해 몇 번이나 재생산됐던 이 광학 효과를 깨부수는 것이 엄청나게 중요한 관건이었다. 일본에 한하여 말한다면 "평화를 사랑하는 시민," "조화를 존중하는 민족"이라는 표상을 우리 스스로에게 부여함으로써 우리가 늘 이미 '전쟁기계' 또는 '야만인'(174 sq./238쪽 이하)임을 망각하도록 꾀하는 이 법적-정치적 광학 효과를 분쇄하는 것, 그리고 또 이렇게 함으로써 당시의 청중(그리고 오늘날의 독자)을 "운동과 등을 맞대고 살아가도록" 다시 인도하는 것, 바로 이것이야말로 1976년 강의(그리고 "사회를 보호해야 한다"라고 제목이 잘못 붙은 그 강의록)의 최대 관건인 것이다.

이렇기에 1976년의 푸코는 강의(그리고 그 강의록)에서 "전쟁이란 다른 수단에 의해 계속되는 정치이다"라는 칼 폰 클라우제비츠의 유명한 아포리즘을 몇 번이나 인용하며, 그때마다 이를 뒤집어 "정치란 다른 수단에 의해 계속되는 전쟁이다"라고 집요하게 반복한 것이다. 그리고 또 "문제는 클라우제비츠의 원칙을 뒤집은 것이 누구인가가 아니라, 클라우제비츠가 뒤집은 원칙이 무엇인가입니다"(41/66)라고 부연하고, 푸코는 클라우제비츠의 이 아포리즘이 우리를 탈-전쟁기계화한다는 점에서 어떻게 법적-정치적 주권 이론과 공범관계에 있는가를 집요하게 묻는다.

"정치란 다른 수단에 의해 계속되는 전쟁이다"라는 새로운, 혹은 오히려 클라우제비츠의 것보다 앞서 존재했다는 의미에서 '더 오래된' 이 원리, 푸코가 클라우제비츠라는 사건에서 파헤쳐낸 이 원리는, 따라서 오로지 우리를 운동 속에 말려들게 하는 것, 전쟁기계로서의 우리의 기억을 **지금 여기에** 불러내는 것에 존재 의의가 있다. 우리는 늘 이미 전쟁기계이다, **우리는 늘 이미 운동과 등을 맞대고 살아간다, 이것을 잊어서는 안 된다**, 푸코는 이렇게 말하고 있으며, 또 이점을 잊었을 때는 언제 어디서든 나를 읽어보라고, 『"사회를 보호해야 한다"』라는 책은 말하고 있다.

푸코의 발견에 따르면, "운동과 등을 맞대고 살아간다"는 것으로부터 우리를 끊임없이 계속 멀리 떼어놓고자 하는 최대의 적, '전쟁기계'로서의 우리에게 최대의 적은 클라우제비츠가 아니라 토머스 홉스이다. 실제로 푸코는 1976년 강의에서 클라우제비츠와는 도무지 비교되지 않을 만큼 자주 홉스의 논의를 도마 위에 올려놓고 집요할 정도로 홉스의 탈구축을 기획하고 있다. 푸코에게, **따라서** 우리 자신에게 홉스가 최대의 적인 이유는 무엇일까? 그것은 홉스만큼 웅변적으로 '운동' 혹은 '전쟁'을 말한 자가 달리 없기 때문이며, 하지만 또 이렇게까지 웅변적으로 말해지는 '운동' 또는 '전쟁'이 사실은 '운동'도 '전쟁'도 아니기 때문이다. 즉, 홉스는 '운동'도 '전쟁'도 아닌 것을 마치 '운동'이나 '전쟁'인 양 말함으로써, 다른 누구보다 강력하게 '운동'이나 '전쟁'에서 우리를 멀리 떼어놓고자 한 것이다.

말할 것도 없이, 문제가 되는 것은 "만인에 대한 만인의 전쟁," 즉 리바이어던의 구성에 앞선 것이라고 상정되는 동시에 리바이어던이 구성된 뒤에도 끊임없이 이것에 계속 위협을 주는 것으로서 상정되기도 하는 "[있을 수 있는] 모든 순간과 모든 차원에서 전개되는 전쟁"(77/113)이다. 푸코가 중시하는 것은, 무엇보다 우선 홉스가 주창하는 이 "만인에 대한 만인의 전쟁"이 실제로는 '전쟁'을 하지 않기로 해야만 비로소 성립할 수 있다는 점이다.

푸코에 따르면, 홉스 자신에 의해 '전쟁**상태**'라고 불리는 이 "만인에 대한 만인의 전쟁"은 '전쟁' **그 자체** 따위가 전혀 아니고, 어디까지나 '전쟁'의 **표상**에 지나지 않는다. 다만, 이 '전쟁상태'가 '전쟁'의 표상이라고 간주되는 것은, 그것이 이론상의 픽션이기 때문이 아니다. 푸코는 홉스가 주창하는 "만인에 대한 만인의 전쟁"이 픽션인지 아닌지 따위에는 전혀 관심이 없다. 물어야 할 것은 오히려 '전쟁'의 표상으로서의 이 '전쟁상태'가 실제의 권력행사 속에서 어떻게 작동하는가라는 것이다. '전쟁'을 하지 않는다는 것에 입각하는 이 '전쟁상태,' 혹은 그 홉스적 담론은 '전쟁'을 그 표상에 의해 치환함으로써, '전쟁' 그 자체를 은폐하고자 한다. 즉, 홉스는, "만인에 대한 만인의 전쟁"이라는 것을 상정함으로써, 있을 수 있는 모든 '힘관계'를 표상의 수준으로 몰아넣고, 우리를 이 표상 속에서 포획함으로써 우리가 '힘관계'의 장에서 투쟁하는 것을 저지하고자 기획한 것이다.

리바이어던의 탄생, 즉 주권/복종의 관계의 성립은 '전쟁'의 결과로서 있는 것이 아니라, 어디까지나 '전쟁'의 **표상**에 의한 효과로서 있다는 것. 더욱이 이미 탄생한 리바이어던에 관해서도, 즉 이미 성립한 주권/복종의 관계에 관해서도, 그것은 항상적으로 계속 운동하는 '힘관계' 한복판(즉, 지배/예속의 동태적 관계)에서 유지되는 것이 아니라 어디까지나 '힘관계'의 **표상**과 그 '위협'(80/117)에 의해 유지될 것이라는 것. 홉스에게 '전쟁' 혹은 '힘관계'는 이리하여 철저하게 표상의 수준으로 내몰리고, 역사 혹은 역사서술로부터 철저하게 쫓겨나는 것이다. 홉스가 자신의 주권 이론에 의해 구축하고자 기획하는 진정한 대상은, 오히려 필연적으로 '전쟁' 혹은 '힘관계'의 그것일 수밖에 없는 역사 **그 자체**라고 말하는 편이 좋을지 모른다. 홉스는 '계약'(85/125)의 일격을 역사의 기원에서 찾아냄으로써, 요컨대 '힘관계'의 표상 아래에서 그 위협에 떨고 있는 자들 쪽에서 자진해 체결된다고 간주되는 주권/복종의 계약을 역사의 시발점에서 찾아냄으로써, 역사로부터 그 운동을 늘 이미 빼앗고자 하는 것이며, 나아가 또한 역사의 이런 비-운동화, **즉** 비-역사화를 통해 모든 역사적 앎들을 그 정치적 힘으로부터 해제하려고 기획한 것이다.

봉기할 태세를 갖춘 역사적 앎들에 대해 홉스가 행하고자 하는 설득의 내사[상부어]는, 푸코에 따르면 다음과 같은 것이 된다. "당신이 그것을 원했다. 당신을 대표하는 주권을 구성한 것은 당신네들, 신민들이다. 그러므로 역사적 재평가를 통해 우리를 곤란하게 만들지 마라. 당신이 정말로 정복이라는 것이 있었다고 생각하고 싶다면, 정복의 끄트머리에서 당신은 여전히 계약을, 신민들의 겁먹은 의지를 발견할 것이다"(85/124~125).

| 선량한 미개인/사악한 야만인: '구성하는 힘들'에 관하여 |

우리는 홉스 등을 한 번도 읽지 않았지만, 어느새 홉스주의자가 되어버렸다. 우리는 적을 생각할 때, 결국에는 '법권리'의 차원에 자리잡게 된다. 우리는 정치를 결국에는 '법권리'의 차원에서, 혹은 이 차원에서**만** 생각해버리는 경향이 있다. 홉스적인, 즉 법적-정치적 광학 효과는 매우 강력하다. 이 법적-정치적 광학 효과 아래에서, 우리는 정치적 투쟁이 마치 '교환' 또는 '계약'의 질서에 속하는 것인 양 믿어버린다. 즉, 어떤 '법권리'를 획득하려면, 그 대가로 우리가 얼마간의 '자유'를 양도하지 않으면 안 된다는 듯이 결국에는 생각해버리는 것이다. 혹은 권력을 분석하려고 시도할 때에도, 우리는 결국에는 '법권리'의 차원에서, 즉 '교환'의 척도에 비춰서 권력을 분석한다. 또 홉스적 광학 효과 아래에서는 원초적인 '계약'의 일격에 의해 시작되고 끝나버렸다고 간주되는 **외양**의 역사(비-역사화된 역사) 속에서 우리는 자신들의 '투쟁들의 기억'을 단순한 '역사적 원한'이라고 결국에는 잘못 받아들여버린다. 단순한 '역사적 원한,' 요컨대 단순한 '앙심'인 한에서, 자신들의 여러 가지 역사적 앎에는 어떤 정치적 힘도 없다고 결국 우리는 믿어버리는 것이다.

이리하여 우리 속에 늘 이미 홉스주의적 경향이 있다는 것은 1976년에서도, 임의의 '오늘'에서도 전혀 바뀌지 않았다. 그렇기 때문에 1976년 강의(그리고 그 강의록)에서 푸코는 '법권리'로부터의 권력의 해방을, 혹은 오히려 **법적-정치적 '법권리' 이론으로부터의**

권력 분석의 해방을 우리에게, 즉 당시의 청중(그리고 오늘날의 독자)에게 반복해 집요하게 호소했던 것이다. 혹은 또한 그렇기 때문에 푸코는 권력 현상을 '교환'의 차원으로까지 끌어올려 설명하려고 기획한 홉스적 권력론을 '경제주의'(14/32)라고 비판하며, 권력 현상을 어디까지나 그 '투쟁'의 차원에서 **납작 업드려** 분석하고자 시도하는 불랭빌리에적 권력론의 '정치적 역사주의'(96/145)를 이것에 대립시키며 "역사주의자가 되라"(154/215)고 호소하는 것이다.

경제주의자란 누구인가? 푸코에 따르면, 경제주의자는 '미개인'이라는 별명을 갖고 있다. 그리고 이 경제주의자의 미개인에는 서로 다른 두 종류의 유형이 있다고 한다. 첫 번째 유형은 "계약을 맺고 사회를 창설하기 위해 숲에서 나온 미개인"이며, 두 번째 유형은 '호모 에코노미쿠스'[경제적 인간]이다(173/237). 첫 번째 유형의 미개인이 한 분석에 따르면, 정치권력은 "그 형식적 모델을 교환의 절차나 재화 유통의 경제 속에서 발견"하게 될 것이다. 이에 반해 두 번째 유형의 미개인, 즉 호모 에코노미쿠스가 한 분석을 따를 경우, 정치권력이란 "경제 속에서 자신의 역사적 존재 이유"를 발견하게 될 것이다(14/32). 그렇지만 이런 차이에도 불구하고 푸코가 양자를 모두 '경제주의자' 혹은 '미개인'이라는 하나의 동일한 범주로 분류하는 것은, 어떤 유형에서든 '교환하는 인간'이 문제이기 때문이다. 즉, 첫 번째 유형의 미개인은 "'법권리'의 교환자"이며, 두 번째 유형의 미개인은 "재화의 교환자"라는 것이다(173/237).

경제주의자의 미개인은, 첫 번째 유형이든 두 번째 유형이든 상관없이, 역사를 살고 있는 것이 아니다. 경제주의자의 미개인은 '반-역사주의자'(186/255)이다. 미개인은 어떻게 '반-역사주의자'가 되는

가? 호모 에코노미쿠스의 경우, 이야기는 훨씬 단순하다. 아무튼 호모 에코노미쿠스에게는 모든 것이 경제의 질서에 기초를 둔 것이기 때문이다. 호모 에코노미쿠스가 역사적 앎을 정치적 힘으로서 투쟁을 밀고 나아가는 일은 있을 수 없다. 호모 에코노미쿠스에게는 모든 정치투쟁이 곧 경제투쟁이며, '재화의 교환'을 둘러싼 투쟁이다. 반대로, "계약을 맺고 사회를 창설하기 위해 숲에서 나온 미개인"은 얼핏 봤을 때 역사 속에 발을 딛고 있는 것처럼 생각될 정도로, 이야기가 더 복잡해진다. 그런데도 이 첫 번째 유형의 미개인조차 '반-역사주의자'로 간주되는 이유는 무엇인가? 아주 간단히 말하면, "사회적 유형의 관계에 들어서자마자 미개인은 미개한 존재이기를 그치기" 때문이다(174/238). 즉, 숲에서 나와 어떤 사회체를 창설함으로써 역사 속에 들어서는 바로 그때, 그 미개인은 더 이상 미개인이 아니게 되기 때문이다. 따라서 미개인이란 **늘 역사의 바깥에 있는 자**이다.

도대체 어떻게 미개인은 늘 역사의 바깥에 계속 머물게 되는가? 푸코는 이를 설명하기 위해 'constitution'(이 프랑스어 명사에는 주로 '헌법'과 '구성'이라는 두 개의 의미가 있다)이라는 수행적인 말을 도입한다. 푸코에 따르면, 미개인이란 "정치와 역사의 구성점"이라는 '원-시간'[아주 먼 옛날]^{archi-temps}, 즉 스스로 숲에서 나와 역사=시간이 시작되는 그 순간에 처음이자 최후의 기원적인 "법권리의 교환"을 결정적으로 수립하는 자이다. 즉, 미개인에게 'constitution'은 어디까지나 군주와 그 신민들 사이에서 체결되는 법적 협약(172/234)으로서의 'constitution,' 즉 (일본어로 말한다면) '헌법'인 것이며, 이런 의미에서도 이것은 어디까지나 **구성된 것**이며, **구성하는 것**이 한 번이라도 없으면 안 된다. 경제주의자의 미개인은 역사의 시작으로서의 '구성점'에 **구성된 것**을 대신 놓음으로써 역사로부터 그 **구성하는 힘**을 미리 박탈하고 역사를 그 시작에서 **유산시키는** 것이며, 바로 이렇게 함으로써 역사의 바깥에 머무르고자 한다.

어떤 의미에서는 미개인도 투쟁하는 이항의 대립이라는 것을, 즉 상이한 두 항 사이의 근원적인 '차이'라는 것을 그 역사의 시작에, 즉 '구성점'에 상정하고 있다고 말할 수 있을지 모른다. 그렇지만 미개인은 이런 '차이' 혹은 '어긋남'을 해소되어야 할 것으로서만, 혹은 오히려 해소된 것으로서만 파악하고 있다. 미개인에게 'constitution'이란 바로 이런 '차이'를 해소하는 것, 혹은 오히려 **해소된 '차이,'** 곧 '해답'이다. 거꾸로 말하면 미개인이란 '문제'를 그 자체로 받아들이지 않고 늘 '해답'으로 환원해버리는 자, 즉 '차이' 그 자체 속에서 'constitution'의 힘을, 즉 구성하는 힘을 결코 발견하고자 하지 않는 자인 것이다. 미개인은 **해소된 '차이'**로서의 'constitution'의 역사의 '원-시간'에 자리잡음으로써, 즉 '차이'를 늘 이미 해소된 것으로 제시함으로써, '차이' 혹은 '문제'를 미리 결정적으로 무장해제시켜버리려고 기획하는 것이며, 더 나아가 이렇게 함으로써 우리를 모든 투쟁에서 멀어지게 하려고 기획한다.

우리의 역사는 시작과 함께 끝나거나 시작되지 않고 끝났다. 푸코는 이렇게 주장하는 경제주의자의 미개인들에게 이의제기하는 자로 역사주의자의 '야만인'을 소환한다(174/238). 혹은 푸코는 우리 모두를 **역사주의자의 야만인이 되는** 과정으로 끌어들이려 한다. 투쟁 혹은 투쟁의 계속은 우리가 역사주의자의 야만인인 한에서 가능해진다. 곧장 정치적 힘이 되는 역사적 앎들, 전쟁기계로서의 소수자적 앎들이란, 바로 이 역사주의자의 야만인의 것에 다름 아니다.

야만인은 미개인에 의해 제출된 모든 정식을 뿌리부터 뒤집는다. 야민인에게 "정치와 역사의 구성점"은 더 이상 '차이' 혹은 '어긋남'이 최초이자 최후로 결정적으로 해소되는 원점이 전혀 아니다. 오히려 정반대로 이 '구성점'은 '차이' 자체로서, 결코 해소되지 않는 기원적 '차이'로서, 즉 '해답'으로는 결코 환원되지 않는 '문제' 자체로서 있는 것이다. 즉, 역사주의자의 야만인은 역사의 '원-시간'에서 투쟁의 화해로서의 '계약' 혹은 '교환'이 아니라 투쟁 자체를 '근본적 투쟁'으로서 발견한다는 것이다(170/233).

야만인에게는 'constitution'도 미개인의 그것과는 완전히 다른 의미를 갖게 된다. 야만인에게 'constitution'은 더 이상 **구성된 것**(일본어로 말하면 '헌법') 따위가 아니며, 어디까지나 **구성하는 것**이다. 역사주의자의 야만인이란 **구성하는 것** 자체, 즉 **구성하는 힘** 자체로서 존재하는 '차이'나 '어긋남'을 '근본적 투쟁' 혹은 '근본적 힘관계'(172/235)로서 "정치와 역사의 구성점"에서 발견하는 자이다. 따라서 야만인에게는 역사에 시작도 끝도 없다. 단, 그 이유는 미개인의 경우처럼 역사가 시작되면서 끝나기 때문이 전혀 아니다. '차이'를 늘 이미 해소된 것으로 여김으로써 미개인이 늘 역사의 **바깥**에 머무는 것이라면, 반대로 '차이'를 결코 해소될 수 없는 것으로 여김으로써 야만인은 늘 역사의 **안**에 계속 머무르는 것이다.

야만인이란 시작도 끝도 없는 역사의 운동 한가운데에서, 아니 오히려 어떤 역사의 운동에서 늘 '중간'으로서 한결같이 계속 살아가는 자이다. 야만인은 "사회를 창설함으로써가 아니라 문명에 침투해 문명을 불사르고 파괴함으로써만 역사 속에 진입하는 것이다"(175/238). 경제주의자의 미개인에게는 '힘관계'의 해소로서의 '교환' 또는 '계약' 말고는 없으며, 이런 의미에서 "미개인은 늘 선하다"고 간주된다. 반대로, 역사주의자의 야만인에게는 '힘관계' 자체 말고는 없으며, 이런 의미에서 야만인은 "악랄하고 악독한 존재일 수밖에 없다"(175/239). 이렇게 단언하는 푸코는 반-홉스적이고 반-루소적인 이 사악한 야만인이 되라고 아무런 유보도 없이 우리에게 호소하고 있는 것이다. 혹은 느닷없이 출현한 공동 투쟁자 로베르 데스노스와 더불어, 야만인의 이 사악함을 자신의 것으로 삼으라고 우리에게 호소하고 있는 것이다(176~177/241~242).

미개인은 'constitution'이라는 것을 '힘관계'의 해소로서, '교환'에 의해 그 실제 작동을 한 번도 거치지 않고 사전에 '힘관계'를 해소하는 것으로서, 또는 **늘 이미 해소된 '힘관계'**라는 의미에서의 '교환'이나 '계약'으로서, 요컨대 '헌법'으로서 이해했다. 이에 반해 야만인은 'constitution'이라는 것을 '힘관계' 자체로서, 결코 해소될 수 없는 '힘관계'의 계속으로서, 요컨대 "한편으로는 주권의 정당한 '법권리들'**과** 다른 한편으로는 복종의 법적 의무를 부각"시키는 것이라는 의미에서의 '헌법'을 급진적으로 동요시키는 것으로서 이해한다.

바로 이로부터 역사주의자의 야만인에 관한 푸코의 가장 중요한 테제가 도출된다. 즉, 결국 **야만인이란 'constitution'과 'révolution'을 짝짓기시키는 자**라는 테제이다(172/235). 즉, 원래 천체를 필두로 한 어떤 사물의 '회전'이나 '공전'을 의미했을 뿐이던 'révolution'이라는 관념이 'constitution'이라는 다른 관념과 짝짓기되고, 또 다시 '힘들의 회전'révolution des forces으로 재파악됨으로써 정치적이고 투쟁적인 의미를 결정적으로 띠게 된 것은 다름 아닌 야만인 아래에서의 일이라는 것이다. 확실히 미개인 아래에서도 일종의 '회귀'를 볼 수 없는 것은 아니지만, 그것은 어디까지나 "낡은 법률들의 재확립," 즉 **구성된 것**으로서의 '헌법'의 회귀에 지나지 않는다. 이에 반해 야만인 아래에서 회귀하는 것은 **구성된 것** 따위가 아니라 어디까지나 **구성하는 것**으로서의 힘들, 즉 **구성하는 힘들** 혹은 이런 힘들 사이의 투쟁 자체로서의 '힘관계'인 것이다(172/235).

미개인은 **구성된 것**의 회귀 때문에 늘 역사의 **바깥**에 머무는 것을 목표로 삼지만, 이와 반대로 야만인은 **구성하는 것**의 회귀를 역사 자체 **안**에 비가역적으로 도입한다. 즉, 야만인은 **구성하는 것의 회귀**로서의, 혹은 **구성하는 회귀**로서의 '혁명'을, 그것 없이는 역사가 존재하지 않는 **역사의 필연**으로 삼는 것이다. 야만인에게 역사가 여러 가지 주기[순환 운동]를 따라 전개되는 것(172/235)이라고 말해지는 것은 바로 이런 의미에서이며, 그러므로 또한 이런 주기는 필연적으로 '투쟁의 주기'cicli di lotta이다.

그리고 '자유.' **구성하는 것**의 끊임없는 회귀의 역사를, 이런 의미의 '구성점'을 끊임없이 반복해 발견하는 것으로서의 역사를, 구성하는 힘들의 끊임없는 'révolution'(혁명)으로서의 역사를 살아간다는 것은 일체의 '자유'를 결코 내놓지 않는다는 것이기도 하다. "자신이 유지하는 권력과의 관계에서도 야만인은 미개인과 달리, 결코 자신의 자유를 양보하지 않습니다. 미개인은 남아돌 정도의 자유를 갖고 있으며, 자신의 목숨, 안전, 소유물, 재산을 지키기 위해 자유를 양보하기도 합니다. [하지만] 야만인은 결코 자신의 자유를 양보하지 않습니다"(175/238~239). 야만인이 살고 있는 '힘관계'의 장에서는, 이 장을 채우고 이 장에서 서로 싸우고 있는 모든 힘들이 **구성하는 힘**인 이상, 어떤 힘이 다른 힘에게 자신의 자유를 양도하는 사태가 있을 수 없다. 여러 논자들이 이미 수차례 인용해온 「주체와 권력」의 유명한 구절을 여기서도 재인용해야 할 것이다. 푸코는 이렇게 썼다.

권력은 '자유로운 주체들' sujets libres에 대해서만, 주체들이 '자유로운' 한에서만 행사된다. 여기서 '자유로운 주체들'이란 복수의 행동, 복수의 반응, 다양한 행동양식을 취할 수 있는 자리로서의 가능성의 장을 앞둔 개인적이거나 집단적인 주체들을 뜻한다. …… 따라서 권력관계와 자유의 불복종은 분리될 수 없다. 권력의 중심 문제는 '자발적 굴종' servitude volontaire이라는 문제가 아니다(어떻게 노예이기를 욕망할 수 있겠는가?). 권력관계의 한복판에서 권력관계를 끊임없이 '도발'하는 것은 의지의 완강함과 자유의 비타협성intransitivité이다. 본질적 '적대'antagonisme보다는 오히려 '경합'agonisme에 대해, 즉 상호적 인센티브incitation인 동시에 투쟁이기도 한 관계, 서로가 서로를 차단하는 상호대립이라기보다는 오히려 항상적인 도발provocation permanente이라고 불러야 할 그런 관계에 대해 말하는 것이 더 가치 있다.7)

역사주의자의 야만인이 자신의 '자유'를 일체 내놓지 않고, 따라서 그 자신이 구성하는 힘을 일체 내놓지 않고 살아가는 '힘관계'란,

---

7) Michel Foucault, "Le sujet et le pouvoir"(1982), *Dits et écrits*, t.4: 1980-1988, Paris: Gallimard, 1994, pp 237~238. [서우석 옮김, 「주체와 권력」, 『미셸 푸코. 구조주의와 해석학을 넘어서』, 나남, 1989, 313~314쪽. 이 글의 원문에 해당하는 영어판에서는 '적대'라는 단어 대신에 '자유'(freedom)라는 단어가 쓰였다. 또한 'incitation'은 보통 '촉진/자극'으로 번역되지만 여기서는 인용자(=히로세 준)의 의도를 감안해 인센티브'라고 옮겼다. 프랑스어 원문을 그대로 번역한 것이 아니라, 인용자가 표현하고자 한 바를 감안해 원문의 취지를 살리고자 했다.]

다시 말해 그 끊임없는 회귀가 역사를 전개시키는 '힘관계'란 "상호적 인센티브인 동시에 투쟁이기도 한 관계" 이외에는 아무것도 아닐 것이다. 그렇다면 야만인 아래에서 'constitution'과 짝짓기됨으로써 정치화되는 'révolution,' 다시 말해 '혁명'이란 어디까지나 힘들이 실제로 발동되는 한에서의 "항상적인 도발" 이외에는 아무것도 아닐 것이다. **당신이 당신의 자유의 비타협성을 갖고서 행하는 힘의 행사는, 그것이 제아무리 사소한 것이라고 해도, 그 모든 것이 곧바로 혁명적인 것이다.** 푸코는 우리에게 바로 이렇게 말한다. 이렇게 말하면서 푸코는 우리에게 '도발하는' 것이다.

| 도발의 도발: 야만의 힘을 해방하라! |

1976년의 푸코는 '예속된 앎들의 봉기'를 둘러싼 당시의 상황에 관해 대체로 다음과 같이 분석하고 있다. 봉기한 소수자들의 앎은 혹시 이제 '재코드화' 혹은 '재식민화'될 위기에 직면하고 있는 것이 아닌가? 이렇게 묻는 푸코는 이 '재코드화'에 두 가지 경우가 있을 수 있다고 시사한다. 물론 그 한 가지 경우는 이러저러한 기존의 '통합적 담론'에 의한 재코드화이다. 이 '통합적 담론'은 소수자적 앎들의 자격을 박탈하고 이런 자격의 박탈에 맞서 소수자적 앎들이 재등장하자마자 무시했지만, "이번에는 이 요소들[소수자적 앎들]을 자신들의 담론 속에, 그리고 자신들의 앎과 권력의 작용 속에 병합하고 다시 거둬들이려는 것이" 아닐까?(12/29). 그리고 다른 하나는 소수자적 앎들을 봉기시킨 '우리들 자신'이 이런 앎들을 재코드화하는 경우이다. 봉기한 소수자적 앎들을 기존의 여러 통합적 담론들에 의한 재코드화 기획으로부터 지켜내기 위해, 역설적이게도 "어떤 통일적인 담론을 우리 자신의 손으로 세워버릴 위험"은 없는 것일까?(12/30). 푸코는 이런 리스크를 지적하고 있다.

1976년의 푸코가 보기에, 봉기한 소수자적 앎들이 직면해 있는 리스크는 이런 '재코드화'나 '재식민화'만 있는 것이 아니다. 소수자적 앎들의 봉기라는 사건에 대한 기존의 통합적 담론 편에서의 '주의 깊은 침묵,' 또는 일종의 **사려**.* 푸코는 기존의 통합적 담론, 즉 '과학적'이기를 자인하는 담론에 의한 그런 '침묵,' '주의 깊음' 혹은 **사려**가 봉기한 소수자적 앎들을, 또는 소수자적 앎들의 봉기라는 사건 그 자체를 포위하고 있는 것은 아니냐고 지적하는 것이다(13/30). 그리고 푸코는 우리에게 주의를 촉구한다.

일단 그것이 하나의 싸움, 즉 과학적 담론의 권력 효과에 맞선 앎의 싸움이라고 한다면, 우리의 상대가 우리에게 겁을 먹었기 때문에 침묵하는 것이라고 여기는 건 너무도 낙관적인 태도일 것입니다. 이것이야말로 우리가 늘 염두에 둬야 할 방법론적 원칙이거나 전술적 원칙일 것인데, 상대방의 침묵은 그가 전혀 겁을 먹지 않았음의 징표일 수도 있습니다. 그러므로 제 생각으로는, 상대가 전혀 우리에게 겁을 먹지 않았다는 식으로 [생각하면서] 처신해야 합니다(13/30~31).

재코드화의 리스크, 특히 봉기한 소수자적 앎들 스스로가 행하는 이른바 '자기'-재코드화anto-recodage라고도 불러야 할 리스크, 그리고

---

* 푸코가 '사려'(prudence)라고 쓴 것을 일본어판에서는 '태도의 돌변'(ひらきなおり)으로 옮기고 있다.

국가과학의 침묵. 침묵에 의한 포위. 이 글에서 우리가 묘사하고자 했던 1976년의 푸코에 의한 '투쟁론'은 소수자적 앎들의 봉기라는 사건이 당시 경험하고 있던(그리고 아마 그 강의록을 읽은 독자 한 명 한 명의 '지금 여기'에서도 마찬가지로 발견될 것인) 이런 상황을 토대로 한 것이며, 바로 이 점을 출발점으로 삼아 전개된 것이다. 국가과학이라는 적 또는 권력이, 곧바로 정치적 힘이기도 한 소수자적 앎들의 압도적 봉기를 앞에 두고 그래도 여전히 평온과 **사려**를 꾸미며서 보여준다는 이 상황에서 소수자적 앎들은 지금까지 그랬듯이 계속 봉기/반란을 하는 것만으로도 좋을까?

이 질문에 대한 푸코의 대답은, 이 글에서 지금까지 봤듯이 단적으로 말해 "그렇다"이다. 소수자적 앎들의 봉기를 앞에 둔 국가과학의 침묵은 제아무리 '침묵'이라고 하더라도 아무것도 하지 않는 것이 아니다. 그러기는커녕 '침묵'은 **침묵한다**는 하나의 행동이며, (우리 혹은 우리의 행동에 대한) 어엿한 하나의 작용, 즉 하나의 '도발'이다. 침묵함으로써, 혹은 **침묵한다고 보여줌**으로써 적은 우리에게 무엇을 기대하는가? 그것은 소수자적 앎들의 봉기라는 전략 자체에 대해 우리가 의심하기 시작하는 것이다. 또 이 의심 때문에 봉기의 운동이 지지부진해지는 것이다. 혹은 더 나아가 침묵한다는 이 '도발'을 통해 적은 우리를 우리 자신에 의한 '자기-재코드화'로 인도하려 한다. 즉, 봉기한 소수자적 앎들이 소수자(비과학적인 것, 혹은 **반**과학적인 것)로 머무는 한, 적을 움직이게 할 수 없는 것이 아니냐는 의심으로 우리는 이끌고, 그렇다면 봉기를 이대로 계속하기보다는 오히려 자기-재코드화를 함으로서 적의 저 높음에 대응할 수 있는 '과학성'을 우리도 길러내야 하지 않을까라고 생각하게끔 이끄는 것이다.

그러나 푸코의 "그렇다"에는 이와는 다른 이유도 있을 것이다. 소수자적 앎들의 봉기에도 불구하고, 적이 '침묵'하기로 정한 것은 '힘관계'나 '권력관계' 같은 것이 어디까지나 '자유로운 주체들' 사이에 존재하기 때문이기도 하다. 소수자적 앎들의 봉기는 이것 자체가 적에 대한 하나의 '도발'이지만, 이것이 '도발'인 한, 적도 '자유로운 주체'이다. 푸코는 이것을 반전시켜 생각해야 한다고 우리에게 말할 것이다. 즉, 우리의 작용에 대해 적이 '침묵'하기로 정했다면, 우리도 적의 작용에 대해 침묵할 수 있다, 혹은 오히려 우리도 적이 침묵을 통해 우리에게 작용하는 것에 대해 완전히 '자유롭다.'

우리는 적의 '주의 깊은 침묵' 혹은 평온한 **사려**를 견딜 수 없어 '힘관계'의 장을 벗어나서는 안 된다. 유일한 '자유의 공간'으로서의 '힘관계' 또는 '권력관계'의 동태적인 장에서 "'법권리'의 교환"의 정태적인 장으로 투쟁의 무대를 옮겨버려서는 안 된다. 적이 가장 원하는 우리 쪽 반응이 바로 이것일지 모른다. 아무튼 '힘관계'의 장에서의 투쟁을 체념하고 "'법권리'의 교환"의 장을 향해 간 순간부터 우리는 우리들의 '자유'를 많든 적든 양도하게 되기 때문이며, 다른 한편으로 적은 '힘관계'의 장에 머무른 채 그 완전한 '자유'를 마음껏 행사할 수 있게 되기 때문이다. **구성된 것**으로의, 혹은 미개인이 되는 것에 대한 적의 항시적인 초대 혹은 '도발'에 맞서 우리는 **구성하는 야만인**이기를 계속하지 않으면 안 된다. 즉, **구성하는 힘** 자체로서의 야만인이기를 계속하지 않으면 안 된다.

푸코가 다음과 같이 말한 것은 바로 이런 의미에서였다. "규율에 대항해, 아니 오히려 규율권력에 대항해, 규율적이지 않은 권력을 추구하며 싸우기 위해 우리가 향해야 할 방향은 옛날의 주권의 '법권리'가 아닙니다. 반규율적이지만 동시에 주권의 원리로부터 해방된 새로운 '법권리'의 방향으로 향해야만 합니다"(35/59).

'교환' 또는 '계약'에 기초한 미개인의 '법권리,' 즉 우리가 지금 갖고 있고 여전히 그것밖에는 모르는 '법권리'가 아니라, '자유'를 전혀 양도하지 않는 야만인의 '법권리,' 즉 우리가 지금 갖고 있으면서도 아직 모르는 '구성하는 권력'potere costitutuente의 '법권리.' 미개인들은 "사회를 보호해야만 한다"고, 즉 "사회를 야만으로부터 보호해야만 한다"고 지금도 여전히 계속해서 격하게 말하고 있지만, 1976년 강의(그리고 그 강의록)에서 푸코가 우리에게 호소하는 것은 이것과는 완전히 정반대이다. **사회에 야만의 힘을 던져라. 사회 속에 야만의 힘을 불러들여라. '혁명이냐 야만이냐'가 아니라 '혁명과 야만,' 이것이 우리의 슬로건이다.**

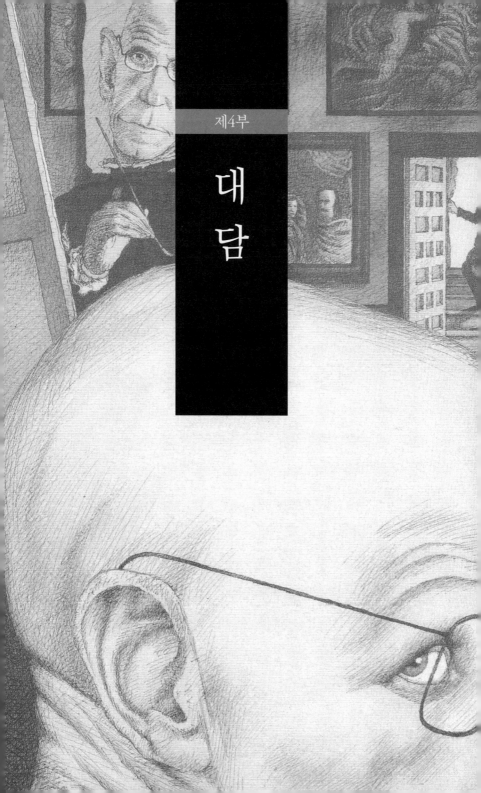

제4부

대
담

7 | 푸코, 펑크, 개
사카이 다카시, 시부야 노조무와의 대담
진행자: 세리자와 가즈야, 다카쿠와 가즈미

| 과거와 현재 |

진행자 오늘은 주로 다음의 세 가지를 중심으로 말씀해주셨으면 합니다. 첫째는『자유론』과『혼의 노동』*의 저자인 두 분께 후기 미셸 푸코, 특히 1970년대 후반의 푸코가 지닌 의의에 관해서입니다. 둘째는 '신자유주의'나 '자기책임' 등에 대해 널리 비판적으로 말해지고 있는 현재의 지점에서, 즉 그런 비판이 상투적인 것으로 되고 있는 가운데 두 분이 과거에 신자유주의에 대해 가했던 비판의 평가에 관해서입니다. 셋째는 현재를 사유하는 데 있어서 후기 푸코의 가능성, 그리고 새로운 전략의 수립을 둘러싼 전망에 관해서입니다.

이 세 가지 점은 각각 두 분이 해오셨던 작업의 과거, 현재, 미래라고 바꿔 말해도 상관없습니다. 가장 관심 있는 것은 미래라고 생각

---

* 酒井隆史,『自由論: 現在性の系譜学』, 東京: 青土社, 2001. [오하나 옮김,『통치성과 '자유': 신자유주의 권력의 계보학』, 그린비, 2011];渋谷望,『魂の労働: ネオリベラリズムの権力論』, 東京: 青土社, 2003.

합니다만 과거, 즉 지금까지의 작업과 1970년대 후반 푸코와의 관계부터 말씀해주시는 것이 매끄러울 듯합니다.

그리고 최근 들어 1970년대 후반의 푸코에 대한 1차 자료가 새로 보태졌습니다. 이런 자료 때문에 지금까지의 관점이 바뀌었거나 더 넓어졌다면, 이것도 모두 말씀해주십시오.

시부야 노조무(이하 시부야) 앞의 두 가지에 관해서는 조금 얘기하신 것 같네요. 우선 그 맥락에 관해 설명하고 싶습니다. 제 문제의식의 경우, 1990년대 당시의 일본에서 푸코 연구는, 저나 사카이 씨의 경우에는 복지국가 비판, 국민국가 비판 같은 맥락에서 이뤄졌습니다. 그 연장선에서 동원체제론 등이 주류가 됐죠. 지금은 신자유주의 비판이 상투적이게 됐다고 지적되지만, 당시에는 복지국가 비판이 상투적이었던 셈입니다. 우리가 신자유주의를 문제삼았던 이유 중 하나는, 선진국 분석의 경우 1980년대 당시 영국의 대처리즘 비판이라는 맥락에서 스튜어트 홀이나 앤드류 갬블 등이 행한 작업*을 참조했기 때문입니다. 이 사람들은 뉴라이트를 신자유주의와 신보수주의의 접합이라고 지적했습니다. 그 당시에는 오히려 신보수주의적 측면에 초점이 맞춰지긴 했지만 말입니다. 홀은 '대처리즘'이라는 말을 만들어내고, 이 새로운 정치의 역사적 종별성을 분석하고자 시도했습니다. 더욱이 영국의 사회학에서는 신자유주의적 분석과 밀접하게

---

* Stuart Hall, *The Hard Road to Renewal: Thatcherism and the Crisis of the Left*, London: Verso, 1988. [임영호 옮김, 『대처리즘의 문화정치』, 한나래, 2007]; Andrew Gamble, *The Free Economy and the Strong State: The Politics of Thatcherism*, London: Macmillan, 1988. [갬블의 책은 일본어로도 번역됐다. 小笠原欣幸 訳, 『自由経済と強い国家: サッチャリズムの政治学』, 東京: みすず書房, 1990.]

관련된 포스트포드주의 분석이 문화사회학에서 대담하게 받아들여 졌는데, 이것을 참조했던 것이 큰 요인이라고 생각합니다.

나아가 제3세계에서의 신자유주의 비판으로는, 특히 1994년 멕시코 사파티스타민족해방군의 봉기가 컸다고 생각합니다.

좌파적 맥락에서 신자유주의를 비판했다는 의미에서, 사파티스타민족해방군의 존재로부터 1980년대 라틴아메리카의 IMF 폭동 등에 도달할 수 있었습니다. 제3세계에서 신자유주의가 심해졌다는 인식이, 『임팩션』** 등 제3세계의 상황을 시야에 넣고 있는 좌파의 주위에는 이미 널리 퍼져 있었죠. 세계 상황이 이런데도 불구하고 일본에서는 복지국가 비판의 맥락에서 푸코가 사용되고 있었기에 이것이 아주 큰 문제라고 생각했습니다. 물론 근대 비판 같은 막연한 논리가 아니라 사회과학적 관점에서 푸코를 말하는 것의 의미는 컸다고 생각합니다. 또한 그것과 표리일체입니다만, 다른 한편으로 일본에서는 경제학자들의 복지국가 비판이 있었습니다. 노구치 유키오의 '1940년 체제론'처럼 일본적 경영이나 호송선단방식에 대한 비판***, 즉 신자유주의적 입장에서의 동원체제 비판, 복지국가 비판도

** 『インパクション』. 1979년 창간된 일본의 좌파 잡지.

*** 노구치 유키오(野口悠紀夫, 1940~)는 전후 일본의 경제구조가 군부에 의한 총력전 체제, 즉 **전근대적 민관일체**의 경직된 구조라고 비판하며, 이 구조는 성장에는 기여하나 변화에 적응하지 못하기 때문에 더 자립적이고 경쟁적인 경제 정책을 추진해야 한다고 주장했다('1940년 체제론'). 민관일체 체제의 예가 호송선단방식(護送船団方式)인데, 이것은 특정 산업에서 가장 힘이 없는 기업이 낙오하지 않도록 감독 관청이 그 산업 전체를 관리·지도하면서 수익과 경쟁력을 확보하는 정책이다. 1990년대 초 당시 일본 정부는 도산 위기에 몰린 일본 기업들의 부실채권을 정리하기보다는 특유의 호송선단방식 정책에 입각해 금융 지원을 늘려줬는데, 결국 이는 실물경제의 위축으로 이어졌다.

있었습니다. 일본경영자단체연맹의『신시대의 '일본적 경영'』*이 간행된 것이 1995년이니, 요컨대 사회과학자들의 복지국가 비판과 전지구화를 지향하는 경제학자들의 복지국가 비판이 벡터로서는 동일한 방향을 향했던 셈입니다. 나카타니 이와오** 등의 경제학자들은, 기업에 종속된 노동자가 아니라 자립적인 기업가$^{entrepreneur/起業家}$가 될 것이냐 아니면 자유계약자가 될 것이냐고 말했죠. 관리사회 비판의 맥락속에서, 당시의 푸코적 복지국가 비판과 신자유주의는 서로 친화력이 있는 상황이었습니다. [이처럼 일본에서는 복지국가 비판의 맥락에서 푸코가 사용됐기 때문에 거기에는 비판 대상으로서의] 신자유주의라는 어휘가 원래부터 없었다고 한 것입니다.

　그때 읽혔던 푸코는『감시와 처벌』전반부의 판옵티콘 분석을 중심으로 규율을 분석한 푸코입니다. 그에 반해『감시와 처벌』의 마지

---

* 新・日本的経営システム等研究プロジェクト,『新時代の「日本的経営」: 挑戦すべき方向とその具体策』, 東京: 日本経営者団体連盟, 1995.

** 中谷巌(1942~　　). 일본의 경제학자. 1998년 오부치 게이조 내각의 총리자문기관인 '경제전략회의'에 참여해 (신자유주의적) 구조개혁 추진 입장에서 정책 결정에 큰 영향력을 행사했다. 그러나 2008년에 발표한『자본주의는 왜 스스로 무너졌는가』와 같은 해『주간 현대』에 발표한 글을 통해서는 신자유주의 및 시장원리와 결별하는 모습을 보이면서 입장을 180도 바꿨다. 예를 들어 나카타니는 자신의 과거 발언을 자기 비판하면서 이른바 일본 정부의 '성역 없는 구조 개혁'을 비판하고 기본소득 도입 등을 제안했으며, 노동시장에서는 덴마크 모델을 따르자고 제언했다. 또한 전지구적 자본주의에 무제한의 자유를 부여하는 것이 아니라 일정한 규율을 마련해 제어할 필요성을 강조하고, 그 통제기관으로 세계중앙은행과 세계중앙정부의 설치를 주장하기까지 했다.『資本主義はなぜ自壊したのか:「日本」再生への提言』, 東京: 集英社, 2008;「小泉改革の大罪と日本の不幸: 格差社会, 無差別殺人──すべての元凶は〈市場原理〉だ」,『週刊現代』, 12月 27日号, 東京: 講談社, 2008. 나카타니의 이런 파격적인 '전향'에 대해 일본 지식인들은 각자의 입장에 따라 상이한 반응을 보였다.

막 장은 '감옥의 실패의 성공'이라는, 규율 분석에 대한 메타 수준의 분석에서 규율훈련에 대한 비판적 분석을 상대화하는 관점을 담고 있습니다. 이 마지막 장은 매우 알기 힘들었고, 사람들도 거의 읽지 않았던 것 같아요. 더욱이 이 마지막 장은 『성의 역사』로 연결되는데도, 당시에는 그 맥락이 이해되지 않았던 듯합니다.***

사카이 씨가 자세히 알고 있는 것 같은데, 영국의 연구에서 이를 다뤘던 것이 『경제와 사회』라는 잡지였습니다. 이 잡지는 당초 [루이] 알튀세르적 맥락에서 편집됐지만, 1980년대 후반 무렵부터 니콜라스 로즈나 피터 밀러를 중심으로 1970년대 후기 푸코의 통치성론을 사용해 신자유주의적 통치를 비판적으로 분석하는 작업을 시작했고, 이것이 상당한 영향력을 갖게 됐습니다. 1991년의 『푸코 효과』, 1995년의 『푸코와 정치이성』 등이 그 성과의 예인데,**** 이 책들은 규율훈련적인 직접적 통치가 아니라 기업가적인 자기의 산출을 통한, 이른바 시장주의적인 '자유'를 통한 간접적 통치를 문제삼았죠. 로즈는 좁은 의미의 신자유주의뿐만 아니라 [토니] 블레어적인 사회민주주의 노선도 사정거리에 넣어 비판을 전개했습니다.

또 호주에서는 조금 다른 맥락이 있었습니다만, 통치성론의 전개에서 우리의 안목을 키워주는 면이 있었는데, 가령 범죄학의 팻 오말

*** 이 부분은 푸코에게 있어서 '정상화'와 '규범화'의 구분이라는 문제와 결부되어 있다. 자세한 내용으로는 본서의 해제(특히 332·339쪽)를 참조하라.

**** Graham Burchell, et al., ed., *The Foucault Effect: Studies in Governmentality*, Chicago: The University of Chicago Press, 1991. [이승철 외 옮김, 『푸코 효과: 통치성에 관한 연구』, 도서출판 난장, 2014]; Andrew Barry, et al., ed., *Foucault and Political Reason: Liberalism, Neo-liberalism and Rationalities of Government*, Chicago: The University of Chicago Press, 1996.

리나『통치성』을 쓴 역사 연구의 미첼 딘 등이 있습니다. 최근에 딘은 조르조 아감벤과 후기 푸코를 대질시키는 작업을 했죠.*

모든 것을 '통치성' 안에 구겨넣는다는 우려도 없지 않습니다만, "푸코를 사용한다"는 의미에서 온갖 분야에서 사용되기 시작했죠. 가령 제가 참조한 것만 해도 의료나 공공의료[보건], 간호학, 아동복지, 노령학 등의 분야가 있습니다. [과거] 일본에서는 이런 분야에서 푸코를 사용하는 것은 생각조차 할 수 없었죠. 물론 현실적으로 이 분야들에서 신자유주의적 시장원리가 물밀듯이 밀려드는 상황에서 이를 비판적으로 분석하는 말이 필요했기 때문이라고 생각합니다.

하지만 또 다른 맥락도 있었습니다. 전 지구적 수준의 배제 문제, 예를 들어 선진국 도시의 하층계급under-class 문제 등은 [위의 연구 범위 안에] 들어오지 않았습니다. 나중에 말할 기회가 있을지 모르겠지만, 저는 사카이 씨와 같이 하는 연구회에서 트리시아 로즈의 힙합론**을 번역했을 때 힙합과 배제의 문제, 하층계급의 통치 문제, 경찰의 폭력[만행], 경찰의 괴롭힘harassment, 도시 폭동의 문제 등의 일련의 문제들을 생각하게 됐습니다.

---

* Pat O'Malley, *Risk, Uncertainty and Government*, London: Cavendish Publishing Limited., 2004; Michell Dean, *Governmentality: Power and Rule in Modern Society*, London: Sage, 1999; *The Signature of Power: Sovereignty, Governmentality and Biopolitics*, London: Sage, 2014. [김대근 옮김,『권력의 서명: 주권, 통치성, 생명정치』, 도서출판 난장, 근간.]

** Tricia Rose, "A Style Nobody Can Deal With: Politics, Stlye and the Post-industrial City in Hip Hop," *Microphone Fiends: Youth Music and Youth Culture*, ed. Andrew Ross and Tricia Rose, London: Routledge, 1994, pp.71~88; 渋谷望 訳,「手に負えないスタイル: ヒップホップにおける政治, スタイル, 脱工業都市」,『現代思想』, 第25券, 第11号, 東京: 青土社, 1997, 296~315頁.

사카이 다카시(이하 사카이) 시부야 씨도 지적했듯이, 원래 신자유주의를 '문제화'한다는 것 자체가 일본에서는 곤란했습니다. 여기에는 담론 외적 조건, 담론 내적 조건을 아울러 몇 가지 이유가 있다고 생각하지만 지금은 논외로 하겠습니다. 신자유주의에 초점을 맞추게 된데에는 그 이전에 벌어진 상황이 있습니다.

간단하게 지적하겠습니다만, 1980년대 나카소네 야스히로 정권 시대에 민활 노선,*** 구체적으로는 국철 분할 민영화, 그리고 임시교육심의회****이라는 형태로 나타나 그 당시 '국제화=국수화国粹化'로 표현됐던 사태가 진행되고 있었습니다. 그런 가운데 '신자유주의'라는 말이 등장했으며, 마거릿 대처와 로널드 레이건의 노선과 공통되는 새로운 사태가 진행되고 있음을 깨닫게 됐던 것입니다.

그러나 1990년대가 되자 버블 붕괴와 그 뒤의 불황 등의 사건을 배경으로 다양하게 생겨난 문제를 일본 사회의 고유한 결함과 그 개혁 등의 맥락에서 문제화하는 힘이 지배적이게 된 결과, 일본에서 일어나는 사태를 세계와의 동시대성에서 파악해간다는 풍조가 희박해져버렸다고 생각합니다. 영국의 문화연구에서는 홀 등이 대처주의와 신자유주의의 대두를 분석했는데, 이것은 영국에서 알튀세르파의 전개를 추적할 때 늘 마음에 걸렸던 것이기도 합니다. 언젠가는 일본에서 이것을 해야만 하는 것 아니냐고 생각한 것입니다.

*** 民活路線. 사전적으로는 "민간에서 힐력을 읽는다," 혹은 "민간의 활력을 이용한다"는 노선을 뜻하며, 이른바 민영화 노선을 가리킨다.

**** 臨時教育審議会. 1984년 일본 고등교육의 질 제고와 여러 학내 문제(왕따, 학내 폭력, 등교 거부 등)의 해결을 위해 설치된 총리직속 자문기구. 이 기구가 제시한 교육의 개성화와 다양화는 교육 기회의 '평등'이라는 기존 공교육의 이념과 양립하기 어려웠기 때문에 '신자유주의적'이라는 비판을 받았다.

다른 한편, 저는 푸코에 대한 법사상적 관심에서 프랑수아 에발드를 읽었습니다만, 거기서 규범과 법이 엄밀히 구별되고 이 구별이 결정적임을 알게 됐죠.『감시와 처벌』을 읽는 방식에도 새롭게 눈을 뜨게 됐습니다. [프랑스에서는] 에발드나 자크 동즐로처럼 푸코 주변 사람들의 작업에 촉발되어 1990년대 전반 무렵에는 사회학의 성립 기반 같은 것이 연구됐습니다. 즉, 사회권, 사회법, 사회보장 등 새로운 제도의 형성에서 보이는 **사회적인 것**의 형성 같은 추세 속에서 사회학이라는 지식의 성립 기반을 생각한 것이죠. 이처럼 프랑스에서 푸코적 문제설정의 전개 배경에는 역시 **사회적인 것**의 쇠퇴, 즉 복지국가의 해체와 신자유주의의 지배라는 추세가 있었던 셈입니다.

저는 이런 흐름이 아까도 언급한 영국에서 알튀세르파의 전개와 결부되어 있다는 것도 점점 알게 됐습니다. 그 한편에는 자본주의를 어떻게 파악하는가라는 문제축도 있었던 셈인데, 이에 관해서는 푸코를 따라가봤자 잘 알 수는 없으며, 앞서 언급한 두 개의 이론적 맥락[영국의 문화연구, 프랑스의 푸코적 문제설정]으로는 부족하다고 느끼고 있었죠. 그러나 이번에는 그것도 제쳐두겠습니다.

그러면 시부야 씨가 언급했던 하층계급의 문제에 대해 말해보겠습니다. 우리 두 사람 모두 흑인 음악 애호가라는 공통점이 있습니다. 그래서 둘이 함께 이런저런 조사를 하는 가운데, 현대 도시에서 계급적 양극화, 도시 재편, 혹은 젠트리피케이션,* 그리고 이것들을 따라서 섹슈얼리티나 배제 같은 측면에서 놀라운 사태가 진행되고 있음

---

* gentrification. 도심지에 살던 중산층 이상의 계층이 주거 비용의 상승 같은 문제로 노동자·하층민 거주 지역으로 이사해와 그곳 주민을 대체하는 현상.

을 보게 됐습니다. 이런 사태에 대해서는 힙합 문화를 통해 막연하게 나마 알고 있었지만, 그것이 여러 가지 이론적 전개나 신자유주의라는 하나의 실로 꿰어졌던 것입니다.

그리고 이런 것들이 1990년대 일본 사회에서 진행됐던 것과 오버랩된 셈입니다. 도쿄에서는 그야말로 '배제'에 의한 '정화'라고 불러야 할 사건이 자주 일어납니다. 굵직한 사건만 들더라도 요요기 공원에서의 이란인 배제, 아오시마 유키오 도지사에 의한 신주쿠역의 골판지촌 철거. 이것들뿐만 아니라 옴진리교 사건에서 시민법적 체계나 법절차를 간단하게 뛰어넘는 듯한 모습의 맹렬한 단속과 도시 공간의 관리 강화가 있습니다. 그렇지만 일본에서는 "9·11 이후 세계는 바뀌었다" 같은 모습으로 안전과 신자유주의, 계급적 양극해가 말해지게 된 분위기가 됐다는 생각이 듭니다만.

시부야 시대 구분의 정치라는 문제는 꽤 쏠쏠하다고 생각합니다. 여기서 시대가 확 바뀌었다는 이야기가 만들어지는 것입니다.

사카이 확실히 시기 구분에서는 개념의 엄밀함이 문제가 된다고 느낍니다. 예전에는 시기 구분이나 그 구분된 시기 사이의 이행이 큰 문제였습니다. 시기를 구분하려면, 예를 들어 맑스파라면 생산양식 같은 그 나름의 근거나 이론적 세련을 필요로 할 것이고, 이 점에서는 푸코도 비슷하다고 할 수 있습니다. 그렇지만 어느 때부터 언론을 크게 술렁이게 한 사고나 이 사건이 있었기에 이렇게 바뀌었다고 하는 듯한, '풍속적인' 시기 구분에 학문적인 담론노 변승하게 됐다는 인상도 받습니다. 물론 '풍속사'라면 이런 것이 의미가 있겠습니다만. 이것은 지적 담론이 마케팅이나 마케팅적 발상과의 경계를 잃어버리는 사태의 한 단면을 나타내고 있지 않을까요?

진행자 복지국가 비판은 사회적인 것에 대한 비판입니다. 왜 이것들은 테마로서 포개지지 않았을까요?

사카이 '사회'라는 용어 자체는 인간의 연결에 의해 구성되는 최소한의 조직체 같은 보편적인 함의를 갖고 있으면서도, [시기 구분 같은 식으로] 특정한 날짜를 지닌 합리성인 '사회적인 것'이라는 함의도 갖고 있는데, 일본에서는 대개 전자의 의미로 사용되죠. 여기에는 일본의 근대화 자체의 종별성과 관련된 문제가 있겠지만.

그러나 가령 법학을 조금 살펴보면 이보다 더 명확하게, 복지국가의 전환과 더불어 일본에서도 자유법에서 사회법으로라는 움직임이 큰 과제가 됐습니다. 요컨대 자유법과 사회법은 서로 이질적이라는 인식이 우선 있으며, 그로부터 사회법은 법일 수 있는가라는 물음도 나옵니다. 이런 상극의 한가운데서 사회법이, 권리의 면에서는 생존권을 포함한 사회권이 정착됩니다.

『성의 역사 1권: 앎의 의지』 마지막 장의 주요 부분입니다만, 생명권력의 등장과 더불어 점점 "법이 규범 혹은 규준으로서 기능한다"고 합니다. 이것은 원래 규범과 법은 이질적인 것으로, 법이 규범화된다는 것입니다. 이것은 법학의 영역에서 말해지는 자유법에서 사회법으로의 전개를 푸코가 생명권력론과 관련지어 재파악한 것입니다. 이렇게 보면, 법과 규범의 충돌과 푸코가 거기서 무엇을 관건으로 삼고 있는가가 보인다고 생각됐습니다.

시부야 헌법 얘기, 오히려 아감벤의 얘기로 연결될지도 모르겠습니다만, 일본에는 통치행위론이라는 것이 있습니다. 이 말은 프랑스어의 'acte de gouvernement'에서 나온 것으로, 푸코의 논의와도 관련되어 있습니다. 스나가와 사건*이 유명한데, 위헌 여부를 다투는 재판을 최고재판소가 고도로 정치적이라는 이유로 중지해버리고 행정에 전부 맡겨버린다는 이론입니다. 법원은 관여할 수 없는 정치적 영역이라는 것이죠. 이렇게 되자 미일 안전보장조약은 [일본] 헌법보다 상위에 위치하게 됩니다. 결국 헌법은 상대화되며 실효성이 없어져 버립니다. 일본 고등학생의 현대 사회 수업에서 이런 것을 '이론'으로 배우게 되면, 법은 별로 의미가 없다는 식의 냉소적인 태도가 생겨납니다. 법과 규범을 하나로 간주해버리는 풍토가 생겨난 데에는 이런 경험이 큰 몫을 차지했다고 생각합니다. 일본에서 '개헌'의 벡터는 헌법과 규범이나 도덕의 구별을 폐기하는 방향, 즉 법에 대한 냉소주의를 강화하는 방향으로 향하고 있습니다.

사카이 아감벤은 칼 슈미트를 거치면서 주권의 문제를 걸고 넘어지죠. 어려운 대목입니다. 저도 때마침 푸코적인 생명권력의 파악에 입각해 논의한 뒤, 주권을 어떻게 파악할 것인지를 생각하고 있었습니다. 이와 마찬가지로 푸코가 말하듯이 주권이 결국에는 '죽이는 권력'이라면, 주권은 현대에도 확실하게, 더욱이 새로운 모습으로 작동하는 국면이 있는 신자유주의적인 것이 지배하게 됨에 따라, 점점 더

---

* 砂川事件. 1957년 7월 8일, 도쿄도 스나가와(현재의 '다치카와시')의 미군 비행장(미군 기지) 확장에 반대하는 주민·학생 등이 미군 기지의 출입금지 철책을 부수고 기지 안으로 들어갔다가 그 중 7명이 미·일 간 주둔군지위협정에 따른 형사 특별법 위반 혐의로 기소된 사건. 1심을 담당한 도쿄지법은 "'일본 정부가 미군의 주둔을 허용한 것은 전력 보유를 금지한 헌법 9조 2항에 위배된다"며 전원 무죄 판결을 내렸다. 그러나 뒤이어 고등법원을 건너뛰고 이뤄진 최고재판소 심리에서 최고재판소는 "미일 안전보장조약 같은 고도의 정치적 문제에 대해 사법부는 판단하지 않는다"는 입장을 표명하며 1심 판결을 파기환송됐다. 이 사건은 이후의 안보투쟁, 전공투 운동의 원점이 됐다.

강력하게 작동되기 시작하고 있지 않은가라고 가정하면서 생각하고 있었습니다. 그래서 아감벤의『호모 사케르』를 읽게 되자 마침내 해결책이 제시된 것인가라고 생각했습니다. 그러나 아감벤은 너무 원리적이어서, 거기로 너무 끌려 들어가면 장치들의 편성과 변용이라는 계보학의 본분과 합치되지 않는 지점이 있습니다. 푸코는 대개 주권과 법을 옆줄로 연결합니다. 이에 대해 저는『자유론』에서, 거기서 [『호모 사케르』]는 법실증주의처럼 법을 파악하는 것이 너무 강한 것이 아니냐면서, 프리드리히 하이에크의 법 이론을 매개로 주권과 법을 일단 나누지 않으면 안 되는 것 아니냐고 생각해봤습니다. 이 점에 관해서는 그 뒤에도 생각이 그다지 깊어진 것은 아닙니다만.

1970년대 후반 푸코의 사유 전개를 매우 큰 틀에서 보면, 내치에서 발견된 근대 사회의 모태, 즉 사목권력의 장기간에 걸친 선線이 국가이성의 교설과 내치의 실천 속에 통합되고 "전체적이고 개별적인" 권력의 작용을 그려내는 과정 속에서 정치경제학을 효시로 한 신자유주의의 특이성이 주름처럼 작용하고 있습니다. 이것이 1978년 강의인『안전, 영토, 인구』의 통치성과 인도·대항인도 분석에서부터 1979년 강의인『생명정치의 탄생』의 자유주의와 신자유주의의 담론 분석으로 전개되는 모양새를 하고 있다고 생각합니다.

당시에는 이 대항인도 논의가 존재한다는 것을 몰랐습니다. 그랬기 때문에 이란 혁명에 대한 관심 속에서 푸코가 제시한 '봉기'라는 용어를, 자유주의의 속에 접힌 채로 삽입되어 앞 부분만 약간 드러내고 있을 뿐이었던 주름이 이른바 쭉 펴진 것이라고 파악했으며, 이 양자의 진폭 속에서 훗날 '자기'와 관련되어 자리매김되는 '자유'에 관해 생각해봤던 것입니다. 이런 점에서 보면 내치적인 것과 자유주의적인 것은 근대 국가 안에서 연속성과 단절을 수반하며 중첩되어 있는 셈입니다. 예를 들어 에티엔 발리바르 같은 사람은 푸코의 논의를 근거로 구체제인 내치에서 자유주의로의 이행에 연속성이 있다고 인정하면서도, 그런 이행을 촉진한 혁명 또는 그것을 에워싼 담론이라는 사건이 지닌 절단성을 강조합니다.

그러나 푸코는 그 연속성과 절단성을 규범과 법의 접합과 반발이라는 점에서 파악하고 있다고 생각해요. 가령 자유주의의 통치에서 규범과 법은 일정한 반발을 내재한 관계에 들어섭니다. 일본에서는 내치인 내무성적內務省的인 것이 근대화 이후 줄곧 비대화됐습니다. 이 경향은 계속되고 있으며, 내치적인 것과 본래 자유법이나 자유권을 전제로 이것들과 갈등을 빚으며 작동하는 제3세대의 권리인 사회권, 사회법이 맞물리고 있는 경향 아닐까요? 『생명정치의 탄생』에서의 '시민사회' 분석은 이 경향을 돌이켜 파악한다는 의미에서도 중요하다고 생각합니다. 지금도 일본 사회는 법이 규범화되어가는 것이나 그 사이에 끼여 있는 일종의 틈새 같은 것에 둔감합니다.

진행자 전후 민주주의는 내무성적인 것에 대해 근대적인 것을 대립시켰습니다. 일본의 좌파에게는 근대적인 것에 대한 동경이 강하게 있으며, 이것이 1990년대 중반 이후의 신자유주의를 지탱했던 부분도 있습니다. 입지를 정하기가 어렵죠.

사카이 그렇죠. 강단 좌파적인 것의 강력함이랄까요.

진행자 그 와중에 기업사회 비판이 이뤄져야 됐다고 생각합니다만.

시부야 조금 전에 사카이 씨가 말씀하신 국철 민영화와 관련된 문제라고 생각합니다만, 일반적으로 기업사회 비판론에 따르면 기업사회가 완성됐다고 간주된 것은 1980년대입니다. 즉, 일본관공청노동조합협의회에서 힘을 갖고 있던 총평[일본노동조합총평의회]계 좌파를 민영화에 의해 주변화시키고, 그 결과 완성된 것이 기업사회라는 식의 설명입니다. 즉, 사회적인 것이라고 똑같이 일컬어지기는 합니다만, 이것은 사회민주주의적이고 복지국가적인 타협으로서의 유럽의 사회적인 것이 아닙니다. 기업사회가 담보했던 사회적인 것이 유럽의 사회적인 것과 등가였다고 말하기는 어렵습니다. 왜냐하면 동일노동, 동일 임금을 전제로 한 복지국가와 달리, 일본의 기업사회에서는 대기업을 중심으로 한 임금 격차가 뚜렷하게 존재했습니다. 또 구마자와 마코토가 지적하듯이, 이미 기업 내에 경쟁 원리가 내장된 시스템에서는 과로사 등이 문제가 됐습니다. 오히려 일본의 복지국가화는 1970년대의 혁신자치 세력이 인솔했던 측면이 강합니다. 요컨대 1970년대는 사회적인 것을 둘러싼 다툼이 있었습니다. 즉, 한편으로는 더 큰 사회 격차나 더 엄격한 위계질서를 갖춘 기업사회적 방향과, 다른 한편으로 더 보편주의적인 혁신자치체적 방향 사이의 다툼이 있었던 것입니다. 후자가 1980년대에 궤멸됐습니다. 그 결과 보편주의적인 복지국가적 방향은 한정됐으며, 나머지 부분만을 보장하는 '일본형 복지사회'로 쪼그라들었습니다. 1980년대는 기업사회의 '완성'인 동시에 신자유주의의 '개시'라고 할 수 있습니다.

| 인도와 대항인도 |

사카이 1차 자료를 통해 드러난 푸코의 관점 변화라는 문제에 관해 말하면, 권력론에서 윤리로의 이행기에서 푸코가 어떻게 사유를 전개해왔는가를 분명하게 드러낸 것이 1970년대 후반의 강의들입니다. 특히 자유주의와 신자유주의 분석은 1979년 강의 『생명정치의 탄생』에서 전개됐지만, 그래도 역시 1978년 강의 『안전, 영토, 인구』의 '대항인도' 개념이 큰 역할을 했다고 생각합니다.

『안전, 영토, 인구』는 법체제, 규율기구, 안전장치, 이렇게 권력의 기구를 세 가지로 구분해 설명하는 것부터 시작합니다. 『앎의 의지』와 높은 연속성을 지닌 1976년 강의 『"사회를 보호해야 한다"』의 끝부분에서 '인구'와 관련되어 제시된 거시권력과 미시권력의 복합체인 생명권력의 문제설정이, 인구에 더욱 중심을 두면서 안전장치로서 전개된 셈입니다. 특히 『안전, 영토, 인구』의 4강에서는 '통치성' 연구 기획을 분명하게 말하며, 이 통치성이라는 계기의 내적 논리에 의해 이끌려 푸코의 사유는 장기지속을 추적하는 듯이 보입니다. 이미 고백 분석에서 나타났지만, 사목권력의 문제설정은 푸코가 애초에, 특히 『앎의 의지』나 그 시점時点에서 『성의 역사』 전체를 구상했던 것에서 나타난 생명권력의 문제와는 간극이 있는 셈입니다.

『감시와 처벌』의 규율권력에서 『앎의 의지』의 생명권력으로 이어지는 흐름 속에서 왜 이 사목권력의 문제가 나왔는지에 관해 당시의 저는 유추 이상의 것은 잘 알지 못했습니다. 하지만 지금은 분명합니다. 흔히 푸코는 윤리의 문제로 옮겨가 그리스로 회귀했다고 말해지곤 합니다만, 사실 이것보다 전에 이미 사목권력이라는 문제설정이 등장했을 때부터 푸코는 고대 그리스에 직면했습니다. 즉, 푸코는 사목권력이 도입괴 도입 이진, 사목권력과 전前-사목권력에서 고전-고대의 로마-그리스 사회의 방향으로 시선을 옮기고 있었으며, 이런 사목권력의 '혼의 인도' 속에 발견됐던 것이 '인도'이고, 나아가 '대항인도'의 개념이었던 것입니다.

'인도' 개념은 『안전, 영토, 인구』의 8강에 등장하는데, 푸코는 곧바로 사목권력의 위기에 관한 논의를 거쳐 '인도의 봉기' 같은 개념을 음미하는 것으로 옮겨갑니다. 그리고 '인도의 불복종' 등과 같은 몇 가지 개념을 두루 살핀 뒤에, '대항인도'라는 개념에 이릅니다. 이런 점에서 생각하면, '인도' 개념은 '대항인도' 개념 없이는 있을 수 없다고 할 수 있습니다. 거기서는 권력과 권력에 대한 저항을 동시에 생각하는 것, 혹은 『앎의 의지』의 "권력이 있는 곳에는 늘 저항이 있다"라는 언명을 실체화하는 것, 즉 [푸코의] 권력론에 늘 따라다녔던 '막다른 골목'에서 탈출하는 것이 시도됐던 것입니다. 이 선이 이른바 자기와 관련된 윤리의 문제설정으로 전개됐던 셈이죠.

그러나 여기까지 전개되지 않은 강의에서, 가령 그리스도교적 사목권력의 역사 속에서 '대항인도'로서의 수덕주의ascétisme가 지닌 기능을 분석했던 점 등을 보면, 권력이 작동하는 평면을 '대항인도' 분석이 얼마나 가역성과 변동성으로 넘쳐나게 하고 있는가를 알 수 있죠. 『자유론』에서도 언급했지만, 푸코의 1976년 강의가 매우 스릴 넘친다는 느낌은 1978년 강의에도 들어맞습니다. [즉] 분석의 방법 수준과 대상 수준의 사유가 뒤범벅되어 있죠. 1976년 강의는 권력에 관한 방법론의 검토라는 모습으로 전쟁 개념이 적합한지를 음미하던 중에 생명권력의 계보학의 문제설정으로 어느새 미끄러져 들어갑니다. 그리고 점차 전쟁 개념이 권력에 관한 방법론에 적합하지 않다고 판단을 내리며, 이 개념은 사라져갑니다. 이와 비슷한 일이 1978년 강의에서도 일어납니다. '인도'는 분명 역사적이고 개별적이라고, 즉 그리스도교가 발명한 것이자 혼의 인도라는 기술 속에서 처음 등장한다고 말하지만, 어느새 이것은 권력 분석 자체의 상당한 일반성을 띤 개념으로 확장됩니다. 사목권력이라는 대상 수준의 분석이 방법론으로 튀어 되돌아오는 듯한 형태로 전개되는 것입니다.

통치성 개념도 그렇죠. 통치성 개념이 푸코의 '정치' 개념에 뚜렷한 위치를 부여하게 된 것은 1978년 강의에서인데, 이 점이 중요합니다. 자크 랑시에르 등도 "모든 것이 정치적이라면 모든 것이 정치적이지 않다"는 식으로 푸코의 모순을 날카롭게 지적했지만, 『안전, 영토, 인구』에 붙은 「강의정황」에 인용된 푸코의 노트를 보면,* 이런 비판에 대해 푸코는 일정하게 대답했습니다. 푸코는 슈미트 등도 검토하며 통치성 분석이 "모든 것은 정치적이다"를 함축하기는 하지만, 그것은 그 자체로 정치적인 것은 아무것도 없으며 모든 것은 정치적으로 될 수 있다는, 정치화될 수 있다는 뜻이라고 말합니다. 즉, 정치la politique는 통치성에 대한 저항과 더불어 나타나는 셈입니다. 아까도 말했듯이, 푸코는 '대항인도' 개념을 택할 때 봉기나 불복종이라는 말도 검토했습니다. 또 이 무렵의 푸코가 이란 혁명 당시 "봉기는 무용한가?"라고 물었던 까닭도, 엄밀하게 말해 그가 모종의 개념들을 벼려내는 가운데 말하고 있기 때문이라는 점을 알겠더군요.

진행자 푸코의 1970년대 후반에 관해 강의들과 그밖의 것도 참조해 『자유론』을 쓰신 것인데, 이제 단순히 '신자유주의 비판'이라는 것이 아니라 뭔가 한 가닥의 실이 보였다는 것입니까?

---

* Michel Foucault, *Sécurité, territoire, population: Cours au Collège de France 1978-1979*, éd. Michel Senellart, Paris: Gallimard/Seuil, 2004, pp.408~409. [오트르망 옮김, 『안전, 영토, 인구: 콜레주드프랑스 강의 1978~79년』, 도서출판 난장, 2011, 530~531쪽.]

사카이 힘관계의 조절자인 동시에 저항 혹은 창조의 장이기도 한 장치들을 분석한다는 푸코의 사유 대상에 입각해보면, 원래 '신자유주의 비판'은 부차적인 것입니다. 원래 『자유론』에서도 이렇게 말할 생각이었습니다. 푸코는 신자유주의가 이렇게 세계를 석권하기 전에 죽었습니다. 방금 법과 규범을 엄밀하게 구별함으로써 관건이 됐던 것에 관해 얘기했습니다만, 좀 더 자세하게 말하면 『자유론』에서는 이 규범의 이론적 위치 변화가 푸코의 1970년대 후반의 사유 전개에서 중심적인 위치를 차지하고 있다고 생각해봤던 것입니다.

미안하지만 약간 반복해서 말하고 싶습니다. 『감시와 처벌』에서 규범 개념은 한편으로는 법과는 이질적인 것으로서 등장하며, 감옥과 형법처럼 '가시적인 것'과 '언표가능한 것'이라는 두 가지 레짐의 이질성과 이것들의 특정한 방식에서의 역사적 편성, 즉 장치라는 관점에서 분석의 장을 엽니다. 하지만 다른 한편으로는 규율에 종속되는 형태로만 나오죠. 『"사회를 보호해야 한다"』의 초반부에서 규범은 '규율적 규범'이라는 모습으로 『감시와 처벌』의 연장선에서 나타나지만, 강의 마지막에 이르면 규범은 규율에 종속되는 것이기를 그치게 되며 규율과 또 다른 것, 즉 새롭게 나타난 인구와 관련된 거시적 권력장치 사이를 순환하기 시작합니다. 이때 안전장치가 법·규율과 나란히 나타나는 『안전, 영토, 인구』의 서두가 이미 예고됐죠. 이 강의에서는 규범[화]과 정상화에 관해 꽤 자세한 정리가 이뤄집니다.*

---

* 푸코는 이 강의에서 '규범[화]'(norm[ation])와 '정상화'(normalisation)를 명료하게 구별하려고 노력한다. Foucault, *Sécurité, territoire, population*, pp.57~65. [『안전, 영토, 인구』, 89~101쪽.] 본서의 해제(특히 332~339쪽)도 참조하라.

규범과 법의 구별에는 어떤 의미에서 "위로부터의 포스트-1968년"을 집약한 표어라고도 할 수 있는 '법과 질서' 정책에 대한 푸코 나름의 비판이 함축되어 있습니다. 더욱이 이 구별의 틈새에 '대항인도' 개념이 겹쳐지면서, 푸코의 발걸음은 자유주의 비판을 향해 나아가고 또 윤리에 이르게 되는 궤적을 그린다고 생각합니다.

진행자 『안전, 영토, 인구』의 흐름을 보면, 맨 처음 '통치'와 '통치성'이라는 이야기를 하고, '통치성'이라고 해서는 알기 힘들다고 하면서 '인도' 또는 '대항인도'가 나오는 모양새인데요, 사카이 씨는 푸코의 [통치성 논의] 안에 '인도'가 있을지도 모른다고 생각하시는 것입니까? 논의의 흐름 자체는 통치성론에서 사목·사목제도에 관한 논의, 그 뒤에는 '인도'에 관한 논의로 이어지는 순서인데요.

사카이 예. 사목권력이 나타나고, 그 장기지속의 지역적·사건적 변이체의 하나로 통치성이 나타나며, 거기서 '인도'가 나온다는 흐름이죠.

진행자 그렇군요. 그 '인도'가 결국 우여곡절을 거쳐 내치로 흘러 들어가는, 즉 국가권력에 통치성이 흘러 들어가는 흐름이네요. 단, 이 논의를 새롭게 볼 때 어쩌면 '대항인도'가 핵심이라는 말이군요.

사카이 그리고 이 계기는 곧바로 접어지게 되며, 이후의 전개를 촉진하는 공백의 요소로서 머물게 됩니다. '대항인도' 개념은 이듬해의 강의 『생명징지의 탄생』에서는 사라져버립니다.

| 1970년대에 관하여 |

사카이 저는 줄곧 1970년대에 관심이 있었습니다.

진행자 그것은 고도 성장기 이후를 뜻하는 것입니까?

사카이 제가 크게 염두에 둔 것은 1968년 이후입니다. 『자유론』[의 논의]도 1970년대에서 시작합니다. 의도적으로 이렇게 구성했습니다. 질 들뢰즈와 펠릭스 가타리는 "1968년 5월은 일어나지 않았다"고 말합니다. 여기서 '5월'은 역사의 바깥 같은 순수한 '사건'으로 파악되고 있습니다.* 질문되는 것은 현실에서 일어난 '5월'을 특권화하는 것이 아니라, 물론 이것은 알랭 바디우의 용어입니다만, 이 '사건성'에 충실하는 것입니다. 가령 포스트-1968년이 '5월'이라는 사건의 제도화 과정이기도 하다면, 그 '사건'성을 어떻게 제도에 반향시키는가, 그 제도가 어떻게 사건에 열려진 것인가가 질문됩니다. 어떤 의미에서 1980년대 이후에는 1968년에서 나온 흐름이 신자유주의라는 제도로 통합되면서 현동화되어버렸습니다. 이렇게 코드화되기 이전에는 유동적인 상황입니다. 이런 상황에서는 선이 어느 쪽으로 갈라지는지 아직은 모릅니다. 역사[학]를 하는 많은 사람들이 공유하고 있는 동기입니다만, 바로 이때가 재미있거든요.

푸코는 지식인의 작업에 관해 자주 이렇게 말합니다. "[현재를] 존재하지 않을 수 있는 것처럼, 실제 있는 것대로 존재하지 않을 수 있는 것처럼 나타나게 만들면서 말한다는 의미에서 …… 바로 그 때문에 제가 보기에 역사에 의존하는 것이 의미를 갖는 것은 …… 역사가 언제나 그랬던 것은 아님을 보여주는 기능을 갖고 있는 한에서입니다"(「구조주의와 포스트구조주의」).** 푸코의 이런 발상은 칼 맑스

---

* Gilles Deleuze, "Mai 68 n'a pas eu lieu"(1984), *Deux régimes de fous : Textes et entretiens 1975-1995*, Paris : Minuit, 2003, pp.215~217.

가 말하는 '승자의 역사,' 지금 식으로 말하면 '성공한 집단의 역사'
일 수밖에 없는 역사와는 '정반대로' 역사를 파악하는 방식입니다.
신자유주의적인 것이 헤겔주의적인 '역사의 종언' 담론과 결탁하고
있는 것은, 이것이 담론 구조의 수평축에서는 갈등을 배제하고 수직
축에서는 역사적으로 목적론이라는 형태를 취하기 쉽다는 것을 시
사합니다. 그것이 아까 시부야 씨가 "시대 구분의 정치"라고 표현하
셨던, 어떤 시기부터 지배적이게 된 지적인 말투에서 나타나는 시대
의 도표화와 쉽게 친화력을 갖게 된다고 생각합니다. 거기서 나타나
는 것은 지금 실제로 있는 것에 공헌하는 한에서의 과거, 즉 현재라
는 목적에 종속된 과거입니다. 그래서 "없었던 것으로 간주된 것"이
쌓여서 폐기된다는 것입니다.

　신자유주의적 담론에서 수평축에서의 갈등 부재는 수직축에 투
영되며, 목적론을 이른바 메타 수준으로까지 끌어올려 강화해가기에
이 폐기는 철저해집니다. 바로 그렇기에 발터 벤야민이 말한 '넝마주
이'로서의 역사가 또는 이론가의 비유가 지금처럼 중대한 의미를 띠
는 때도 없을 겁니다.*** 지금 도시에서는 '넝마주이'조차 금지시키
려는 조례가 등장하고 있습니다. 지금 비판적 담론은, 이런 물질적 경
향의 무의식적 반영을 절대적으로 거부해야 한다고 생각합니다.

** Michel Foucault, "Structuralisme et poststructuralisme"(1983), *Dits et écrits*,
t.4: 1980-1988, Paris: Gallimard, 1994, p.449.

*** "지팡이로 헤집어 이야기의 누더기와 언어의 자투리를 찾아내는 꼭두새벽의
넝마주이 …… 혁명의 날 꼭두새벽에 일하는 넝마주이." Walter Benjamin, "Ein
Außenseiter macht sich bemerkbar: Zu S. Kracauer,)Die Angestellten《"(1930),
Gesammelte Schriften, Bd.III, Frankfurt am Main: Suhrkamp, 1972, p.225.

진행자 1970년대에 경제 영역에서 포스트포드주의가 진척될 때, 문화 영역에서는 대항문화적인 것을 계승해 다양성에 개방적인 흐름이 있었죠. 이런 흐름이 결국 신자유주의적인 것으로 회수된다는 도식처럼 들리겠지만, 지금은 1970년대의 다양성 같은 것을 말하기 힘든 상황입니다. 우리는 그 가능성에 여전히 연연해야 하나요?

사카이 좀 전에 인용하신 푸코의 발언입니다만, 푸코는 여기서 이런 말도 합니다. "오늘날이 무엇인가에 관해 진단한다는 이 기능 ……은 단순히 우리가 무엇인가를 특징짓는 것에 있는 아니라 오늘날의 연약한 선을 따르면서, 어디에 의해 현재가 더 이상 현재가 아닐 수 있는지를 파악하는 것에 이른다는 점에 있습니다."* '회수'라는 표현으로 표시되는 통합의 작용이 있는 한편, 이제 아무리 통합 속으로 진압된 것처럼 보이더라도 과거 속에 내포된 힘의 선이나 그 갈등은 여러 가지로 모습을 바꾸고, "연약한 선"을 그리면서 아직도 존재합니다. 그렇기 때문에 아직도 그것은 우리의 신체를 관통하고 있습니다. 이것을 더욱 벌거벗길 필요가 있다고 생각합니다.

말할 것도 없지만, 이것은 1970년대만의 문제가 아닙니다. 신자유주의를 문제삼으면 아무래도 포스트-1968년이라는 문제에 초점을 맞추기 쉽지만, 우리의 신체에는 다양한 시간성을 내포한 채 지속되는 여러 가지의 힘의 선들이 관통하고 있습니다.

진행자 한편으로 오늘날에는 길거리에서 춤을 추는 바보는 되고 싶지 않다는 분위기가 매우 강해지고 있습니다. 혹은 초등학교와 중학

---

* Foucault, "Structuralisme et poststructuralisme," pp.448~449.

교에서는 프리터**가 되지 말라고 교육하고 있죠. 이 와중에 새로운 노동의 존재방식 같은 것을 묻는 것이 어려워지고 있습니다.

시부야 사회적으로는 프리터가 필요하다고 하면서도, 다른 한편으로 나태한 프리터는 안 된다는 교육이 이뤄지는 모순, 혹은 프리터적인 삶의 방식도 있다고 부추기면서 우리 아이는 프리터로 만들지 않겠다는 경영자나 정치가들의 모순. 마이클 무어가 지적했듯이, 이라크 전쟁을 부추겨 놓고는 자기 아이는 전쟁터에 안 보내는 정치가와 어딘가 닮았습니다. 안토니오 네그리와 마이클 하트가 '공통성'이나 '공통적인 것'이라고 말합니다만, 사회 전체가 부를 생산하고 있다는 논의가 있습니다. 기본소득 이야기로 이어질지도 모르지만, 이런 의미에서 니트***나 노숙자도 정보화사회나 지식, 친밀한 관계성, 커뮤니케이션의 방식 등 사회적인 자연으로서 협동적으로 생산하며, 이것 없이는 공식적인 '노동' 자체가 성립될 수 없습니다. 이른바 기업은 좋은 곳에 자리잡고 모종의 수탈을 하고 있다는 논의입니다. 파울로 비르노가 말한 이런 '전개체적인 생산,' '전개체적인' 정치나 지식의 존재방식 같은 것이 있는데도 불구하고,**** 그것을 개인의 문제로서 자기 책임으로 돌려버리는 경향이 일본의 경우는 강합니다.

** freeter(フリーター). '자유로운'(free)과 '아르바이터'(arbeiter)를 합성한 신조어. 특정 직업을 갖지 않고 평생 아르바이트만으로 생계를 이어가는 사람들을 지칭하기 위해 1985년부터 일본에서 처음 사용됐다.

*** NEET(ニート) '교육, 고용, 직업훈련에 참여하지 않고 있는'(not in education, employment or training) 사람들을 지칭하는 말. 보통 "일하지 않고, 일할 의지도 없는 청년 무직자"를 뜻하는 단어가 됐다.

**** Paolo Virno, *Grammatica della moltitudine: Per una analisi delle forme di vita contemporanee*, Roma: DeriveApprodi, 2003. [김상운 옮김, 『다중: 현대의 삶 형태에 관한 분석을 위하여』, 갈무리, 2004.]

진행자 두 분의 책을 보면 이 점에 관해서는 이미 동일한 표현을 볼 수 있습니다. 사카이 씨는 인시큐리티(안전저하)의 불안이 존재론적 불안으로서 드러나고 있다고 말하며, 시부야 씨는 노동유연화에 있어서 자신이 하류화되어버리지 않을까라는 공포가 생겨난다고 지적하고 있습니다. 이런 지적은 푸코적 맥락에서 나온 것입니까?

사카이 어떤 맥락에서일까요? 예를 들어 프랑크푸르트 학파의 책은 "몰락하는 중산계급의 불안에서 파시즘이 대두했다," 뭐 원래 이런 식으로 띠지에 인쇄하기도 하죠!(웃음) [맑스가 쓴]『루이 보나파르트의 브뤼메르 18일』에서와 같은 보나파르트론의 흐름도 있고요. 이런 것들은 근대사에서 몇 번이나 반복된 이야기의 새로운 판본인데, 그 자체로는 새로운 맛이 없습니다.

현대로 말하면, 마이크 데이비스의 논의들이 있는데, 그뿐만 아니라 이너시티,* 소수 민족, 치안 문제를 다룬 연구서나 문학, 음 문학에서 한 가지만 예를 들면, 리처드 라이트의『미국의 아들』**은 타자와 관련된 불안이나 공포 같은 정동의 정치를 생각할 때 아직도 필독서입니다. 혹은 마틴 루터 킹 목사, 맬컴 엑스, 프란츠 파농 같은 사람들의 저작에는 불안이나 공포 같은 정동의 문제가 사회생활의 재생산에 본질적인 것으로서 늘 있습니다. 여기에 제 자신도 포함해 주위를

---

* inner city. 주택, 상점, 공장 등이 혼재하는 대도시 도심 주변의 지역을 지칭하는 말로, 흔히 도심에 근접한 저개발 지역이나 도시의 내부(inner)에 있으면서도 치안 악화로 그 도시 전체의 시민과 교류가 단절된 저소득 세대가 밀집한 주택 지역, 즉 '도시 안의 도시'나 '도시 안의 집락촌'을 뜻한다.

** Richard Wright, *Native Son*, New York: Harper & Brothers, 1940. [김영희 옮김, 『미국의 아들』, 창작과비평사, 2012.]

관찰하면 볼 수 있죠. 감정 또는 정동의 움직임이 어떻게 미세한 권력의 작동에 있어서 핵심적인가를 말입니다. 특히 현대처럼 불안정성을 통치의 주변에서 최종 심급의 위협처럼 작동시키는 것이 아니라 오히려 통치의 중핵에 두면서 분리·분단을 이다지도 세밀하게 작용시키고 있는 권력 구성에 있어서는, 누구든 자신의 주변에서 이 점을 쉽게 볼 수 있게 됐다고 생각합니다. 기본적으로 이런 일상의 관찰이 있고, 이론적인 것도 충분히 활용하고 있다고 생각해요.

사실 저에 국한해 말하면, 불안이나 공포 같은 정동과 관련된 문제는, 푸코의 맥락에서 그다지 얻은 것이 없습니다. 다만 푸코도, 『감시와 처벌』에 관한 대담이던가 어딘가에서 왜 '비행자'의 생산이 필요한가라고 질문받았을 때, 사회에 늘 범죄에 대한 공포를 삽입할 수 있게 됨으로써 사람들을 권력에 쉽게 포획할 수 있고, 그래서 경찰처럼 원래 필요한지도 아닌지도 모르는 제도를 필요하다고 생각할 수 있게 만들기 때문이라는 식으로 의견을 개진하기도 합니다.

이 공포의 문제는 『생명정치의 탄생』에서 더 전개됐죠. 그러나 이것이 뒷전으로 물러나고, 안전을 권력과 연관지어서가 아니라, 즉 생명권력이나 복지국가에 대한 비판적 검토의 지렛대로서가 아니라, 안전이 마우리치오 라차라토 등이 구분하는 의미의 생명정치의 명령에 속하는 것***이라고 푸코가 말한 것으로는 1983년의 대담 「무한

*** Maurizio Lazzarato, "From Biopower to Biopolitics," *Pli: The Warwick Journal of Philosophy*, no.13, 2002, pp.99~113; *La fabrique de l'homme endetté: Essai sur la condition néolibérale*, Paris: Éditions Amsterdam, 2011. [허경·양진성 옮김, 『부채인간: 인간 억압 조건에 관한 철학 에세이』, 메디치미디어, 2012]; *Gouverner par la dette*, Paris: Les Prairies Ordinaires, 2014.

한 요구[수요]에 직면하는 유한한 제도」*가 있습니다. 여기서 푸코는 보장[안전]과 자율을 양립시킬 필요가 있다고 주장합니다.

신자유주의에서 볼 수 있는 어법처럼 자율과 보장을 대립시켜 파악한 뒤에 자율의 이름으로 보장을 무너뜨려버리는 것이죠. 여기에는 모종의 정치적 갈등이 늘 작용합니다. 경제적 불안정성이 자율로 미끄러져 들어가는 동시에 '유연성'이라 불리는 것으로 한정됩니다. 푸코는 자유주의가 고안해낸 이 순환을 거부하라고 촉구합니다.

이에 관해서는 『생명정치의 탄생』을 참조하면 좋죠. 우선 자유주의의 통치실천은 안전을 통해 다양체를 이해관계의 주체로 환원하고 조작하는 것인데, 푸코에 따르면, 이런 조작은 안전/자유의 메커니즘, 안전/자유의 게임에 대한 관리 없이는 있을 수 없습니다. "위험의 문화 없이 자유주의는 없다"고 푸코는 마치 표어처럼 말하죠. "결국 자유주의의 표어는 '위험과 등을 맞대고 살기'라고 말할 수 있을 것입니다. '위험과 등을 맞대고 살기'란 개인들이 언제나 위험한 상황 속에 있다는 것, 혹은 자신의 상황과 생활, 현재와 미래가 위험을 수반하는 것으로 체험되는 조건 아래에 있다는 것입니다."**

푸코는 19세기에 위험의 교육, 위험의 문화가 나타난다고 하는데, 그것은 중세, 17세기 무렵까지의 페스트, 죽음, 전쟁 같은 묵시록적인

---

* Michel Foucault, "Un système fini face à une demande infinie"(1983), *Dits et écrits*, t.4: 1980-1988, Paris: Gallimard, 1994, p.374.

** Michel Foucault, *Naissance de la biopolitique: Cours au Collège de France 1978-1979*, éd. Michel Senellart, Paris: Gallimard/Seuil, 2004, p.68. [오트르망 옮김, 『생명관리정치의 탄생: 콜레주드프랑스 강의 1978~79년』, 도서출판 난장, 2012, 104~105쪽.]

커다란 위협과는 완전히 다릅니다. [19세기에는] 부단히 활성화·재현실화되며 순환되는 '일상적 위험들'이 출현, 분출, 만연하죠. 추리소설, 범죄에 대한 저널리즘적 관심, 질병과 위생에 관련된 대대적 캠페인, 섹슈얼리티, 개인·가족·인종·인간이라는 종의 퇴화에 대한 공포, 위험의 공포 같은 당시의 자극은 "자유주의의 조건, 심리적·문화 내적 상관물"***입니다. 자율과 보장의 양립을 제창하는 푸코는 이런 '공포의 문화'로부터의 탈출을 시사하고 있다고 생각합니다.

진행자 이때의 보장은 구체적으로 무엇입니까?

사카이 삶에 관련된 것입니다. 이로부터 들뢰즈의 "권력이 삶을 자신의 대상으로 포획할 때, 삶은 권력에 대한 저항이 된다. …… 권력이 생명권력이 될 때, 저항은 생동하는 권력[힘], 삶의 권력[힘]이 된다"****같은 언명이 나타나며, 나아가 그 연장선 위에서 아까도 언급한 라차라토처럼 푸코에게는 거의 동의어인 생명권력과 생명정치를 굳이 이질적인 차원에 속하는 것으로 해석하려는 시도도 생겨나는 셈입니다. 사회학자 우시로 테루히토 씨도 이렇게 지적하고 있습니다. "사회적인 것에 대한 비판과 외연을 거의 같이 하는 생명권력 비판은 생명권력을 자기 쪽으로 끌어당기는 힘의 선을 모색하지 않으면 과녁을 벗어난다. 이 논점을 놓치면, 좌파적 권력 비판이 무지막지한 신자유주의의 흐름에 편승한다는 우스꽝스러운 짓거리에 저

*** Foucault, *Naissance de la biopolitique*, p.68. [『생명관리정치의 탄생』, 105쪽.]

**** Gilles Deleuze, *Foucault*, Paris: Minuit, 1986, p.98. [허경 옮김, 『푸코』, 동문선, 2003, 141~142쪽.]

항할 수 없을 것이다."* 보장과 자율 없이 자유를 동시에 성립시킨다는 발상은 최근 자주 사용되는, 유연성flexibility과 안전security의 복합어로 유연성이냐 안전이냐라는 이항대립을 거부하는 '플렉시큐리티'flexsecurity라는 개념이나 기본소득 같은 구상에서 나타나죠.

진행자 그때의 안전은 사회보장입니까?
사카이 삶에 관련된 다양한 리스크에 대한 보험이죠.

진행자 작업하신 것을 읽어보면, 푸코에게 안전의 의미는 아직 사회보장의 단계에 머물러 있다고 쓰여 있는데요.
사카이 제가 그렇게 말한 것은 푸코가 안전이라고 말하며 머릿속에서 그렸던 제도 가운데 하나가 1970년대 단계에서는 위기에 처한 복지국가일 것이라는 의미에 한정해서입니다. 푸코가 말한 안전 자체는 이보다 사정거리가 훨씬 넓습니다.

진행자 사카이 씨는 이른바 안전이 기세등등해지고 안전에서 사회적인 것이 퇴색되는 가운데 치안의 논리만이 기세등등해지고 있다고 말씀하셨죠.
사카이 이것은 그 당시에 여러 고민을 하면서 분석해 들어갔던 대목입니다. 엄밀하게 말하면, 좀 전에 언급한 에발드와 관련되어 있기도 합니다만, 푸코는 『안전, 영토, 인구』에서 '규범' 개념을 자세하게 논

---

* 宇城輝人,「労働と個人主義: ロベール・カステルの所説によせて」,『VOL』, 第2号, 東京: 以文社, 2007, 124頁.

하지만 에발드의 시기 구분, 곧 자유법 내지 시민법에서 사회법으로 인식론적 틀이 전환된 것을 푸코의 생명권력 논의와 포개 놓는 식의 시기 구분이 지닌 명쾌함을 갖고 있지는 않은 듯합니다. 안전도 이렇게 말할 수 있다고 생각합니다. 에발드가 현재 신자유주의에 접근하고 있는 것은, 생명권력의 논의를 복지국가론으로서 파악해버리는 경향에 기초하고 있다는 느낌이 들지 않을 수 없습니다. 생산양식, 아니면 축적양식과 조절양식이라고 해도 좋습니다만, 그것을 기축으로 한 시기 구분을 푸코와 화해시키려고 해도, 상당히 어려운 일입니다. 이것이 권력기술에 의한 구분과 일치하지 않을 뿐만 아니라, 계보학이 보존하는 다의성을 쓸데없이 번잡하지 않는 형태로 희생시키지 않으려면 어떻게 하면 좋을까라는 문제도 있죠.

진행자 조크 영처럼 포함형 사회에서 배제형 사회로, 즉 고도 성장기 무렵의 사회에서 신자유주의적인 사회로 이행한다는 도식을 그리는 편이 명료하겠죠?**

사카이 고고학에서 어찌했든 간에, 푸코가 계보학을 한다고 할 때부터는 여러 가지 지속을 지닌 선들이 뒤엉키면서 총체적으로 이러저러한 것에서 여차저차한 것으로의 절단선이 들어간다는 식의 논법을 반드시 채택하는 것은 아니기 때문입니다. 푸코는 사회 속에 복수의 권력이 실천되고 있다고 언제나 신중하게 말하지, 규율이 주권적 권력을 내쫓았다는 식으로 결코 말하지 않습니다. 오히려 이질적인 권

** Jock Young, *The Exclusive Society: Social Exclusion, Crime and Difference in Late Modernity*, London: Sage, 1999.

력장치들이 특정한 방식으로 편성된 것이 전반적인 지배의 상태라고 파악합니다. 투쟁에 관해서도 그렇죠. 푸코는 경제적 착취에 대한 저항을 언제나 내다버리지 않습니다. 경제적 착취에 대한 저항도 있고, 주권에 대한 저항도 있으며, 민족해방투쟁도 있다. 그렇지만 새로운 유형의 투쟁도 있다. 푸코는 이런 모습으로만 제시합니다.

진행자 거기서 연속성을 찾아내는 것의 의의는 무엇일까요? 내치에서 자유주의로, 그리고 자유주의적 국가가 사회국가가 되고, 이번에는 다시 그 사회성이 상실되는 흐름인 것 같은데요, 거기서 통치성이라는 형태로 모종의 연속성을 발견해가는 것이겠군요.

시부야 그 의의 중 하나는 그것[통치성]에 대한 저항을 생각할 때 중요하다고 생각합니다. '신자유주의'에 대한 저항이 보수 쪽으로 회수되거나, 복지국가에 대한 저항이 신자유주의로 회수되거나, 이렇게 둘로 나뉘면 이 둘은 그저 서로를 뒤집어 놓은 것이게 됩니다. 오히려 지속적인 통치라든가, 둘을 관통하는 흐름이라든가 권력의 존재 방식을 보면, 이항대립적인 이야기로 회수되어버리죠.

사카이 정말 그렇습니다. 다시 말하건대 푸코가 말하는 생명권력, 혹은 안전장치 자체는 국가체제로서의 복지국가 내지 사회국가와 겹치는 것이 아닙니다. 안전장치는 권력의 특정한 기술들, 경제 흐름, 투쟁 패턴과 결부되어 '사회적인 것'을 와해시켜버리기도 합니다.

진행자 더 구체적으로 듣고 싶은데요, 가령 신자유주의적인 것을 비판하면, 어느샌가 그 비판자는 일본형 고용을 부활시키는 것이 좋겠다고 생각하는 보수적인 사람으로 바뀌어버립니다. 이런 와중에 푸코가

서 있는 입장을 실체화해 비판적으로 개입하는 것은 어떻게 가능할까요? 시부야 씨의 작업을 보면, "유령들의 역류," "펑크라는 것"이라는 말이 나오는데, 이것들을 좀 자세히 알려주시겠습니까? 아마 그런 종류의 비판적 개입의 계기를 가리키는 표현이라고 생각합니다만.

시부야 '펑크,' '유령'도 제3세계랄까, 선진국과는 조금 거리를 두고 분석하는 시각의 중요성을 사유하려는 시도입니다. 예를 들어 앞서 말한 복지국가로부터 신자유주의로의 이행 같은 이야기가 있다고 해 봤자, 그런 이야기는 제3세계에서는 통용되지 않더군요.

사카이 복지국가가 아니니까요.

시부야 일본의 상황도 이런 지정학적 변수를 집어넣어 보면, 시야가 열리게 됩니다. 최근에 와타나베 오사무 등이 주장한 개발주의도 그 중 하나입니다.* 개발주의란 개발도상국이 택한 전략, 그러니까 복지국가화를 억제하고 개발을 우선시한다는 전략입니다. 이 문제는 사실 포스트콜로니얼 문제와 관련될 필요가 있습니다. 아까 일본에는 법과 규범의 구별이 없다는 이야기를 했었는데, 선진국에서는 이 구별이 분명히 보인다고 해도, 개발도상국의 근대화는 개발이라는 지상명령 속에서 법이 상대화되어버립니다. 그런 가운데 개발 독재라고 불리는 군사정권이 출현하죠. [이런 까닭에] 규율훈련을 말하는 푸코를 통해서는 제3세계 문제를 볼 수 없다는 비판이 있어왔습니다. 예를 들자면 미국 흑인들의 경우도 그런데, 이들은 규율적인 권력의

---

* 단적인 예로 데이비드 하비의 『신자유주의의 짧은 역사』(2005) 일본어판에 부록으로 수록된 다음의 글을 참고하라. 渡辺治, 「日本の新自由主義: ハーヴェイ『新自由主義』に寄せて」, 森田成也 外 訳, 『新自由主義: その歴史的展開と現在』, 東京: 作品社, 2007, 289~329頁.

작동보다는 직접적인 폭력, 예를 들어 사적 제재[린치]나 경찰의 폭력과 대치해왔죠. 사카이 씨가 『폭력의 철학』*에서 전개하고 있습니다만, 흑인 문화에서는 어떻게 폭력에 휘둘리지 않을까라는 테마가 거듭 나옵니다. 아마도 이들이야말로 푸코가 말하는 '위험한 계급'에 가까울 것입니다. 즉, 규율훈련에 의한 주체화를 받아들이지 않는, 규율화가 불가능한 쓸모없는 자[잉여]의 존재양태를 분석하는 것이 중요하다고 생각합니다. 냉전기에 유지된 군사독재체제에서 이런 존재양태는 일반적이었고, 현재도 마찬가지이죠. 이런 관점에서 일본을 다시 파악할 필요가 있다고 생각합니다.

규율훈련과 그 저항의 역동성이라는 점에서는, 니시자와 아키히코 씨가 일본의 사례에 관해 아주 좋은 작업을 하고 있습니다.** 전후의 산골짜기에는 부랑자와 부랑아가 많았고, 『마작방랑기』 같은 세계가 펼쳐졌습니다.*** 거기서는 '위험한 계급'이 가족으로 재생산되고 있었습니다만, 거기에 동즐로적인 개입, 즉 민생이나 복지, 자원봉사자, 경찰이 일체를 이뤄 개입해 들어가고, 가난한 가족의 재생산을 치료·단종시켜나갑니다. 단종은 은유적 표현입니다. 그리고 남은 것은 남성의 독신자뿐입니다. 가족들은 모두 뿔뿔이 흩어지고, 커뮤니티는 붕괴되며, 재생산이 불가능해집니다. 결국 산골짜기는 전후의

---

* 酒井隆史, 『暴力の哲学』, 東京: 河出書房新社, 2004. [김은주 옮김, 『폭력의 철학: 지배와 저항의 논리』, 산눈, 2007.]

** 西澤晃彦, 『隠蔽された外部: 都市下層のエスノグラフィー』, 東京: 彩流社, 1995; 『貧者の領域: 誰が排除されているのか』, 東京: 河出ブックス, 2010.

*** 『麻雀放浪記』. 이로카와 타케히로(麻雀放浪記, 1929~1989)가 1969~72년 『주간대중』(週刊大衆)에 연재했던 작품. 마작을 소재로 한 소설로, 전후 부흥기의 사창굴을 무대 삼아 개성적 등장인물들의 갈등을 생생히 묘사했다.

사회 속에서 비가시적인 존재, 즉 유령이 되어갑니다. 이 유령이 이제 사회적 배제로 진행됨으로써 프리터나 니트 등의 모습으로 회귀하고 있는 것이 아닐까요?

진행자 하지만 산골짜기적인 것에는 일종의 알기 쉬움이 있었죠. 그런데 예를 들어 지금의 넷카페 난민은 실질적으로는 홈리스임에도 불구하고 유니클로 등에서 예쁜 옷을 사고 넷카페나 만화방에서 숙박하기 때문에 홈리스처럼 현상하지 않습니다. 더욱이 아마 산골짜기에는 있었을 법한 일종의 공동성도 없습니다. 휴대전화로 그날그날 일거리를 찾아냅니다. 이런 가운데 문자 그대로 난민화되고 있죠. 그렇기에 산골짜기적인 것과는 많이 다르죠.

사카이 이런 상황에 관해 생각하지 않은 것은 아닙니다만, 제게 국한해 말하면, 푸코에 관한 이야기의 맥락에서 이런 '넷카페 난민' 같은 질문에 대해 곧바로 대응할 준비가 안 되어 있습니다.

진행자 사회에 누적된 증오의 배출구는 1990년대 중반 이후 분명 청년층을 향하고 있습니다. 아마 선진국이라면 이민자를 향했을 눈빛이 틀림없이 청년층을 향해 있는 것입니다. 이렇게 문제를 연결시켜 보면, 그렇게 무시할 수 있는 문제는 아닌 것 같습니다만.

사카이 물론 무시할 수 없다고 생각해요.

진행자 자유주의적 개혁의 최대 희생자는 청년층이라고 생각합니다. 여기에다 일본형 고용 시스템의 붕괴가 겹쳐지면서, 이런 것들이 청년층에게 전가되고 있죠. 청년층이 최대 희생자인 것은 확실합니다.

시부야 푸코에게서 벗어나는 것이지만 그런 작업의 중요성은 어느 정도 인정합니다. 다만 전략으로서는 배제하는 쪽을 함께 분석하는 것이 중요합니다. 미우라 아츠시처럼 타자로서의 '하류'를 소비적으로 말하기는 쉽지만, 그것을 소비하는 자신을 말하기는 어렵죠.*

진행자 예전에 시부야 씨는 "타이타닉은 가라앉고 있었다, 타이타닉 속에서 서 있는 위치가 다를 뿐이다"라고 말씀하셨죠.

시부야 극단적으로 말하면, 일본 전체가 제3세계화되고 있다고 할까, 더 정확히 말하면 처음부터 제3세계였다고 지적한 바 있습니다. 그런데도 신자유주의에서 희망을 찾아내고, 유니클로라도 좋다**는 꼴이 되니까 애처로운 것이죠. 그것이 미국과 다릅니다.

진행자 일본은 기업사회로 오일 쇼크 이후를 넘어 1980년대의 소비사회를 총중류사회総中流社会의 실현이라 노래한 나라이지 않습니까?

시부야 저는 '중간계급화'라고 말한 적이 있는데, 실제로는 룸펜프롤레타리아적임에도 불구하고 중간계급으로 동일시해버리며, 중간계급 문화로 식민지화되어버립니다.

---

* 三浦展, 『下流社会: 新たな階層集団の出現』, 東京: 光文社, 2005. [이화성 옮김, 『하류사회: 새로운 계층집단의 출현』, 씨앗을뿌리는사람, 2006.]

** 극심한 경제불황과 양극화 속에서 단기 고용에 계약직 최저 시급을 받더라도 '유니클로' 같은 중저가 옷을 사 입을 수 있고, 닌텐도 같은 컴퓨터 게임을 즐길 수 있으니 괜찮다고 생각하는 일본 청년층을 지칭하는 말. 흔히 "희망이 없기 때문에 행복하다"라고 말하는 일본 사토리(さとり) 세대를 표현하는 말로 쓰인다. 더 자세한 것으로는 다음을 참조하라. 古市憲寿, 『絶望の国の幸福な若者たち』, 東京: 講談社, 2011. [이언숙 옮김, 『절망의 나라의 행복한 젊은이들』, 민음사, 2014.]

진행자 바로 '인도'를 통한 통치이죠. 본래라면 예외화되어버리는 곳에도 통치가 미치고 있는 것이죠.

시부야 그렇군요. 영어에 'respectability'라는 말이 있습니다. 중간계급의 미덕, 도덕 같은 것입니다. 일본은 아직까지도 이런 표층적인 도덕이 강하죠. 이런 'respectability'에 항거하는 실천으로서 '펑크' 내지 '펑크니스'^{funkness}라는 말을 사용한 적이 있습니다.

| 견유파 |

사카이 지금 '펑크니스' 같은 말이 나왔는데, 1970년대의 푸코가 초점을 맞춰서 이야기했던 토론도 있고, 더욱이 [제가] 시부야 씨가 함께 한 토론도 있었죠. 이런 맥락에서 '블랙'[펑크(또 이와 밀접히 결부된 아나키즘)의 상징색]이라는 보조선을 그어보면 어떤가, 그래서 이 보조선은 푸코의 1970년대를 생각할 때 의외로 하나의 시축視軸이 될 수 있지 않는가라고 생각해왔습니다.

주디트 르벨의 정리를 참조하면, 1970년대의 푸코가 전개한 사유에서는 특이성을 집단적 실천과 관련지어 재파악하는 것이 결정적이었습니다.*** 거기에는 우선 한편으로는 들뢰즈의 『차이와 반복』 및 『의미의 논리』와의 마주침이, 그리고 다른 한편으로는 감옥정보그룹에서의 경험이 작용했다고 합니다. 전자를 제외하고 감옥이라는 관점에서 보면, 감옥정보그룹부터 가장 말년의 강의에 이르기까지 하나의 선을 집어넣는 것이 가능할지 모릅니다.

*** Judith Revel, *Dictionnaire Foucault*, Paris: Ellipses Marketing, 2008, p.60. [김상운·양창렬 옮김, 『푸코 사전』, 도서출판 난장, 근간.]

미국 흑인의 문화사나 운동사와 『감시와 처벌』을 함께 읽으면서, [저는 푸코가] 블랙팬더당이나 그 주변 흑인들에 대해 분석항, 문제 설정으로도 접근하고 있음을 깨달았습니다. 그들은 프롤레타리아트 가 아니기 때문에, 거기에 의거할 수는 없습니다. 파농의 영향도 있 습니다만, 룸펜프롤레타리아적인 형상에 의거할 수밖에 없죠. 그 경 우에 그들이 제시한 전망에서는 프롤레타리아트를 결코 배제하지는 않는, 일종의 '인민'의 이미지가 나오고 있는 듯합니다.

프롤레타리아트에는 의거할 수 없고 룸펜프롤레타리아트도 포함 될 수밖에 없기 때문에, 맑스주의를 사용하고 있기는 해도 어딘가에 서 분석이 변질됩니다. 다니엘 드페르의 연보에는, 1960년대 말의 푸 코가 블랙팬더당의 분석을 보고는 여기에 실마리가 있다고 생각했다 고 서술되어 있습니다.* 그들은 맑스주의적인 목적론이나 일종의 법 적인 사고법에 의거하더라도 아무런 리얼리티가 없기 때문에, 아무 래도 그들의 분석은 전략적인 것이 된다는 것이죠. 블랙팬더당은 법 을 근본적으로 회의하면서, 자주 법을 창조적인 방식으로 활용했습 니다. 즉, 법은 그것이 법이기 때문이라는 이유에서가 아니라, 전략적 유용성이라는 실용주의적 관점에서 파악되는 것입니다.

1970년대의 초에는 감옥 운동이 각지에서 크게 벌어집니다. 감 옥은 결코 법으로는, 혹은 감옥에 관해 참조점으로서 말하는 모든 언 표를 따라서는 움직이지 않고 있다는 것, 감옥은 단순히 법의 지배를 관철시키면 되는 암흑지대가 아니며, 법도 아니고 교정도 아니며, 언

---

* Daniel Defert, "Chronologie," in Michel Foucault, *Dits et écrits*, t.1: 1954-1969, Paris: Gallimard, 1994, p.33.

표된 논리와는 다른 논리로 움직이고 있다는 것은, 예를 들어 게토의 흑인들에게는 늘 분명한 것입니다. 1968년 무렵에는 아마 많은 사회에서 동시에 계급투쟁이 상대화되어버립니다만, 그 속에서 감옥 운동이 현실적으로 커지며, 나아가 지적으로도 충격을 줬다는 것이 중요하다고 생각합니다. 원래 기존의 계급투쟁으로부터 흘러나온 주변성의 반란이 감옥 운동을 부각시키고, 거기서는 계급 간이 아니라, 오히려 어떤 평면에 분단선이 들어가 그로부터 계급이 생성되는 장면에 있는 갈등이 초점화됩니다. 현대적인 이론적 관심의 용어로 말하면, 원시적인 축적이 역사적 문제로서가 아니라 몇 번이나 반복되는 이 사회의 형성 조건으로서 다시 질문된다는 것이죠.

푸코 등이 감옥정보그룹에서 발행한『참을 수 없는 것』이라는 팸플릿 시리즈가 있는데, 이 팸플릿의 제3호 제목이 "조지 잭슨의 암살"입니다.** 잭슨은 아주 경미한 죄, 즉 70달러를 훔친 죄로 투옥됐는데, 감옥에서 깨달음을 얻어 블랙팬더당의 활동가가 됐고, 끊임없이 수감되면서도 감옥 운동을 조직하다가 그 와중에 결국 감옥에서 암살당했습니다. 이 팸플릿에는 장 주네가 서문을 썼고 잭슨과의 인터뷰가 번역·수록됐으며 암살 사건에 관한 감옥정보그룹의 분석도 게재되어 있습니다. "70달러 때문에 10년의 감옥 생활, 그것은 정치적 경험이다. 그것은 인질의 경험, 수용소의 경험, 계급전쟁의 경험, 피식민자의 경험이다." 여기서는 전쟁의 이미지가 활용되는데, 이것

** Groupe d'Information sur les Prisons, *Intolérable*, no.3: L'Assassinat de George Jackson, Paris: Gallimard, 1971. 또한 푸코와 블랙팬더당의 관계에 대해서는 다음의 논문을 참조하라. Brady Thomas Heiner, "Foucault and the Black Panthers," *City*, vol.11, no.3, December 2007, pp.313~356.

은『"사회를 보호해야 한다"』에서 푸코가 권력을 전쟁의 용어로 파악하는 것을 검토한 것과 결부되어 있습니다.

일본에서『감옥의 탄생』이라는 제목으로 번역됐지만 원래 이 책의 제목은『감시와 처벌』입니다. 분명히 감옥의 탄생에 중점을 두고 있지만, 이 책이 특정한 제도가 아니라 일반적으로 규율권력이라는 권력의 기술을 대상으로 한 저서인 것은 틀림없죠. 그러나 역시 감옥이라는 곳이, 즉 피수감자에 대한 힘의 행사가 자주 폭력으로서 혹은 전쟁 내지 내전과 같은 형태를 취해 나타나는 듯한, 법과 규범과 규율의 연계가 풀어져버려 그것들 사이의 이질성을 적나라하게 드러내는 주변성을 띤 장소였다는 것도 중요합니다. 이로부터『감시와 처벌』에서의 전율스런 대목, 바깥 사회와 안쪽 사회의 재편성과 새로운 기능의 배분, 그 속에서의 경찰과 '무법자'의 역할이 나옵니다. 그리고 이런 복수의 장을 배회하는 저 매력적인 앞잡이에 대한 분석이 나타납니다. 저는『자유론』에서 이것을 '앞잡이의 예외상태'로 파악해봤습니다만……* 이 분석을, 예를 들어 학교나 군대에 초점을 맞춰 진행했다면 법, 규율, 규범의 관계성에 대한 파악방식도 바뀌지 않았을까라고 생각합니다.

'정규적인' 계급투쟁 이전이자 그 조건으로서의, 은닉되어 있고 주변화되어 있으며 '비정규화'된 투쟁을 내포한 분단의 힘에 대한 이런 문제설정은『생명정치의 탄생』에서 생명정치가 작동하는 대상인 인구를 '다양체'multuplicité로 파악하는 방식에 직접 연결된 것은 아닐

---

* 酒井, 「現在性の系譜学へむけて: 〈犬〉と例外状態」, 『自由論』, 363~419頁. [「현재성의 계보학을 향하여: '개'와 예외상태」, 『통치성과 '자유'』, 325~375쪽.]

까요? 그 뒤로 푸코가 관여하는 대상은 이란 혁명이나 게이[동성애]운동, 동구권의 민주화 등이 됩니다만, 그래도 푸코는 감옥이라는 문제설정에서는 떠나지 않죠. 그리고 푸코가 1970년대의 모든 발걸음에서, 1980년대의 전개 속에서 마지막으로 견유파의 스타일에 이르게 된다는 것은 제게 아주 흥미롭습니다.

진행자 그것은 어떤 것입니까?

사카이 '주요 저작'에서는 섹슈얼리티의 역사라는 틀로, 즉 권력에서 윤리로 역점이 이행하는 것인데, 다른 한편으로 콜레주드프랑스 강의를 포함한 '주변적 텍스트'에서는 그 틀 자체인 섹슈얼리티에서 벗어나는 쪽으로 이행하는 것이죠. 저는 지금 르벨을 참조해 '주요 저작'과 '주변적 텍스트'를 구별하고 있습니다. 아무튼 후자의 선은 한 권의 저작이 될 프로젝트였지만 미완으로 끝나죠. 1982년 강의 『주체의 해석학』 무렵부터 지금까지 권력과의 관계에서 고찰됐던 진실이 자기 혹은 정치와의 관계에서 재파악됩니다. 1984년 강의 『진실의 용기』의 사유 전개에서 중심을 차지하는 것은 고대 지중해 세계 문화에 있어서의 '파르레시아'에 대한 분석이 됩니다. '파르레시아'란 고대 그리스에서 "모든 것을 말하기, 진실을 말하기, 솔직하게 말하기, 진실의 용기"를 의미합니다. 자기의 배려에서 파르레시아가 어떤 위치를 차지했는지, 어떤 기능을 맡았는지 분석하고, 진실을 앎이나 쿼릭 같은 문제축에서 자기의 축으로 재위치시키는 것이죠.

그런데 이런 자기의 통치가 발견되는 한편, 고대 그리스-로마에 대해서는 그 "사회적인 우월성의 기준, 타자의 경멸, 비상호성, 비대칭성" 같은 점에 혐오감도 드러내며, 스토아 학파에 대한 매혹과 동시에 스토아 학파가 보편적 목적을 지닌 법으로 코드화될 조짐이 있음도 알아채고 있습니다.* "그것은 어떤 종교적 스타일의 내부에만 뿌리를 내릴 가능성을 발견할 수 있었다"고 하면서, 고대 그리스-로마 전체를 '깊은 오류'였다고 말하기도 하죠.**

이로부터 견유파[퀴니코스파]에 대한 관심으로의 이행에 관해 이미 프레데릭 그로는 『주체의 해석학』에 부친 「강의정황」에서 간략하게 언급했습니다. "우월성의 윤리와 만인에 대한 의무로서의 도덕의 아포리아에 직면해, 마치 푸코는 결국 도발과 정치적 스캔들의 윤리 말고는 달리 정당성 있는 윤리란 있을 수 없다고 생각하기에 이르렀던 것 같다." 그로는 푸코 말년의 강의에 관해 검토한 글을 썼는데, 이 텍스트에 입각해보면 푸코가 최후에 다다랐던 것이 견유파라는 점 더 분명하게 드러납니다.***

이 글에 따르면, 푸코는 견유학파에게 두 개의 핵이 있다고 말했습니다. 하나는 말parole의 특정한 사용법입니다. 즉, 노골적인 솔직

---

* Michel Foucault, "À propos de la généalogie de l'éthique: Un aperçu de travail en cours"(1984), *Dits et écrits*, t.4: 1980-1988, Paris: Gallimard, 1994, p.614. [서우석 옮김, 「윤리학의 계보학에 대하여: 진행중인 연구에 대한 개관」, 『미셸 푸코: 구조주의와 해석학을 넘어서』, 나남, 1989, 328쪽.]

** Michel Foucault, "Le retour de la morale"(1984), *Dits et écrits*, t.4: 1980-1988, Paris: Gallimard, 1994, p.698.

*** Frédéric Gros, "Situation du cours," in Michel Foucault, *L'herméneutique du sujet: Cours au Collège de France 1981-1982*, éd. Frédéric Gros, Paris: Gallimard/Seuil, 2001, pp.513~514. [심세광 옮김, 『주체의 해석학』, 동문선, 2007, 561쪽]: "La parrhēsia chez Foucault (1982-1984)," *Foucault: Le courage de la vérité*, Paris: PUF, 2002, pp.155~166. [심세광 외 옮김, 「푸코에 있어서 '파르헤지아'(1982~84)」, 『미셸 푸코, 진실의 용기』, 도서출판 길, 2006, 193~206쪽.]

함, 사나움, 도발성 등. 다른 하나는 직접적으로 인식할 수 있는 삶의 양태입니다. 페터 슬로터다이크가 말하는 '철학적 부랑자'이자 통 속에서 살며 공중의 면전에서 당당하게 자위행위를 하거나 똥을 싸기도 한 디오게네스가 그 사례입니다. 푸코는 이 두 가지, 즉 삶의 양식과 특정한 진실 표명 사이의 상호적인 뒤얽힘에 관심을 보였습니다. 스토아 학파의 경우에는 말과 행동, 진실과 삶 사이에 조정된 조화가 있죠. 푸코는 이에 관해, 스토아 학파에게는 삶에 의해 진실이 시련에 노출된다고 하며 이를 질서와 규율의 윤리라고 말합니다. 이에 반해 견유파의 경우에는 스캔들로서의 삶 속에 진실이 폭발한다는 것이 질문됩니다. 진실에 의해 삶이 시험됩니다. 이것은 진실의 성격이 삶에 작용한다는 뜻이기도 합니다. 그리고 이것은 필연적으로 견유파의 (진실의) 삶을 개의 삶으로 삼는다는 것입니다.

우선 존재를 대기에 노출시키고(그 무엇에도 사로잡혀 있지 않고), 그 무엇에도 얽매이지 않으며(순수하며), 가족에게 소원한 자를 알아보고 짖어대고(공정하며), 그 불침번에 의해 편안함을 보장받죠(불후성不朽性). 그러나 이것은 들개일까요, 사육된 개일까요, 기특한 개일까요? 도대체 어떤 개일까요?(웃음) 이에 대한 모든 자세한 내용은 1983년 강의[『자기의 통치와 타인의 통치』]와 1984년 강의[『진실의 용기』]가 출판되면 볼 수 있을 것입니다.

그러니 이에 대한 소개는 이 정도로 그치죠. 견유파에 대한 이런 서술을 읽으면 곧바로 상기되는 것이 스캔들로서의 삶을 산 맬컴 엑스입니다. 맬컴 엑스는 깡패에서 종교인으로 '전향'하고, 더욱이 자신이 귀의한 교리에서도 탈각하는 '전향'을 거듭하면서, 삶의 단련과 도발로서의 '진실을 말하는' 실천를 결부시켰죠. 맬컴 엑스는 '진실을 말하는' 실천을 시끄럽게 짖어대는 것이라고 자주 말했습니다. 그 뿐만 아니라 킹 목사나 그밖의 수많은 흑인 활동가들, 지식인들, 리처드 프라이어* 같은 코미디언도 떠올리게 됩니다. 미국의 흑인 활동가나 지식인들은, 제3세계의 이런 부류 사람들도 그렇습니다만, 진실을 말하면 살해당할 것이라고 자주 발언하며, 실제로 그런 일이 벌어지기도 했죠. 진실이나 앎을 권력과의 상관관계에서 파악할 때의 푸코와 대조해보면 얼핏 진실에 관한 순박한 관점에 뿌리를 둔 것처럼 파악될지도 모릅니다만, 푸코는 감옥 운동이나 게이 운동 등 여러 가지 운동의 현장에서 직면한, 생존의 리스크와 더불어 내뱉어지는 '진실'의 형태나 요구에 근거를 부여하려 했던 것 같습니다.

　권력과 짝을 이룬 진실이 아닌 이 '대항-진실'의 문제는, 들뢰즈가 1977년 푸코에게 보낸 편지에 따르면, 푸코에게 해결되지 못한 채 남게 됐습니다.** 그러나 어쩌면 『"사회를 보호해야 한다"』의 앞부분에서 검토된 "투쟁에 관한 역사적 앎"이라는 점에서 두 가지 모두는 공통적이며, '파묻힌 과학적 앎'과 '서민의 폄훼된 앎'을 시사하는 '예속된 앎'의 연장선 위에 있는 것인지도 모릅니다.

---

* Richard Pryor(1940~2005). 미국의 코미디언. 매춘부와 포주의 아들로 태어나 외할머니의 유곽에서 자랐다. 상스러운 언사로 악명 높지만 가장 심술궂게 웃기고 정치적으로 명민한 스탠드업 코미디언으로 통했다.
** "진리[진실]를 권력에 종속적인 것으로 개념화함으로써 그는 이 범주를 완전히 혁신할 수 있었다. 그런데 이 같은 혁신 속에서 그는 권력에 반(反)하는 질료를 발견할 수 있을 것인가? 나로서는 그 방법을 모르겠다." Gilles Deleuze, "Désir et plaisir"(1977), *Deux régimes de fous: Textes et entretiens 1975-1995*, Paris: Minuit, 2003, pp.117~118. [이호영 옮김, 「욕망과 쾌락」, 『탈주의 공간을 위하여: 들뢰즈·가타리의 정치적 사유』, 푸른숲, 1997, 108~109쪽.]

앞서 개의 삶에 대해 말했는데, 견유파는 퀴니코스파의 번역입니다. 원래 퀴니코스란 '개'라는 뜻이죠. 마치 짐승의 생활 수준으로 퇴행하는 것처럼 처신한 디오게네스는 아테네 시민들에게 '개'라는 경멸스런 별칭으로 불렸는데, 바로 그 경멸스런 별칭을 되받아쳐 자기 철학의 지향성을 표현하는 것으로 삼아버렸습니다. 이 개의 형상이 냉소주의에 대한 내재적 비판이라는 점도 중요합니다.

페터 슬로터다이크의 『냉소적 이성 비판』***은 1983년에 출판됐는데, 견유파에 대한 푸코의 평가는 슬로터다이크의 책에서 큰 영향을 받았는지도 모릅니다. 슬로터다이크의 책은, 대충 말해서 우선 퀴니시즘과 시니시즘[냉소주의]을 개념적으로 구분하고, 퀴니시즘에서 시니시즘으로의 전환을 1920년대의 바이마르 시기에서 파시즘으로의 전환, 그리고 1960년대부터 1970~80년대에 걸친 학생 운동에서 보수화로의 전환과 겹쳐 놓습니다. 땅바닥에서 권위나 지배자에 대해 위를 향해 짖어대는 견유파의 불손함, 즉 퀴니시즘은 로마 시대의 루키아노스에게 와서, '돌아누워 자버리는 불손함,' 즉 오히려 높은 곳에 선 지배자의 시선으로부터 견유파적인 태도로, 권력에 대해 짖는 태도로 조소를 들이대는 시니시즘이 됩니다. 슬로터다이크는 알튀세르가 말한 맑스의 '단절' 안에서도 이데올로기에서 과학으로가 아니라 퀴니시즘에서 시니시즘으로의 전환을 보고 있죠. 정말로 이것은 여러 당파들에 대한 욕설을 담은 삐라나 음울한 사람에게서 자수 관찰할 수 있는, 활동 시간의 80%를 사람을 비웃고 바보 취급하

*** Peter Sloterdijk, *Kritik der zynischen Vernunft*, Frankfurt am Main: Suhrkamp, 1983. [박미애·이진우 옮김, 『냉소적 이성 비판 1』, 에코리브르, 2005.]

는 짓거리에 허비하고 있는 것 아니냐고 생각될 정도로 노골적인 시니시즘을 떠올려보면 납득할 수 있는 이야기이기도 합니다.

앞서 언급한 프라이어를 떠올리게 되는 것은, 슬로터다이크 또한 디오게네스의 유머를 강조하고 있기 때문입니다. 슬로터다이크는 퀴니시즘이 시니시즘으로 급전하자마자, "서민적이고 익살스러운 문화 비판"이었던 퀴니컬한 충동이 사라지고, "주체성보다는 증오를 드러내는" 시니컬한 냉소가 그 자리를 차지하게 된다고 말합니다.* 프라이어는 유대계 코미디언이자 스타일이 비슷한 레니 브루스**에 관해 말년의 푸코적(?)인 코멘트를 붙였죠. "나는 웃기려고 노력했지만 결과는 그리 좋지 않았는데, 그때 레니를 들었다. 그것은 충격적인 경험이었다. 레니를 흉내 내면서 나도 진실을 말하고자 했다. 그렇게 하자 손님이 웃어줬다." 원래 빌 코스비 유형의 연예인을 목표로 했던 프라이어의 스타일의 이런 거대한 전환은 사실 1968년 무렵에 일어났습니다. 이것은 브루스의 스타일이 미국의 1960년대 대항문화에 끼친 영향의 단면을 보여주는 사건입니다.

브루스이든 프라이어든, 아무튼 동포를 차별하는 스테레오타입을 비판하기는커녕, 그 스테레오타입을 일단 받아들인 뒤 이를 더 증

---

* Sloterdijk, *Kritik der zynischen Vernunft*, p.330. [『냉소적 이성 비판 1』, 321쪽.]

** Lenny Bruce(1925~1966). 미국의 코미디언. 애국주의, 종교, 인종 차별, 낙태, 마약 문제 등에 대한 외설적이고 정치적인 발언을 통해 유명해졌다. 당대 미국인들은 이런 레니의 스타일을 '병적인 해학'(sick comic)이라 불렀다. 프라이어는 어느 대담에서 이렇게 말하기도 했다. "코미디는 농담을 말하는 것이 아니라 진실을 말하는 것이다. 이것을 알려준 것은 레니였습니다." World Entertainment News Network, "Pryor: I Owe It All To Lenny Bruce," contactmusic.com, 21 May, 2004.

폭시킨다든지, 동포의 잘잘못에 대해 더 미세하게 파고들어가 디테일하고 구체적으로 그려내는 것, 이렇게 철저하게 하강하는 방향이 동포에게 먼저 인기를 얻죠. 그리고 '스테레오타입'을 향해 "진짜 우리는 그렇지 않다"는 언명을 대립시킴으로써가 아니라, 프라이어가 말하는 '진실'을 통해 차별의 실태를 납득시키는 식으로 더욱 더 '화이트 아메리카'를 향해 짖어대는 것입니다. 자학과 하강 지향이 왠지 바깥을 향한 전투적 자세로 이어집니다. 그것을 가능하게 만든 것이 유머라는 기법이지 않는가라는 생각이 들었습니다.

디오게네스는 한편으로 '아이러니의 추종자' 같습니다만, 그것은 들뢰즈가 구분하는 의미에서의 유머, 즉 상승의 기술이기 때문에 시니시즘과도 친화성이 높은 아이러니에 대해 하강의 기술인 유머의 지배권 속에서 아이러니가 기능하고 있다고 생각합니다.***

시부야 슬라보예 지젝은 시니시즘과 전체주의의 결탁을 문제로 삼습니다만, 그것과는 다른 것인가요?

사카이 잘 모르겠지만, 일본에서 편집된 새 책『인권과 국가』****를 읽어봤나요? 쓸데없는 군소리가 많지만, 매우 자학적이고 재미있어요.

*** 들뢰즈는 '법'과의 관계를 예로 들어 '아이러니'와 '유머'를 구분한다. 즉, '아이러니'가 무법적인 일탈(법보다 상위의 초월적 원리로 향하는 수직적 상승 운동)을 통해 법의 폭력적 권위를 조롱하는 방식을 취한다면, '유머'는 과도하고 엄밀하게 법을 이행함으로써 결과적으로 법의 불합리성을 폭로하고 미웃는 방식(그 자신이 손해를 볼 수 있다는 의미에서 자해적인 하강 운동)이라는 것이다. Gilles Deleuze, *Présentation de Sacher-Masoch*, Paris: Minuit, 1967, pp.81~91. [이강훈 옮김,『매저키즘』, 인간사랑, 1996, 91~101쪽.]

**** スラヴォイ・ジジェク, 岡崎玲子 翻訳,『人権と国家: 世界の本質をめぐる考察』, 東京: 集英社, 2006.

시부야 자학은 시니컬하잖아요?

사카이 글쎄요, 자학은 용법에 따라서는 어느 쪽도 되잖아요?

시부야 펑크의 이미지도 비슷하죠. 펑크가 블랙팬더당의 포스터를 좇아 바보처럼 화려하게 만드는 감각 등은 일종의 자학적 유머죠.

사카이 그렇죠, 펑키. 미국의 흑인 문화 속에서 포스트-1968년에는 유행의 스타일이 과대해져서 고대 이집트 문명과 그 뒤에는 우주에서 뿌리를 탐구하게 됩니다. 자신들의 뿌리는 이집트 문명에 있다는 장대한 정체성의 정치와 동시에 자신들은 우주에서 왔다, 즉 완전히 이질적인 인간이다, 이렇게 말하는 방향이 있죠. 그런데 고대 이집트는 재빨리 사라지며, 1980년대가 되면 그것은 개가 됩니다. 이처럼 우주에서 개로 나아가는 진폭이 재미있죠.

시부야 P-펑크*의 조지 클린턴이 싸구려 음반에 등장하는 재킷은 멍청이처럼 보여요. 드리프터스** 같다고나 할까.

사카이 클린턴이 애호하는 피규어는 1980년대에는 개가 되죠. 원래 블루스부터 루퍼스 토머스, 찰스 밍거스, 클린턴, 스눕 독 등, 수많은 흑인 음악에서 개의 이미지는 일관된 자기 인식에 관련된 모티프였

---

* P-Punk. 미국의 펑크 음악가 클린턴(George Clinton, 1941~)이 이끄는 음악 공동체 '팔러먼트-펑커델릭'(The Parliament-Funkadelic)의 줄임말로서, '팔러먼트'는 펑크와 리듬앤블루스를 혼합했고, '펑커델릭'은 펑크와 사이키델릭록을 혼합한 사운드를 선보였다. 원래 클린턴은 이 두 집단을 서로 독립적으로 운영해왔으나 1970년대부터는 거의 하나의 집단처럼 활동 중이다. 그래서 P-펑크는 이들의 음악 스타일을 지칭하기도 한다.

** ザ・ドリフターズ(The Drifters). 일본의 록큰롤 밴드·코미디언 집단. 1964년부터 활동하기 시작해 1969년까지는 음악 활동을 주로 했고, 그 뒤로는 코미디 활동에 주력해 1980년대 말까지 큰 인기를 끌었다.

죠. 이 지상 세계에서 우리는 타자이자 외계인임을 함축하는 우주의 이미지와 개의 이미지 사이의 엄청나게 큰 진폭은 고대 이집트나 피라미드와 민족의 이미지 복합체보다 중요하다고 생각합니다.

그런데 마이클 몰라스키의 『전후 일본의 재즈 문화』***도 지적했습니다만, 일본의 전후 문화 중 아무튼 간에 규율적이고 동원주의적인 당파적 주체성이나 '시민사회'적 주체성, 아무튼 간에 '다수성의 사유'로부터 벗어날 때, 전후 사람들이 특히 참조한 것이 재즈였으며 흑인 음악이나 흑인 문학이었던 것 같습니다.

진행자 히라오카 마사아키 씨 등이 있군요.

사카이 히라오카 씨나 데라야마 슈지, 이츠키 히로유키 등이 대표적인 예이지만, 이들도 빙산의 일각일 뿐입니다.****

시부야 주네가 전형적이죠. 팔레스타인과 블랙팬더당을 묶어버렸죠.

사카이 20세기에 주체성의 생성에서 흑인 문화가 지닌 문화사적 의미는 큽니다만, 그 장기적인 역사가 끝나가고 있다고 느껴집니다.

*** マイク・モラスキー, 『戦後日本のジャズ文化: 映画・文学・アングラ』, 東京: 青土社, 2005.

**** 히라오카 마사아키(平岡正明, 1941~2009)는 일본의 평론가로서 1970년대부터 아나키즘적 성향에 입각해 다양한 정치 운동에 투신했고, 일본 문화연구의 선구자로 통하기도 한다. 데라야마 슈지(寺山修司, 1935~1983)는 일본의 예술가로서 1967년 극단 텐조사지키(天井桟敷)를 만들어 소극장 운동을 주도하며 일본 연극계의 진설이 됐고, 기성의 틀에 얽매이지 않는 상상력과 기행으로 당대 젊은이들의 우상이 됐다. 마지막으로 이츠키 히로유키(五木寛之, 1932~)는 일본의 소설가로서 1966년 『안녕, 모스크바 불량배』(さらばモスクワ愚連隊)를 발표해 제6회 소설현대신인상을 수상하며 등단한 이후, 현재까지 활발한 작품 활동을 하고 있다. 이 세 명은 모두 재즈 애호가이자 각종 사회 현안에 대해 거침없는 독설을 내뱉은 것으로도 유명하다.

시부야 일본에는 킹 목사의 공민권 운동이 잘 알려져 있지만, 북부 도시의 게토에서 지지를 받았던 블랙파워 운동은 그다지 알려지지 않았습니다. 그러나 [이런 흑인들의 의식적·정치적] 고양은 당시의 펑크에 반향되어 있습니다. 블랙팬더당은 당시 상황을 내부 식민지로 규정했는데, 이것은 포스트콜로니얼의 논의를 선취한 것입니다. 나아가 토니 모리슨은 블랙 페미니스트적인 질문, 다양한 갈등을 내포하며 생성하는 소수자성의 문제를 제기했죠. 일본에서도 원리적으로는 마찬가지 상황입니다. 일본은 주권을 갖고 있다고 말해지지만 사실상 포스트콜로니얼한 상황에 있고, 노동자는 프롤레타리아트와 룸펜프롤레타리아트로 쪼개져 있습니다. 이런 상황을 말할 때, 흑인들의 경험을 참조하는 것은 유효하다고 생각합니다.

그런데 잭슨의 브라질 판본이라 할 수 있는 『버스 174』*라는 최근의 다큐멘터리 영화도 생각나네요. 버스를 납치했던 젊은 흑인이 결국 체포되어 호송되는 차량 속에서 경찰관들에 의해 교살됩니다. 그런데 이 사건 이후 그의 라이프 히스토리를 조사하는 가운데 10년 정도 전, 그러니까 그가 아직 젊었을 무렵에 경찰이 광장에서 잠자고 있는 길거리 아이들을 급습해 살해하는 사건이 있었는데, 그는 이 사건의 생존자였다는 것이 드러납니다. 인질의 증언 등을 통해 그가 경찰의 이 학살을 고발하기 위해 버스 납치를 했던 것을 알 수 있었습니다. 경찰은 이것을 필사적으로 숨기려고 합니다. 그는 진실을 말하

---

* Ônibus 174. 브라질의 영화감독 호세 파딜라(José Padilha, 1967~)가 지난 2002년에 발표한 다큐멘터리이자 연출 데뷔작. 사회가 방치한 불의가 어떻게 범죄로 이어지는지 탐구한 작품으로서, 전 세계적으로 23개의 상을 수상했다. 『뉴욕타임스』는 '올해의 10대 영화' 중 하나로 선정하기도 했다.

고자 했기 때문에 살해당한 것입니다. 예외상태의 폭력과 대치할 때, 이미 그런 전략밖에는 남아 있지 않습니다.

| 푸코의 재미있음 |

사카이 앞서 말한 『참을 수 없는 것』에서도 볼 수 있습니다만, 푸코를 읽는 재미란 "그것이 지금 중요할까?"라고 생각하는 곳에다 그것이 '참을 수 없는 것'임을 보여주는 발상 아닐까요? 푸코는 자주 자신의 작업 목표에 대해 이렇게 말하곤 했죠. 읽기 전에는 넘어갈 수 있지만, 읽은 뒤에는 '참을 수 없게 되는 것'을 목표로 삼고 있다고. 푸코는 자신을 촉발하는 것도 '참을 수 없음'의 감정이라고 말합니다. 제생각에 이것은 결코 '정의의 감각'은 아닙니다.

주디스 쉬클라가 "정의의 감각과 부정의[불의]의 감각은 다르다"고 말했다는 것을 최근 알게 됐습니다.** 지금 제가 그 출처를 확인할 수 없어서 불확실한 기억일 수 있지만, 쉬클라는 정의의 감각이 아니라 부정의의 감각이 더 실질적이고 중요하다고 말했던 것 같습니다. 여기에는 윤리학 비판, 그러니까 쉬클라에 따르면 '정의의 감각'에는 풍부하지만 '부정의의 감각'에는 풍부하지 않은 그런 비판이 담겨져 있는 것 같습니다만, 정확하게는 잘 모르겠습니다. 그러나 이렇게 생각하면, 이런 구분을 갖고 말한다면, '참을 수 없음'에서 출발하는 푸

** "통상적인 정의의 모델은 부정의를 무시하지는 않지만, 부정의를 정의의 전주곡, 혹은 정의의 부정 내지 정의의 와해로 환원하는 경향이 있다. 마치 부정의가 놀랄 만큼 비정상적인 것인 양 말이다. …… 지적으로, 부정의는 정의에 대한 분석의 성급한 예비 단계로 다뤄져서는 안 된다." Judith N. Shklar, *The Faces of Injustice*, New Haven: Yale University Press, 1990, pp.17~19.

코가 '부정의의 감각'을 지닌 사람인 것은 분명합니다. 지금 당장 답을 내고 싶다, 답을 달라고 하는 모종의 '정의의 감각'(?)이 비연구자이든 연구자들이든 불문하고 사람들 사이에서 강해지고 있는 것 같습니다. 그렇지만 재단裁斷하는 곳의 현실에 대해 딱 부러진 결론을 내기 힘들다는 직감이 마음에 걸립니다. 혹은 그런 직감에 비례해 현실에 대한 호기심이 생겨나는 것 같지 않아 보이는 것도 마음에 걸려요. 예를 들어 최근 전국 각지에서 격렬하게 이뤄지고 있는 사태, 즉 노숙자들을 공원에서 배제하는 것이 이 '정의의 감각'을 불러일으키고 있는 것 같은데, 이때 이 점을 절실하게 느꼈습니다. 즉, 현장에서 실제로 일어나고 있는 것과 '정의의 감각'에 의해 흑백을 가릴 때의 판단 근거로 꼽히는 정보가 너무 괴리되어 있습니다.

시부야 그것은 신자유주의 비판의 상투화·진부화나 니트 문제와도 연결된다고 생각해요. 모두 참을 수 없는 것을 참아버리고 있죠. 다른 사람이 참지 못하고 싫다고 말하면, 어리광부린다고 치부됩니다.

사카이 그렇죠.

시부야 예를 들어 서비스 잔업 때문에 견디기 힘든 일을 하고 있지만, 그것을 참아라, 니트는 어리광을 피우고 있다고 말하면서 비난합니다. 이것이 정의의 말로 말해집니다.

진행자 그렇죠. 정규 고용이건 비정규 고용이건 마찬가지로 모두 다 견디기 힘든 상황이 있다고 생각합니다. 그런데 가령 높은 곳에서 작업할 때 정규 고용자와 비정규 고용자의 안전은 완전히 다릅니다. 높은 곳에 섰을 때의 밑면적도 다릅니다. 사원에게는 구명줄이 붙어 있지만, 파견사원에게는 구명줄조차 없습니다. 고유명을 지닌 인간이 거기에 있는 것이 아니겠습니까? 그런데 이것이, 저 녀석들은 정규직이 아니니까 괜찮을 거야라는 식이 되어버립니다.

사카이 아마도 그런 개별 사례가 중요하다고 생각해요. 피에르 부르디외 등이 『세계의 비참』*에서 모아 놓은 것이 개별적이고 견디기 어려운 것의 사례입니다. 일찍이 메이지 시기부터 다이쇼 시대를 거쳐 저널리스트나 사회운동가·작가들은 자본주의가 산출한 '어두운 면'에 관해 많은 르포르타주를 썼습니다. 견디기 힘든 것을 자신이 본 것이나 들은 것에 입각해 구체적으로 쓰고, 견디기 힘듦을 공유했던 것입니다. 요즘이 또한 그렇게 할 시기인지도 모르겠어요.

시부야 사례가 없으면 그것을 사용하지 못하죠. 톈안먼 사건(1989년) 무렵에 중국인 난민이 이케부쿠로에 오면서 난민지원 운동이 어느 정도 달아올랐습니다만, 그 무렵의 난민지원 운동과 현재의 이란과 쿠르드 난민지원 운동은 끊어져버렸습니다. 연속성이 없습니다. 하지만 여기서 노하우를 축적해가는 것은 아주 중요한 것 같네요.

사카이 말씀하신 대로 노하우의 축적이 중요합니다.

시부야 컨설팅이나 대리점이 행정을 좌지우지하고 있기 때문에, 대항적인 앎을 축적하는 것이 중요하다고 생각합니다.

사카이 그렇죠. 우카이 사토시 씨가 말한 적이 있었는데, 현재의 지식인은 예전의 지식인보다 다기능적이지 않으면 안 된다는 것입니다. 가령 이 책에도 원고를 쓴 히로세 준 씨가 『투쟁의 최소회로』**에서

---

* Pierre Bourdieu, et. al., *La misère du monde*, Paris: Seuil, 1993. [김주경 옮김, 『세계의 비참』(전3권), 동문선, 2000~2002.]

** 廣瀬純, 『鬪爭の最小回路: 南米の政治空間に学ぶ変革のレッスン』, 東京: 人文書院, 2006.

보여준 아마추어 저널리즘적 수법은 그런 다기능적인 지식인의 존재방식을 나타내고 있는 것 같습니다.

시부야 운동이 절연되어버리는 것은 안타까운 일입니다. 자연발생적으로 나오고 있는 중인데 말입니다. 지금 뭔가 운동을 하고 싶지만 어떻게 하면 좋을지 모른다는 젊은이들의 목소리를 자주 듣습니다.

진행자 젊은이들도 관심을 갖고 그런 곳으로 향하지만, 오래된 관례가 있습니다. 서명 용지가 배포되니까 서명하지 않으면 안 된다, 이런 낡은 관례에 대한 거부 반응이 강해요. 이것은 정의이기 때문에 서명해야만 한다는 식의 압박이 심한 것이죠.

시부야 단, 일단 참여해보면 편해진다는 것도 있죠.

사카이 다만 납득하면 좋은 것이고, 싫다면 하지 않으면 되는 것 아닌가?(웃음) 서명이라는 것은 원래 부담스러울수록 비로소 효력을 갖는 것이에요. 저항의 활동이니까 힘이 작용하는 것은 극히 당연합니다. 그래서 서명 자체는 낡은 것도 새로운 것도 아닙니다. 자주 지적되는 것입니다만, 일본에서는 아마 그 근대화의 방식에 수반되어, 그저 시기적으로 나중에 태어났다는 우연에 기대어 자신의 존재방식이나 사고방식이 앞 세대보다 우월하다고 파악하면서, 물론 여기에는 다양한 굴절도 있겠지만, 그동안 쌓인 것을 무효로 돌리는 경향이 있었습니다. 바로 '전'의 것은 안 된다고 여겨지지만 '전전'의 것은 잊혀지고 있기에 '새로운' 것처럼 여겨지는 일을 흔히 볼 수 있지 않습니까? 그것이 아까 시부야 씨가 말했던 절연의 요인이라고 생각합니다. 이런 사고방식을 우리는 이제 그만둬야 하지 않을까요?

시부야 약간 다른 말인데, 지금은 다양성이랄까 복잡한 정치적 입장이 들어설 여지가 없다고 느낍니다. 1960년대 초반에는, 제2조합으로 갈아타지만 마음만은 제1조합을 지지한다는 사람들이 있었죠. 소수파 조합은 다수파 조합에게 몰래 지원받아 힘을 유지할 수 있었습니다. 자신이 하고 있는 것과 자신의 속내가 모순되고 갈등을 빚고 께름칙하다고 느끼지만 살아가기 위해 배반한다는 것이었죠. 그러나 오늘날에는 이런 께름칙함을 느낄 장소가 남아 있지 않아요.

진행자 그럼, 마지막 정리를 좀 해주십시오.

시부야 『안전, 영토, 인구』의 의의입니다만, 일본에서 푸코는 사회학의 경우 구축주의로 비역사화되고 패키지화되고 있습니다. 예를 들어 일본에서 로즈의 논의는 비비언 버의 『사회적 구축주의로의 초대』* 등을 매개로, 구축주의의 변종으로 처리됐습니다. 푸코의 상투어화를 생각할 필요가 있는지 모릅니다.

최종적으로는 역시 푸코는 신자유주의라기보다는 자유주의의 한계, 정치적 자유주의의 한계를 생각할 때 필요하다고 생각합니다. 일본에서는 자유주의와 신자유주의의 관계라는 문제가 제기될 경우, 양자가 사상적으로 서로 대립하는 것으로 간주되기 때문입니다. 아마도 이것이 일본에서 '신자유주의'라는 말의 사용을 거부하려고 하는 이유가 아닌가 생각합니다. 다른 한편 푸코는 『안전, 영토, 인구』에서도 자유주의를 표적으로 삼고, '위험과 등을 맞대고 사는' 자유주의의 현실적인 사고방식이 이른바 위험을 유지·재생산하고 이용하는 냉철한 안전장치와 어떻게 내재적으로 결부됐는가를 분석하고 있습니다. 자유주의는 그 의도가 무엇이든, 역시 신자유주의를 준비

---

* Vivien Burr, *An Introduction to Social Constructionism*, London: Routledge, 1995; 田中一彦 訳, 『社会的構築主義への招待』, 東京: 川島書店, 1997.

했다고 말하지 않을 수 없습니다. 자유주의의 '실패의 성공'으로서의 신자유주의라고 말할 수 있을지도 모릅니다.

예를 들어 일본의 상황을 생각할 때, 오늘날의 시점에서 보면 자유주의자들은 사실상 신자유주의를 선도했습니다. 세계로 눈을 돌려도, 1970년대까지 제3세계에 개발 원조를 계속 지원했던 자유주의자들은 개발의 '실패'가 표면화되는 것을 계기로 구조조정이 불가피하다는 신자유주의적 정책을 단숨에 용인했습니다. 그러나 이 '실패'는 이미 그 안에 담겨 있던 것이었으며 이 점을 처음부터 알고 있었다면 어떨까요? 관대한 자유주의적 입장은 계급투쟁의 중계와 같은 것으로, 일이 끝나면 냉철한 빚쟁이가 찾아옵니다.

사카이 다른 곳에서도 쓴 적이 있습니다만, 오늘날은 푸코가 살았던 1980년대와는 상황이 매우 크게 바뀌었습니다. 그렇긴 하지만 [요즘에 다시] 푸코를 읽어보면, 현대에 각인됐다고 생각되는 여러 가지 현상들이 확실히 푸코의 시대와는 다른 동시에 알고 보면 푸코가 전개한 사유의 사정거리 안에 들어 있기도 하다는 것을 경험하게 됩니다. 가령 지금 저는 통제권력에 관해 생각하는 가운데 푸코의 '언표' 개념을 '재발견'하고 있습니다. 제 말은 푸코가 포괄적인 사상가였고 바로 그 때문에 미래를 내다봤다는 말이 전혀 아닙니다. [푸코의] 주요 저작과 주변적 텍스트 사이에서 점점 더 두드러지고 있는 거리나 균열을 통한 사유의 전개, 그로가 '이론적 이행'으로 봤던 '해석학적 나선형,' 그때까지의 작품에서는 잠재상태에 머물러 있어서 사유되지 않았던 것이 재발견되고 새로운 사유를 출현시키는 사유의 과정에 있는 것이 아닌가 생각하는 것입니다. 그리고 그 '나선형' 모양의 운동을 재촉하는 것은 역시 '바깥'이 아닐까요?

푸코의 사유가 침범이든 주름이든, 그 사유의 이미지는 변천을 거듭하면서도 일관되게 '바깥'을 둘러싼 모험이라는 것은 명기될 필요가 있지 않을까요? 네그리는 분명 푸코에 관한 최근 대담에서 슬픈 듯이 이렇게 말했던 것으로 기억합니다. 1970년대 후반에 푸코 주변에 있던 [프랑스] 사람들은 1980년대의 전개로 [수동적으로] 점점 더 "끌려갔다"고, 그러니까 "푸코는 제때 죽은 것 같다"*고 말입니다. 거기에는 푸코의 발걸음이 '사회학적 분석'을 훨씬 넘어서는 무엇이라는 점이 관련되어 있다고 생각합니다.

편집자들은 이 책의 출판 의도를 "1970년대의 푸코를 사용하는 방법"이라고 전해주셨습니다만, 거기에 담긴 생각에 정말로 공감합니다. 그렇지만 "이론은 도구 상자이다"와 "푸코의 사용법"이라는 표현 사이에는 가깝고도 먼 거리가 있다는 인상을 지울 수 없습니다. 최근에는 대학 환경에 변화가 있어서 그런지 이론적 텍스트는 점점 더 읽히지 않고 있거나, 자신의 '독창성'에 봉사하는 한에서만 '사용'하는 식의 자세가 두드러지고 있다고 생각합니다.

하지만 어떤 사상가, 특히 푸코 같은 사상가와의 만남이 그런 '사용하는 자기'의 우위성이 전복되거나 그 믿음을 일단 분해해 재조립하는 '바깥'의 경험이기도 했다면, 저로서는 그 전에 좀 더 텍스트에 의해 '사용되어도' 좋지 않을까라고 말하고 싶습니다.

---

* Antonio Negri, "Foucault entre le passé et l'avenir," *Nouveaux regards*, no.26, août 2004, pp.70~73. 본서에 부록으로 재수록.

마치며

프랑스 현대 사상은 그 영향력을 잃었다. 지식계 스타들이 받았던 과거의 빛이 퇴색한 가운데, 미셸 푸코는 예외적으로 약간의 영향력을 아직 유지하고 있다고나 할까. 그러나 그것도 객관적으로 보면, 현대 사상적인 '동네'에서만 그럴 뿐이라고 말하는 것이 타당한 평가이리라. 이제 푸코의 이름이나 용어를 사용하는 것만으로 무엇인가가 정당화되던 시대는 확실히 끝났다.

그렇지만 이런 사실은 이제야 겨우 등신대等身大의 푸코와 마주할 수 있게 됐다는 것이기도 하다. 사상은 유행할 필요가 없다. 게다가 푸코는 자기 책이 '도구 상자'로 사용되기를 원했던 철학자이다. 무엇인가에 도움이 된다면 도움이 되는 것만으로 좋다. 또는 거기에는 푸코의 이름마저도 더 이상 필요가 없을지 모른다. 푸코 자신은 예전에 칼 맑스에 대해 다음과 같이 말한 적이 있다. 맑스가 권위로서 활용되고 있는 우스꽝스러운 사태를 앞에 두고서.

저도 맑스의 개념·구절·텍스트를 자주 인용합니다만, 거기에 명목뿐인 출전을 첨부해야 한다고는 느끼지 않습니다. 맑스를 인용하고, 페이지 밑에 일일이 참고문헌을 밝히며, [맑스의] 견해에 찬사로 가득 찬 인용을 곁들여두는 것이 그런 것입니다. 그렇게 하면 그 사람은 맑스를 잘 알고 있고, 맑스를 존경하며, 이른바 맑스주의 계열의 잡지가 공경할 수 있는 인물로 간주됩니다. 저는 맑스를 인용하더라도 그것을 말하지 않으며, 인용부호도 달지 않습니다. 그렇게 하면 그들은 맑스의 원문을 알아챌 수 없는데, [그래서인지] 저는 맑스를 인용하지 않는 사람으로 통하죠. 그런데 물리학자가 물리를 할 때, 뉴턴이나 아인슈타인을 인용할 필요를 느낄까요? 물리학자는 이 사람들을 활용하지만, 자신이 얼마나 스승의 의견에 충실한가를 보여주기 위한 증거로 인용부호를 달거나 페이지 밑에 각주를 달거나 찬양하는 글을 붙일 필요가 없습니다. 다른 물리학자들도 아인슈타인이 무엇을 했으며, 무엇을 발견했고 증명했는지는 잘 알고 있으니까, 구절을 읽으면 이것을 알아차릴 것이라고 생각하는 것입니다.*

당연한 이야기이지만, 푸코의 문장임을 나타내는 인용부호를 빼면 설득력을 잃게 되는 문장 따위에는 아무런 의미가 없다. 다행스럽게도, 마치 위대한 사상가들의 인용집인 듯한 문장, 자신은 이 정도로 사상에 정통해 있다는 식의 문장은 오늘날 더 이상 볼 수 없게 됐다. 차이화를 두고 다투던 시대는 지나가버린 것이다.

하지만 그것은 시대가 그렇게 할 여유를 잃었다는 것을 뜻한다. 온갖 지식을 다 쏟아내는 것이 차이화의 용어를 가능케 했던 평화로

---

* Michel Foucault, "Entretien sur la prison: Le livre et sa méthode"(1975), *Dits et écrits*, t.2: 1970~1975, Paris: Gallimard, 1994, p.753. [홍성민 옮김, 「권력의 유희」, 『권력과 지식: 미셸 푸코와의 대담』, 나남, 1991, 79~80쪽].

운 시대는 끝난 것이다. 그렇지만 '사상'이 불필요해졌다는 식으로 말하고 싶은 것은 아니다. 사상사 연구자의 입장에서 말하면, 오히려 오늘날처럼 사상이 필요한 시대는 없다.

확실히 사상의 피로연 같은 문장은 적어졌다. 그러나 대신 넘쳐 나는 것은 단순히 '현장' 상황을 보고하는 데 만족하는 근시안적 문장이다. 또는 극히 단순한 가치 기준에 의해 현황에 대해 이의를 제기하는 문장이다. 사상이나 방법에 의해 매개되지 않은 문장은 현실적인 것의 노예이거나 소박한 신앙 표현에 불과하다.

후기 푸코를 겨냥한 이 책은 이런 현황에 대한 대항의식을 갖고 있다. 물론 푸코의 모든 작업에 현실성[실효성]^{actuality}이 있다고 말할 수는 없다. 푸코가 살았던 시대와는 문제의 구조 자체가 바뀌었기 때문에 이미 낡은 문장도 적지 않을 것이다. 하지만 현재에 비판적으로 대처하는 데 있어서 푸코의 작업은 아직도 중요성을 잃지 않고 있다. 그렇기 때문에 푸코를, 그가 입에 담지 않았던 것도 포함해, 혹은 왜곡해서라도 모조리 사용해야 한다.

저라면, 저는 제 마음에 든 사람을 활용합니다. 니체의 사유와 같은 사유에 대해 우리가 보여줄 수 있는 인정의 유일한 표식은 그 사유를 활용하고, 일그러뜨리며, 치를 떨게 하고, 목청을 높이게 하는 것입니다. 그러니까 논평가들이 말하듯이 [니체의 사유에] 충실했느냐 충실하지 않았나에 대해서는, 저는 별로 관심 없습니다.**

** Foucault, "Entretien sur la prison," p.753. [「권력의 유희」, 81쪽].

푸코가 니체를 겨냥해 했던 이 말은 푸코의 사유에도 해당된다. 독자가 푸코를 활용하고, 일그러뜨리며, 치를 떨게 하고, 목청을 높이게끔 시도하는 것. 이 책은 이런 점을 기대하면서 엮어졌다.

"푸코 이후"란 푸코에 대한 물신주의를 넘어선다는 것이다. 또 푸코에 대한 물신주의를 넘어선다는 것은 푸코 속에서 '진리'를 찾으려 하는 도착적인 태도에서 자유로워지는 것이다.

세리자와 가즈야

필진 소개

| 편집자 |

세리자와 가즈야(芹沢一也, 1968~) | 교토조형예술대학교 비상근 강사. 아카데믹 저널리즘을 표방하는 Synodos/シノドス [synodos.jp/all] 대표이사이자 주필로도 활동 중이다. 주요 저서로 『'법'에서 해방된 권력: 범죄, 광기, 빈곤, 그리고 다이쇼 데모크라시』(〈法〉から解放される権力: 犯罪, 狂気, 貧困, そして大正デモクラシー, 2001), 『광기와 범죄: 왜 일본은 세계 제일의 정신병 국가가 됐는가』(狂気と犯罪: なぜ日本は世界一の精神病国家になったのか, 2005), 『호러하우스 사회: 법을 어긴 '소년'과 '비정상인'들』(ホラーハウス社会: 法を犯した「少年」と「異常者」たち, 2006), 『폭주하는 안전』(暴走するセキュリティ, 2009) 등이 있다.

다카쿠와 가즈미(高桑和巳, 1972~) | 게이오대학교 이공학부 전임 강사. '번역기계'(翻訳マシン)라 불릴 만큼 왕성한 번역 활동을 겸하고 있다. 주요 편집서로 『생존: 생명의 교양학 5』(生き延びること: 生命の教養学 V, 2009), 『성장: 생명의 교양학 9』(生き延びること: 生命の教養学 IX, 2013), 『신생: 생명의 교양학 10』(生き延びること: 生命の教養学 X, 2014), 조르조 아감벤의 글을 모은 『님프: 그 이외의 이미지론』(ニンファ: その他のイメージ論, 2015) 등이 있다.

| 집필자(게재순) |

오모다 소노에(重田園江, 1968~) | 메이지대학교 정치경제학부 교수. 2011년 『연대의 철학 1: 프랑스의 사회연대주의』(連帯の哲学 I: フランス社会連帯主義, 2010)로 제28회 시부사와-클로델 상(상대방 국가의 문화를 연구한 일본과 프랑스의 뛰어난 학자들에게 시상)을 수상했다. 주요 저서로 『푸코의 구멍: 통계학과 통치의 현재』(フーコーの穴: 統計学と統治の現在, 2003), 『미셸 푸코: 근대를 이면에서 읽기』(ミシェル・フーコー: 近代を裏から読む, 2011), 『사회계약론: 홉스, 흄, 루소, 롤스』(社会契約論: ホッブズ, ヒューム, ルソー, ロールズ, 2013) 등이 있다.

토사 히로유키(土佐弘之, 1959~　) | 고베대학교 대학원 국제협력연구과 교수. 주요 저서로『안전보장이라는 역설』(安全保障という逆説, 2003),『아나키즘·거버넌스: 비판적 국제관계의 새로운 전개』(アナーキカル·ガヴァナンス: 批判的国際関係論の新展開, 2006),『야생의 민주주의: 부정의에 저항하는 정치에 대하여』(野生のデモクラシー: 不正義に抗する政治について, 2012) 등이 있다.

하코다 테츠(箱田徹, 1976~　) | 교토대학교 인문과학연구소 연구원. 2001년부터 재일 버마 난민과 버마 민주화 운동을 지원하고 관련 소식을 알리는 버마정보네트워크[www.burmainfo/org] 이사로도 활동 중이다. 주요 저서로『푸코의 투쟁: '통치하는 주체'의 탄생』(フーコーの闘争: 「統治する主体」の誕生, 2009)이 있으며, 자크 랑시에르의『알튀세르의 교훈』(アルチュセールの教え, 2013), 크리스틴 로스의『68년 5월과 그후』(68年5月とその後, 2014) 등을 번역했다.

히로세 준(廣瀬純, 1971~　) | 류코쿠대학교 경영학부 조교수. 영화비평 잡지『VERTIGO』편집위원.『봉기와 함께 사랑이 시작된다』(2012),『안토니오 네그리: 혁명의 철학』(2013) 등의 저서가 국역됐다. 그 외에『투쟁의 최소회로: 남미의 정치공간에서 배우는 변혁의 교훈』(闘争の最小回路: 南米の政治空間に学ぶ変革のレッスン, 2006),『시네캐피탈』(シネキャピタル, 2009),『절망론: 혁명적으로 되기에 관하여』(絶望論: 革命的になることについて, 2013) 등의 저서가 있다.

사카이 다카시(酒井隆史, 1965~　) | 오사카부립대학교 대학원 인간사회연구과 조교수. 2012년『츠텐카쿠: 신일본 자본주의 발달사』(通天閣: 新·日本資本主義発達史, 2011)로 제34회 산토리학예상을 수상했다.『자유론: 현재성의 계보학』[한국어판 제목은『통치성과 '자유': 신자유주의 권력의 계보학』](2001),『폭력의 철학: 지배와 저항의 논리』(2004) 등의 저서가 국역됐다.

시부야 노조무(渋谷望, 1966~　) | 일본여자대학교 인간사회학부 교수. 신자유주의 통치를 문제삼는 것과, 신자유주의에 맞서는 저항운동의 여러 문화적 차원에 관심을 가지고 있다. 주요 저서로『혼의 노동: 신자유주의의 권력론』(魂の労働: オリベラリズムの権力論, 2003),『사회학을 이해하기』(社会学をつかむ, 2008/공저),『중간계급을 다시 묻는다: 격차사회의 맹점』(ミドルクラスを問いなおす: 格差社会の盲点, 2010) 등이 있다.

부 록

과거와 장래 사이의 푸코*
안토니오 네그리

미셸 푸코의 분석들은 사회 운동들을 이해하기 위한 〔푸코 당시의〕 현재성에서 나온 것일까요? 당신은 푸코의 분석들이 어떤 영역들에서 쇄신되고, 재조정되고, 확장되어야 한다고 보십니까?

푸코의 저작들은 기이한 기계입니다. 그 저작들은 사실상 역사를 현재의 역사로만 사유할 수 있게 해주죠. 질 들뢰즈가 아주 올바르게 강조했듯이, 아마도 푸코가 쓴 것의 많은 부분이 오늘날 다시 써져야 할 것입니다. 놀랍고도 감동적인 것은 푸코가 결코 탐구하기를 멈추지 않고, 어림셈을 해보고, 해체하고, 가설을 세우고, 상상하고, 비유를 만들고, 우화를 이야기하고, 개념을 던지고 다시 철회하고 수정하고 했다는 점입니다. 그야말로 가공할 만큼 창의적으로 사유했죠. 그러나 이 점이 본질적인 것은 아닙니다. 저는 푸코의 방법이 근본적이라고 생각하는데, 왜냐하면 푸코의 방법이야말로 그가 과거에서 현재로의 운동과 현재에서 장래로의 운동을 동시에 연구하고 서술할 수 있게 해줬기 때문입니다. 이것은 현재가 그 중심에 있는 이행의 방법

---

* 이 글은 다음의 대담을 완역한 것이다. Antonio Negri, "Foucault entre le passé et l'avenir," *Nouveaux regards*, no.26, août 2004, pp.70~73.

입니다. 푸코는 거기, 그 둘 사이에 있습니다. 푸코는 자신이 고고학을 수행했던 과거에 있는 것도 아니고, 자신이 때때로 "바닷가 모래 사장에 그려 놓은 얼굴처럼"* 그 이미지를 그려본 미래에 있는 것도 아닙니다. 바로 현재로부터 [과거와 장래라는 두] 다른 시간들을 구분하는 것이 가능합니다. 흔히 푸코가 행한 시기 구분들이 과학적으로 과연 정당한 것이냐라고 비난하곤 하는 사람들이 있죠. 우리는 그런 역사가들의 비난을 이해할 수도 있지만, 동시에 저는 그것이 진짜 문제는 아니라고 말하고 싶습니다. 푸코는 항상 바로 그 자신이 위치한 고유한 시간으로부터 질문이 만들어지는 곳에 있습니다.

푸코와 함께 역사적 분석이란 이제 하나의 행위, 과거에 대한 지식, 계보학, 도래할 것에 대한 전망, 하나의 장치가 됐습니다. 1960년대의 맑스주의 투사 출신들, 그리고 제2, 제3인터내셔널의 희화화된 교조주의적 전통에 빠지지 않은 사람들에게는 푸코의 관점이 자연스럽게도, 절대적으로 정당한 것으로 파악됐습니다. 푸코의 관점은 사건, 투쟁, 모든 필연과 모든 미리 짜여진 목적론 바깥에서 위험을 감수하는 기쁨에 대한 지각과 상응하는 것이었습니다. 푸코의 사유 속에서 맑스주의는 전적으로 해체됐습니다. 푸코의 사유는 권력관계들에 대한 분석 혹은 역사적 목적론에 대한 분석이자, 역사주의나 어떤 실증주의에 대한 거부의 관점이었습니다. 그러나 동시에 맑스주의는 마찬가지로 운동과 투쟁의 관점, 즉 사실상 이 운동들과 투쟁들의 주

---

* "장담할 수 있건대 인간은 바닷가 모래사장에 그려 놓은 얼굴처럼 사라질지 모른다." Michel Foucault, *Les Mots et les Choses: Une archéologie des sciences humaines*, Paris: Gallimard, 1966, p.398. [이규현 옮김, 『말과 사물: 인문과학의 고고학』(개정판), 민음사, 2011, 526쪽.]

체들의 관점에서 재발명되고 개조됐습니다. 왜냐하면 안다는 것은 곧 주체성을 생산한다는 것을 의미하기 때문입니다.

그러나 더 나아가기 전에, 잠깐 뒤로 되돌아가고 싶습니다. 일반적으로 세 [시기의 혹은 세 명의] 푸코를 구분들 하죠. 1960년대 말까지는 인문학들의 담론이 어떻게 출현했는가에 대한 연구, 즉 푸코가 앎과 세 개의 세기 이후[18세기 이후]의 앎의 경제에 대한 고고학이라고 부르는 것이자, 동시에 에피스테메 개념을 통한 서구 근대성에 대한 거대한 독해라고 부르는 것이 있었습니다. 그 다음으로 1970년 대에는 앎들과 권력들 사이의 관계들, 규율, 통제, 생명권력들, 규범, 생명정치의 출현에 대한 조사들, 다시 말해 권력에 대한 일반적인 분석과, 동시에 주권 개념이 정치 사상에 출현한 이래 지금까지 어떻게 발전되어왔는가에 대한 역사를 서술해보고자 하는 시도. 마지막으로 1980년대에는 자기에 대한 미학적 관계, 타인들에 대한 정치적 관계라는 이중적 전망 아래에서 주체화 과정에 대한 분석. 물론 전자와 후자는 동일한 탐구였을 것입니다. 자기의 미학과 정치적 근심[고민]의 교차를 우리는 또한 윤리학이라고 부르기 때문입니다.

사실 저는 우리가 이렇게 세 명의 푸코를 구분할 수 있는지도 잘 모르겠고, 두 명의 푸코가 있는지도 잘 모르겠습니다. 왜냐하면『말과 글』과 콜레주드프랑스 강의들이 출간되기 이전까지만 해도 사람들은 마지막 시기의 푸코를 그리 중요하게 생각하지 않으려는 경향이 있었기 때문입니다. 그러나 제 생각에는 사실 푸코의 관심이 향했던 이 세 주제들은 완전히 연속적이고 일관된 것 같습니다. 여기에서 '일관된다'라는 단어가 그 세 주제들이 단일하고 연속된 이론적 생산을 이룬다는 의미에서 말입니다.

변한 것은 아마도 푸코가 맞닥뜨려야 했던 역사적 조건들과 정치적 필연들의 특정성일 것입니다. 그런 특정성이 푸코가 관심을 가졌던 장들을 완전히 결정했던 것이죠. 이렇게 보면, 푸코의 전망을 받아들인다는 것은 따라서, 제 자신의 단어들로 말해보면, 물론 저는 그 단어들이 푸코의 것일 수도 있기를 바랍니다만, 어떤 유형의 사유를 주어진 역사적 상황과 접촉시킨다는 것이기도 합니다. 이 주어진 역사적 상황이란 권력관계들의 역사적 현실입니다. 푸코는 문서고에 대한 자신의 열정에 대해 말할 때 이 사실을 자주 반복하곤 했습니다. 문서고에 대한 독해의 감정은 그 문서고들이 우리에게 실존의 단편들에 대해 이야기해주고 있는 것으로부터 나옵니다. 누렇게 바랜 종이들에 의해 우리에게 전달되거나, [우리가] 그날그날 살아가는 지나간 혹은 현재의 실존, 그것은 항상 권력과의 마주침입니다. 실존이란 바로 이것이지 다른 뭔가가 아닙니다만, 실로 엄청난 것이죠.

18세기 말과 19세기 초 사이의 이행에 대해 작업하기 시작할 때, 즉 『감시와 처벌』에서부터, 푸코는 권력관계들의 특정한 차원과 그것이 함축하는 장치들·전략들, 다시 말해 사실상 자본주의 발전 위에 전적으로 절합된 한 유형의 권력관계들과 대면하게 됩니다. 자본주의 발전은 그것이 한편으로 노동력의 구성을 요구하고, 다른 한편으로 생산한 것이 돈이 될 만한 것이어야 한다는 필요가 노동력의 구성을 요구하는 한에서, 삶에 대한 총체적 투자를 필요로 합니다. 권력은 생명권력이 됩니다. 하지만 푸코가 현재에 대한 비판적 존재론을 만들어보기 위해 생명권력들의 모델을 사용하는 것이 사실일지라도, 우리는 자본주의 발전에 할애된 [푸코의] 분석들에서 그저 복지국가에서 그 위기로의 이행, 노동에 대한 포드주의적 조직화에서 포스트포드주의적 조직화로의 이행, 케인즈적 원리들에서 신자유주의적 거시경제 이론으로의 이행만을 발견하게 될 것입니다. 그러나 19세기 초의 규율체제에서 통제체제로의 이행이라는 이 단순한 정의 속에서, 우리는 이미 포스트모던이 사회적 노동을 지배하는 국가의 단순한 후퇴로 나타나는 것이 아니라 삶에 대한 국가 통제의 완벽화로 나타난다는 것을 이해할 수 있다는 것도 사실입니다.

사실 푸코가 전개한 이런 직관은 [푸코의 저작들] 곳곳에서 발견됩니다. 마치 탈산업 시대로의 이행에 대한 분석이 푸코 사유의 중심 요소를 구성하는 듯한 그런 직관 말이죠. 하지만 푸코는 결코 이에 대해 직접적으로 말하지는 않습니다. 현재가 과거와 맺는 관계를 전적으로 구조화하는 현재의 계보학이라는 계획, 그리고 새로운 주체성들을 창조하는 만큼이나 권력의 내부로부터 권력을 변경하고 그 기능을 파산시킬 수 있는 주체성의 생산이라는 관념은, 1970년대 초부터 [푸코가 보기에는] 바로 이 현재의 물질적 결정과 그 현재가 구현한 이행을 벗어나서는 사유될 수 없는 것이었습니다. 근대 정치에 대한 정의에서 포스트모던한 생명정치에 대한 정의로의 이행, 바로 이것이 제 생각에 푸코가 가졌던 놀라운 직관이었습니다.

푸코에게서 정치라는 개념, 그리고 생명정치적 맥락에서의 행위라는 개념은 막스 베버의 결론들이나 19세기의 그 아류들과 다를 뿐더러, 한스 켈젠이나 칼 슈미트 등의 권력에 대한 근대적 개념화들과 노 그만큼 근본적으로 나른 것입니다. 푸코는 아마노 그들의 테세에 대해 민감했을 테지만, 저는 1968년부터 틀이 완전히 변했고, 푸코는 그들의 테제를 더 이상 고려할 수 없었을 것이라고 생각합니다. 그런데도 푸코를 넘어서, 푸코를 계속 사용하려는 우리에게 그것[푸코의 개념들]은 엄청난 관대함으로 푸코가 우리에게 준 하나의 선물입니다. 푸코는 관대한 사유를 가지고 있었죠. 사람들은 이 점에 그리 주의하지 않았습니다만. 푸코의 이론화에는 어떤 것도 혁신하거나 교정할 것이 없습니다. 왜냐하면 단지 주체성의 생산과 그 함의들에 대한 푸코의 직관들을 연장하는 것으로 충분하니까요.

예를 들어 푸코, 들뢰즈, 그리고 펠릭스 가타리가 1970년대에 감옥 문제에 대한 투쟁들을 지원했을 때, 그들은 앎과 권력 사이에 새로운 관계를 구축했습니다. 이 새로운 관계는 단순히 감옥 안에서의 상황에 관련된 것이 아닙니다. 이 새로운 관계는 자유의 공간들, 권력의 내부로부터 권력을 비트는 작은 전략들이라는 동일한 모델 위에서, 개인적이고 집단적인 고유한 주체성을 재정복하고 삶과 투쟁의 새로운 공동체 형태, 요컨대 우리가 전복이라고 부르는 것이 발전되는 상황들 전체에 관련된 것입니다. 푸코는 자신이 일궈낸 훌륭한 권력 분석이나 방법론의 번뜩임, 혹은 자신이 철학, 역사, 그리고 현재에 대한 고민을 교차시킨 전대미문의 방식 때문에만 위대한 것이 아닙니다. 푸코는 우리가 끊임없이 그 유효성을 주장해야 하는 직관들을 우리에게 남겨줬습니다. 특히 푸코는 정치적·사회적 투쟁들의 공간을 재정의했고, '고전적' 맑스주의와는 다른 혁명적 주체들의 형상을 재정의했습니다. 푸코에게 혁명이란 해방의 전망이 아닙니다. 어쨌든 그것만은 아닙니다. 오히려 푸코에게 혁명은 자유의 실천입니다. 그것은 자기 자신을 생산해내는 것이고 투쟁 속에서 다른 사람들과 함께 언어들, 네트워크들을 혁신하고 발명하는 것입니다. 그것은 생산하는 것이고, 산 노동의 가치를 재전유하는 것입니다. 그것은 내부로부터 자본주의를 함정에 빠트리는 것입니다.

우리는 프랑스에서 사회적·정치적 비판과 다시 접목되기를 원한다고 선언하는 대부분의 흐름이 푸코로부터 뭔가 거리를 두려는 것을 목도하는 것 같지 않습니까? 유럽의 나머지, 예를 들면 이탈리아 혹은 미국에서는 어떻습니까?

학계는 푸코를 증오합니다. 제 생각에 사람들은 1960년대부터 이미 푸코로부터 거리두기를 했다고 생각되는데요. 콜레주드프랑스에 임용됐을 때도 그것은 결국 푸코를 더 잘 고립시키기 위한 것이었죠. 단순히 대학이 [다른 여타의] 지식인들보다 푸코가 더 성공하는 것을 용인하지 않았기 때문만은 아니고 말이죠. [가령] 피에르 부르디외의 사회학적 실증주의는 분명히 매우 풍부한 것이었습니다만, 부르디외는 푸코의 사유와 마주칠 수 없었고 푸코의 주관주의를 비난했죠. 하지만 명백하게도 푸코에게는 주관주의가 없습니다. 부르디외도 아마 최근 몇 년 동안 그 점을 깨달았을 것입니다.

푸코가 자신의 저작 도처에서 늘 반박한 것은 초월주의입니다. 이것은 주체적 역량들의 네트워크와 그것이 만들어낸 갈등에 직면해서도 실제의 모든 결정을 심사숙고하지 않으려는 역사철학입니다. 제게 초월주의란, 요컨대, 외부의 권위적인 관점에서 사회를 평가하고 조작할 수 있다고 주장하는 사회에 대한 개념들을 뜻합니다. 아니오, 그런 초월주의는 불가능합니다. 사회적인 것에 접근가능하게 해주는 유일한 방법은 절대적인 내재성의 방법, 즉 의미의 생산과 행위의 장치들을 지속적으로 발명해내는 방법입니다. 동시대의 다른 주요 저자들처럼, 푸코는 구조주의의 모든 추억을 결신했습니다. 즉, 구조주의가 규정한 인식론적 범주들의 초월적 고착화와 결판을 지은 것이죠. 오늘날 이런 오류[초월적 고착화]는 철학이나 인문·사회과학에서 자연주의를 부활시키려는 것을 통해 재생산되고 있습니다.

프랑스에서 푸코가 반박되는 이유는, 비판의 관점에서, 그가 [프랑스] 공화주의 전통의 신화에 스스로를 끼워 넣지 않기 때문입니다. (아무리 자코뱅적인 것이라 할지라도) 주권주의, (아무리 평등적인 것이라 할지라도) 일방적인 정교분리 원칙, 가족을 개념화함에 있어서의 전통주의, 그리고 (아무리 통합적인 것이라 할지라도) 애국적인 인구통계학 등만큼 그로부터 멀리 떨어져 있는 것은 없습니다. 그러나 그렇다면 푸코의 방법론은 상대주의적이고 회의주의적인 입장, 즉 역사에 대한 관념론적 개념으로 타락하는 것은 아닐까요? 아니오, 다시 한번 아니오입니다. 푸코의 사유는 전복의 가능성을 정초하기를 제안합니다. 이 전복이라는 단어는 푸코의 것이라기보다는 제 것이긴 합니다만. 푸코는 근대 민족국가 전통과 사회주의 전통으로부터 전적으로 독립된 상태에서 '저항'에 대해 말하곤 했습니다. 회의주의적이고 상대주의적인 것과는 전적으로 다른 명제는 정반대로, 진보와 공통의 재구축이라는 모든 환상이 근대의 전체주의적 변증법에 의해 배신을 당한 이후에, 계몽에 대한 열광, 인간에 대한 재발명, 그리고 그것의 민주주의적인 역량 위에 세워졌습니다. 요컨대 푸코는 젊은 시절의 르네 데카르트가 쓴 문장, 즉 "나는 가면을 쓴 채 나아간다"Larvatus prodeo를 제 것으로 삼을 수 있었을 것입니다.

우리 각자가 이것을 인정해야 한다고 생각합니다. 국가사회주의는 근대 변증법의 순수한 산물이었습니다. 그것으로부터 해방된다는 것은 더 멀리 나아가는 것을 의미합니다. 푸코가 우리에게 환기시키듯이, 계몽이란 이성에 대한 계몽주의 시대의 유토피아적 열광이 아닙니다. 반대로, 계몽은 디스토피아, 즉 사건을 둘러싼 일상적 투쟁이며, '지금 여기'를 문제화하는 것으로부터, 해방과 자유의 테마들로부터 정치를 구축하는 것입니다. 1970년대 초반에 감옥정보그룹과 함께 행한, 감옥에 대한 문제를 둘러싼 푸코의 전투가 당신에게는 상대주의적이거나 회의주의적인 것으로 보이나요? 아니면 이탈리아에서 억압과 역사적 타협이라는 가장 힘들었던 순간에 처해 있던 이탈리아 자율주의자들을 지원하기 위해서 푸코가 취했던 입장이 상대주의적이거나 회의주의적인가요?

프랑스에서 푸코는 친구들, 제자들, 동료들이 자신에 대해 행한 독해의 희생자였습니다. 반공산주의는 여기에서 지대한 역할을 했죠. 사람들은 [푸코를] 유물론과의 방법론적 단절, 신자유주의적 개인주의의 요구 같은 집단주의로 소개했습니다. 변증법적 유물론의 범주들을 해체했을 때 푸코는 [사람들에게] 귀중했으나, 이와 마찬가지로 푸코가 역사적 유물론의 범주들을 재구축했을 때는 사정이 더 이상 그렇지 않았습니다. 그리고 장치들에 대한 독해와 현재에 대한 비판적 존재론을 만들기 위한 작업이 다중들의 자유와 공통된 재산의 구축, 신자유주의에 대한 경멸을 참조했을 때, 이 제자들은 푸코로부터 발을 돌렸습니다. 아마도 푸코는 제때 죽은 것 같아요.

이탈리아, 미국, 독일, 스페인, 라틴아메리카에서, 그리고 지금 항상 더욱이 영국에서, 우리는 푸코를 지적 무대로부터 주변화시키려는 이런 도착적인 파리 식의 게임을 알지 못했습니다. [다른 곳에서] 푸코는 프랑스 인텔리겐챠의 이데올로기적 싸움 같은 대량학살의 체를 통과하지 않았습니다. 푸코는 자신이 말한 것을 통해 읽혔을 뿐이죠. [푸코의 사유와] 1970년대 말에 맑스주의 사유가 다시 부흥하는 경향 사이에 유비를 설정하는 것은 자주 근본적인 것으로 간주됐습니다. 우리는 어쨌든 연대기적인 일치만을 붙들고 있어서는 안되겠죠. 오히려 푸코의 사유에는, 해방과 자유를 향한 일련의 실천적·이론적 시도들의 한가운데에서, 인식론적 선취들과 [정]당들 및 역사 독해에 대한 격렬한 비판과 사람들이 그에게서 인정하는 주제들을 함축하는 윤리-정치적 전망들의 실타래 속에서 [우리가] 이해해야 할 만한 것이 있으리라는 느낌이 듭니다. 제 생각에는, 예를 들어 유럽의 노동자주의자들과 미국의 페미니스트들은 푸코에게서 무수한 연구의 실마리들을 발견했고, 특히 그들의 메타-언어들을 하나의 공통된 언어, 아마도 도래할 세계 혹은 여하튼 도래할 세기를 위한 보편적인 언어로 변형할 수 있는 자극을 발견했습니다.

마이클 하트와 당신은 『제국』에서 "새로운 패러다임의 생명정치적 맥락은 우리의 분석에서 완전히 중심적이다"라고 썼습니다. 당신은 제국권력의 새로운 형태들과 '생명권력' 사이의 직접적으로는 분명할 것이 전혀 없어 보이는 이 관계를 설명해줄 수 있겠습니까? 당신이 자주 증언한 바 있는 푸코에 대한 당신의 빚이 어떤 비판들을 담고 있지 않은 것은 아닙니다. 예를 들어 당신은 푸코가 "생명정치적 사회에서의 생산의 현실적 동학"을 파악하는 데 도달하지 못했다고 적고 있습니다.* 당신은 이것으로 무엇을 말하고자 한 것입니까? 푸코의 분석들이 일종의 정치적인 막다른 골목으로 이끈다고 추론해야 할까요?

이 두 질문으로부터 출발해, 저는 『제국』에서 하트와 제가 푸코로부터 차용한 것, 그리고 반대로 우리가 비판했던 것을 더 분명히 할 수 있기를 바랍니다. 제국에 대해 말하면서 우리가 그저 민족국가 형태

---

* Antonio Negri and Michael Hardt, *Empire*, Cambridge: Harvard University Press, 2000, pp.26, 28. [윤수종 옮김, 『제국』, 이학사, 2001, 57, 59쪽.]

와는 다른 전지구적 주권성의 새로운 형태를 식별해내려고만 했던 것은 아닙니다. 우리는 이런 발전의 물질적·정치적·경제적 원인들을 파악하는 동시에 그것이 필연적으로 함축하는 모순들의 새로운 조직을 정의하려고 했습니다. 맑스적인 관점에서 볼 때, 세계시장의 극히 발전된 형태의 경우를 포함해, 자본주의의 발전은 노동 착취에서의 변환들뿐만 아니라 그것의 모순들에 기초합니다. 정치제도들과 자본권력의 형태들을 변형하는 것은 노동자들의 투쟁입니다. 제국적 규칙의 헤게모니를 긍정하도록 이끌리는 과정 역시 예외가 아닙니다. 1968년 이래로, 선진국 임금 노동자들의 거대한 봉기와 제3세계 식민지 민중들의 봉기 이래로, 자본은 더 이상 민족국가의 한계 내에서는 노동력의 흐름들을 경제적이고 화폐적인 영역에서, 군사적이고 문화적인 영역에서 통제하고 억제할 수 없게 됐습니다. 새로운 세계 질서는 노동 세계에서 요청되는 새로운 질서에 상응합니다. [이런 요청에 대한] 자본주의의 대답은 다양한 수준의 형태를 띱니다만, 여하튼 노동과정에 대한 기술적 조직화가 근본적이죠.

사실 산업의 자동화와 사회의 정보화가 관건입니다. 자본의 정치경제학과 착취의 조직화는 점점 더 비물질 노동을 통해 발전하기 시작하고 있으며, 축적은 노동의 지적·인지적 차원들, 그것의 공간적 이동성과 시간적 유연성에 근거합니다. 전체 사회와 인간들의 삶은 이처럼 권력의 편에서 볼 때 새로운 이익을 끌어내기 위한 대상이 되어버립니다. 맑스는 『요강』과 『자본』에서 이런 발전을 원전히 내다봤죠. 맑스가 '사회에 대한 자본의 실질적 포섭'이라 불렀던 발전 말입니다. 제 생각에 푸코는 이런 역사적 이행을 이해했습니다. 왜냐하면 그 나름대로 권력에 의해 삶이 투자되고, 개인적 삶이 사회적 삶으로서 투자되는 계보학을 묘사했기 때문입니다. 그러나 자본에 사회가 포섭되는 것은 생명권력들의 출현처럼 우리가 생각하는 것보다, 특히 자본 자체가 생각하는 것보다 훨씬 더 불안정합니다. 맑스주의 아류들의 객관주의, 예를 들면 프랑크푸르트 학파에서와 같은 객관주의가 인정하고 싶어하는 것보다 훨씬 더 불안정하죠.

사실 자본에 대한 사회, 즉 사회적 노동의 실질적 포섭은 사회 자체의 모든 수준에서 착취의 모순을 일반화합니다. 마찬가지로 생명권력의 확장은 [그것에 대한] 사회의 생명정치적 응답에 길을 열어줍니다. 더 이상 삶에 대한 권력들이 아니라 이런 권력들에 대한 응답으로서의 삶의 역량이 중요합니다. 요컨대 이것은 봉기와 자유의 증식, 주체성의 생산과 새로운 투쟁 형태의 발명에 길을 열어줍니다. 자본이 삶 전체에 투자될 때, 삶은 저항으로서 일어섭니다. 생명권력의 생명정치로의 이런 전복에 대한 푸코의 분석들은 바로 이 지점에서 제국 발생에 대한 우리의 분석에 영향을 끼쳤습니다. 요컨대 물질적 노동에서 비물질적 노동으로의 변형이 만들어낸 새로운 형태의 노동들과 투쟁들이 주체성의 생산자들로서 일어선다는 것입니다.

푸코가 우리의 분석에 전적으로 동의할지 안 할지에 대해서는 잘 모르겠습니다. 물론 저는 그러기를 바라지만요! 왜냐하면 하트와 제게 주체성을 생산한다는 것은 사실상 코뮤니즘에게로 우리를 인도하는 생명정치적 변신의 과정 안에 있다는 것을 의미하기 때문입니다. 달리 말하면, 저는 우리가 살고 있는 새로운 제국적 조건, 그리고 우리가 우리의 노동, 우리의 언어, 우리 자신을 구축하고 있는 사회정치적 조건들이 우리가 '공통적인 것'이라고 부르는 것을 생명정치적 맥락의 한가운데에 놓고 있다고 생각합니다. 공통적인 것이란 사적인 것이나 공적인 것 혹은 개인적인 것이나 사회적인 것이 아니라, 우리 모두가 스스로를 생산하고 재생산할 수 있는 가능성을 인간에게 보장해줄 수 있도록 우리가 구축해내는 것을 의미합니다. 공통적인 것 안에서는 우리의 단독성들이 만들어낸 그 어떤 것도 가로막히거나 삭제되지 않습니다. 들뢰즈의 용어를 쓰면, 단독성들은 하나의 '배치'를 획득하기 위해 서로 절합될 뿐입니다. 그 배치 속에서 각각의 역량은 다른 이들의 역량에 의해 다양화되며, 그 배치 속에서 각자의 창조는 즉각적으로 다른 이들의 창조가 되기도 합니다.

우리가 매달리고 있는 맑스주의에 대한 창조적 재검토와 푸코가 구상해낸 생명정치와 주체성의 생산에 대한 혁명적 개념화들을 이어주는 길은 아주 많으리라 생각합니다.

주체화 양식들에 대한 푸코의 마지막 두 저작들은 (상대적으로) 당신의 주의를 덜 끌었던 것 같습니다. 생명권력에 낯선, 그리고 그것에 저항하는 윤리와 삶의 스타일 구축은 당신이 제안한 것, 그러니까 코뮤니즘적 투사의 형상과는 너무 떨어진 길인가요? 아니면 (푸코의 제안과 당신의 논의 사이에는) 우리가 잘 지각해내지 못하는 더 심원한 일치의 가능성이 있는 것일까요?

푸코의 마지막 두 저작은 제게 커다란 영향을 미쳤습니다. 제가 방금 『제국』에 대해 말한 것이 그 점을 잘 보여주리라 믿습니다. 약간 신기한 어떤 추억을 말해보죠. 1970년대에 저는 이탈리아에서 푸코에 대한 소논문 하나를 썼습니다.* 우리가 지금 '첫 번째 푸코'라 부르는

---

* Antonio Negri, "Sul metodo della critica della politica," *Aut-Aut*, nos.167-168, settembre-dicembre 1978, pp.197~212.

푸코, 즉 인문학의 고고학을 다루던 푸코에 대해 말입니다. 저는 그런 유형의 탐구가 지닌 한계를 지적하려 했고, 그로부터 주체성의 생산에 대한 일보 전진을, 더 강력한 주장을 원했습니다. 당시에 제 자신은 끔찍한 오류들의 리스크를 투사의 실천 지형에 제시하던 맑스주의에서 빠져나오려 하고 있었죠. 주체성의 생산에 대한 물음이 이론 지형에서 심대한 혁신이었다고 말할 수 있다면, 그것은 '맑스를 넘어선 맑스'가 가능한가에 대해 묻는 것이었기 때문입니다.

제가 이 점을 통해 말하려는 바는 이것입니다. 1968년에 뒤이은 열정적인 투쟁의 나날들 속에서, 이의를 제기하는 사회 운동들에 대해 그들[당시의 이탈리아 우파 정부]이 행사한 광폭한 억압의 상황 속에서, 우리 가운데 많은 이들이 테러리스트적 일탈이라는 위험을 추구했고, [실제로] 어떤 이들은 그 위험에 굴복했습니다. 그러나 이런 극단주의의 배후에는 권력이 하나, 오로지 하나이며, 생명권력은 좌파와 우파를 똑같게 만들어버리고, 오로지 당만이 우리를 구할 수 있으리라는 신념이, 혹은 당이 아니라면 제2차 세계대전 당시의 위대한 '빨치산' 전통 속에서 오로지 투사적 전망으로 똘똘 뭉친 소단위의 무장한 전위들만이 우리를 구할 수 있으리라는 신념이 항상 깔려 있었습니다. 우리는 투사들의 이런 일탈이, 그것으로부터 운동이 다시 일어설 수는 없는 그런 것임을 깨달았습니다. 그런 일탈은 인간적으로 용납될 수 없는 선택일 뿐만 아니라 정치적 자살행위입니다. 푸코, 그리고 푸코와 더불어 들뢰즈와 가타리는 이런 일탈에 맞서 우리를 지켜줬습니다. 그것은 진정한 혁명가들의 행동이었습니다. 스탈린주의와 '현실 사회주의'의 실천들을 비판했을 때, 그들은 자유주의의 '신철학자들'처럼 거짓되거나 위선적인 방식으로 그렇게 했던 것이 아닙니다. 그들은 자본주의의 생명권력에 맞서는 프롤레타리아트의 새로운 역량을 긍정할 수 있는 방식을 찾아내려고 애썼죠.

만일 투사주의라는 것이 자유의 공통된 실천이며 코뮤니즘이 공통된 것의 생산이라고 생각할 수 있다면, 생명권력에 대한 저항과 새로운 삶의 스타일 구축은 코뮤니즘적 투사주의와 그리 동떨어져 있지 않습니다.『제국』에서처럼, 코뮤니즘적 투사의 형상은 낡은 모델을 차용하지 않습니다. 정반대로, 코뮤니즘적 투사는 노동 해방과 더 정의로운 사회를 위한 투쟁의 존재론적·주체적 생산으로부터 구축되는 새로운 유형의 정치적 주체성으로 스스로를 제시합니다.

결과적으로 우리에게, 오늘날 사회 운동들에도 마찬가지로, 푸코의 마지막 저작들이 갖는 중요성은 예외적인 것입니다. 계보학은 여기에서 그 사변적 특성을 상실하고 정치적인 것, 우리 자신들의 비판적 존재론이 되며, 인식론은 '구성적인' 것이 되고, 윤리학은 '변혁적' 차원들을 끌어안게 됩니다. 신의 죽음 이후 우리는 인간의 재탄생을 목도합니다. 그러나 이것은 새로운 인간주의의 문제가 아닙니다. 오히려 더 정확하게 말해 이것은 새로운 존재론 속에서 인간을 재발명하는 것과 관련됩니다. 바로 근대 목적론의 폐허 위에서 우리는 유물론적인 텔로스를 되찾을 것입니다.

푸코의 이해와 활용 사이에서

김상운

1. 『푸코 이후: 통치성, 안전, 투쟁』은 두 개의 흐름으로 이뤄져 있다. 하나는 (특히 1970년대 후반의) 미셸 푸코에 대한 이해이고, 다른 하나는 활용이다. 더 정확하게 말하면 무수한 과제를 던져주는 이해이고, 그 과제를 나름의 방식으로 해결하고자 하는 활용이다. 이 두 가지 측면에서 이 책은 무엇보다 활용에 쏠려 있다. '2007년'에 발간된 상대적으로 '오래된' 이 책을 군이 '생명정치와 통치성' 총서의 한 권에 포함시킨 까닭이 바로 여기에 있다. 이 책 이후에도 일본에서는 푸코에 관한 책들이 제법 많이 나왔지만, 대체로 푸코 이해에만 관련된 책들, 혹은 '활용'이라고는 해도 사실상 푸코의 이름을 빌리지 않아도 되는 '이해'로 양극화되어 있다. 그에 비해 이 책은 『"사회를 보호해야 한다"』에서부터 시작되는 '후기 푸코'를 어떻게 이해하고 활용할 것인가를 궁리하려고 한 기획 취지에 가장 부합한다.[1]

---

[1] 이 시기의 푸코에 대한 이해나 활용과 관련해 일본에서 주목할 만한 책이나 논문은 꽤 있는데, 이 글에서 별도로 언급할 것을 빼고 몇 가지만 특별히 언급하면 다음과 같다. 杉田敦, 『権力の系譜学: フーコー以後の政治理論に向けて』, 東京: 岩波書店, 1998; 市野川容孝, 『身体/生命』, 東京: 岩波書店, 2000; 渋谷望, 『魂の

'활용'이라는 면으로는 감히 '자신만의 독법'에 따라, 심지어 '오독'이거나 '일면적 이해'라는 비판까지도 감수하겠다는 듯이 가장 철저하게 푸코를 활용하는 글은 본서의 6장인 히로세 준의 「혁명과 야만, 이것이 슬로건이다!: 『"사회를 보호해야 한다"』를 사용하기 위하여」이다. 표준적 독해에 따르면 푸코는 『"사회를 보호해야 한다"』에서 '전쟁으로서의 정치' 혹은 '전쟁 가설'을 제기하면서도 애초부터 이것에 유보를 덧붙였다고 전해진다.[2] 그런데 영민한 독자이자 빼어난 활용가로서의 히로세는 이 점을 과감히 무시하고 '전쟁에서 통치로'가 아니라 마치 '통치에서 전쟁으로' 다시 역류하는 것 마냥, 전쟁 담론이 지닌 힘을 다시 예리하게 부각시키고자 한다. 봉기의 문제가 바로 여기서 푸코의 입을 빌려 화려하게 부활하고 있다.[3]

労働: ネオリベラリズムの権力論』, 東京: 青土社, 2003; 杉田敦, 『守る: 境界線とセキュリティの政治学(政治の発見)』, 東京: 風行社, 2011; 杉田敦, 「全体性・多元性・開放性: 政治観念の変容と政治理論」, 日本政治学会 編, 『20世紀の政治学』, 東京: 岩波書店, 2000, 3~17頁; 柳内隆, 「統治性研究」(第4章), 『フーコーの思想』, 京都: ナカニシヤ出版, 2001, 105~143頁; 小松秀雄, 「ミシェル・フーコーのテクノロジー論(序論)」, 『論集』, 第48券, 第2号, 西宮: 神戸女学院大学, 2001, 163~184頁; 山家歩, 「権力の戦争モデルから統治へ: フーコー権力論の展開について」, 『現代社会理論研究』, 第11号, 東京: 現代社会理論研究会, 2001, 32~43頁; 北田了介, 「ミシェル・フーコーにおけるポリス論の展開: 「統治性」研究を中心に」, 『関西学院経済学研究』, 第32券, 西宮: 関西学院大学大学院経済学研究科研究会, 2001, 211~227頁; 「フーコー統治性の生成と方法をめぐって: 戦争‒人種の言説分析から行為の「導き/反‒導き」へ」, 『経済学論究』, 第61券, 第3号, 西宮: 関西学院大学, 2008, 39~57頁.

2) 뒤에서 다시 언급하게 될 본서의 1장(「전쟁에서 통치로: 1976~79년 콜레주드프랑스 강의」)이 대표적이다. 이것은 푸코에 대한 '표준적' 독해인데, 이에 대해 다르게 읽을 수도 있다. 더 자세한 내용으로는 다음을 참조하라. 김상운, 「옮긴이 해제」, 미셸 푸코, 『"사회를 보호해야 한다": 콜레주드프랑스 강의 1975~ 76년』, 도서출판 난장, 2015, 347~401쪽.

이처럼 '편향적 해석'에 기대어 푸코를 '투쟁'의 밑거름으로 사용하는 모범적 방식을 보여주는 것이 히로세의 글이라면, 통치성의 푸코와 윤리적 전회의 푸코를 더 일원적으로 파악하려고 노력하는 하코다 테츠의 「이슬람적 통치는 존재하지 않는다: 푸코의 이란 혁명론과 대항인도」(5장)는 나의 관점과 어떤 면에서는 매우 부합한다. 따라서 이 글에 대해서도 별다른 논평을 하지 않겠다. 다만, 푸코의 이란 혁명론은 통치성 논의의 한가운데서 이뤄진 이론적 전회로 간주되는 경우가 많은 만큼, 이란 혁명에 관한 푸코 자신의 글과 관련 연구서 등을 곁들여 읽을 필요가 있겠다. 다른 훌륭한 연구자들이 이 작업을 준비하고 있기 때문에, 독자들도 곧 접할 수 있을 것이다.

일본의 훌륭한 푸코 연구자들의 생생한 발언을 볼 수 있는 「푸코, 펑크, 개: 사카이 다카시, 시부야 노조무와의 대담」(7장)에서도 이런 자유롭게 말하기는 여지없이 관철된다. 이 글에 대해서도 굳이 내가 뭐라 덧붙일 말은 없다. 모쪼록 독자들도 이 대담의 묘미를 맛볼 수 있기를 바랄 뿐이다. 다만, 본서가 출판된 뒤인 2009년에 오모다 소

---

3) 히로세의 이런 경향은 다른 곳에서도 여지없이 드러난다. 廣瀬純, 『蜂起とともに愛がはじまる: 思想/政治のための32章』, 東京: 河出書房新社, 2012. [김경원 옮김, 『봉기와 함께 사랑이 시작된다』, 바다출판사, 2013];『アントニオ・ネグリ: 革命の哲学』, 東京: 青土社, 2013. [박은혜 옮김, 『안토니오 네그리: 혁명의 철학』, 도서출판 난장, 2015];『絶望論: 革命的になることについて』, 調布: 月曜社, 2013. 그러나 히로세의 이런 독해는 아무런 전거 없이 이뤄지는 것이 아니다. 특히 질 들뢰즈와 펠릭스 가타리의 '전쟁기계'를 푸코와 접속시키는 것이 갖는 힘은, 비단 히로세의 글에서만 나타나는 해석은 아니다. 우리는 이런 경향을 '생명정치와 통치성' 총서에 포함된 히가키 타츠야의 『비타 테크니카』에서도 볼 수 있다. 檜垣立哉, 『ヴィータ・テクニカ: 生命と技術の哲学』, 東京: 青土社, 2012. [김상운 옮김, 『비타 테크니카: 생명과 기술의 철학』, 도서출판 난장, 근간].

노에와 나눈 어느 대담에서 사카이는 페터 슬로터다이크에 대한 논의와 관련해 이렇게 수정한다는 점을 붙여둔다. "1984년 콜레주드프랑스 강의[『진실의 용기: 자기의 통치와 타인의 통치 2』]의 경우 ……예전에 프레데릭 그로의 요약을 읽었을 때는, 같은 해에 출판된 슬로터다이크의 『냉소적 이성 비판』에서 푸코가 어떤 영향을 받은 것이 아닌가라고 생각했는데, 강의에서 슬로터다이크를 언급하기는 합니다만 아직 읽지는 않은 것 같더라고요."[4)]

따로 언급하지 않을 것이라는 점에서는 토사 히로유키의 「전지구적 통치성」(4장)도 마찬가지이다. 세리자와 가즈야의 「'생존'에서 '생명'으로: 사회를 관리하는 두 개의 장치」(3장)가 일국적 통치성과 관련된 분석이라고 한다면, 4장은 제목 그대로 전지구적 통치성을 다룬다. 온갖 부패로 치장한 '국무총리'가 '부패와의 전쟁'을 선언한 지금 현재(2015년 3월), 바로 이 부패 문제를 다루고 있는 이 글을 읽는 것은 무척이나 흥미로운 일이다. 다시 말하면, 현 시점의 한국에서 이 글은 '부패와의 전쟁'과 관련된 전지구적 통치성의 문제를 사유할 수 있게 해준다. 다른 한편으로, 토사는 일국적 차원에서도 '형벌-복지주의' 대신 '수치화된 앎'과 '지도작성적 앎'을 조합한 '새로운 사회적 통제'가 대두한다고 말하고 있는데, 이 부분은 뒤에서 따로 언급하게 될 3장과 연결해 논의가 더 보강되어야 할 필요가 있다. 이후 토사는 이스라엘과 팔레스타인의 문제를 조르조 아감벤의 '예외

---

4) 酒井隆史・重田園江, 「討議: 誤謬の勇気」, 『現代思想』, 第37券, 第7号, 東京: 青土社, 2009, 78頁. 참고로 이 대담에는 계급투쟁과 사회적인 것, 파르레시아, 퀴니코스 학파 등과 관련된 흥미롭고도 깊은 논점들이 제시되어 있다.

상태' 개념에 입각해 분석하면서 저항의 문제를 사유하려고 시도한다. 이때 토사는 푸코의 생명정치를 '살리는 권력'(정확하게 번역하면 '살게 만드는 권력')으로 파악하고, 오늘날에는 오히려 과거의 생살여탈권이나 법권리에서처럼 '죽이는 권력' 혹은 '죽음을 부여하는 권력'(『성의 역사 1권: 앎의 의지』라면 '죽음 속으로 쫓아내는 권력')이 재차 표면화됐다고 주장한다. 이 '활용'의 내용에 대해서는 내가 특별히 덧붙일 것은 없다. 그러나 생명권력(생명정치)과 고대의 법권리에 대한 이런 이해는 통치성과 생명정치의 관계를 사유하는 데 있어서 문제를 낳을 것이다. 곧 자세히 언급하겠지만, 이런 이해는 『푸코 이후』의 필자들이 거의 공유하는 '문제점'이기도 하다.

아무튼 이런 빼어난 이해와 활용에도 불구하고, 『푸코 이후』는 한 가지 점에서 '생명정치와 통치성' 총서의 기획 취지와 어긋난다. 바로 이해와 활용의 대상인 푸코의 콜레주드프랑스 강의들(그리고 여타 관련 텍스트들)의 참조폭에서 그렇다. 『푸코 이후』는 『"사회를 보호해야 한다"』와 같은 해에 출판된 『앎의 의지』를 바탕에 깔고, 사목권력에 이어 통치성 연구의 일환으로 국가이성론, 자유주의적 통치론, 신자유주의적 통치론 등이 분석되며 법-주권 모델과 규율 모델과도 구분되는 '안전장치'에 대한 논의가 등장하는 『안전, 영토, 인구』와 『생명정치의 탄생』까지만을 다룬다. 『푸코 이후』의 편집자들은 그 이유로 두 가지를 제시한다. '자기의 통치'라는 문제설정이 등장하기 직전에 '통치' 자체가 어떻게 실문되고 있는지 분명히 하기 위해서라는 것이 그 첫 번째 이유이다. 두 번째 이유는 이 시기(즉, 푸코가 '자기의 통치'라는 문제설정을 제시한 시기)의 연구 결과가 『성의 역사』 2~3권으로 부족하나마 주어져 있다는 것이다.

그렇지만 '생명정치와 통치성' 총서는 『푸코 이후』가 상정하고 있는 푸코와 윤리적 전회의 푸코의 관계를 어떻게 볼 것인가의 문제까지도 포괄하려 한다. 이렇게 하려는 이유는 통치성의 푸코와 윤리적 전회의 푸코를 일원론적으로 바라볼 수 있는가, 그렇게 바라볼 경우에 푸코의 '활용'이라는 면에서 어떤 득실이 생길 수 있는가를 짚어보기 위함이다. 다만, 이때의 활용은 '적용'을 넘어서 다른 정치철학자들과의 맞대결까지 포함하는 것이다. 아무튼 솔직하게 말하면, 『푸코 이후』가 굳이 이 세 개의 강의에만 초점을 맞추는 이유도 의아하기는 하다. 일본에서 이미 『주체의 해석학』이 2004년에 출판됐다는 점을 고려했을 때도 그렇다.5) 게다가 편집자들이 스스로 밝히고 있듯이, 통치성에 대한 주목이 무엇보다 『말과 글』의 출판에서부터 본격화됐다고 한다면, 더욱이 『말과 글』의 일본어판이 『미셸 푸코의 사고집성』이라는 제목을 달고 무려 10권으로, 1998년부터 2002년 사이에 모두 출판됐다는 점에서도 아쉽다. "이런 선택 혹은 선별에는 통치성의 푸코와 윤리적 전회의 푸코 사이에 뭔가 단절을 기입하거나 암묵적으로 어떤 단절을 전제하고 있는 태도가 깔려 있는 것은 아닐까?"라는 의구심조차 생길 정도이다.

---

5) 참고로 푸코의 콜레주드프랑스 강의 순서는 다음과 같다(괄호 안의 숫자는 '실제 강의년도/일본어판의 출판년도'). 『앎의 의지에 관한 강의』(1970~71/2014), 『형벌의 이론과 제도』(1972/미간행), 『처벌사회』(1973/미간행), 『정신의학의 권력』(1973~74/2006), 『비정상인들』(1975/2002), 『"사회를 보호해야 한다"』(1976/2007), 『안전, 영토, 인구』(1978/2007), 『생명정치의 탄생』(1979/2008), 『생명존재의 통치에 관하여』(1980/2015), 『주체성과 진실』(1981/미간행), 『주체의 해석학』(1982/2004), 『자기의 통치와 타인의 통치』(1983/2010), 『진실의 용기: 자기의 통치와 타인의 통치 2』(1984/2012).

그러나 이 모든 것은 그저 의심일 뿐이며, 생산적인 결과물을 갖고 응해야 할 의심에 불과하다. 아무튼 좀 더 생산적인 이해와 활용은 『생명존재의 통치에 관하여』부터 시작해 『주체성과 진실』, 『주체의 해석학』, 『자기의 통치와 타인의 통치』 1~2권까지 포함시켜 실제로 그 활용과 이해를 동시에 드러내는 작업에 의해 가능해질 것이다. 이 해제에서 이런 의도가 실현되기를 기대하는 독자들도 있겠지만, 이에 대한 밀도 있는 언급은 불가피하게 '가까운 뒷날'을 기약할 수밖에 없다. 이는 두 가지 작업을 통해 선보이게 될 것이다. 하나는 푸코의 1983년과 1984년 콜레주드프랑스 강의에 대한 「옮긴이 후기」(2015년 말 출간 예정)이고, 다른 하나는 이 책의 필자 가운데 한 명이자 '통치성 연구'의 차원에서 내가 말한 이해와 활용을 보여준 하코다의 『푸코의 투쟁: '통치하는 주체'의 탄생』에 대한 번역이다.[6] 내

---

6) 나는 사토 요시유키의 『신자유주의와 권력: 자기-경영적 주체의 탄생과 소수자-되기』(후마니타스/2014)의 「옮긴이 후기」에서 사토에게 '비판적 거리'를 취하려고 했다. 그럼에도 불구하고 내 견해는 사토의 견해와 가까우며, 『푸코 이후』의 필자 중 한 명인 하코다의 『푸코의 투쟁』도 마찬가지이다. 箱田徹, 『フーコーの闘争: 「統治する主体」の誕生』, 東京: 慶應義塾大学出版会, 2013. [김상운 옮김, 『푸코의 투쟁: '통치하는 주체'의 탄생』, 도서출판 난장, 근간.] 그러나 미리 밝혀둔다면, 하코다는 어디까지나 생명정치를 통치성의 하위 범주로 포함시키면서 통치성에 입각한 일원론적 시각을 전개하는 반면에, 나는 통치성을 생명정치에 포함시키고 푸코의 과거 연구들에 대한 재독해를 통해 이것이 훨씬 더 생산적일 수 있음을 논증할 것이다. 그리고 그 중 일부는 이 해제에서 볼 수 있을 것이다. 여기서 고백해야 할 사실이 하나 있다. 『신자유주의와 권력』의 「옮긴이 해제」(특히 256~259쪽)에서 푸코를 '일원론'적으로 읽어야 한다고 말했을 때 나는 그 시각과 내용을 하코다의 글 「에로스의 기법을 재독해하기: 푸코 통치성의 형성과정」의 일부에서 거의 '복사'했다. 箱田徹, 「エロスの技法を再読する: フーコー統治論の形成過程」, 『社会思想史研究』, 第31号, 東京: 藤原書店, 2007, 91~93頁. 그런데도 나는 인용 표시조차 하지 않았다. 『신자유주의와 권력』의

가 앞서 말한 작업에는 정치 개념의 정의에 대한 전환과 그 함의에 대한 검토 역시 포함되어야 할 것이다. 또한 통치성 연구에서는 거의 등장하지 않은 '민주주의'가 오히려 윤리적 전회에서 등장하는 것은 무엇을 의미하며, 이것이 현대의 논의와 어떤 관계에 있는지를 숙고하는 문제, 좀 더 생각하면 '급진적 변혁'이나 혁명적 사유에 있어서 푸코의 유용성과 한계를 짚는 문제 등의 '현재의 물음'까지 포함된다 (여기서는 이와 관련된 국내의 논의를 일부러 언급하지도 않고 살피지도 않았지만, 중요한 논의들이 몇 개 있다). 아무튼 이런 문제들은 '생명정치와 통치성' 총서 중의 하나로 곧 선보일 『생명정치의 푸코, 통치성의 푸코』를 비롯해 다양한 기회에 언급하게 될 것이다.

2. '통치성'을 중심으로 푸코를 새롭게 읽으려는 분위기가 세계적으로는 2000년대에 들어와 본격화됐지만, 일본에서는 이보다 좀 이른 1990년대 중반에 시작됐다. 그 배경에는 『푸코 이후』의 필자 중 한 명인 오모다 소노에가 푸코의 콜레주드프랑스 강의들이 출판되기 전에 프랑스로 건너가 그 강의 테이프를 직접 듣고 재정리한 노력이 있었다. 특히 푸코의 논의를 '재정리'하는 데 초점을 맞춘 오모다의 논고로는 『안전, 영토, 인구』와 『생명정치의 탄생』을 다룬 「미셸 푸코의 통치성 연구」, 『생명정치의 탄생』에서 중요한 위치를 차지하는 독일 질서자유주의자들을 푸코의 강의뿐만 아니라 질서자유주의자들의 텍스트까지 직접 읽으며 푸코보다 오히려 더 다채롭게 조망한 「자

2쇄를 찍으면서 여러 가지 오탈자를 잡고 이 점을 밝힐 예정이었으나, 먼저 이 자리를 빌려 부정직함에 대해 깊이 사죄드린다.

유주의의 통치 능력: 미셸 푸코의 질서자유주의론」이 있다. 또『"사회를 보호해야 한다"』를 다룬 「전쟁으로서의 정치: 1976년 강의」라는 글도 있다. 그러나 오모다도 푸코를 '활용'하는 데 매우 열성적인 학자인데, 이런 활용의 측면이 잘 드러난 단행본이『푸코의 구멍: 통계학과 통치의 현재』,『미셸 푸코: 근대를 이면에서 읽기』이다.[7]

본서의 1장인 오모다의 「전쟁에서 통치로: 1976~79년 콜레주드 프랑스 강의」는 겉으로 보면 '이해'나 '해석'에 가장 많이 치우쳐 있다. 그러나 실제로는 몇 차례에 걸쳐 꼼꼼히 읽어야만 문장 하나하나의 깊은 '울림'을 파악할 수 있는 글이다. 그만큼 복잡한 내용을 단순하고 명료하게 '지도제작'처럼 제시하고 있다. 그래서 1장을 처음 읽으면, 1980~90년대 인문사회과학 서적 독자들의 선입견, 즉 "일본인들은 복잡한 것을 아주 잘 정리해서 보여준다"는 편견을 오히려 강화할지도 모른다. 사실 나는 사토 요시유키의『신자유주의와 권력』에 대한 이런 비슷한 평가를 인터넷에서 보고 매우 실망한 적이 있다. 그러나 단언컨대, 사토의 책뿐 아니라 오모다의 이 글도 푸코를 "어떻게 읽을 것인가?," 또 그때 생겨나는 '과제'가 무엇이며 그 해결의 실마리는 어디서 찾을 수 있는가를 총괄적으로 제시하는 글이다. 그리

---

7) 重田園江, 「ミシェル・フーコーの統治性研究」, 『思想』, 第870号, 東京: 岩波書店, 1996, 77~105頁; 「自由主義の統治能力: ミシェル・フーコーのオルド自由主義論」, 鬼塚雄丞 外 編, 『自由な社会の条件』, 東京: 新世社, 1996, 196~222頁. [김상운 옮김, 「자유주의의 통치 능력: 미셸 푸코의 질서자유주의론」, http://multitude.co.kr/369]; 「戰争としての政治: 1976年講義」, 『現代思想』, 第31券, 第16号, 東京: 青土社, 2003, 184~205頁. [김상운 옮김, 「전쟁으로서의 정치: 1976년 강의」, 『말과 활』(8호/4-5월), 일곱번째숲, 2015]; 『フーコーの穴: 統計学と統治の現在』, 東京: 木鐸社, 2003; 『ミシェル・フーコー: 近代を裏から読む』, 東京: ちくま新書, 2011.

고 그 세부 내용에는 '미리' 예상하고 어느 정도는 '미리' 대답하겠다
는 자세가 깔려 있다. 이런 점에서 이 연구와 관련된 내용·과제·쟁
점을 숙지하지 않고 읽을 경우, 자신이 알거나 보는 만큼만 이해하게
될 것이다. 그러나 이 말은 비하하는 표현이 전혀 아니다. 나도 보이
는 한에서만 최대한 쥐어짜듯이 지금까지 발언하고 있을 뿐이다. 이
것은 뒤집어 생각하면, 무엇을 쓰든 무엇을 말하든, 내가 잘 보지 못
한 측면들이나 내가 미리 고려하지 못한 측면들이 있다는 것을 '회고
적으로' 떠올리게 될 때가 반드시 있다는 말이기도 하다.

이런 사정은 이번에도 어쩔 수 없이 반복된다. 이때 먼저 문제가
된다고 생각하는 것은 오모다의 '지도제작'이다. 오모다는 겉으로 보
면 편집자의 말처럼 『"사회를 보호해야 한다"』와 『안전, 영토, 인구』,
『생명정치의 탄생』에 주로 집중하는 듯이 보인다. 그러나 실제로 읽
어보면 『비정상인들』부터 『주체의 해석학』까지도 '사실상' 염두에 두
고 예상되는 쟁점에 대해 미리 대답하거나 과제를 제시하는 식으로
논의가 전개된다. 그런데 바로 이 지도제작이 많은 점에서 장점이 되
지만, 거꾸로 단점이 되기도 한다. 편집자가 언급한 세 강의의 '내용'
에 '접사'를 찍듯이 접근한다는 인상은 없기 때문이다. 즉, 큰 틀에서
파악하는 것에서 생기는 장점은 있으나, 제목을 통해 독자들이 기대
하는 식으로 『안전, 영토, 인구』와 『생명정치의 탄생』에서 전개되는
사목권력과 통치의 관계 문제라든지, 국가이성과 자유주의 통치론의
관계 등에 대한 '깊은 정리'가 없다는 단점이 생겨난다. 이렇게 된 까
닭은 앞서 말했듯이 오모다가 이미 푸코의 강의 내용을 요약해 정리
하는 빼어난 글을 여러 번 발표했기 때문이다. 다른 필자들의 '활용'
도 사실 오모다의 이런 작업에 크게 기대고 있다.[8]

그러나 이런 아쉬움을 안타깝게 생각할 이유는 별로 없다. 우선 본서에 수록된 각 글들이 핵심 텍스트나 구절에 대해 명료한 정리를 보여준 뒤에 자신의 '활용'을 보여주고 있기 때문이다. 더 중요한 것은 『"사회를 보호해야 한다"』, 『안전, 영토, 인구』, 『생명정치의 탄생』의 한국어판이 이미 출판되어 있기 때문이다. 특히 '통치성 연구'로서 하나의 강의로 간주되어야 할 1978년 강의와 1979년 강의에 붙어 있는 제법 두툼한 「옮긴이 해제」도 전체적인 이해에 크게 기여한다.9) 게다가 이른바 '통치성 연구'의 출발을 알린 『푸코 효과: 통치성에 관한 연구』, 본서 7장의 대담자이자 일본의 저명한 푸코(그리고 자크 데리다) 연구자이기도 한 사카이 다카시의 『자유론』도 번역되어 있다. 더욱이 사토의 『권력과 저항: 푸코, 들뢰즈, 데리다, 알튀세르』는 저항과 권력의 관계에 대한 푸코의 사유의 궤적을 일관되게 꿰뚫고 있을 뿐만 아니라, 『신자유주의와 권력』 역시 비록 『생명정치의 탄생』에 치우쳐 있기는 하지만 이 시기의 푸코에 대한 이해와 활용이라는 두 측면에 모두 크게 기여하고 있다고 할 수 있다.10) 비록

---

8) 본서 7장의 대담자이자 『자유론』의 저자인 사카이 다카시의 경우에서도 마찬가지이다. 酒井隆史, 『自由論: 現在性の系譜学』, 東京: 青土社, 2001. [오하나 옮김, 『통치성과 '자유: 신자유주의 권력의 계보학』, 그린비, 2011.] 사카이는 푸코의 통치성론에 대한 소개는 오모다의 것을 통해 이미 소개됐다고 언급하면서 넘어가버린다. 본문에서 말한 사정 등을 감안할 때 한국의 독자들이 오모다의 다른 글들도 같이 읽을 수 있었다면 좋았을 것이다. 실제로 우리는 이런 의도에 따라 오모다의 글 몇 개를 추가할 예정이었다. 그러나 본서의 편집자 중 한 명인 다카쿠와 가즈미가 일본어판의 원래 구성을 그대로 유지하고 싶다며 '반대'했기 때문에 이 계획은 좌절됐다.

9) 그렇다고 해서 이 해제에 문제가 없다는 것은 아니다. 이 문제에 관해서는 다른 기회에 논할 예정이다.

'후기 푸코'를 그려내는 데 있어서 통치성 개념이 필요불가결함을 인지하게 만든 『말과 글』의 번역본을 제대로 갖추고 있지 못한 우리로서는 여러 가지 부족한 점이 있겠지만, 방금 언급한 재료들로도 당분간은 충분할 것이다. 또 '생명정치와 통치성' 총서에 포함된 다른 책들을 통해 곧 부족한 부분들도 채울 수 있을 것이다.

그러나 언제나 그렇듯이, 1장과 같은 2차 문헌'들'은 여러 면에서 불가피한 한계가 있다. 오히려 푸코의 강의들을 직접 읽음으로써 더 많은 것을 고민할 수 있다. 몇 가지만 거론해보자.

먼저 『안전, 영토, 인구』에서의 통치(성)와 『생명정치의 탄생』의 통치가 반드시 일치하는 것은 아니라는 점을 생각해볼 수 있다. 『안전, 영토, 인구』에서 통치성은 주로 근대 국가의 형성과정에 가로놓인 통치기술로 자리매김됐다. 그러나 『생명정치의 탄생』에서부터 통치성은 단순히 특정한 권력체제(내치국가나 자유주의의 통치체제)를 구성하는 통치실천에 그치지 않고 일반적으로 '권력관계의 분석틀'에 도움이 되는, "사람들의 행위를 인도하는 방식"을 보여주는 것으로 제시된다. 가령 푸코는 통치성을 이렇게 정의한다. "제가 통치성이라 부른 것, 요컨대 인간의 행위를 인도하는 방식은 권력의 이런 관계들을 분석하기 위해 제안된 분석의 격자에 다름 아닙니다."[11] 이에 따

---

10) 사토 요시유키, 김상운 옮김, 『권력과 저항: 푸코, 들뢰즈, 데리다, 알튀세르』, 도서출판 난장, 2012.

11) Michel Foucault, *Naissance de la biopolitique: Cours au Collège de France 1978-1979*, éd. Michel Senellart, Paris: Gallimard/Seuil, 2004, p.192. [오트르망 옮김, 『생명관리정치의 탄생: 콜레주드프랑스 강의 1978~79년』, 도서출판 난장, 2012, 264쪽.]

라 통치성에는 다양한 대상 영역이 들어오게 된다. 물론 『생명정치의
탄생』에서도 정치체제 수준에서의 통치성 분석이 이뤄지기는 하지
만, 위의 인용에서 보듯이 푸코는 통치성이라는 개념을 국가적인 규
모의 문제계로만 다뤘던 것이 아니라, 오히려 다양하게 확장된 대상
영역을 다시 '통치' 개념의 분석 대상으로 삼았다.[12]

방금 인용한 구절은 통치성 논의가 푸코의 기존 작업인 권력 분
석과 맺는 관계가 무엇인가에 대해서도 일정한 답변을 제시한다. 이
둘은 크게 겹쳐지는 대목이 있다. 예를 들어 푸코에 의하면, 권력이
있는 곳에는 '저항'이 반드시 존재한다. 그런데 이 '저항'이 의미하
는 바는 단순히 실제로 어떤 사람의 '억압적 힘'에 '반대한다'는 것이
아니다. 말하자면 이때의 저항은 제정신에 대한 광기, 합법성에 대한
불법성인데, 푸코는 권력관계를 분석하는 데 있어서 이 저항을 촉매
로 이용해야 한다고 말한다. '통치하기gouverner=인도하기conduire'에서
도 이것과 동일한 구도가 그려진다. 쉽게 말하면, "어떻게 통치하는

---

12) 1980년 강의 『생명존재의 통치에 관하여』에서 푸코는 "사람들의 행위를 인
도하는 기술과 방법"을 의미하는 '통치'에 관해 다루며, 이를 통해 양심의 검
사와 고백에 관한 문제를 검토한다. 그러나 다른 한편으로 '통치'의 사용 영
역을 "아이들의 통치, 영혼·양심의 통치, 가정의 통치, 국가의 통치, 자기 자신
의 통치" 등으로 다양화한다. Michel Foucault, "Du gouvernement des vivant"
(1980), *Dits et écrits*, t.4: 1980-1988, Paris: Gallimard, 1994, p.125. 『안전,
영토, 인구』의 편집자 미셸 세넬라르는 푸코에게 "'통치성'과 '통치'가 혼동"
됐다고 말하면서도 푸코가 이 시기에 '통치성' 개념과 '통치' 개념을 정리하려
했다고 지적한다. Michel Senellart, "Situation des cours," in Michel Foucault,
Sécurité, territoire, population: Cours au Collège de France 1978-1979, éd.
Michel Senellart, Paris: Gallimard/Seuil, 2004, p.407. [오트르망 옮김, 『안전, 영
토, 인구: 콜레주드프랑스 강의 1978~79년』, 도서출판 난장, 2011, 528쪽.]

가=어떻게 인도하는가?"라는 물음은 "어떻게 통치되지 않는가=어떻게 인도되지 않는가?"라는 물음과 분리할 수 없다는 이야기이다. 푸코는 목자가 사람들을 인도하는 권력을 통해 이 인도의 이중화 작용을 설명한다. 이 이중화 작용의 한 축인 대항인도는 해방이나 봉기처럼 시간의 절단을 필요로 하는 개념과는 다르다. 푸코는 사실 이 개념을 통해 어떤 하나의 지배상태로 보이는 것에는 사실상 저항과 지배의 계기가 아주 복잡하게 얽혀 있으며, 단순한 지배에 불과한 것이 아님을 역사적 계보에 입각해 분석한다. 모두가 똑같은 방향으로 움직이고 있어서 겉으로는 매우 안정된 운동을 하는 듯이 보이는 것 안에는 실제로 다른 방향과 다른 움직임이 포함되어 있고, 그런 점에서 균형상태는 어쩌다 산출된 것일 뿐일 수 있다. 이런 맥락에서 대항인도는 힘의 원심력과 구심력을 함께 분석할 수 있게 해주는 개념이다. 더욱이 이런 개념 구상으로부터 푸코 말년의 주제, 즉 타자뿐만 아니라 자기를 어떻게 인도할 것인가라는 '자기에의 배려'라는 문제가 제출됐다. 통치성의 동학이 이렇듯 권력관계와 겹쳐져 있다면, 푸코는 기존의 권력 분석을 폐기하고 그 대신 통치성으로 향한 것이라기보다는, 오히려 권력을 통치성이라는 개념에 겹쳐 놓아 그 대상 영역을 확대해감으로써 규율 분석에서는 고찰할 수 없었던 정치체제 수준에서의 통치기법을 분석할 수 있게 됐으며, 이와 동시에 타자나 자기를 어떻게 배려하는가라는 문제계를 통해 주체화의 문제와 씨름할 수 있게 됐다고 이해해야 할 것이다.[13)]

---

13) 푸코는 임마누엘 칸트의 논의를 채용해 철학의 과제를 이렇게 정의한다. "역사의 바로 이 순간에, 우리는 무엇인가? 칸트의 이 질문[이 요구하는 것]은 우

한편, 인도와 대항인도는 푸코가 『안전, 영토, 인구』에서 '사목권력'을 분석할 때 제시한 개념이다. 그러나 이 강의에서 푸코는 사목권력이 통치의 원형임에도 불구하고 근대적 통치성과는 무관한 것으로 다루고 있다. 그러나 푸코는 사목이 복잡한 과정을 따라 통치술로서 국가로까지 그 규모를 확대하고 코드화되거나, 혹은 국가를 코드화한다고 할 때, 여기에 바로 이 대항인도가 크게 관여한다는 식으로 논의하기도 한다. 이렇게 보면 대항인도가 오히려 근대 국가의 전반적 통치술을 초래했다고 말할 수 있고, 이것이 새로운 형태의 지배에도 기여하고 있다고 볼 수 있다. 물론 그렇다고 해서 대항인도도 지배의 일부라고 말하는 것은 아니다. 오히려 아무리 확고부동한 지배의 상태처럼 보이더라도, 거기에는 도주나 대항의 계기가 잠복해 있다고 하는, 정반대의 방향도 있음을 암시한다. 이것은 모든 것이 게임이라는 이야기이기도 하지만, 그렇다고 해서 허무주의를 이야기하는 것이 아니라 게임이 계속 된다는 이야기이다.

아무튼 여기서 질문들이 폭발하게 된다. 가령 사목권력의 특징 중 하나는 무리 전체를 배려하면서도(돌보면서도) 개체를 돌보는 것인데, 이 두 경우가 충돌할 경우 한 마리의 양이라는 개체를 위해 양

리와 우리의 현재 상황 모두에 대한 분석이다." Michel Foucault, "Le sujet et le pouvoir"(1982), *Dits et écrits*, t.4: 1980-1988, Paris: Gallimard, 1994, p.232. [서우석 옮김, 「주체와 권력」, 『미셸 푸코: 구조주의와 해석학을 넘어서』, 나남, 1989, 307쪽.] 이 철학의 과제를 『안전, 영토, 인구』와 『생명정치의 탄생』에 적용해 생각한다면, 통치성 분석이란 개별화인 동시에 전체화이기도 한 정치적 '이중구속'을 배제하기 위해 우리의 행위를 인도하는 '진실'의 형성과정을 파악하는 것이었으며, 그 역사적 전개를 이해함으로써 '진실'의 인도에 저항하는 '대항인도'의 가능성이 열린다고 말할 수 있을 것이다.

의 무리 전체를 위험에 빠뜨리기도 하는 이 사목권력의 양식은 근대
도 여전히 관통하고 있는 하나의 통치양식은 아닐까? 다른 한편, 인
도와 대항인도는 어떤 운동에 대한 대항운동뿐 아니라 '자기의 통치'
같은 것도 포함하고 있다. 타자가 인도하는 것에는 반대하면서 이와
는 다른 식의 자기 인도의 방식을 편성하는 것이 1980년대의 푸코
에게 자기 통치의 문제로 이어진다고, 즉 '자기와 자기의 관계'나 영
혼의 문제 등으로 '버전업'된다고 해석할 수 있다. 그러나 1981년부
터 푸코는 이 사목권력이라는 용어를 사용하지 않는다. 그 이유가 무
엇일까?14) 더 나아가 인도와 대항인도의 문제틀이 이후의 강의가 아
니라 이전의 강의, 특히 『"사회를 보호해야 한다"』의 전쟁 모델과 관
련된 역사와 대항역사의 문제틀과 동형적인 것은 아닌가라는 질문도
할 수 있다. 이뿐만이 아니다. 푸코는 국가혐오에 대해 계속 말한다.
이에 대해 어떻게 생각해야 할까? 푸코에게는 국가론이 없는 대신
통치성론이 있는가? 만일 푸코 나름의 국가론이 있다면 그것은 다른
국가론과 무엇이 다른가? 동시대의 정치철학이 '푸코 당대의 현재'를
분석하기에 불충분하다고 푸코가 생각했다는 것의 증거로 자주 인용

---

14) 한 가지 가능한 답변은 이렇다. 푸코의 윤리 분석은 권력 분석과 단절되어 나
타나는 것이 아니다. 통치성 분석을 하는 가운데 인도와 대항인도 개념이 나
온다. 단순한 지배와 피지배, 정복과 피정복이라는 관계뿐만 아니라 더 복잡
한 권력, 하나의 동일한 행동에서 보이는 것이 동시에 이중화되는 듯한, 동일
한 게임을 하는 것이 이중화되는 듯한 움직임이 있다. 그것이 세련되면서 더
자율성을 갖게 되고, 재귀동사적인 과정이 부상하게 되며, 타자의 인도를 받
을 뿐만 아니라 자신을 인도한다는 과정이 나온다. 이렇게 보면 이미 '인도'
자체에 대항인도가 포함되어 있고, 따라서 이 대항인도는 푸코에게 과도기적
인 개념이라고 비춰졌을 것이다. 그 때문에 사라져버린 것이다. 그러나 이런
대답은 하나의 해석일 뿐, 여전히 논의가 필요한 것이다.

되는 니콜로 마키아벨리에 대한 푸코의 해석은 어느 정도나 타당성이 있는가? 『안전, 영토, 인구』와 『생명정치의 탄생』에서 자신의 기존 저작에 대해 가끔 언급하는데, 이것은 정정이나 수정인가 아니면 일관된 언급으로 해석되어야 하는가? 이 중 몇 가지 질문에 대해서는 여기서 나름대로 대답하겠지만, 이런 질문이 가능한 조건·원천·내용을 부인해서는 이해도 활용도 제대로 이뤄지지 않을 것이다.

2-1. 지금까지의 지적은 오모다의 글에만 특별히 한정된 것이 아니다. 따라서 이번에는 거꾸로 오모다의 글에 한정해 이야기할 것이 있다. 먼저 오모다뿐 아니라 여러 필자들은 『"사회를 보호해야 한다"』라는 강의의 제목이 잘못됐다고 지적한다. 이런 사정은 『안전, 영토, 인구』와 『생명정치의 탄생』에도 마찬가지로 적용된다. 본서의 2장인 「인센티브란 무엇인가?」를 쓴 다카쿠와 가즈미는 각각의 강의를 '통치의 계보' 1권, 2권이라 부르는 편이 낫다고까지 말한다. 아무튼 중요한 것은 이런 지적이 아니라, 이렇게 함으로써 무엇을 말하려 하는가이다. 가령 오모다는 『비정상인들』 이후 『"사회를 보호해야 한다"』에서 다뤄진 전쟁 담론 혹은 전쟁으로서의 정치 모델이 푸코의 지속적인 관심사였다는 점을 인정한다. 그러나 강의 내용 면에서 보면 오히려 『비정상인들』과 『안전, 영토, 인구』가 더 연속성을 띠고 있다고 여기는 듯하다. "[푸코는] 19세기 형사사법의 변화 끝에 발견된 '위험성' 개념을 새롭게 검토해 리스크의 사회와 인진의 사회를 진망한다고 하는, 가급적 최단거리를 취하지는 못했다"(26쪽).[15]

---

15) 오모다가 이렇게 파악한 배경에는 서로 연결된 두 가지의 쟁점이 놓여 있다.

그러면 최단거리를 취했다면 뭐가 달라졌을까? 아마 '리스크의 사회와 안전의 사회'가 더 깊게 분석됐을 것이다. 이때 두 개의 서로 연결되어 있는 결과가 생겨났을 것이다. 즉, 한편으로는 몇 가지 정 정이나 엄밀화가 일어났을 것이고, 다른 한편으로는 논의의 범위나 깊이가 달라졌을 것이다. 논의의 범위와 깊이에는 통치성과 생명정 치 사이의 관계, 인구의 문제, 리스크의 문제 등이 포함될 것이고, 정 정이나 개념적 정식화와 뚜렷하게 연결되는 것은 '규범화'normation와 '정상화'normalisation의 구분이다.16)

이 이야기는 규율권력을 다룬다고 알려진『감시와 처벌』(1975)의 4부에서 시작된다(여기서 푸코는 권력을 전략으로 파악해야 되지 제도 의 문제로 파악해서는 안 된다고 주장한다). 여기에는 '감옥의 실패'라 는 문제가 등장한다. 감옥은 범죄자를 교정함으로써 범죄를 억제할 수 있어야 마땅하다. 그러나 감옥에 가둬진 죄수들 사이에서 정보의 교류가 일어나는 등, 이런 교정 효과는 달성되지 못한다. 이렇게 실패 했는데도 불구하고 감옥은 '비행자'를 생산하는 특권적인 장이 됐다. 이들은 상대적으로 무해하다고 간주되며, 이들을 측정하는 것이 바 로 '규범'이다. 따라서 비행자는 (형)법이 아니라 규범에 입각해 파악 된다. 이것은 감옥이라는 감금 환경 속에서의 규율이라는 문제에 머

하나는 생명정치와 통치성의 관계에 대한 오모다의 이해에 관련되며, 다른 하나는 이것들이 '전쟁 모델'과 맺는 관계에 관련된다. 이 두 가지는 모두 『푸코 이후』가 초점을 맞추고 있는 텍스트들, 즉『"사회를 보호해야 한다"』, 『안전, 영토, 인구』,『생명정치의 탄생』사이의 관계에 관한 것이다.

16) 푸코의 전체 작업을 '규범' 개념을 축으로 재파악하는 대표적인 연구로는 다 음을 참조하라. Stéphane Legrand, *Les normes chez Foucault*, Paris: PUF, 2007. 이 책은 규범화, 정상성, 정상화라는 세 개의 장으로 구성되어 있다.

물지 않는 또 다른 차원을 암시한다. 이것이 본서 2장의 필자인 다카쿠와가 『안전, 영토, 인구』의 일본어판 「옮긴이 후기」에서 지적한 것이자 7장의 대담자 중 한 명인 사카이도 동의하는 독해방식이다. 그러나 오모다는 이런 독해방식에 대해 의문을 제기한다. 다소 길지만 앞서 언급한 바 있는 사카이와 오모다의 대담을 읽어보자.

사카이 확실히 프랑수아 에발드는 『복지국가』(1986)에서 규율을 두 가지로 나눴던 것 같아요. 계몽적인 '완성' 개념에 연결된 규율과 통계학적 혹은 생물학적 규범에 연결된 규율로 말이죠. 원래 규율의 기술이 군대, 학교, 작업장, 가정으로 확대되어 확립된 것은 17~18세기에 걸쳐서입니다. 『감시와 처벌』 4부에서 감옥 분석은 분명 1840년대 무렵, 경찰기구와 범죄사회의 공모가 개시됐을 무렵에서 끝납니다. 푸코에 의하면 유럽에서 형사사법에 정신의학이 개입하기 시작했던 것이 19세기 초반입니다. 이 형사사법에 의해 '위험인물'이라는 형상이 등장하고, 그 끝에 19세기 후반의 사회보호론이나 '변질' 개념이 있습니다. 『감시와 처벌』에 따르면 18세기 말까지 유럽 사회에는 실업자, '거지,' 징병기피자 등을 규합한 '불특정한 무리'가 자주 무서운 반란을 일으켰습니다. 아마 감옥의 실패 때문에 집단으로서의 '비행자'가 형성된 것일 텐데, 이들이 권력의 전략에 다시 포획되는 것이 1840년대입니다. 여기서는 법과 구별되긴 해도, 생물학적 혹은 통계학직 규범이 확립되기 전의 규율의 분석에서 주로 사용됐던, 법과 구별해야 할 규범이라는 개념은 무엇일까, 어떻게 위치지으면 좋을까라고 생각했습니다. 푸코도 그것을 느꼈고, 그래서 『안전, 영토, 인구』에서는 규범이라는 개념을 규범화와 정상화로 나눕니다.

이 중 정상화는 바로 오모다 씨가 『푸코의 구멍』에서 주요 대상으로 간주한 '올바르게 측정하기'와 관련되는 지점이네요.

오모다 『안전, 영토, 인구』에서는 규범화와 정상화를 확실하게 나눠서 말하고 있죠. 그러나 『감시와 처벌』을 쓸 당시만 해도 규범이라는 개념밖에는 없어요. 그런 [구분에 관한] 이야기는 없었고, 원래의 감옥의 실패라는 이야기를 그런 식으로 읽어버리면, '이성의 간지'는 아닙니다만, 권력은 실패조차도 이용해 효율적인 지배체제를 만드는, 그렇게나 굉장한 것이라고 말하게 되지 않을까요?

사카이 그렇군요. 하지만 그렇게 읽을 수밖에 없다고 생각합니다.

오모다 그것은 정말로 대중의 통치에 결부되는 것일까요?

사카이 비행자 집단으로서 형성되고, 그것을 전체적인 통치 속에 위치짓게 됩니다. 저는 『감시와 처벌』의 4부가 이후의 전개를 마련했다고 줄곧 읽었습니다.

오모다 확실히 최후의 4부는 인구 전체의 조합과 순환에 대해 이야기하고 있죠. 저는 이 이야기를 감금 도시라든가 국가 전체가 감시 사회라고 하는 식으로 읽었습니다만, 사실은 그런 식으로는 쓰지 않았다는 거군요. 딴에는 그렇기도 하네요. 하지만 자유주의 통치와의 연결에 관해서는 조금 유보하고 싶네요.

사카이 아무튼 판옵티콘적인 것과는 조금 이질적인 분석이죠.

오모다 직접적으로는 통치의 이야기로 이어진다고는 생각하지 않습니다만, 확실히 『감시와 처벌』 전체 속에서는 이질적이고, 4부는 붕 떠 있습니다.

사카이 규범 개념의 모험이라고 말했습니다만, 『"사회를 보호해야 한다"』에서 또 하나 전율을 느끼게 하는 것이 그것이네요. 처음 두 번의 강의던가요, 이 강의들에서는 '규율적 규범'이라는 식으로, 규범이 항상 규율과 접합된 형태로 나옵니다. 그런데 마지막 강의에서는 이 둘이 분리됩니다. 규율과 규범이 나뉘고, 규율이라는 테크놀로지와, 당시에는 '조절'이나 '관리'라는 말만 나옵니다만 아무튼 이것들과 규범이 순환한다고 합니다. 거기서의 항상성^{homeostasis}이나 환경, 규제, 조절 등의 용어는 조르주 캉길렘의 『정상과 병리』의 그것을 생각나게 합니다. 『비정상인들』에서는 규율에서 규범으로 강조점이 이동합니다. 원래 이런 분절이 이뤄지고 있었는지도 모르겠지만.

오모다 거기서 문제는 푸코에게서의 19세기의 취급입니다. 푸코에게 19세기는 어떤 역사적 단절로서 의식됐는가의 문제이죠. 감금, 비정상인, 비행자 같은 선분에서 생각한 1975년 무렵까지의 시점에서는 19세기 말의 사회보호론을 '범죄의 리스크화'의 단서로 간주했다고 읽을 수 있지만, 그래도 여기서는 아직 규범화와 정상화의 고유성을 파악하지 못한 것 같아요. 하지만 1978년의 『안전, 영토, 인구』에서 맨 처음 말해졌다고 생각해요. 뭐냐 하면, 그 전까지만 해도 항상 규율과 법이, 규율과 주권이 대비되어 말해졌는데, 『안전, 영토, 인구』에서는 일단 이렇게 말하기를 멈추고 다른 사고방식을 모색하면서 규율을 법이나 주권 쪽으로 가져갑니다. 이 시기에는 오히려 법과 주권이나 규율을 하나로 묶어 옆으로 치워버리는 모습을 보입니다. "내가 왜 이렇게 허술했지"라며 기가 막혀 했지만(웃음), 아무튼 이제부터는 그러지 않겠나는 식으로 동지성 이야기를 꺼냅니다. 그렇게까지 과감하게 사유의 전환을 하지 않으면 안 된다는 것이겠죠.

　『안전, 영토, 인구』에서는 규율·규범이 일단 법·주권에 들어가게 됩니다. 하지만 통치에 있어서의 정상화라는 문제가 나왔을 때, 규범에도 복수의 종류가 있다는 것이 분명하게 종별화됩니다. 그렇지만 푸코의 강의에서는 이것이 그다지 엄밀하게 추구되지는 않습니다. 푸코가 『안전, 영토, 인구』의 3강(1978년 1월 25일)에서 말한 것을 읽어보면, 규율은 먼저 규범을 세웠다, 그것은 '모범적 인간'이라는 의미가 있다고 합니다. 그 모범적 인간을 향해 모두가 노력하고 있다는 것으로, 규범이 먼저 있고 정상적인 것이 나옵니다.

이에 반해 종두를 놓으면 천연두에 걸리지 않는다고 의학 쪽에서 말할 때, 왜 종두와 천연두의 예방이 연결됐는가를 생각하면, 통계가 중요해지지요. 통계적으로 볼 때 종두를 맞은 사람들과 종두를 맞지 않은 사람들의 사망률이 분명히 다르다는 것이 종두를 정당화하는 담론으로서 등장하는 것입니다. 거기서 나오는 사망률의 변화라는 이야기는, 모범적 인간에 가까워진다는 [의미에서의] 규범이 아니라고 푸코는 말합니다. 그러면 그것은 뭐냐 하면, 많이 분포되어 있고 그 분포 속에서 최적의 분포에 현실을 접근시켜나간다는 것이기 때문에 바로 통계적 앎입니다. 그리고 통계적 앎이 나온 뒤에 정상화라는 말이 나옵니다. 이것은 population[인구], 즉 모집단에 관한 앎, 새로운 유형의 앎이라고 말하는 것입니다. 또한 사회에 특유한 분포를 말하고 있기 때문에, 그것과 개인의 신체에 관여하는 규율이 다르다는 것은 잘 알겠지만, 그렇게 되면 이번에는 정상적 범죄율과 비정상적 범죄율이라는 분포의 상호비교에 자각적이었던, 19세기 말의 에밀 뒤르켐 같은 이야기로 보입니다.

뒤르켐에게서 보이는 듯한 의미에서의 통계적 앎이 등장한 것은 19세기 후반 이후라고 알고 있습니다. 그런데 푸코의 언급과 관련해 『안전, 영토, 인구』의 편집자가 각주를 붙였는데, 여기서 다니엘 베르누이가 인용되고 있습니다.[17] 베르누이는 종두를 정당화하기 위해 통계를 제시한 것으로 유명하지만, 18세기 후반의 인물입니다. 이것은 푸코가 말한 것, 즉 자유주의의 통치가 18세기 후반에 나왔다는 이야기와 시대적으로는 부합하며, 그래서 이 시기에 통계적 정상화가 단숨에 나온 것처럼 보입니다. 그러나 통계학사의 관점에서 보면 조금 시기가 이릅니다. 사회에 고유한 차원으로서 분포의 규칙성이라든가 통계 법칙이 정초되는 것은 19세기의 아돌프 케틀레 이후입니다. 베르누이의 시대에 그런 것이 어떻게 이해됐는가 하면, 인간 이성은 얼핏 보기에 애매한 것에서도 합리성을 찾아낸다는 파스칼적 발상이 있었고, 이것은 이성이 지각하고 있지만 현실에서는 좀처럼 실증할 수 없는 것을 드러내는 것이 통계라고 하는 생각으로 이어집니다. 이성이나 공통감각/상식이 지닌 일종의 건전한 양식이라는 것이 배경에 있고, 그것을 기준으로 통계가 있다는 것입니다. 즉, 통계 자체, 분포 자체 속에서 규범과 정상적인 것이 그렇지 않은 것을 찾아낸다고 하는, 케틀레 이후의 발상과는 다릅니다. 그런 의미에서는 푸코가 여기서 들고 있는 예는 시기상 너무 이르다고 생각해요.

사카이 규범화에서는 규율이 먼저 규범을 세운다, 왜냐하면 아까 에발드의 경우에서 언급했던 이야기로 말하면, 계몽적인 '완성' 개념이 그렇다는 것이죠. 미리 인간 본성의 수준에서 선험적으로 규범이 존재하고, 그것을 향해 신체가 규율됩니다. 19세기에 초점이 맞춰진 것은 생명권력이라든가 생명정치의 맥락에서입니다. 특히 『성의 역사 1권: 앎의 의지』가 그렇습니다. 하지만 분명히 푸코는, 1970년대 후

---

17) Foucault, *Sécurité, territoire, population*, p.83, n.8. [『안전, 영토, 인구』, 95쪽.]

반의 공동 연구자들이 '사회적인 것'을 분석하면서 중시한 통계학이나 사회학, 사회연대주의 같은 앎의 편성을, 적어도 그들과 비교하면 중시하지 않네요. 오모다 씨도 그렇다고 알고 있는데, 우리는 그들의 '사회적인 것의 창설'이라는 문제설정과 푸코의 문제설정이 크게 어긋나지 않는다고 할까, 동일한 것이라고 봤습니다.

오모다 저도 처음에는 그렇게 봤습니다. 나중이 되어서야 뭔가 다르다고 생각하기 시작했습니다.

사카이 그래요, 뭔가 다릅니다. 저는 푸코를 읽는 법을 에발드에게서 많이 배웠습니다만, 아무래도 푸코의 강의록 등이 출판되면서 뭔가가 다르다는 인상이 나왔습니다. 거듭 말합니다만, 에발드의 『복지국가』에서는 가령 규율과 상관하는 계몽적 규범으로부터 사회적 규범으로의 전환이 강조됩니다.

오모다 그리고 계몽주의의 이성주의와는 다른 것으로서, 케틀레가 말하는 '평균인'이 『복지국가』의 다른 장에서 나오고 있죠.

사카이 사회적인 것의 창설이 합리성의 거대한 전환이라 말하죠.

오모다 에발드도 그렇고 자크 동즐로도 그렇지만, 그들은 19세기의 후반 정도에서 [푸코 식의] 논의를 끊어내고 있습니다. 그리고 그 이후를 복지국가까지로 잇고 있습니다. 사회적인 것이라든가, 주권이 아니라 사회라든가, 계약이 아니라 사회로서 나오고 있는 것 등을 말하는데, 거기서의 시기 구분은 의외로 쉬운 것입니다.

사카이 저도 그런 구분에서, 즉 신자유주의에 관해서도 사회적인 것의 일종의 절단을 중시하는 형태로 생각해왔습니다. 그들도 그렇습니다. 그렇기 때문에 신자유주의에 대해 사회적인 것의 재건 혹은 복권이라는 문제설정도 나타납니다. 그러나 뜻밖에도, 푸코를 읽으면 사회적인 것을 근대 속의 한 시기를 긋는 특이한 합리성으로서 파악하는 문제설정은 거의 보이지 않습니다.

오모다 그런 의미에서는 없네요. 그것은 역사를 절단하는 장소가 다르기 때문이죠. 『안전, 영토, 인구』에서 분명하게 볼 수 있듯이, 푸코는 절단의 장소를 18세기 후반에 설정하기 때문입니다. 거기서 앞서 통계의 이해라는 대목에서 말했듯이, 통계사상사의 관점에서 보면 너무 이를지도 모르지만, 고전적 자유주의와 정상화를 접붙이고, 그 뒤의 19세기를 포함한 전개는 내치와 자유주의의 조합으로 이해할 수 있다고 보고 있다는 생각이 듭니다.[18]

여기서 볼 수 있듯이, 오모다는 규범화와 정상화의 구별 문제는 자유주의적 통치성의 주체이자 대상인 '인구' 문제와 관련해 통계적 인식의 등장과 확산이라는 문제, 그리고 새로운 방식의 감시와 처벌의 등장, 이런 두 개의 층위, 다시 말해 전체와 부분 사이의 관계에 대한 더 구체적인 답변과 연결되어 있다고 생각한다. 이렇게 하려면 푸코는 민법 영역에서 '리스크'의 문제를 다룬 에발드 등의 논의 등에 대해 일정하게 대답했어야 하는데도, 푸코의 통치성 연구는 이렇게 하지 못한 채 끝났다. 이런 의미에서 오모다 등은 푸코의 통치성 연구가 미완의 연구라고 본다. 그런데 이것은 '과제'에 대한 지적이기도 하다. 즉, 미완으로 남지 않기 위해서는 자유주의에서의 개체와 전체, 개별화하는 권리와 대중·인구에 관련된 권력 사이의 '관계'의 문제를 해명해야 한다는 것이다.

---

18) 酒井·重田, 「誤謬の勇気」, 65~68頁.

오모다는 말하지 않았지만 이 관계에 대한 해명은 '사회'나 '사회적인 것'에 대한 재파악을 포함한 숙고는 물론이고 복지국가, 계급투쟁, 봉기 등의 문제와 관련될 수밖에 없다. 국가혐오, 국가 없는 통치, 안전과 리스크의 상관성에 기초한 '위험사회론들'도 당연히 이에 포함된다. 특히 이 문제에서 피할 수 없는 인물이 매우 문제적인 인물인 에발드이다. 문제적이라고 한 까닭은 『복지국가』를 쓴 '푸코 좌파'이자 '마오주의자' 에발드와 「리스크와 정치의 결혼」[19]을 쓴 '푸코 우파보다 더 우파'로 전향한 에발드라는 두 명의 에발드가 있기 때문이다. 그러나 이 둘은 과연 불연속적일까? 단순한 전향일까? 그렇지 않을 것이다. 그러니까 이 '추문'을 진지하게 생각해야 할 것이다. 이 진지함을 위해서는 에발드의 리스크론이 울리히 벡이나 니클라스 루만의 리스크론과 어떤 점에서 똑같고 다른지를 생각하는 것만이 아니라, 자칭 타칭 진보 혹은 좌파라 불렸던 사람들이 금융투자와 관련된 새로운 앎과 기술에 왜 매혹당하게 됐는지를 사유해야 한다. 그래야 한국의 시점視點에서 이른바 '자유주의 정부'로 불렸던 김대중-노무현 정부 때 어찌하여 신자유주의가 득세하게 됐는지를 숙고할 수 있을 것이다. 사족으로 덧붙인다면, 최근(2015년) 다니엘 자모라의 주장("후기 푸코는 신자유주의에 대한 호기심 어린 공감을 발전시켰다")에서 시작된 논란 혹은 소동도 이 문제와 관련되어 있다.[20]

---

19) François Ewald et Denis Kessler, "Les noces du risque et de la politique," *Le Débat*, no.109, mars-avril, 2000, pp.55~72.

20) 에발드와 관련해서는 『"사회를 보호해야 한다"』의 「옮긴이 해제」에서 간략히 서술하고 로장발롱를 더 길게 언급했으나 그 내용은 매우 부족하다. 한편 푸코가 신자유주의자(혹은 그 동조자)였다는 '소동'은 다음의 글에서 시작됐

원래 이 해제에서는 이 문제를 다룰 예정이었다. 그러나 지면의 한계 상 이는 다른 곳에서 제시될 것이다.

2-2. 다른 한편, '전쟁 담론' 혹은 '전쟁으로서의 정치 모델'에 대한 오모다의 축약적 정리도 아주 깔끔하다. 푸코가 전쟁 담론에 주목하게 된 경위, 법적-주권적 모델에 대한 푸코의 비판의 핵심 특징, 인종들 사이의 투쟁 담론과 생물학적 인종주의와 국가인종주의 사이의 연속과 불연속, 프리드리히 니체에 대한 푸코의 몇 가지 유보적 태도

다. Daniel Zamora, "Peut on critiquer Foucault?"(entretien avec Max Leroy), *Ballast*, décembre 2014; "Can We Criticize Foucault?," *Jacobin*, 10 December 2014. 이에 관한 지지와 반박의 글들이 넘쳐났는데, 중요한 글로는 다음의 것들이 있다. Daniel W. Drezner, "Why Michel Foucault Is the Libertarian's Best Friend," *The Washington Post*, 11 December 2014; Peter Frase, "Beyond Welfare State," *Jacobin*, 11 December 2014; Brian Doherty, "Concerned Left -ists Rediscover Michel Foucault Might Not Have Been As Anti-Market As They'd Like," *Reason*, 10 Decembre 2014; Francescomaria Tedesco, "Quella tentazione che oggi farebbe di Foucault un renziano," *Pagina 99*, 20 dicembre 2012; Stuart Elden, "Foucault and Neoliberalism: A Few Thoughts in Res -ponse to the Zamora Piece in *Jacobin*," *Progressive Geographies*, 17 December 2014; Clive Barnett, "Bad Foucault," *Pop Theory*, 15 Decembre 2014; Adam Riggio, "The Left in Danger of Its Old Stupid Mistakes Again, Jamm-ing," *Adam Riggio Writes*, 13 Decembre 2014; Peter Levine, "Foucault and Neoliberalism," *Peter Levine*, 17 Decembre 2014; Colin Gordon, "Foucault Neoliberalism, etc.," *Foucault News*, 15 January 2015; Luca Provenzano, "Neo -liberal Dogma?: Revisiting Foucault on Social Security, Health Care and Auto -nomy," *JHIBlog*, 12-16 January 2015; Jorge San Miguel, "Criticar a Foucault, Estado de Bienestar y emancipación," *Politikon*, 15 enero 2015; Luis Diego Fernandez, "Foucault héroe neoliberal," *La Agenda*, 6 enero 2015. 나는 이 중에서 콜린 고든의 글이 가장 명석하다고 생각한다. 그리고 하코다의 글도 참조하라. 箱田徹, 「挑戦する主体は恐れない: フーコーと新自由主義, 反知性主義」, 『現代思想』, 第43券, 第3号, 東京: 青土社, 2015, 209~221頁.

등에 대한 오마다의 지적은 새겨들어야 한다. 더욱이 『"사회를 보호해야 한다"』에서는 '법학적-철학적' 담론으로서의 사회계약론이 '역사적-정치적' 담론으로서의 전쟁 담론과 구분됐던 반면, 『생명정치의 탄생』 1강(1979년 1월 10일)에서는 이것들이 '동종'의 사유로 다뤄지고 있음을 지적하는 대목은 특히 주목해야 한다. 오모다에게 이 점은 전쟁 담론의 폐기 선언과 마찬가지로 비친다. 물론 이런 해석에 동의하지 않을 수 있고, 매우 힘들기는 하지만 푸코 자신의 말 속에서 다르게 읽을 가능성이 없는 것도 전혀 아니다.[21] 더욱이 앞서 언급했듯이 히로세는 이런 정리와는 거꾸로 오히려 『"사회를 보호해야 한다"』를 활용하는 경우의 가능성과 힘을 잘 보여준다(본서 6장). 물론 '예속된 앎들의 봉기'는 또 다른 문제인 '포퓰리즘'과 연결될 때 어려움들에 직면할 수밖에 없지만 말이다(형벌 포퓰리즘 혹은 엄벌화에 대한 이 글의 네 번째 단락[4절]에서의 논의를 참조하라).

나는 '통치성 논자'들이 주장하는 것과 달리 생명정치가 통치성과 동일한 수준에 놓이거나 그 속에 포함된 것이 아니라, 푸코에게 통치성 논의는 생명정치 논의의 전개를 위한 일종의 '서론'이었다고 주장해왔으며, 지금까지 여러 차례에 걸쳐 여기저기서 이런 견해를 밝혀왔다. 이 점을 미리 강조하는 까닭은 오모다는 사카이처럼 일반적으로 유포되고 있는 오해를 사지 않는다는 장점을 갖고 있으나, 그것이 오히려 단점이 된다는 점을 지적하기 위해서이다.

푸코의 생명권력에 대한 논의의 출발은 "생살여탈권을 대신해 등장한 생명권력"이라는 도식이 언급된 『앎의 의지』의 구절이다.

---

21) 자세한 것은 다음을 참조하라. 김상운, 「옮긴이 해제」, 앞의 책, 347~401쪽.

죽게 **만들** 것인가 살게 **내버려둘** 것인가라는 고대의 법권리가 살게 **만들** 것인가 죽음 속으로 **쫓아낼** 것인가라는 권력으로 대체됐다고 말할 수 있을지 모른다.[22]

『"사회를 보호해야 한다"』에서의 문구는 약간 다르다. 이 때문인지 모르겠지만, 사카이의 다음과 같은 해석 경향도 생겨났다.

> 『"사회를 보호해야 한다"』의 마지막 강의에서 제가 예전부터 신경 쓰였던 것은 이렇습니다. 당시에 나왔거나 말해진 것만을 갖고 푸코를 보면, 죽이는 권력이 더 오래된 것이고 살리는 권력에 의해 쫓겨났다는 식의 단계론적 발상이 많았고, 『앎의 의지』를 읽으면 확실히 이렇게 생각해도 이상하지 않다는 측면이 있습니다. 그러나 주권권력은 과연 끝났을까요? 저는 그것에 연연했던 적이 있습니다. 그 중 하나가 미국 흑인이나 제3세계의 상황에서 지배를 분석했던 텍스트인데, 여기서 저는 푸코의 규율권력이나 생명권력론에 의문을 자주 제

---

22) Michel Foucault, *Histoire de la sexualité, t.1: La volonté de savoir*, Paris: Galli-mard, 1976, p.181. [이규현 옮김, 『성의 역사 1: 지식의 의지』(제3판), 나남, 2010, 149쪽.] 이 구절의 원문은 다음과 같다. "On pourrait dire qu'an vieux droit de *faire* mourir ou de *laisser* vivre s'est substitué un pouvoir de *faire* vivre ou de *rejeter* dans la mort." 미리 말해둔다면, ou를 단순하고 대칭적인 '~이거나' 대신 '또는/혹은'으로 옮길 수도 있으나 그런 경우에도 단순한 양자택일 이상을 넘어서지 못한다. 여기서 문제가 되는 것은 'rejeter'이다. 'rejeter'는 어원상 're'와 'jeter'로 분리할 수 있다. 전자는 '반작용'이나 '반복'을 뜻하는 접두사이고, 후자는 '던지다'나 '빠져나가다/도망치다' 등에 해당되는 동사이다. 따라서 이 단어는 "재차 던지다/재차 빠져나가다"라는 뉘앙스만이 아니라 "내몬다, 몰아넣는다, 쫓아낸다" 등으로도 옮길 수 있다.

시했죠. 죽이는 권력이 아직도 활발하게 행사되고 있는 것을 그 틀에서 어떻게 파악할 수 있느냐는 물음을 제기했던 것입니다.

그때 주권의 문제를 푸코를 토대로 다시 생각하면, '내란'이라는 문제가 매우 신경 쓰이게 됐습니다. 즉, 주권을 둘러싸고 분열하는, 사회체가 둘로 쪼개지는 전쟁 말입니다. 『말과 글』이 나왔는데, 1권에 수록된 다니엘 드페르의 「연보」에는 푸코가 권력론을 시작하는 데 있어서 우선 내란에 매우 큰 관심을 가졌다고 적혀 있습니다. 내란이라는 가장 악명 높은, 가장 저열한 것으로서 다뤄진 전쟁에 대한 관심이 있었다는 것이죠. 미국에서는 1960년대 후반에 매해 여름이 되면 도시 폭동이 일어나 내전상태가 됐죠. 감옥의 투쟁은 바로 상징적으로, 사회체 속에 새겨진 그런 깊은 균열을 상징했다고 생각합니다. 저는 그때, 주권의 문제라는 것은 그 뒤의 새로운 상황에서도 죽이는 권력이라는 문제를 쫓아냈다고는 파악할 수 없는 것 아니냐는 문제의식에서 1980~90년대 도시의 새로운 관리권력의 상태를 보고 있었습니다. 거기서 주권의 문제를 생각했을 때, 『"사회를 보호해야 한다"』 속에 커다란 실마리가 있다는 느낌이 들었어요.

즉, [푸코는] 나치즘이나 인종주의란, 살리는 권력 속에 죽이는 주권권력을 도입하는 하나의 요소라고 말하고 있죠. 더욱이 이것에 상당한 분량을 할애합니다. 저는 여기서 생명권력 속의 폭력이나 살육이라는 계기를 주권권력의 접합관계로 본다는 견해가 명쾌하게 나온다고 생각했습니다. 그러나 푸코의 『앎의 의지』의 출판은 그 직후이기는 하지만 나중에 나온 것에 속하기 때문에, 이 접합의 관점은 후퇴하고 있습니다. 『앎의 의지』에서는 죽이는 권력이 재도입된다고는 한마디도 하지 않더군요. 분명 "나치즘은 살리는 권력에 피의 권력을 도입했다"고 하는 식으로 죽이는 권력에 대해 말하지 않고 끝나버립니다. 이유가 뭘까, 『앎의 의지』에서는 잠복해 있으면서 관련의 기초를 이루는 것이 분석적으로는 유의미하지 않을까라고 저는 생각하고 있었습니다만, 한편으로는 [푸코가] 말하지 않았던 이유도 신경 쓰이게 됐습니다. 왜 죽이는 권력인 주권권력을 몇 개월 뒤에 나온 『앎의 의지』에서는 도로 물렸을까요?23)

여기에는 몇 가지 문제가 있다. 하나는 푸코의 '죽이는 권력' 혹은 '죽음 속으로 쫓아내는(=몰아넣는) 권력'을 '주권권력'과 동일시함으로써 생겨나는 문제이다. 이런 식으로 읽으면 "주권권력=죽이는 권력 대 생명권력=살리는 권력"이라는 단순한 대비가 생겨난다. 이 경우에는 다음의 두 가지 기초적인 문제가 생겨난다. 1) 『앎의 의지』의 정식화를 따를 경우, "살게 만드는 권력"이 어떻게 해서 "죽음 속으로 쫓아내는" 것으로 될 수 있는가의 구체적 메커니즘을 해명할 수 없다. 2) 푸코가 배격했던 법과 주권을 근대적 주권으로 오인해 근현대를 설명하거나 분석하기 위해 이론 '외적'으로 도입한다. 즉, 주로 살게 만드는 측면에 주목하는 한편(통계, 각종 감시와 처벌의 테크닉들, 안전장치들), "죽음 속으로 쫓아낸다"를 해명하기 위해 푸코와는 반대로 주권권력을 재도입한다.

사실 푸코에게 법droit과 강하게 결부되어 있는 '주권'이라는 말은 보통 이해되는 것처럼 근대와 관련된 것이 아니다. 흔히 주권은 근내 국가의 절대성이나 폭력성을 지적할 때 자주 사용되곤 한다. 그러나

---

23) 酒井・重田, 「誤謬の勇気」, 55頁.

푸코에게 법과 결부된 주권은 상식적 시기 구분에 입각하면 중세와 관련된 것이다. 이렇게 보면 법-주권은 중세적인 권력 스타일이다. 오모다는 이 점을 명확히 의식하기 때문에 이렇게 지적한다.

1976년 강의의 11강에는 '살게 만드는 권력'으로서의 생명권력이라는 말이 나온다. 푸코는 생명권력의 문제를 극단적인 형태로는 나치즘과 스탈린주의로 나타난 인종주의의 문제와 접속시킨다. 그리고 사람을 살게 만듦으로써 그 신체로부터 여러 가지의 것을 끌어내는 시대에 역설적이게도 죽음이 세계 속에 넘쳐나는 수수께끼를 말한다. 사람의 신체와 생명이 모종의 자본, 부의 원천으로 여느 때보다 중시되는 시대에 왜 이렇게 대량의 죽음이 초래되는 것일까? 푸코는 이런 상황을 산출한 사유의 하나가 유전과학과 진화주의에 기초한 새로운 인종주의였다고 지적한다(41쪽).

이것은 일본의 푸코 연구자들이나 활용자들 사이에서 자주 볼 수 있는 견해이다. 가령 스기타 아츠시는 이 점을 근대 국민국가와 연결시켜 이렇게 지적한다. "국민이라고는 해도, 그 내부에는 사실상 다양한 차이가 있다. 그러나 그런 차이는 있어서는 안 된다고 여겨졌다. …… 그리하여 국내에서 타자를 말살하고, 동질성을 실현하려는 무한한 노력이 계속됐다는 것. 이것이 푸코가 '생명권력'이라고 부르는 권력의 존재방식과 관련된다."[24] "[국민 개념 같은] 동질성을 전제로 한 논의는 인종 등의 생물학적 개념과 결부됨으로써 19세기 이

---

24) 杉田敦, 『境界線の政治学』, 東京: 岩波書店, 2005, 129頁.

후 매우 폭력적인 결말을 초래했던 것이다."25) 이처럼 스기타는 동질성을 추구하는 국민 개념이 인종 같은 생물학적 개념과 결합됨으로써 '국민-종'의 생명력의 유지·증진에 위험하다고 간주된 사람들을 배제하고자 했고, 그리하여 살게 만드는 권력인 생명권력이 역설적으로 대량살육을 산출한 원인의 하나라고 지적한다.

나카야마 겐도 "이 생명권력은 어떻게 죽음의 권력으로 변모하는 것일까? …… 푸코는 그것을 가능케 한 것이 '인종'의 원리라고 생각한다. 생명권력은 국민을 살리는 것을 원리로 하는 권력이며, 그 원리를 따르는 한, 자국의 국민을 전쟁으로 내몰아 살육할 수도, 무저항의 타국 주민을 살육할 수도 없다. 거기에 하나의 차이를 도입하는 것이 '인종'의 원리이다"26)라고 말한다. 그리하여 생명권력이 스스로에게 "'인종'의 원리"를 들여옴으로써 "국민 속에서 살려둘 부분과 죽여버릴 부분을 분리"27)시키고, 후자로 범주화된 사람들을 죽음으로 몰아넣는 형태로 죽이는 권력을 발동하게 됐다고 지적한다.

이처럼 오모다, 스기타, 나카야마는 인종 개념이나 우생학이 살게 만드는 사람들과 죽음 속으로 쫓아내는 사람들을 분리하는 판단 기준, 또는 원리로서의 역할을 한다는 점을 밝히고 있다.

이렇게 보면, 이들의 연구는 생명권력과 인간의 삶/죽음의 관계에 관해 두 가지를 분명히 밝히고 있다. (1) 죽게 만드는 것에 역점을 둔 과거의 생살여탈권과는 달리 살게 만드는 것에 중점을 두는 생명

---

25) 杉田, 『境界線の政治学』, 128頁.

26) 中山元, 『フーコー入門』, 東京: ちくま新書, 1996, 175頁.

27) 中山, 『フーコー入門』, 175頁.

권력에 있어서 사람들을 죽음 속으로 쫓아내는 작용은 살게 만드는 것의 뒤집어진 현상으로 파악할 수 있다는 것, (2) 생명권력이 인종 개념이나 우생학을 판단 기준 또는 원리로 삼으면서 사람들을 살게 만드는 부분과 죽음 속으로 쫓아내는 부분으로 쪼갠다는 것.

하지만 이에 관해서도 해결되어야 할 의문들이 있다. 먼저 (1)에서 문제가 되는 것은 "어떻게?"이다. 사실 (1)은 푸코의 말을 그대로 반복하고 있는 것이기도 하다. 과거의 생살여탈권을 대신해 고전주의 시대 이후에는 생명권력이 등장했다는 것, 권력의 역점이 죽음에서 삶(생명)으로 이동했다는 것이다. 물론 여기에는 하나의 문구가 삽입되어 있다. '정반대로 뒤집어진 현상'이라는 것. 문제는 어떻게 뒤집어져 작동하게 됐고 실제로 어떻게 작동하고 있느냐 하는 것이다. 이 점을 해명하지 못한다면, 오늘날의 사람들도 여전히 군주가 생살여탈권을 휘둘렀던 시대와 똑같이 권력 아래에서 살아가고 있고, 때로는 그런 권력에 의해 죽임을 당한다고 말하는 것과 무슨 차이가 있을까? 더 나아가면, 이것은 푸코의 해명이 중단됐다고 느끼게 되는 지점인데, 푸코는 인종주의를 통해 생명권력이 살해하게 되는 '이유'에 대해 해명하지만, 그 '방식'에 대해서는 대답하지 않는다. 즉, 살해의 이유와 근거에 대해서는 대답하지만, 그 살해가 어떤 형태로 행해지는가에 관해서는 아무것도 설명하지 않는다는 것이다.

이 대목에서 우리는 앞서 인용한 문구, 즉 푸코가 『앎의 의지』에서 말한 문구에 다시 주목해야 한다. 푸코는 고대의 법권리가 "죽게 만들 수 있는"faire mourir데 반해 생명권력은 "죽음 속으로 쫓아낸다"rejeter dans la mort고 말했다. 여기서 후자는 (이것과 병행하는 "살게 내버려두는"laisser vivre 것에서 "살게 만드는"faire vivre 것으로의 전환에 비취본다면) "죽게 내버려둔다"laissermourir는 것으로 표현할 수도 있을 것이다. 따라서 『"사회를 보호해야 한다"』와 『앎의 의지』는 표현이 다를 뿐 사실상 지시하는 내용은 똑같다. 아무튼 확실한 것은 고대의 법권리와 생명권력에서는 죽임의 방법이 다르다는 것인데, 생명권력이 인종주의에 기반해 저지르는 죽음을 '칼'에 의해 '죽음에 이르게 하는 것'과 동일시하는 한, 이 차이는 말끔히 인식되지 않는다. 여기서 실마리는 이치노카와 야스타카의 표현을 빌리면, '작위'faire와 '부작위'laisser의 차이이다.28) 그런데 작위가 아니라 부작위에 의한 살해란 구체적으로 어떤 것일까? 다시 말해 '죽이는 권력'과 '죽음 속으로 쫓아내는 권력'이 다르다고 한다면, 그 두 가지의 살해방법은 어떻게 다른 것일까? 아니, 죽음 속으로 쫓아내는 것이 결국 죽게 내버려두는 것과 똑같다면, 어떻게 똑같아지는 것일까?

아감벤의 훌륭함은 바로 이 점을 명료하게 제시한 데 있다. '무젤만'이라는 형상을 통해. '무젤만'이란 이미 극도의 기아상태, 영양실조 때문에 자기 스스로 자신을 말소시키는 생명존재이다. '무젤만'을 작위에 의해 '죽게 만들, 즉 죽음에 이르게 할' 필요는 없다. 왜냐하면 '무젤만'은 자기 스스로 자신을 말소하기 때문이다. 그래서 필요하다고 여겨지는 것은 그저 '죽게 내버려두는' 것뿐이다. 그러나 아감벤처럼 '무젤만'이라는 형상을 통해 드러난 '기아'의 문제, 혹은 식량난의 문제를 '강제수용소'라는 좁은 공간으로 한정해서는 안 된다. 실로 그렇게 하지 않는 것이 아감벤의 의도였는데도 불구하고 그 의

---

28) 市野川容孝, 「生-權力再論: 餓死という殺害」, 『現代思想』, 第35券, 第11号, 東京: 靑土社, 2007, 78~99頁.

도는 제대로 성공을 거두지 못했다. 아감벤이 의존하는 발터 벤야민을 보자. 벤야민은 「경험과 빈곤」에서 이렇게 지적한다.

경험은 유통 가치가 떨어졌고, 그것은 1914~18년 사이 세계사적으로 끔찍한 경험들 중의 하나[제1차 세계대전]를 겪었던 세대에서 일어난 일이다. 아마 그것은 겉보기와는 달리 그다지 이상한 일은 아닐 것이다. …… 왜냐하면 전략적 경험은 진지전에 의해, 경제적 경험은 인플레이션에 의해, 육체적 경험은 배고픔에 의해, 윤리적 경험은 권력자들에 의해 허위였음이 입증된 적이 없기 때문이다.29)

여기서 간접적으로 언급되는 것은 바로 '굶주림' 혹은 '기아'이다. 전쟁으로 인한 물자의 부족, 그러나 이로 인해 모든 사람이 똑같은 정도로 고통을 겪는 것은 아니다. 희소한 식량 물자는 각자가 지닌 사회적 유용성에 따라 차등적으로 배분됐고, 이것도 날마다 줄어들면서 사회의 주변부에 속한 사람들부터 배척되기 시작했다.

이 지적은 (2)의 의문과 연결된다. 과연 생명권력 혹은 생명정치는 오로지 인종주의나 우생학과만 연결되어 사유될 수 있는가? 이것은 푸코의 진술에서 그 정당성을 찾아낼 수 있는 것이기는 하다. 그렇지만 푸코의 생명정치는 여기에서 그쳐버리는 것일까? 그리고 다음과 같이 주장하는 것은 과연 정당할까?

---

29) Walter Benjamin, "Erfahrung und Armut"(1933), *Gesammelte Schriften*, Bd. II-1, Frankfurt am Main: Suhrkamp, 1977, p.214. [최성만 옮김, 「경험과 빈곤」, 『역사의 개념에 대하여 외』, 도서출판 길, 2008, 172쪽.]

[푸코는] 생명권력의 시대에서 생겨나는 대량학살 문제에 관해서는 더 이상 깊이 파고들지 않은 채 끝내버렸다. 사회를 보호하기 위해 죽음과 배제와 격리에 노출된 사람들, 어떤 생명의 발전과 풍요를 위해 어둠 속에 버려지고 몰래 폐기되는 다른 생명. 생명정치에 관한 푸코의 논의방식이 지닌 강점은 그저 후자의 존재를 지적하고 비난하는 것이 아니라 살게 만드는 것과 죽음 속으로 내팽개쳐지는 것 사이의 연결, 양자가 불가분하기 때문에 강화되고 재생산되는 구조를 묻는 것에 있었다. 그러나 그 구조가 자유주의의 통치를 시야에 넣었을 때 어떻게 포착되는가는 결국 명확하게 밝혀지지 않았다(43~44쪽).

그러나 이 의문은 생명정치와 통치성의 관계를 거꾸로 생각하면 쉽게 해소될 수 있다. 이에 관해서는 다른 곳에서 논의할 테니, 결론만 말하면 『안전, 영토, 인구』의 2강(1978년 1월 18일)에 나오는 '식량난'에 대한 중농주의자의 해법, 푸코가 안전장치의 특성이라 말한 그 해법이야말로 '죽음 속으로 쫓아내는' 권력의 형상이다. 즉, 푸코의 통치성 연구에서 중요한 지위를 차지하는 '정치경제학'이 생명정치에서도 똑같이 중요한 지위를 차지한다. 이는 통치성이든 생명정치이든 그 대상이자 주체가 '인구'라는 점에서 비롯된다. 인구는 우연성을 품은 장소이자 자연성에 입각한 '환경적' 발상에서 파악되는 것이다. 이렇게 보면 생명정치를 인종주의나 국유화된 생물학에만 한정시킬 필요가 없다. 또 통치성보다 생명정치에 입각해 분석하던 '생물학'의 논의까지 포함시켜 논의할 수 있다는 장점이 있다.

그러므로 문제는 이럴 가능성을 제시하는 것이 아니라 실제로 제시하는 것에 있다. 그렇게 하려면 다섯 가지의 작업이 순차적으로,

그러나 동시에 필요하다. 첫째, 푸코의 과거 저작들, 특히 『광기의 역사』(1961)와 『감시와 처벌』의 재독해뿐만 아니라 무엇보다 '정치경제학'과 관련된 『말과 사물』(1966)의 재독해가 필요하다. 이때 핵심은 국가이성론의 '내치'와 자유주의적 통치의 관련성 문제이다. 둘째, 『말과 사물』은 생물학과 관련해서도 재독해되어야 한다. 또 「성장하다와 증식하다」, 「생물학의 역사에서 퀴비에의 위치」, 「생명역사와 생명정치」 등 생물학에 관한 푸코의 몇 안 되는 글들도 이와 관련해 (재)독해되어야 한다.30) 특히 푸코는 「생명역사와 생명정치」에서 '인종'을 생물학적·형태학적 인종 개념으로부터 분리해내고 그 대신 변이의 집합으로 파악되는 통계적 개념인 '종'으로 고쳐 읽는다. 이 '종'이 바로 '인구'이다. 셋째, 푸코의 통치성에 대한 정리를 위의 두 가지와 통합시키는 것이다. 그러나 이 통합은 단순한 겹치기나 포개기가 아니다. '인구'(그리고 무리)를 중심에 두고 통치성의 유형들을 재파악하는 것이자 이것들 사이의 복잡한 착종을 밝히는 작업이다. 넷째, 오모다가 간결하게 지적하고 그친 것, 즉 "1980년대에 기획된

---

30) Michel Foucault, "Croître et multiplier"(1970); "La situation de Cuvier dans l'his-toire de la biologie"(1970), *Dits et écrits*, t.2: 1970-1975, Paris: Gallimard, 1994, pp.30~66, 99~104; "Bio-histoire et bio-politique"(1976), *Dits et écrits*, t.2: 1970-1975, Paris: Gallimard, 1994, pp.95~97. 첫 번째 글과 세 번째 글은 다음의 책들에 대한 서평이다. François Jacob, *La Logique du vivant: Une histoire de l'hérédité*, Paris: Gallimard, 1970. [이정우 옮김, 『생명의 논리, 유전의 역사』, 민음사, 1994]; Jacques Ruffié, *De la biologie à la culture*, Paris: Flam-marion, 1976. 한편, 이런 주제와 관련된 일본 쪽의 연구로는 다음의 글을 참조하라. 高岡佑介, 「群生の場としての〈人口〉: 生政治学における〈生〉の概念について」, 『早稲田大学大学院文学研究科紀要: 第二分冊』, 第55号, 東京: 早稲田大学大学院文学研究科, 2010, 129~144頁.

자기 통치의 문제화는 '반자유주의'로서 자기의 문제를 생각하기 위해 자기를 배려하고 자기를 구성하는 윤리적 주체에 관해 말하는 것에 다름 아니었다"(49쪽)는 것의 내용을 실제로 확인한 뒤, 이것을 다시 위의 첫째부터 셋째까지의 과제와 중첩시키는 것이다. 마지막 다섯째, 이 과제들의 유의미성을 현재적으로 확인해내는 작업이다. 여기에는 리스크의 문제, 안전의 문제 같은 상대적으로 오래된 문제뿐만 아니라 통치성 논자들에게 특히 결여되어 있는 기술, 즉 '테크놀로지'의 문제에 대한 고찰까지 포함된다.[31] 이 다섯 개의 세부 계획을 통과하면서 질 들뢰즈, 알랭 바디우, 자크 랑시에르, 데리다, 아감벤 등의 푸코 파악과도 일정한 '교전'을 전개해야 할 것이다.

א 지금까지의 아감벤은 생명정치를 논하는 다른 사람들과 마찬가지로 생명정치를 생물학적이거나 인구통계학적 인종주의와 관련지어 논의하면서 강제수용소나 아프리카의 난민 같은 사례들을 제시했다. 이런 사례들은 아감벤에게는 절실한 현재의 문제일 수도 있다. 그러나 독자들에게는 아감벤의 '호모 사케르'나 '예외상태' 개념이 역사의 한 순간이나 공간적으로 떨어져 있는 곳에서 말 그대로 '예외적'이고 드물게 나타난다는 인상을 갖게 만드는 사례들로 비쳤을 것이다. 따라서 아감벤이 사용하는 사례들은 한편으로는 개념의 적용에

---

31) 테크놀로지와 관련된 논의로는 히가키의 작업들을 참조하라. 檜垣立哉, 『生と権力の哲学』, 東京: ちくま新書, 2006; 『フーコー講義』, 東京: 河出書房新社, 2010; 『ヴィータ·テクニカ』, 앞의 각주 3번 참조. 또한 히가키가 편집한 책들도 참조할 것. 『生権力論の現在: フーコーから現代を読む』, 東京: 勁草書房, 2011; 『バイオサイエンス時代から考える人間の未来』, 東京: 勁草書房, 2015.

따른 설명력을 갖는 반면, 다른 한편으로는 예외를 **지금 여기에서 언제든 벌어질 수 있는 예외로서** 제시하는 데는 어느 정도 실패한 것처럼 보인다. 이에 반해 푸코가 『안전, 영토, 인구』에서 언제나 누구에게나 일상적이고 대규모적으로 닥칠 수 있는 현실의 문제였던 식량난이나 기근과 관련해 제시하고 있는 중농주의자들, 특히 프랑수아 케네의 해법이야말로 생명정치의 살게 만들거나 죽음 속으로 쫓아내는(혹은 다시 [내]던져버리는) 권력의 모습을 잘 드러낸다. 그런데도 아감벤은 이 문제에 주목하는 대신, 현대에 대한 해명을 다른 이들에게 맡겨버리고 '오이코노미아의 경제신학'을 통해 경제적 합리성을 규명하는 쪽으로 방향을 틀었다. 이런 작업 자체도 매우 유의미하지만, 지금 쟁점이 되는 문제에 대해서는 직접적인 도움을 주지 못하는 듯하다. 그렇지만 아감벤은 최근 이 문제를 적극적으로 거론하고 있다. 2013년 11월 16일 아테네에서 아감벤이 행한 강연 「비정립적 역량 이론을 위하여」의 한 대목을 보자.

"예외상태가 어떻게 서구 민주주의 나라들에서 통치의 정상적 형태가 되고 있는지 보여주려고 노력했던 책[『예외상태』]을 2003년에 출판했을 때, 저는 제 진단이 그토록 정확하게 입증될 것이라고는 상상조차 못했습니다. 유일하게 분명한 선례는 나치체제였습니다. …… 오늘날 일어나고 있는 것은 다릅니다. …… 우리가 그 아래에서 살고 있는 특이한 통치성을 이해하는 데 예외상태의 패러다임이 전적으로 적합한 것은 아니라고 생각합니다. 따라서 저는 푸코의 제언을 따를 것이며, 근대적 통치성에 관한 그 영향력이 과대 평가되어서는 안 되지만, 케네와 중농주의자들이 근대 경제(학)의 초창기에 제시한 안전 개념의 기원을 탐구할 것입니다. …… 케네는 통치 이론에서 안전을 중심 개념으로, 더욱이 아주 특이한 방식으로 수립한 최초의 인물입니다. 통치가 그 당시에 대처해야 했던 주된 문제 중 하나는 바로 기근의 문제였습니다. 케네 이전에는, 공공 곡물창고를 만들고 곡물 수출을 금지함으로써 기근을 방지하는 것이 흔히 사용된 방법이었죠. 이 두 가지 조치는 생산에 부정적 효과를 끼쳤습니다. 케네의 생각은 이 과정을 뒤집는 것이었습니다. 즉, 케네는 기근을 방지하려고 노력하는 대신에 기근이 일어나도록 내버려두고, 일단 기근이 벌어지면 이를 통치할 수 있어야 한다고 생각합니다. 국내의 교환과 외국의 교환을 자유롭게 하면서 말입니다."[32]

이렇게 말한 뒤에 아감벤은 현재의 새로운 통치에 관해 말하는데, 이것은 새로운 쟁점을 낳을 것이므로 여기서는 검토하지 않는다. 다만 이와 관련해서 두 가지를 더 언급할 수 있다. 이 기근이라는 문제의 '현대적 판본'이 바로 '부채' 문제인데, 이에 대한 분석은 생명정치의 작동방식이 '정치경제학'과 만났을 때 더욱 확장적일 수 있음을 드러낼 것이다. 또 이것은 앞서 말한 것처럼 에발드에 대한 검토와도 연결될 것이다. 한편, 이 생명정치가 갖고 있는 난점 중의 하나가 '주체화'의 문제이다. 이와 관련해 꼼꼼히 읽어야 할 아감벤의 문구가 하나 더 있다. 아감벤은 『아우슈비츠의 남은 자들』에서 "생명정치적 영역을 분할하는 근본적 휴지caesura는 인민과 인구 사이에 있는 것으

---

32) Giorgio Agamben, "For a Theory of Destituent Power," *XPONOΣ*, no.10, Φεβρουάριος 2014. 이 강의와 불가분의 관계에 있는 다음의 글도 참조하라. Giorgio Agamben, "Elementi per una teoria della potenza destituente," manuscript, 2013. [김상운 옮김, 「비정립적 역량 이론을 위한 개요」, 『문화과학』(통권 80호/겨울), 2014, 274~296쪽]

로서, 그것은 인민의 한가운데서 인구를 밝게 드러내는 것에, 즉 본질적으로 정치적 신체를 본질적으로 생물학적 신체로 변형시키는 것에 있다"[33]고 한다. 여기서 푸코에게는 없는 정치적 신체로서의 '인민'이 등장하고, 이 인민이 푸코에게는 안전장치의 주체이자 대상인 '인구'와 절합되어 있음에 유의해야 한다. 이것이 정치적 주체화와 관련한 핵심 논점 중 하나이다. 이에 관해서도 다음에 논할 텐데, 이때 바디우나 랑시에르 등의 논의와도 겹쳐서 논하게 될 것이다.

3. 인센티브가 주권도 규율도 아닌 '안전'의 시대에 직업지도 부문에서 탄생했다고 주장하는 다카쿠와의 「인센티브란 무엇인가?」(2장)는 내용상 두 부분으로 분리할 수 있다. 하나는 푸코에 대한 해석이고, 다른 하나는 그 해석을 인센티브에 대한 분석과 연결시키는 것이다. 그리고 이 글은 해석보다는 주로 활용에 무게를 두고 있다.

그러나 결론부터 미리 말하면, 이 글은 활용 면에서는 전혀 흥미롭지 않으며, 오히려 이론적 밀도는 낮지만 『안전, 영토, 인구』에 대한 전반적 개괄(60~73쪽)로는 유용하다. 가령 통치와 국가의 관계에 대한 다음의 지적들은 반드시 새겨들어야 한다. "『안전, 영토, 인구』에서 푸코가 주장하는 것은 통치가 사실 국가권력으로서는 원래 본류에 속하지 않았다는 점이다. 말하자면, '통치'라고 불리는 권력행사의 패턴이 있었다. 그것은 원래 국가권력에는 속하지 않고, 오히려

---

33) Giorgio Agamben, *Quel che resta di Auschwitz: L'archivio e il testimone*, Torino: Bollati Boringhieri, 2014. [정문영 옮김, 『아우슈비츠의 남은 자들: 문서고와 증인』, 새물결, 2012, 128쪽.]

미시권력이라 불리는 것에 어울리는 무엇이었다. 그것이 어떤 시기부터 국가의 권력행사에 옆에서부터 파고들었다"(61~62쪽), "사목적 권력의 행사는 '영혼의 에코노미'라고 불렸다. 이것이 형태를 바꿔 근대 전반기에 '규율'로서 국가 운영에 들어섰다"(68쪽).

그러나 인센티브에 대한 어원적 분석은 지루하며, 행동경제학에 대한 이해도 부족하다. 다카쿠와는 행동경제학을 행동심리학과 동일한 '행동주의'에 위치시키는데, 이것은 이 둘의 이론적 기반이 다르다는 점을 간과하는 것이다. 이런 간과 때문에 다카쿠와는 행동주의를 '동물화'라고 명명한다. 여기서 동물화란 "[대표적으로 오늘날의 세계를] 행동주의(행동심리학·행동경제학)에 의거해 무의식의 심리에 작용함으로써 우리를 부지불식간에 동물처럼 조작하는 체제로" 보는 것을 가리킨다(58쪽). 그러나 잘 알려져 있듯이, 행동경제학은 실험심리학이나 실험경제학, 진화경제학과 밀접한 연관을 맺는데, 그 전제는 인간은 '제한된 합리성'을 갖고 있다는 것이다. 따라서 고전파 경제학 등의 '방법론적 개인주의'에 대한 비판을 바탕에 깔고 있으며, 오히려 행동경제학은 대체로 '리스크'와 '불확실성'이 혼재하는 현실 속에서 행위자들의 선택 경향을 읽어내려고 한다(53쪽). "우리를 부지불식간에 동물처럼 조작하는 체제"라는 것은 버러스 프레더릭 스키너의 행동심리학에 해당될 수 있는 비판일지언정, 대니얼 카너먼 등의 행동경제학에는 잘 맞지 않는 것 같다.[34]

---

34) 행동경제학에 관해서는 다음의 책들을 참조하라. 도모노 노리오, 이명희 옮김, 『행동경제학』, 지형, 2007; 비키 쿤켈, 박혜원 옮김, 『본능의 경제학: 본능 속에 숨겨진 인간 행동과 경제학의 비밀』, 사이, 2009.

이것은 단순한 몰이해에 그치는 것이 아니다. 인센티브가 안전의 시대에 태어났다는 다카쿠와의 주장과 그 논증과정을 보노라면, 오히려 푸코의 논의를 무리하게 끌어오기보다는 행동경제학이나 실험경제학 등의 최근 논의에 의존하는 편이 나았을 것이라는 생각조차 든다. 실제로 댄 애리얼리는 『경제심리학』에서 인센티브와 관련된 흥미로운 실험을 통해 인센티브를 경제학의 10대 원리 중 하나로 꼽는 그레고리 맨큐의 『경제학』의 논의를 상대화시키고 있다.[35] 이런 점을 염두에 두면, 다카쿠와의 글이 기대에 다소 미치지 못하는 것은, 과거의 자료를 살피고 있기 때문이 아니라 '새로운 학(문)'과 그에 대한 비판적 견해 등을 담아내면서 현재성을 비판적으로 조명하려고 하지 못했기 때문이라고 생각된다.

이런 문제점은 푸코의 활용 면에서도 다시 드러난다. 다카쿠와의 인센티브론이 오히려 적절하게 관계를 맺어야 할 것은 '호모 에코노미쿠스'이다. 오모다가 1장에서 간결하게 지적하고 있듯이, "푸코는 '호모 에코노미쿠스' 모델이 자유주의에서 하고 있는 역할을 실마리 삼아, 리스크와 확률의 시대에 있어서 개체와 전체, 미시와 거시의 복잡한 관계를 파고들려고 했다"(45쪽). 다카쿠와도 "리스크와 확률의 시대에 있어서 개체와 전체, 미시와 거시의 복잡한 관계"를 해명하고자 했으나, 이때 그 자신이 선택한 도구인 '인센티브'가 "'호모 에코노미쿠스' 모델이 자유주의에서 하고 있는 역할"과 긴밀하게 연결되지 않은 탓에 반쪽의 성공에 그치고 있다.

---

35) 댄 애리얼리, 김원호 옮김, 『경제심리학』, 청림출판, 2011; 그레고리 맨큐, 김경환·김종석 옮김, 『맨큐의 경제학』(제7판), 센게이지러닝코리아, 2015.

사실, 푸코는 『생명정치의 탄생』에서 '호모 에코노미쿠스'라는 이른바 '경제인'에 대해 자못 흥미롭게 논의한다. 푸코는 미국 시카고 학파의 경제 분석이 사회 전체나 사회관으로서 일반화되는 과정을 논하면서, 이때 '호모 에코노미쿠스' 개념이 '확장'된다고 지적한다. 이 '확장'이라는 면에 주목할 필요가 있다.[36] 자유주의와 신자유주의는 모두 '호모 에코노미쿠스'에 대한 논의이지만 뭔가가 다르다는 것을 함의하기 때문이다. 고전파 경제학의 호모 에코노미쿠스란 자기 이익을 최대화하기 위해 이기적으로 행동함으로써 타자의 이익도 자연적으로 최대화하는 존재를 가리킨다. 이것은 통치의 이론에서 보면 "자유방임의 주체 또는 객체," 즉 "자유방임에 있어서 건드릴 수 없는 상대방"이다. 이에 비해 신자유주의 경제학의 대표 주자 중 한 명인 게리 베커가 제시하는 호모 에코노미쿠스는 다음과 같다.

제가 설명드린 베커의 정의 내에서 …… 호모 에코노미쿠스는 바로 조작가능한 자, 환경에 인위적으로 가해진 체계적인 변화에 체계적인 반응을 보이는 자로서 나타납니다. 호모 에코노미쿠스란 뛰어나게 통치가능한 자인 것입니다.[37]

---

36) '호모 에코노미쿠스'와 관련된 이하의 대목은 하코다의 「시민사회는 저항하지 않는다: 푸코의 자유주의론에 부상하는 정치」의 빼어난 정리를 부분적으로 수정한 것이다. 箱田徹, 「市民社会は抵抗しない: フーコー自由主義論に浮上する政治」, 『情況: 思想理論編 第1号』(12月号別冊), 東京: 情況出版, 2012, 223~243頁. 이 글은 『푸코의 투쟁』(앞의 각주 6번 참조)의 부록으로 수록될 예정이다. 한편, 사토는 이 '확장'에 대해 분명하게 말하지 않지만, 이 점을 충분히 의식하고 있었다. 사토, 『신자유주의와 권력』, 54~55쪽.

37) Foucault, *Naissance de la biopolitique*, p.274. [『생명관리정치의 탄생』, 372쪽.]

여기서 드러나듯이, 고전파 경제학의 호모 에코노미쿠스는 통치될 수 없는 존재였다. 그러나 신자유주의 경제학의 호모 에코노미쿠스는 통치가능한 존재이다. 건드릴 수 없는 존재가 건드릴 수 있는 존재로 바뀐 것이다. 이는 경제 주체의 행동을 현실에 대한 반응의 다발로 분석하고 서술하기 때문이다. 베커는 「비합리적 행동과 경제 이론」(1962)에서 이른바 합리적 행동이란 "단순히 효용함수나 이익함수 등 충분히 정비된 함수를 정합성의 어떤 형태로 최적화하는 것"이라고 적는다. 이런 토대 위에서 자신의 연구에 의해 "경제 이론은 비합리적 행동에 대해, 지금까지 생각됐던 것보다 훨씬 정합성을 유지하고 있다"는 것이 밝혀졌다고 베커는 말한다.[38] 즉, 베커는 일반적으로 비합리적이라 간주되는 행동이더라도 합리성을 토대로 한 경제 분석의 대상이 된다고 주장하는 것이다. 푸코는 이 점에 관심을 기울인다. 왜냐하면 행동을 일정한 조건에 대한 '반응'으로 정의해도 상관이 없다는 베커의 논의에서는 "'현실을 받아들이는' …… 모든 행동conduite"[39]이 경제 분석의 대상이 되기 때문이다.[40] 이렇게 외적

---

38) Gary S. Becker, "Irrational Behavior and Economic Theory"(Pt.5, ch.8), *The Economic Approach to Human Behavior*, Chicago: University of Chicago Press, 1976, pp.153~154.

39) Foucault, *Naissance de la biopolitique*, p.273. [『생명관리정치의 탄생』, 370쪽.]

40) "비합리적 행동이라도 현실을 수용하지 않으면 안 된다. 가령 기회집합 내에서는 더 이상 존재하지 않는 선택을 요구할 수는 없다. 또한 이런 집합은 불규칙적인 변수에 의해 고정 또는 지배되는 것이 아니라, 각종 경제 변수에 따라 체계적으로 변경된다. …… 그러므로 체계적인 반응이, 대부분의 비합리적 행동을 포함한 다양한 결정 규칙과 더불어, 기대될 수 있다." Becker, "Irrational Behavior and Economic Theory," p.167.

조건들 혹은 환경변수의 변동이라는 '현실'에 대해 체계적인 반응을 보이는 '행동'이 경제 분석의 대상이 된다. 사토는 이런 역설적 변화를 '환경개입형 권력'이라는 앵글로색슨형 신자유주의의 주요 특징이며, 푸코의 신자유주의 이론의 요체라고 부른다.[41]

비록 푸코 자신이 고전과 경제학의 '호모 에코노미쿠스'와 관련해 전개한 분석만큼 신자유주의의 '호모 에코노미쿠스'의 종별성에 대해 깊이 있는 분석을 하고 있지 않기는 하지만, 다카쿠와의 푸코의 '활용'이 제대로 된 활용이려면 바로 이런 두 개의 연속과 불연속을 염두에 두면서 논의가 전개됐어야 한다. 그리고 더 나아간다면, 베커 등의 '호모 에코노미쿠스'와 최근의 행동경제학에서 이뤄지는 이런 인간형 비판도 염두에 두었어야 할 것이다.

그러나 다카쿠와의 논의에는 하코다의 논의보다 더 나은 점도 있다. 하코다는 "다른 한편으로, 경제학은 행동기술 내지 행동주의 심리학 같은 연구에 완벽하게 통합가능해진다"[42]고 말하지만, 그것들이 어떻게 '통합'되는지에 대해서는 제대로 규명하지 않고, 그 대신

---

41) 사토, 『신자유주의와 권력』, 61~76쪽.

42) 箱田, 「市民社会は抵抗しない」, 226頁. 위에서 언급한 단점에도 불구하고 하코다의 이 글은 제대로 읽혀져야 할 것이다. 이 글은 법권리의 주체와 사회계약론적 주체의 동일성, 이것들과는 다른 이해관계의 주체를 설명하는 데이비드 흄에 대한 푸코의 분석, 호모 에코노미쿠스와 시민사회의 관계, 더 나아가 호모 에코노미쿠스와 주권자의 관계가 법권리 주체와 주권자 사이의 관계와는 크게 다르다고 말한 푸코의 견해 등을 적절히 정리·설명하고 있기 때문이다. 게다가 "자유주의형 통치라는 '인도'의 방식에 대한 '대항인도'의 가능성을 이 자유주의적 통치의 형태는 전제 조건으로서 통합하고 있다"는 언명 등도 경청해야 할 것이다. 특히 대항인도와 종말론을 연결하는 대목은 사목권력과 관련되어서도 매우 중요한 함의를 담고 있다.

에 고전파 경제학의 호모 에코노미쿠스와 시민사회에 대한 논의로 넘어가버린다. 이런 모습에 비하면, 오히려 다카쿠와는 최소한 그 과정이나 메커니즘을 보여주려고 한다.

4. 3장인 「'생존'에서 '생명'으로」에서 본서의 또 다른 편집자이기도 한 세리자와는 먼저 푸코의 『안전, 영토, 인구』의 주요 대목을 언급하는 것에서 시작한다. 법(주권), 규율, 안전을 구별하고 이 세 가지가 단선적이지 않다는 푸코의 언급을 인용하면서 말이다. 그런 뒤에 '안전'의 현재를 밝히기 위해 일본의 '방면위원제도'와 '안전·안심하는 거리 만들기'라는 두 개의 사회관리장치를 비교한다. 내가 보기에 전자는 법에서 규율로의 이행에 대응하며, 후자는 규율에서 안전으로의 이행에 대응한다. 세리자와는 이 비교를 통해 "규율에서 안전으로 흐름의 이행에 수반되는 실천의 구성의 변용"과 "그것이 인간의 생존에 초래한 전도顚倒"를 분명히 하고자 한다(89쪽). 푸코의 '활용'이라는 면에서 매우 값진 노력을 보여주는 이 논의는 그만큼 한국에서의 '형벌 문제'와 관련해 시사하는 바가 매우 크다.

그런데 이 글에 대한 비판적 의식을 갖고 쓴 것처럼 보이는 글이 이듬해인 2008년 10월에 발표됐다. 오모다의 「감시와 처벌의 변모」가 그것이다.[43] 오모다는 감시와 처벌의 두 측면 모두에서 어떤 변화가 일어났다고 한다. 한편으로, '안전·안심하는 거리 만들기' 같은

---

43) 重田園江, 「監視と処罰の変貌」, 『現代思想』, 第36券, 第13号, 東京: 青土社, 2008, 212~224頁. 사실, 이제부터의 내용은 본서 1장의 각주 36번(47쪽)에서 내가 밝힌 약속(즉, 환경범죄학을 통치의 관점에서 포괄적으로 연구하는 것)을 실현하기 위한 사전 준비이기도 하다.

'커뮤니티' 기반 범죄예방 활동의 전개로 등장한 '감시'는 『감시와 처벌』에서처럼 일탈의 위험을 품고 있는 존재를 겨냥해 행사되는 감시와 다르다고 한다. 다른 한편으로, '처벌'의 경우 경범죄와 중범죄를 가리지 않는 '엄벌화' 경향과 피해자나 유족의 감정을 중시하는 경향이 나타나면서 가해자의 교정에 중심을 둔 규율적 처벌 시스템과는 달리 오히려 칸트 식의 응보주의에 입각한 처벌 경향이 등장한다고 지적한다. 이렇게 보면 이 새로운 경향들은 '포스트'-규율적 측면에서 해석할 수 있다. 그러나 정말로 중요한 것은 다음이다.

왜 커뮤니티 기반의 범죄 예방과 엄벌화가 동시에 등장하는가, 혹은 왜 자동감시 시스템의 확대와 피해자 중시의 범죄 정책이 똑같은 시기에 진전됐는가에 대해서는 명확한 대답을 찾을 수 없다. 이 점을 좀 더 파고들어가 생각하면, 안전 순찰과 엄벌화는 사실상으로나 논리상으로나 동일한 권력기술의 일부를 이루는 것이 아니라, 오히려 본질적으로는 그다지 관계가 없다는 것을 알 수 있다.

그 때문에 현재의 상황을 한편에는 새로운 감시기술로서 커뮤니티 기반의 범죄 예방이나 감시장치의 첨단 기술화가 있고, 다른 한편에는 엄벌화와 피해자 중시의 처벌이 있다는 의미에서, 감시와 처벌의 양극화라고 볼 수도 있다.[44]

그러니까 세리자와는 커뮤니티 기반의 범죄예방 활동과 엄벌화 경향을 동일시하거나 분리불가능하게 연결된 실천으로 보지만, 오모

---

44) 重田, 「監視と処罰の変貌」, 213~214頁.

다는 이 두 가지가 상이한 발상에 기초한 상이한 실천이라고 지적한 뒤, 그런데도 연결되거나 똑같아 보이게 된 이유를 방법론적 개인주의를 전제로 하는 '환경범죄학'을 통해 해명하려고 한다.

한편으로 잠재적 피해자의 입장에서 보면, 사회와 커뮤니티에 주목이 쏠리고 주민의 불안이나 두려움, 안심 같은 감정이 중시된다. 다른한편으로 가해자에 관해서는 일단 시야의 바깥에 놓여, 아무런 적극적 언급도 이뤄지지 못하는 듯이 보인다. 하지만 좀 더 주의해 보면, 범죄를 개인의 합리적 선택의 문제로 파악하는 환경범죄학의 전제자체에, 범죄를 '개인의 책임'으로 간주하는 논의를 받아들일 여지가 내재해 있다. 더 나아가 잠재적 피해자의 입장에서의 감정의 중시란, '시민 감정'을 피해자 감정으로 동일화하는 것이나 다름없다. 개인의책임으로서의 범죄와 피해자 감정의 중시라는 조건이 갖춰지면, 이것이 엄벌화론과 결합되는 것은 쉽다.[45]

두 가지 활동을 분리된 독자적 실천으로 본다는 점이나 환경범죄학의 논의를 끌어들여 신자유주의적 통치실천과 연결시킨다는 점에서 오모다의 글에는 몇 가지 경청할 지점이 있다. 그러나 이렇게 별개의 실천이면서도 이 두 가지가 왜 양립하게 됐는가에 대한 오모다의 설명은 매우 궁색하다. 그 이유는 몇 가지가 있겠지만, 우선 환경범죄학의 논의 지점을 제대로 파악하지 못했기 때문이다. 가령 '일반화되고 상상된 공포'와 이것을 해소하기 위한 '엄벌화 경향'[46]이 꼭

---

45) 重田, 「監視と処罰の変貌」, 222頁.

칸트 식의 응보주의나 동해同害 보복의 논리와 연결되어 있다고는 생각할 수 없는데도 양자를 무리하게 연결시키기 때문이다.

엄벌화는 일본만이 아니라 이른바 선진국들을 포함해 한국에서도 공통적으로 보이는 현상이다. 이에 관한 이론적 논의로는 데이비드 갤런드의 '후기 근대'(사회)론이 대표적이며, 형사법 분야에서는 귄터 야콥스의 '적-친구 형법'[적형법Feindstrafrecht]의 논의가 있다.[47] 갤런드는 범죄의 증가에 의해 그때까지 공동체(사회)가 안고 있던 범죄 리스크(공동체 안에서 범죄가 생겨났기에 공동체의 구성원이 리스크를 공유한다)가 개인으로서의 위험한 범죄자로서의 리스크로 대체되며, 결과적으로 공동체 바깥에서 범죄자라는 타자가 만들어져 그들을 사회로부터 배제하는 배타적 형사 정책이 행해지는 것이 후기 근대의 특징이라고 지적한다. 또한 야콥스는 기존의 (시민)형법이 범죄자를 시민이라고 파악했다면, 적-친구 형법에서는 범죄자를 사회에 해를 입히는 적으로 파악한다고 말한다. 당연히 범죄자를 동료인 시민으로 간주하느냐 적으로 간주하느냐에 따라 대응방법도 다르다.

---

46) 엄벌화를 나타내는 징후는 다음과 같다. 범죄로 간주되는 대상 범위의 확대, 체포 기준의 하향(검거자나 체포자 증가), 구속 비율이나 구속 기간의 장기화, 재판청구 비율의 증대, 형량의 상향 등. 또 수감자 수는 늘지 않았더라도 보안감호나 조치입원처럼 형벌과 유사한 조치의 증대를 꼽을 수도 있다. 일본의 경우에 형기의 장기화, 무기징역형이나 사형판결 증가 등도 여기에 포함된다. '무기징역형을 선고받더라도 15년 정도면 가석방된다'는 것이 옛날의 경향이었다면, 엄벌화가 진행될 경우 무기징역형은 종신형이 된다.

47) David Garland, *The Culture of Control: Crime and Social Order in Contemporary Society*, Oxford: Oxford University Press, 2001; Günther Jakobs, "Kriminalisierung im Vorfeld einer Rechtsgutsverletzung," *Zeitschrift für die gesamte Strafrechtswissenschaft*, vol.97, no.4, Januar 1985, pp.751~785.

적-친구 형법에서는 테러리스트나 성범죄자를 가정하면서 범죄자를 위험의 원천으로 간주해 이들을 '미리 배제'하려고 한다. 이렇게 적으로 간주됐기에, 더 이상 범죄자의 인권을 고려할 필요가 없다. '마약과의 전쟁'이나 '범죄와의 전쟁'이라는 표어가 잘 드러내듯이, 형사사법 정책의 핵심은 이제 범죄(자)라는 적과의 투쟁으로 이해된다. 갤런드와 야콥스의 논의에 공통적인 점은 범죄자가 시민들의 동료가 아니라 위험한 적으로 간주되고 배제되어가는 양상을 설명했다는 데 있다. 이 연장선상에 있는 것이 사회적 배제와 포함에 대한 논의, 즉 배제형에서 포함형으로의 전환(이행)48)에 관한 논의이다.

오모다가 언급한 환경범죄학은 이런 측면에서 접근했을 때 더 쉽게 이해할 수 있다. 환경범죄학의 모든 것이 그런 것은 아니지만, 그것을 받아들이는 사람의 의식에는 바깥에서 커뮤니티에 침투하는 수상한 자인 타자를 어떻게 배제하느냐가 테마가 되기 때문이다. 환경범죄학에는 범죄자의 갱생이나 공생이라는 발상이 없다. 그러나 이것을 지적한다고 끝나는 것은 아니다. 엄벌화와 똑같은 의미로 이해될 수 있는 '형벌 포퓰리즘'의 문제를 살펴야 하기 때문이다.

형벌 포퓰리즘은 형벌 권력축의 극적인 구조 변경과 관련된 것으로서, 그때까지 전후의 형사 정책에 영향을 끼쳐온 예전의 수많은 전제

---

48) 사회적 배제와 포함에 대해서는 지그문트 바우만과 조크 영의 작업을 참조하라. Zygmunt Bauman, *Globalization: The Human Consequences*, New York: Columbia University Press, 1998. [김동택 옮김, 『지구화, 야누스의 두 얼굴』, 한길사, 2003]; Jock Young, *The Exclusive Society: Social Exclusion, Crime and Difference in Late Modernity*, London: Sage, 1999.

를 뒤집는 전략적 효과를 가져왔다. 그에 따라 감옥은 더 적어지기보다는 더 많아졌고, 형벌은 대중의 시야에서 은폐된 관료적 업무의 형태를 띠기보다는 대중적 스펙터클로 변모되어야 했고, 형사사법 관료들의 전문 지식보다 대중의 상식이 우선시되어야 했다. 마찬가지로, 널리 대중을 대변한다고 자처하는 개인들 혹은 시민단체들과 정부의 연계는 훨씬 더 긴밀해지는 반면에 정부와 관료 조언자들의 연계는 훨씬 더 약해졌기 때문에, 이제는 그런 개인들이나 시민단체들의 생각이 형사 정책에 훨씬 더 강하게 반영되고 있다.[49]

즉, 형벌 포퓰리즘이란 '법과 질서'의 강화를 요구하는 시민 집단, 범죄 피해자의 권리를 주장하는 활동가나 미디어가 일반 시민의 대변자가 되어 정부의 형사 정책에 강한 영향력을 갖게 되는 한편, 사법관료나 형사사법 연구자의 의견이 존중받지 않게 되는 현상이기도 하다(이것을 예속될 앎들의 봉기라고 부를 것인지도 문제의 핵심이다). 존 프랫은 뉴질랜드의 사례를 통해 형벌 포퓰리즘이 진행되는 과정의 특징을 이렇게 꼽았다. 범죄나 형벌에 관한 논의에서 사회과학의 연구 성과보다는 개인적 체험·상식·일화 같은 것이 중시되며, 대중은 복잡한 문제에 대해 알기 쉽고 상식적으로 해결책을 말하는 사람을 더 많이 신뢰하게 되는 현상이 일어난다. 프랫은 하나의 특징적인 사선을 예로 든다. 뉴질랜드에서 아무런 잘못도 없고 힘도 없는 한 어머니가 잔학한 범죄행위 때문에 큰 상처를 입었는데, 이 피해사의 자녀는 이런 메시지를 던졌다. "우리 엄마가 그토록 끔찍한 상처

---

49) John Pratt, *Penal Populism*, London/New York: Routledge, 2007, p.35.

를 입은 것은 다시 말하면 누구든 똑같이 희생자가 될 가능성이 있다는 것이다. 우리 엄마는 우리에게 언제 닥칠지 모르는 위험한 범죄의 생생한 증거이다." 이 메시지는 뉴질랜드에서 시민의 안전을 지키지 못한 무기력한 형사사법에 대한 분노를 낳았고, 가해자에 대한 엄벌 요구로 이어졌다. 프랫은 사회보장에 대한 신뢰도가 낮고, 자기 몸은 스스로 지킬 수밖에 없다고 생각하는 시민이 많은 나라일수록 형벌 포퓰리즘의 유혹이 커진다고 지적했다. 한국은 어떨까?

5. 푸코는 항상 '현재성'의 사상가였다. 이것은 곧장 푸코의 칸트(특히 「계몽이란 무엇인가?」)를 떠올리게 하지만, 푸코의 방법론이 갖고 있는 특질과도 관련된다. 푸코는 자신의 방법을 연극과 결부시킨 바 있다.[50] 연극은 늘 사건을 상연하고 이를 몇 번이나 반복한다. 푸코는 자기의 철학도 그렇다고 말한다. 사건은 몇 번이나 반복되고, 더욱이 우리의 일상에서 반복된다는 것을 보여준다는 것이다. 가령 유럽에서 '광기'가 실정적인 것으로서 등장한 사건은 근대라는 특정한 날짜를 가지면서도 수없이 반복되고 있다. 그러나 이 반복을 비관적으로 생각할 이유는 없다. 뒤집어 말하면, 이런 반복을 언제든 멈출 수 있다는 뜻이므로. 일상이 사건의 반복으로 파악된다면, 현재는 항상 '다른 현재'일 수 있다. 사건에 의해 형성된 어떤 실정성을 지닌 사건이나 실천은, 한번 일어나면 일종의 실천적 타성태가 되어 요지부동의 것이 되는 게 아니라 언제든 해제해버릴 수 있는 것이다.

---

50) Michel Foucault, "Theatrum Philosophicum"(1970), *Dits et écrits*, t.1: 1954-1969, Paris: Gallimard, 1994, pp.943~967. [권영숙·조형근 옮김, 「철학 극장」, 질 들뢰즈, 『들뢰즈의 푸코』, 새길, 1995, 205~245쪽.]

여기서 이미, 푸코를 (포스트)구조주의자로 이해하고 있는 독자들은 현기증을 느낄지도 모른다. 마치 푸코가 '주체주의자'로 그려지고 있다는 인상을 받을 것이기 때문이다. 주지하듯이, 루이 알튀세르가 1965년에 '구성적 주체'라는 개념을 배척했다면(『맑스를 위하여』), 그 이듬해에 푸코는 『말과 사물』을 저 유명한 마지막 문장으로 끝냈다. "장담할 수 있건대 인간은 바닷가 모래사장에 그려 놓은 얼굴처럼 사라질지 모른다."51) 그러나 안토니오 네그리가 『야생의 별종』(1981)을 통해 '다중'을 역사의 '주체'로서 정치의 무대에 재진입하게 만들었던 것과 비슷한 시기에, 죽음을 코앞에 둔 1984년의 푸코는 「도덕의 회귀」에서 이렇게 자기비판을 했다.

『말과 사물』에서 저는 인간의 죽음을 우리 시대에서 일어나고 있는 무엇인 양 말하는 잘못을 저질렀습니다. …… 역사를 통해 인간은 끊임없이 스스로를 구성해왔습니다. 다시 말하면, 인간은 끊임없이 자신들의 주체성을 지속적으로 이동시키고, 상이한 주체성의 무한하고 다양한 연결 속에서 스스로를 구성해왔습니다. 거기에 끝은 없으며, 우리를 [고정불변의] 인간 자체 같은 무엇인가에 직면하게 만드는 것은 결코 없을 것입니다. …… 인간의 죽음을 혼란되고 단순화된 방식으로 말했을 때, 제가 말하고 싶었던 것은 그런 것입니다.52)

---

51) Michel Foucault, *Les Mots et les Choses: Une archéologie des sciences humain -es*, Paris: Gallimard, 1966, p.398. [이규현 옮김, 『말과 사물: 인문과학의 고고학』(개정판), 민음사, 2011, 526쪽.]

52) Michel Foucault, "Le retour de la morale"(1984), *Dits et écrits*, t.4: 1980- 1988, Paris: Gallimard, 1994, p.75.

『푸코 이후』에서 주로 주목하는 '전쟁 담론'과 '통치성 연구'의 시기도 이런 현재성의 사상가로서의 푸코와 분리해 이해하기란 힘들다. 푸코에게 현재성에 대한 의식은 항상 '비판'이라는 개념 혹은 문제설정과 연결된다. 이것은 『안전, 영토, 인구』를 강의한 해인 1978년 5월 27일에 푸코가 철학자들의 모임에서 발표한 「비판이란 무엇인가?」에서도 잘 드러난다. 칸트는 계몽과 비판을 모종의 방식으로 연결하는데, 이런 칸트에게는 비판적 태도의 전통이 있다고 푸코는 보고 있다. 그리고 푸코에 따르면, 이런 비판적 태도의 전통은 15~16세기로 거슬러 올라간다. 그것은 '사회의 통치성화'에서 비롯된 서구에 종별적인 태도이다. 이 통치성화는 "어떻게 통치되지 않을까?"라는 물음과 분리될 수 없다. 피통치자의 권리라는 발상, 인권보다 더 구체적인 권리를 행사한다는 발상은 당시의 여러 현실적 문제들에 개입하는 '발언' 속에서 자주 등장한다. 이것은 이미 『안전, 영토, 인구』에서 검토된 '사목권력'에서 핵심 지위를 차지하는 인도와 대항인도, 특히 후자의 문제설정과 통한다. 즉, 「비판이란 무엇인가?」에서 칸트는 무엇보다 사목이나 통치방식에 대항하는 비판적 태도, 일종의 대항인도로 이어지는 태도를 체현한 인물로 인용된다.53) 따라서 여기

---

53) Michel Foucault, "Qu'est-ce que la critique?," *Bulletin de la Société française de Philosophie*, 84ᵉ année, no.2, avril-juin 1990, pp.47~48. [정일준 옮김, 「비판이란 무엇인가?」, 『자유를 향한 참을 수 없는 열망: 푸코-하버마스 논쟁 재론』, 새물결, 1999, 123~161쪽.] 그러나 주의하자. 푸코의 칸트는 『자기의 통치와 타인의 통치』 1~2강(1983년 1월 5일)에서 다시 등장하지만, 이때의 칸트는 반-사목과의 대비 속에서가 아니라 고대의 '파르레시아'와의 대비 속에서 등장한다. 이 파르헤지아가 칸트 이후의 근대에서 공공성과 현재성의 문제로서 재활성화된다고 푸코는 이야기한다. 즉, 주목해야 할 요소가 매우 다른 셈이다.

에 주체의 문제가 선연하게 드러나 있음을 부인할 수 없다. 그러나 다른 곳에서도 이미 말했듯이, 이런 푸코를 거꾸로 주체주의나 주의 주의로 해석할 수는 없다. 이것은 "권력론과 주체론을 통치론 속에서 통합적으로 이해하려고 하지 않는" 태도이기 때문이다.

> 통치성 관념에 대한 성찰은 반드시 '자기와 자기의 관계'에 의해 정 의되는 주체라는 요소를 이론적으로나 실천적으로 거치지 않을 수 없을 것입니다. …… 권력에 대한 분석은 '자기와 자기의 관계'에 의 해 규정되는 주체의 윤리를 참조해야만 합니다. …… 권력관계─통 치성─자기의 통치와 타자의 통치─자기와 자기의 관계는 하나의 사 슬, 하나의 골조를 구축합니다.[54]

한편, '사목권력'과 관련해서는 "반사목 혁명은 가능한가?"라는 물음에서 출발해 대답하는 것도 매우 중요한 함의를 가질 것이다. 이 질문은 유명한 알튀세르주의자이면서도 네그리주의자인 이치다 요 시히코가 네그리나 얀 물리에-부탕 등과 함께 편집위원으로 참여한 적이 있던 『멀티튜드』라는 잡지에서 이미 제기했던 것이자, 자신의 저서에서 다시 제기하고 있는 질문이다. 이때 이치다는 푸코가 『안전,

---

지면의 한계상 이 중요한 문제를 여기서 언급할 수는 없고, 곧 선보이게 될 1983년 강의(『자기의 통치와 타인의 통치』)와 1984년 강의(『진실의 용기: 자기 의 통치와 타인의 통치 2』)의 옮긴이 해제에서 밝히겠다.

54) Michel Foucault, *L'herméneutique du sujet: Cours au Collège de France 1981 -1982*, éd. Frédéric Gros, Paris: Gallimard/Seuil, 2001, pp.241~242. [심세광 옮김, 『주체의 해석학』, 동문선, 2007, 284쪽.]

영토, 인구』에서 짤막하게 언급하고 넘어갔던 문장의 의미성을 주체, 자유, 통치의 문제와 관련지어 물고 늘어진다.[55]

봉건제에 반대하는 혁명은 존재했습니다. 그러나 사목에 반대하는 혁명은 결코 일어나지 않았습니다. 사목[체제]은 역사로부터 자기 자신을 결정적으로 추방해버리는 심원한 혁명의 과정을 아직 경험하지 않았던 것입니다.[56]

푸코가 지나가면서 말했던 이 구절에 주목하고 싶은 까닭은 이것이 '우리의 현재성'과 불가분하게 연결되어 있기 때문이다. 주지하듯이, 푸코는 통치성과 관련해 국가이성론(내치론)과 자유주의적 통치론을 대비시킨다. 국가이성론은 일종의 과잉 통치론 혹은 무제한적 통치론인 반면, 자유주의는 이에 대한 비판으로서 최소의 통치론 혹은 제한적 통치론이라고 한다. 여기서 국가이성론에 대한 자유주의의 비판의 근거가 중요한데, '과잉 통치론'은 언제나 '통치의 실패나 무능'으로 귀결된다고 간주된다. 이것은 무엇보다 푸코가 강조한 '자유'라는 문제의 위상, 더 나아가 변혁의 문제와 연결된다.

다카쿠와는 국가와 통치성이 원래 외재적 관계였다가 국가이성론과 더불어 통치가 국가 내부의 문제로 진입한다고 지적했다. 그러나 다카쿠와는 지적하지 않지만, 푸코에게 이 문제는 국가혐오와 관

---

55) 市田良彦, 『革命論: マルチチュードの政治哲学序説』, 東京: 平凡社, 2008. [김상운 옮김, 『혁명론: 다중의 정치철학 서설』, 도서출판 난장, 근간.]

56) Foucault, *Sécurité, territoire, population*, p.153. [『안전, 영토, 인구』, 216쪽.]

련된 것이기도 하다. 국가혐오를 언급할 때의 푸코는 신자유주의자들, 맑스주의자들, 신철학자들 등을 비판적으로 의식하고 있다. "국가는 괴물이다"라는 식의 논의나 음모론과도 비슷해져버린 몇몇 국가론을 비롯해 맑스주의, 아나키즘, 고전적 자유주의에도 국가혐오가 있을 뿐만 아니라 신자유주의자들도 마찬가지라고 푸코는 본다. 가령 신자유주의자들은 복지국가와 강제수용소를 한 꼬챙이로 꿰어 말한다. 신자유주의자들은 그 어떤 종별화도 하지 않은 채, "국가=칼 맑스=수용소=존 메이너드 케인즈=페이비언 협회('웹 부부')라는 식으로, 무엇이든 하나로 엮어버린다. 이처럼 정치적 입장을 불문하고 많은 사람들이 공유하고 있는 듯한 이 국가혐오에 대해 푸코는 좀 생각해보자고 한다. 사람들은 국가혐오를 통해 무엇인가를 비판하고 무엇인가에 맞서고 있는 듯이 보이지만 사실은 현재의 지배적 추세인 국가혐오를, 그런 바람결을 따라 그저 나아가고 있을 뿐이라고 푸코는 제동을 건다. 하지만 푸코는 국가혐오에 정당성이 없다고 말하지는 않는다. 문제는 지배적 추세에 의문을 제기하지 않는 것, 즉 '올바른' 혐오를 하지 않는 국가혐오이다. 이렇게 지배적 추세를 따라 춤추게 되면, 그 원인인 '현재성'actualité에 대한 분석의 부족은 채워지지 않게 된다. 현재에 입각해 권력을 정확히 대상화하고, 지금 무엇을 하고 있는가를 중시하는 태도가 바로 현재성의 태도이다. 푸코가 아주 이른 시기인 1970년대에 신자유주의 비판에 나서게 된 것도 바로 이런 '현재성'에 대한 사고방식 덕분이다. 이 비판의 핵심은 앞의 '등호'에 대해 더 분석하자, 더 종별화하자, 하나로 묶지 말자, 차이를 보자고 한 데 있다. 이것은 달리 말해 '틀에 박히지 말자'는 것이기도 하다. 1971년 강의『앎의 의지에 관한 강의』에서 다룬『오이디

푸스 왕』이 1980년대에도 다시 다뤄졌다는 것은, 푸코가 그 비판의 사정거리에 자신의 기존 작업도 있음을 보여준 것이다.

　푸코의 말이나 고민은 우리의 현재와 직접 연결되어 있는 것도 있지만, 단편적 언급에 그치거나 연결에 '무리'가 있는 경우도 있다. 가령 애석하게도 푸코는 파시즘과 스탈린주의에 관해, 특히 후자에 관해 국가의 통치성이 아니라 정당의 통치성으로 분석해야 한다고 제언만 남길 뿐, 더 이상 분석을 전개하지 않는다. 그리고 우리의 '현재성'과 관련지어볼 때 중요한 '정당'이나 '민주주의'에 대한 푸코의 언급은 매우 드물다. 그렇지만 이것은 '우리의 현재성'에 살고 있는 우리의 몫이다. 이 현재성에 입각해 푸코를 이해하고 활용하면서 곧, 자주, 여러 장소에서 만나게 되기를 진심으로 기대한다.

찾아보기

푸코 이후 통치성, 안전, 투쟁

초판 1쇄 인쇄 | 2015년 4월 6일
초판 1쇄 발행 | 2015년 4월 13일

지은이 | 세리자와 가즈야, 다카쿠와 가즈미, 오모다 소노에, 토사 히로유키,
　　　　하코다 테츠, 히로세 준, 사카이 다카시, 시부야 노조무
옮긴이 | 김상운
펴낸곳 | 도서출판 난장·등록번호 제307-2007-34호
펴낸이 | 이재원
주　소 | (121-841) 서울시 마포구 서교동 458-15 하이뷰오피스텔 501호
연락처 | (전화) 02-334-7485　(팩스) 02-334-7486
블로그 | blog.naver.com/virilio73
이메일 | nanjang07@naver.com

책값은 뒤표지에 있습니다.
잘못 만들어진 책은 구입한 서점에서 바꿔드립니다.
ISBN 978-89-94769-18-9　03300

이 도서의 국립중앙도서관 출판예정도서목록(CIP)은
서지정보유통지원시스템 홈페이지(http://seoji.nl.go.kr)와
국가자료공동목록시스템(http://www.nl.go.kr/kolisnet)에서 이용하실 수 있습니다.
(CIP제어번호: CIP2015010303)